निमंत्रण
तथा
अन्य कहानियाँ

मानसरोवर ... पांच

निमंत्रण
तथा
अन्य कहानियाँ

मुंशी प्रेमचंद

स्टार पब्लिकेशंस प्रा. लि.

संस्करण : 2017 (पुनर्मुद्रण)

ISBN: 978-81-7650-189-7

प्रकाशक:
स्टार पब्लिकेशंस प्रा. लि.
4/5-बी, आसफ अली रोड
नई दिल्ली - 110 002

मूल्य : रु. 199/-

लेज़र कम्पोज़िंग :
आर. एस. प्रिंट्स, नई दिल्ली

Munsi Premchand
Nimantran Tatha Anya Kahaniyan
Stories
SPPL

अनुक्रमणिका

प्रेमचंद की कहानियों का रचना संसार

कहानी, साहित्य की सबलतम विधा है। यह एक ऐसा दर्पण है जिसमें व्यक्ति और समाज के परस्पर संबंधों, क्रिया-विधियों, उसके सुख-दुःख के क्षणों की सजीव, हृदयग्राही तथा मार्मिक तस्वीरें देखी जा सकती हैं। इसके उन्नयन और विकास में विश्व के अनेक कथाकारों ने जो योगदान दिया, वह भाषा-शैली, रूप-विधान, कला-सौष्ठव तथा तकनीक की दृष्टि से अत्यंत महत्वपूर्ण है। यह हिंदी कहानी की उपलब्धि है कि इसे अपने विकास के आदिकाल में मुंशी प्रेमचंद जैसे मानवमन के कुशल चितेरे मिले जिनके कहानी-साहित्य ने न सिर्फ हिन्दी-उर्दू में एक नये युग का सूत्रपात किया, बल्कि अपने वैचारिक अभियान द्वारा समाज की खोखली मान्यताओं पर तीव्र प्रहार करते हुए एक नयी और कल्याणकारी परम्परा की बुनियाद भी रखी। यह हिंदी कहानी की शक्तिमत्ता का एक प्रखर उदाहरण है कि जीवन के अनेक घात-प्रतिघात सहते हुए भी उसने मुंशीजी के महान् उद्देश्य और जीवन-परम्परा से अपने को कटने नहीं दिया।

प्रेमचंदजी की कहानियों का फलक व्यापक है और विषय-विविधता की दृष्टि से वे आकाश के विस्तार को अपने दामन में समेटे हैं। हिंदी के प्रख्यात समीक्षक डॉ. गौतम सचदेव ने मुंशीजी की कहानियों का मूल्यांकन करते हुए बड़ा ही सटीक और सारगर्भित वक्तव्य दिया है। उनका मत हैः "विचार तत्व उनकी कहानियों का निर्देशक है। विचार को बिछाकर उस पर कार्य-व्यापार को होते हुए दिखाना प्रेमचंद की कहानी-कला का महत्वपूर्ण अंग है। यहां यह पूछा जा सकता है कि किसी विचार को लेकर प्रेमचंद कहानी कैसे गढ़ते हैं? क्या वे विचार के अनुकूल पात्रों, घटनाओं एवं परिस्थितियों की कल्पना कर लेते हैं या इन सबको सामने रखकर विचार का संदर्भ प्रदान करते हैं? लाहौर के मासिक-पत्र 'नौरंगे ख़याल' के सम्पादक के यह पूछने पर कि आप कहानी कैसे लिखते हैं? प्रेमचंदजी ने उत्तर दिया थाः "मेरी कहानियां प्रायः किसी-न-किसी प्रेरणा या अनुभव पर आधारित होती हैं। इसमें मैं ड्रामाई रंग पैदा करने की कोशिश करता हूँ। केवल घटना वर्णन के लिए या 'मनोरजंक घटना' को लेकर मैं कहानियां नहीं लिखता। मैं कहानी में किसी दार्शनिक या भावात्मक लक्ष्य को दिखाना चाहता हूँ। जब

तक इस प्रकार का कोई आधार नहीं मिलता, मेरी कलम नहीं उठती।" प्रेमचंद जी का उक्त वक्तव्य आज भी प्रासंगिक है।

प्रेमचंदजी की प्रत्येक कहानी मानव मन के अनेक दृश्यों, चेतना के अनेक छोरों, सामाजिक कुरीतियों तथा आर्थिक उत्पीड़न के विविध आयामों को अपनी सम्पूर्ण कलात्मकता के साथ अनावृत करती हैं। कफ़न, नमक का दरोगा, शतरंज के खिलाड़ी, नरक का मार्ग, पूस की रात, पंच परमेश्वर, दो बैलों की कथा, वासना की कड़ियां, दुनिया का सबसे अनमोल रतन आदि, सैकड़ों रचनाएं ऐसी हैं जो विचार और अनुभूति दोनों स्तरों पर पाठक को आज भी आंदोलित करती हैं। वे एक कालजयी रचनाकार की मानवीय गरिमा के पक्ष में दी गई उद्घोषणाएं हैं। समाज के दलित वर्गों, आर्थिक और सामाजिक यंत्रणा के शिकार मनुष्यों के अधिकारों के लिए जूझती मुंशीजी की कहानियां हमारे साहित्य की सबलतम निधि हैं।

शैल्पिक विशेषताओं की दृष्टि से भी प्रेमचंद की कहानियां अत्यंत महत्वपूर्ण हैं। अपने समकालीन कथा-साहित्य और परवर्ती पीढ़ी को उनकी कहानियों ने यथेष्ट रूप से प्रभावित किया है। कहानी की बुनावट में वे चैतन्य पूर्ण शैल्पिक तैयारी करते हैं। स्वाभाविक पात्रों, विश्वसनीय घटनाओं और सहज स्थितियों के माध्यम से उनकी कहानियों का जन्म और विकास होता है। कहानी की आंतरिक प्रकृति और वाह्य रूप-विधान अपनी संपूर्ण विशेषताओं को उकेरता हुआ पाठक-मन को आंदोलित करता है। इन्हीं विशेषताओं के कारण प्रेमचंदजी आज भी उतने ही प्रासंगिक हैं, जितने पांच दशक पहले थे। उनकी कहानियों का कथा संसार चिरनवीन है।

हमारी इच्छा थी कि प्रेमचंदजी के अमर कहानी साहित्य को नयनाभिराम ढंग से डायमंड के सुधी पाठकों के समक्ष कम मूल्य में प्रस्तुत किया जाए। प्रस्तुत संकलन इसी दिशा में एक प्रयास हैं।

— नरेन्द्र कुमार

मंदिर

मातृ प्रेम, तुझे धन्य है! संसार में और जो कुछ है, मिथ्या है, निस्सार है। मातृ-प्रेम ही सत्य है, अक्षय है, अनश्वर है। तीन दिन से सुखिया के मुंह में न अन्न का एक दाना गया था, न पानी की एक बूंद। सामने पुआल पर माता का नन्हा-सा लाल पड़ा कराह रहा था। आज तीन दिन से उसने आंखें न खोली थीं। कभी उसे गोद में उठा लेती, कभी पुआल पर सुला देती। हंसते-खेलते बालक को अचानक क्या हो गया, यह कोई नहीं बताता। ऐसी दशा में माता को भूख और प्यास कहां? एक बार पानी का एक घूंट मुंह में लिया था; पर कंठ के नीचे न ले जा सकी। इस दुखिया की विपत्ति का वार-पार न था। साल भर के भीतर दो बालक गंगा की गोद में सौंप चुकी थी। पतिदेव पहले ही सिधार चुके थे। अब उस अभागिनी के जीवन का आधार, अवलम्ब, जो कुछ था, यही था। हाय! क्या ईश्वर इसे भी उसकी गोद से छीन लेना चाहते हैं? — यह कल्पना करते ही माता की आंखों से झर-झर आंसू बहने लगते थे। इस बालक को वह क्षण भर के लिए अकेला न छोड़ती थी। उसे साथ लेकर घास छीलने जाती। घास बेचने बाज़ार जाती, तो बालक गोद में होता। उसके लिए उसने नन्हीं-सी खुरपी और नन्हीं खांची बनवा दी थी। जियावन माता के साथ घास छीलता और गर्व से कहता — अम्मां, हमें भी बड़ी-सी खुरपी बनवा दो, हम बहुत-सी घास छीलेंगे; तुम द्वारे माची पर बैठी रहना, अम्मां; मैं घास बेच लाऊंगा। मां पूछती — हमारे लिए क्या-क्या लाओगे, बेटा? जियावन लाल-लाल साड़ियों का वादा करता। अपने लिए बहुत-सा गुड़ लाना चाहता था। वे ही भोली-भाली बातें इस समय आ-आकर माता के हृदय को शूल के समान बेध रही थी। जो बालक को देखता, यही कहता कि किसी की डीठ है; पर किसकी डीठ है? इस विधवा का भी संसार में कोई बैरी है? अगर उसका नाम मालूम हो जाता, तो सुखिया जाकर उसके चरणों पर गिर पड़ती और बालक को उसकी गोद में रख देती। क्या उसका हृदय दया से न पिघल जाता? पर नाम कोई नहीं बताता। हाय! किससे पूछे? क्या करे?

2

तीन पहर रात बीत चुकी थी। सुखिया का चिंता-व्यथित चंचल मन कोठे-कोठे दौड़ रहा था। किस देवी की शरण जाय, किस देवता की मनौती करे, इसी सोच में पड़े-पड़े उसे एक झपकी आ गई। क्या देखती है कि उसका स्वामी आकर बालक के सिरहाने खड़ा हो जाता है और बालक के सिर पर हाथ फेरकर कहता है — रो मत, सुखिया! तेरा बालक अच्छा हो जायेगा। कल ठकुरजी की पूजा कर दे, वही तेरे सहायक होगें। यह कहकर वह चला गया। सुखिया की आंखें खुल गई। अवश्य ही उनके पतिदेद आये थे। इसमें सुखिया को ज़रा भी सन्देह नहीं हुआ। उन्हें अब भी मेरी सुधि है, यह सोचकर उसका हृदय आशा से परिप्लावित हो उठा। पति के प्रति श्रद्धा और प्रेम से उसकी आंखें सजल हो गई। उसने बालक को गोद में उठा लिया और आकाश की ओर ताकती हुई बोली — भगवान्! मेरा बालक अच्छा हो जाय, तो मैं तुम्हारी पूजा करूंगी। अनाथ विधवा पर दया करो।

उसी समय जियावन की आंखें खुल गई। उससे पानी मांगा। माता ने दौड़कर कटोरे में पानी लिया और बच्चे को पिला दिया।

जियावन ने पानी पीकर कहा — अम्मां, रात है कि दिन?

सुखिया — अभी तो रात है बेटा, तुम्हारा जी कैसा है?

जियावन — अच्छा हैं अम्मां! अब मैं अच्छा हो गया।

सुखिया — तुम्हारे मुंह में घी-शक्कर, बेटा; भगवान् करे तुम जल्द अच्छे हो जाओ! कुछ खाने को जी चाहता है?

जियावन — हां, अम्मा, थोड़ा-सा गुड़ दे दो।

सुखिया — गुड़ मत खाओ भैया, अवगुन करेगा। कहो तो खिचड़ी बना दूं?

जियावन — नहीं मेरी अम्मां, ज़रा-सा गुड़ दे दो, तेरे पैरों पड़ूं।

माता इस आग्रह को न टाल सकी। उसने थोड़ा-सा गुड़ निकालकर जियावन के हाथ में रख दिया। हांड़ी वहीं छोड़कर वह किवाड़ खोलने चली गई। जियावन ने गुड़ की दो पिंड़ियां निकाल लीं और जल्दी-जल्दी चट कर गया।

3

दिन भर जियावन की तबीयत अच्छी रही। उसने थोड़ी-सी खिचड़ी खायी, दो-एक बार धीरे-धीरे द्वार पर भी आया और हमजोलियों के साथ खेल न सकने पर भी उन्हें खेलते देखकर

उसका जी बहल गया। सुखिया ने समझा, बच्चा अच्छा हो गया। दो-एक दिन में जब पैसे हाथ में आ जायेंगे, तो वह एक दिन ठाकुरजी की पूजा करने चली जायेगी। जाड़े के दिन झाडू-बहारु, नहाने-धोने ओर खाने-पीने में कट गए; मगर जब संध्या समय फिर जियावन का जी भारी हो गया, तब सुखिया घबरा उठी। तुरंत मन में शंका उत्पन्न हुई कि पूजा में विलम्ब करने से ही बालक फिर मुरझा गया है। अभी थोड़ा-सा दिन बाकी था। बच्चे को लेटाकर वह पूजा का सामान तैयार करने लगी। फूल तो जमींदार के बगीचे में मिल गए। तुलसीदल द्वार पर ही था; पर ठाकुर के भोग के लिए कुछ मिष्ठान्न तो चाहिए; नहीं तो गांव को बांटेगी क्या! चढ़ाने के लिए कम-से-कम एक आना तो चाहिए ही। सारा गांव छान आई, कहीं पैसे उधार न मिले। तब वह हताश हो गई। हाय रे अदिन! कोई चार आने पैसे भी नहीं देता। आखिर उसने अपने हाथों के चांदी के कड़े उतारे और दौड़ी हुई बनिये की दूकान पर गयी, कड़े गिरों रखे, बतासे लिये और दौड़ी हुई घर आयी। पूजा का सामान तैयार हो गया, तो उसने बालक को गोद में उठाया और दूसरे हाथ में पूजा की थाली लिये मंदिर की ओर चली।

मंदिर में आरती का घंटा बज रहा था। दस-पांच भक्तजन खड़े स्तुति कर रहे थे। इतने में सुखिया जाकर मंदिर के सामने खड़ी हो गई।

पुजारी ने पूछा — क्या है रे? क्या करने आयी है?

सुखिया चबूतरे पर आकर बोली — ठाकुरजी की मनौती की थी, महाराज, पूजा करने आयी हूं।

पुजारीजी दिन भर ज़मींदार के असामियों की पूजा किया करते थे, और शाम-सबेरे ठाकुरजी की। रात को मंदिर ही में सोते थे, मंदिर ही में आपका भोजन भी बनता था, जिससे ठाकुरद्वारे की सारी अस्तकारी काली पड़ गई थी। स्वभाव के बड़े दयालु थे, निष्ठावान् ऐसे कि चाहे कितनी ठंड पड़े, कितनी ही ठंडी हवा चले, बिना स्नान किए मुंह में पानी तक न डालते थे। मगर इस पर भी उनके हाथों और पैरों में मैल की मोटी तह जमी हुई थी, तो इसमें उनका कोई दोष नहीं था! बोले — तो क्या भीतर चली आएगी? हो तो चुकी पूजा। यहां आकर भरभष्ट करेगी?

एक भक्तजन ने कहा — ठाकुरजी को पवित्र करने आयी है?

सुखिया ने बड़ी दीनता से कहा — ठाकुरजी के चरन छूने आयी हूं, सरकार! पूजा की सब सामग्री लायी हूं।

पुजारी — कैसी बेसमझी की बात करती है रे, कुछ पगली तो नहीं हो गई है? भला तू ठाकुरजी को कैसे छुएगी।

सुखिया को अब तक कभी ठाकुरद्वारे में आने का अवसर न मिला था। आश्चर्य से बोली — सरकार, वह तो संसार के मालिक हैं। उनके दर्शन से तो पापी भी तर जाता है, मेरे छूने से उन्हें कैसे छूत लग जायेगी?

पुजारी — अरे, तू चमारिन है कि नहीं रे?

सुखिया — तो क्या भगवान् ने चमारों को नहीं सिरजा है? चमारों का भगवान् कोई

और है? इस बच्चे की मनौती है, सरकार!

इस पर वही भक्त महोदय, जो अब स्तुति कर चुके थे, डपटकर बोले — मार के भगा दो चुड़ैल को। भरभष्ट करने आयी है। फेंक दो थाली-वाली। संसार में तो आप ही आग लगी हुई है, चमार भी ठाकुरजी की पूजा करने लगेंगे, तो पिरथी रहेगी कि रसातल को चली जायेगी?

दूसरे भक्त महाशय बोले — अब बेचारे ठाकुरजी को भी चमारों के हाथ का भोजन करना पड़ेगा। अब प्रलय होने में कुछ कसर नहीं है।

ठंड पड़ रही थी; सुखिया खड़ी कांप रही थी और यह धर्म के ठेकेदार लोग समय की गति पर आलोचनाएं कर रहे थे। बच्चा मारे ठंड के उसकी छाती में घुसा जाता था; किंतु सुखिया वहां से हटने का नाम न लेती थी। ऐसा मालूम होता था कि उसके दोनों पांव भूमि में गड़ गए हैं। रह-रहकर उसके हृदय में ऐसा उद्‌गार उठता था कि जाकर ठाकुरजी के चरणों पर गिर पड़े। ठाकुरजी क्या इन्हीं के हैं, हम ग़रीबों का उनसे कोई नाता नहीं है? ये लोग होते कौन है रोकने वाले? पर यह भय होता था कि इन लोगों ने कहीं सचमुच थाली-वाली फेंक दी तो क्या करूंगी? दिल में ऐंठकर रह जाती थी। सहसा उसे एक बात सूझी। वह वहां से कुछ दूर जाकर एक वृक्ष के नीचे अंधेरे में छिपकर इन भक्तजनों के जाने की राह देखने लगी।

4

आरती और स्तुति के पश्चात् भक्तजन बड़ी देर तक श्रीमद्‌भागवत का पाठ करते रहे। उधर पुजारी ने चूल्हा जलाया और खाना पकाने लगे। चूल्हे के सामने बैठे हुए 'हूं-हूं' करते जाते थे और बीच-बीच में टिप्पणियां भी करते जाते थे। दस बजे रात तक कथा-वार्ता होती रही और सुखिया वृक्ष के नीचे ध्यानावस्था में खड़ी रही।

सारे भक्त लोगों ने एक-एक करके घर की राह ली। पुजारीजी अकेले रह गए। अब सुखिया आकर मंदिर के बरामदे के सामने खड़ी हो गई, जहां पुजारीजी आसन जमाए बटलोई का क्षुधावर्द्धक मधुर संगीत सुनने में मग्न थे। पुजारी ने आहट पाकर गर्दन उठायी, तो सुखिया को खड़ी देखा। चिढ़कर बोले — क्यों रे, तू अभी तक खड़ी है।

सुखिया ने थाली ज़मीन पर रख दी और एक हाथ फैलाकर भिक्षा-प्रार्थना करती हुई बोली — महाराजजी, मैं अभागिनी हूं। यहीं बालक मेरे जीवन का अलम है, मुझ पर दया करो। तीन दिन से इसने सिर नहीं उठाया। तुम्हें बड़ा जस होगा महाराजजी।

यह कहते-कहते सुखिया रोने लगी। पुजारीजी दयालु तो थे, पर चमारिन को ठाकुरजी के समीप जाने देने का अश्रुतपूर्व घोर पातक वह कैसे कर सकते थे? न जाने ठाकुरजी इसका क्या दंड दें। आखिर उनके भी बाल-बच्चे थे। कहीं ठाकुरजी कुपित होकर गांव का सर्वनाश

कर दें, तो? बोले — घर जाकर भगवान् का नाम ले, तेरा बालक अच्छा हो जायेगा। मैं यह तुलसीदल देता हूं, बच्चे को खिला दे, उसकी आंखों में लगा दे। भगवान् चाहेंगे तो सब अच्छा ही होगा।

सुखिया — ठाकुरजी के चरणों पर गिरने न दोगे महाराजजी? बड़ी दुखिया हूं, उधार काढ़कर पूजा की सामग्री जुटायी है। मैंने कल सपना देखा था, महाराजजी कि ठाकुरजी की पूजा कर, तेरा बालक अच्छा हो जायेगा। तभी दौड़ी आयी हूं। मेरे पास एक रुपया है। वह मुझसे ले लो; पर मुझे एक छन भर ठाकुरजी के चरनों पर गिर लेने दो।

इस प्रलोभन ने पंडितजी को क्षण भर के लिए विचलित कर दिया किंतु मूर्खता के कारण ईश्वर का भय उनके मन में कुछ-कुछ बाकी था। संभलकर बोले — अरी पगली, ठाकुरजी भक्तों के मन का भाव देखते हैं कि चरन पर गिरना देखते हैं। सुना नहीं है — 'मन चंगा, कठौती में गंगा।' मन में भक्ति न हो तो लाख कोई भगवान् के चरणों पर गिरे, कुछ न होगा। मेरे पास एक जंतर है। दाम तो उसका बहुत है; पर तुझे एक ही रुपये में दे दूंगा। उसे बच्चे के गले में बांध देना। बस, कल बच्चा खेलने लगेगा।

सुखिया — ठाकुरजी की पूजा न करने दोगे?

पुजारी — तेरे लिए इतनी ही पूजा बहुत है। जो बात कभी नहीं हुई, वह आज मैं कर दूं और गांव पर कोई आफत-विपत्ति आ पड़े, तो क्या हो, इसे भी तो सोच! तू यह जंतर ले जा, भगवान चाहेंगे, तो रात ही भर में बच्चे का क्लेश कट जायेगा। किसी की दीठ पड़ गई है। है भी तो चोंचाल। मालूम होता है, छत्तरी बंस है।

सुखिया — जब से इसे ज्वर है, मेरे प्रान नहों में समाए हुए हैं।

पुजारी — बड़ा होनहार बालक है। भगवान् जिला दें, तो तेरे सारे संकट हर लेगा। यहां तो बहुत खेलने आया करता था। इधर दो-तीन दिन से नहीं देखा था।

सुखिया — तो जंतर को कैसे बांधूंगी, महाराज?

पुजारी — मैं कपड़े में बांधकर देता हूं। बस, गले में पहना देना। अब तू इस बेला नवीन बस्तर कहां खोजने जायेगी।

सुखिया ने दो रुपये पर कड़े गिरों रखे थे। एक पहले ही भंज चुका था। दूसरा पुजारीजी को भेंट किया और जंतर लेकर मन को समझाती हुई घर लौट आयी।

5

सुखिया ने घर पहुंचकर बालक के गले में जंतर बांध दिया; पर ज्यों-ज्यों राज गुज़रती थी, उसका ज्वर भी बढ़ता जाता था, यहां तक कि तीन बजते-बजते उसके हाथ-पांव शीतल होने लगे! तब वह घबड़ा उठी और सोचने लगी — हाय! मैं व्यर्थ ही संकोच में पड़ी रही और भगवान् के चरणों पर गिर पड़ती, तो कोई मेरा क्या कर लेता? यही न होता कि लोग मुझे

धक्के देकर निकाल देते, शायद मारते भी, पर मेरा मनोरथ तो पूरा हो जाता। यदि मैं ठाकुरजी के चरणों को अपने आंसुओं से भिगो देती और बच्चे को उनके चरणों में सुला देती, तो क्या उन्हें दया न आती? वह तो दयामय भगवान् हैं, दीनों की रक्षा करते हैं, क्या मुझ पर दया न करते? यह सोचकर सुखिया का मन अधीर हो उठा। नहीं, अब विलम्ब करने का समय न था। वह अवश्य जायेगी और ठाकुरजी के चरणों पर गिरकर रोएगी। उस अबला के आशंकित हृदय को अब इसके सिवा कोई अवलम्ब, कोई आसरा न था। मन्दिर के द्वार बंद होंगे, तो वह ताले तोड़ डालेगी। ठाकुरजी क्या किसी के हाथों बिक गए हैं कि कोई उन्हें बंद कर रखे।

रात के तीन बज गए थे। सुखिया ने बालक को कम्बल से ढांपकर गोद में उठाए, एक हाथ में थाली उठाई और मंदिर की ओर चली। घर से बाहर निकलते ही शीतल वायु के झोंके से उसका कलेजा कांपने लगा। शीत से पांव शिथिल हुए जाते थे। उस पर चारों ओर अंधकार छाया हुआ था। रास्ता दो फलांग से कम न था। पगडंडी वृक्षों के नीचे-नीचे गई थी। कुछ दूर दाहिनी ओर एक पोखरा था, कुछ दूर बांस की कोठियां। पोखरे में एक धोबी मर गया था और बांस की कोठियों में चुड़ैलों का अड्डा था। बाईं ओर हरे-हरे खेत थे। चारों ओर सन्न-सन्न हो रहा था, अंधकार सांय-सांय कर रहा था। सहसा गीदड़ों ने कर्कश स्वर में हुआं-हुआं करना शुरू कर दिया। हाय! अगर कोई उसे एक लाख रुपये देता, तो भी इस समय वह यहां न आती; पर बालक की ममता सारी शंकाओं को दबाए हुए थी। 'हे भगवान! अब तुम्हारा ही आसरा है' — यही जपती वह मंदिर की ओर चली जा रही थी।

मंदिर के द्वार पर पहुंचकर सुखिया ने जंजीर टटोलकर देखी। ताला पड़ा हुआ था। पुजारीजी बरामदे से मिली कई कोठरी में किवाड़ बंद किए सो रहे थे। चारों ओर अंधेरा छाया हुआ था। सुखिया चबूतरे के नीचे से एक ईंट उठा लाई और ज़ोर-ज़ोर से ताले पर पटकने लगी। उसके हाथों में न जाने इतनी शक्ति कहां से आ गई थी। दो-ही तीन चोटों में ताला और ईंट दोनों टूटकर चौखट पर गिर पड़े। सुखिया ने द्वार खोल दिया और अन्दर जाना ही चाहती थी कि पुजारी किवाड़ खोलकर हड़बड़ाए हुए बाहर निकल आये और 'चोर-चोर! का गुल मचाते गांव की ओर दौड़े। जाड़ों में प्रायः पहर रात रहे ही लोगों की नींद खुल जाती है। यह शोर सुनते ही कई आदमी इधर-उधर लालटेनें लिये हुए निकल पड़े और पूछने लगे। कहां है, कहां है? किधर गया?'

पुजारी — मंदिर का द्वार खुला पड़ा है। मैंने खट-खट की आवाज़ सुनी।

सहसा सुखिया बरामदे से निकलकर चबूतरे पर आयी और बोली — चोर नहीं है, मैं हूं; ठाकुरजी की पूजा करने आई थी। अभी तो अंदर गयी भी नहीं, मार हल्ला मचा दिया।

पुजारी ने कहा — अब अनर्थ हो गया। सुखिया मंदिर में जाकर ठाकुरजी को भ्रष्ट कर आयी!

फिर क्या था, कई आदमी झल्लाए हुए लपके और सुखिया पर लातों और घूंसों की मार पड़ने लगी। सुखिया एक हाथ से बच्चे को पकड़े हुए थी और दूसरे हाथ से उसकी रक्षा कर रही थी। एकाएक बलिष्ठ ठाकुर ने उसे इतनी जोर से धक्का दिया कि बालक उसके हाथ से

छूटकर ज़मीन पर गिर पड़ा; मगर वह न रोया, न बोला, न सांस ली, सुखिया भी गिर पड़ी थी। संभलकर बच्चे को उठाने लगी, तो उसके मुख पर नज़र पड़ी। ऐसा जान पड़ा, मानो पानी में परछाई हो। उसके मुंह से एक चीख निकल गई। बच्चे का माथा छूकर देखा। सारी देह ठंडी हो गई थी। एक लम्बी सांस खींचकर वह उठ खड़ी हुई। उसकी आंखों से अंगारे बरसने लगे। दोनों मुट्ठियां बंध गई। दांत पीसकर बोली — पापियों, मेरे बच्चे के प्राण लेकर अब दूर क्यों खड़े हो? मुझे भी क्यों नहीं उसी के साथ मार डालते? मेरे छू लेने से ठाकुरजी को छूत लग गई। पारस को छूकर लोहा सोना हो जाता है, पारस लोहा नहीं हो सकता? मेरे छूने से ठाकुरजी अपवित्र हो जायेंगे। मुझे बनाया, तो छूत नहीं लगी? लो, अब कभी ठाकुरजी को छूने नहीं आऊंगी। ताले में बंद रखो, पहरा बैठा दो। हाय, तुम्हें दया छू भी नहीं गई! तुम इतने कठोर हो! बाल-बच्चेवाले होकर भी तुम्हें एक अभागिन माता पर दया न आयी। तिस पर धर्म के ठेकेदार बनते हो! तुम सब-के-सब हत्यारे हो, निपट हत्यारे हो। डरो मत, मैं थाना-पुलिस नहीं जाऊंगी, मेरा न्याय भगवान् करेंगे, अब उन्हीं के दरबार में फरियाद करूंगी।

किसी ने चूं न की, कोई मिनमिनाया तक नहीं। पाषाण-मूर्तियों की भांति सब-के-सब सिर झुकाए खड़े रहे।

इतनी देर में सारा गांव ज़मा हो गया था। सुखिया ने एक बार फिर बालक के मुंह की ओर देखा। मुंह से निकला — हाय मेरे लाल! फिर वह मूर्च्छित होकर गिर पड़ी। प्राण निकल गए। बच्चे के लिए प्राण दे दिये।

माता, तू धन्य है! तुझ जैसी निष्ठा, तुझ जैसी श्रद्धा, तुझ जैसा विश्वास देवताओं को भी दुर्लभ है।

□□□

निमंत्रण

पंडित मोटेराम शास्त्री ने अंदर जाकर अपने विशाल उदर पर हाथ फेरते हुए यह पद पंचम स्वर में गाया —

अजगर करे न चाकरी, पंछी करे न काम,•
दास मूल्का कह गए, सबके दाता राम।

सोना ने प्रफुल्लित होकर पूछा — कोई मीठी ताजी ख़बर है क्या?

शास्त्रीजी ने पैंतरे बदलकर कहा — मार लिया आज! ऐसा ताककर मारा कि चारों खाने चित्त। सारे घर का नेवता! सारे घर का! वह बढ़-बढ़कर हाथ मारूंगा कि देखनेवाले दंग रह जायेंगे। उदर महाराज अभी से अधीर हो रहे हैं।

सोना — कहीं पहले की भांति अब भी धोखा न हो। पक्का-पोढ़ा कर लिया है न?

मोटेराम में मूंछे ऐंठते हुए कहा — ऐसा असगुन मुंह से न निकालो। बड़े जप-तप के बाद यह शुभ-दिन आया है। जो तैयारियां करनी हों, कर लो।

सोना — वह तो करूंगी ही। क्या इतना भी नहीं जानती? जन्म भर घास थोड़े ही खोदती रही हूं; मगर है घर भर का न?

मोटेराम — अब और कैसे कहूं; पूरे घर का है। इसका अर्थ समझ में न आया हो, तो मुझसे पूछो। विद्वानों की बात समझना सबका काम नहीं। अगर उनकी बात सभी समझ लें, तो उनकी विद्वता का महत्त्व ही क्या रहे? बताओ, क्या समझीं? मैं इस समय बहुत ही सरल भाषा में बोल रहा हूं; मगर तुम नहीं समझ सकीं। बताओ, 'विद्वता' किसे कहते हैं? 'महत्व' ही का अर्थ बताओ। घर भर का निमंत्रण देना क्या दिल्लगी है। हां, ऐसे अवसर पर विद्वान लोग राजनीति से काम लेते हैं और उसका वहीं आशय निकालते हैं, ज़ो अपने अनुकूल हो। मुरादपुर की रानी साहब सात ब्राह्मणों को इच्छापूर्ण भोजन कराना चाहती हैं। कौन-कौन महाशय मेरे साथ जायेंगे, यह निर्णय करना मेरा काम है। अलगूराम शास्त्री, बेनीराम शास्त्री, छेदीराम

शास्त्री, भवानीराम शास्त्री, फेंकूराम शास्त्री, मोटेराम शास्त्री आदि जब इतने आदमी अपने घर ही में हैं, तब बाहर कौन ब्राह्मणों को खोजने जाए।

सोना — और सातवां कौन है?

मोटे० — बुद्धि को दौड़ाओ।

सोना — एक पत्तल घर लेते आना।

मोटे० — फिर वही बात कही, जिसमें बदनामी हो। छिः-छिः! पत्तल घर लाऊं। उस पत्तल में वह स्वाद कहां, जो जजमान के घर बैठकर भोजन करने में है। सुनो, सातवें महाशय हैं — पंडित सोनाराम शास्त्री।

सोना — चलो, दिल्लगी करते हो। भला, मैं कैसे जाऊंगी।

मोटे — ऐसे ही कठिन अवसरों पर तो विद्या की आवश्यकता पड़ती है। विद्वान आदमी अवसर को अपना सेवक बना लेता है, मूर्ख अपने भाग्य को रोता है। सोनादेवी और सोनाराम शास्त्री में क्या अंतर है, जानती हो? केवल परिधान का। परिधान का अर्थ समझती हो? परिधान 'पहनावा' को कहते हैं। इसी साड़ी को मेरी तरह बांध लो, मेरी मिरजई पहन लो, ऊपर से चादर ओढ़ लो। पगड़ी मैं बांध दूंगा। फिर कौन पहचान सकता है?

सोना ने हंसकर कहा — मुझे तो लाज लगेगी।

मोटे० — तुम्हें करना ही क्या है? बात तो हम करेंगे।

सोना ने मन-ही-मन आनेवाले पदार्थों का आनंद लेकर कहा — बड़ा मज़ा होगा।

मोटे० — बस, अब विलम्ब न करो। तैयारी करो, चलो।

सोना — कितनी फंकी बना लूं?

मोटे० — यह मैं नहीं जानता। बस, यही आदर्श सामने रखो कि अधिक-से-अधिक लाभ हो।

सहसा सोनादेवी को एक बात याद आ गई। बोलीं — अच्छा इन बिछुओं को क्या करूंगी?

मोटेराम ने त्योरी चढ़ाकर कहा — इन्हें उठाकर रख देना और क्या करोगी?

सोना — जी हां, क्यों नहीं। उतारकर रख क्यों न दूंगी?

मोटे — तो क्या तुम्हारे बिछुए पहनने ही से मैं जी रहा हूं? जीता हूं पौष्टिक पदार्थो के सेवन से। तुम्हारे बिछुओं के पुण्य से नहीं जीता।

सोना — नहीं भाई, मैं बिछुए न उतारूंगी।

मोटेराम ने सोचकर कहा — अच्छा, पहने चलो, कोई हानि नहीं। गोवर्द्धनधारी यह बाधा भी हर लेंगे। बस, पांव में बहुत-से कपड़े लपेट लेना। मैं कह दूंगा, इन पंडितजी को पीलपांव हो गया। क्यों, कैसी सूझी?

पंडिताइन ने पतिदव को प्रशंसा-सूचक नेत्रों से देखकर कहा — जन्म भर पढ़ा नहीं है?

2

संध्या-समय पण्डितानी ने पांचों को बुलाया और उपदेश देने लगे — पुत्रों, कोई काम करने के पहले खूब सोच-समझ लेना चाहिए कि कैसे क्या होगा। मान लो, रानी साहब ने तुम लोगों का पता-ठिकाना पूछना आरम्भ किया, तो तुम लोग क्या उत्तर दोगे? यह तो महान मूर्खता होगी कि तुम सब मेरा नाम लो। सोचो, कितने कलंक और लज्जा की बात होगी कि मुझ-जैसा विद्वान केवल भोजन के लिए इतना बड़ा कुचक्र रचे। इसलिए तुम सब थोड़ी देर के लिए भूल जाओ कि मेरे पुत्र हो। कोई मेरा नाम न बतलाए। संसार में नामों की कमी नहीं, कोई अच्छा-सा नाम चुनकर बता देना। पिता का नाम बदल लेने से कोई गाली नहीं लगती। यह कोई अपराध नहीं।

अलगू — आप ही न बता दीजिए।

मोटे0 — अच्छी बात है, बहुत अच्छी बात है। हां, इतने महत्व का काम मुझे स्वयं करना चाहिए। अच्छा सुनो — अलगू के पिता का नाम है पंडित केशव पांडे, खूब याद कर लो। बेनीराम के पिता का नाम पंड़ित मंगरू ओझा, खूब याद रखना। छेदीराम के पिता हैं पंड़ित दमड़ी तिवारी, भूलना नहीं। भवानी, तुम गंगू पांडे बतलाना, खूब याद कर लो। अब रहे फेंकूराम, तुम बेटा बतलाना सेतूराम पाठ्क। हो गए सब! हो गया सबका नामकरण! अच्छा, अब मैं परीक्षा लूंगा। होशियार रहना। बोलो अलगू, तुम्हारे पिता का नाम क्या है।

अलगू — पंडित केशव पांडे?

'बेनीराम, तुम बताओ।'

'दमड़ी तिवारी।'

छेदी — यह तो मेरे पिता का नाम है।

बेनी — मैं तो भूल गया।

मोटे0 — भूल गए! पण्डित के पुत्र होकर तुम एक नाम भी नहीं याद कर सकते। बड़े दुःख की बात है। मुझे पांचों नाम याद हैं, तुम्हें एक नाम भी याद नहीं? सुनो, तुम्हारे पिता का नाम पण्डित मंगरू ओझा।

पण्डितजी लड़कों की परीक्षा ले ही रहे थे कि उनके परम मित्र पण्डित चिंतामणिजी ने द्वार पर आवाज़ दी। पण्डित मोटेराम ऐसे घबराए कि सिर पैर की सुधि ही न रही। लड़कों को भगाना ही चाहते थे कि पंडित चिंतामणि अंदर चले आये। दोनों सज्जनों में बचपन में गाढ़ी मैत्री थी। दोनों बहुधा साथ-साथ भोजन करने जाया करते थे, और यदि पण्डित मोटेराम अव्वल रहते, तो पंडित चिंतामणि के द्वितीय पद में कोई बाधक न हो सकता था; पर आज मोटेरामजी अपने मित्र को साथ नहीं ले जाना चाहते थे। उनको साथ ले जाना अपने घरवालों में से किसी किसी एक को छोड़ देना था, और इतना महान् आत्मत्याग करने के लिए वे तैयार न थे।

चिंतामणि ने यह समारोह देखा, तो प्रसन्न होकर बोले — क्यों भाई, अकेले-ही-अकेले! मालूम होता है, आज कहीं गहरा हाथ मारा है।

मोटेराम ने मुंह लटकाकर कहा — कैसी बातें करते हो, मित्र! ऐसा तो कभी नहीं हुआ कि मुझे कोई अवसर मिला हो और मैंने तुम्हें सूचना न दी हो। कदाचित कुछ समय ही बदल गया, या किसी ग्रह का फेर है। कोई झूठ को भी नहीं बुलाता।

पण्डित चिंतामणि ने अविश्वास के भाव कहा — कोई-न-कोई बात तो मित्र अवश्य है, नहीं तो ये बालक क्यों ज़मा हैं?

मोटे0 — तुम्हारी इन्हीं बातों पर मुझे क्रोध आता है। लड़कों की परीक्षा ले रहा हूं। ब्राह्मण के लड़के हैं। चार अक्षर पढ़े बिना इनको कौन पूछेगा?

चिंतामणि को अब भी विश्वास न आया। उन्होंने सोचा, लड़कों से ही बस बात का पता लग सकता है। फेंकूराम सबसे छोटा था। उसी से पूछा — क्या पढ़ रहे हो बेटा। हमें भी सुनाओ। मोटेराम ने फेंकूराम को बोलने का अवसर न दिया। डरे कि यह तो सारा भण्डा फोड़ देगा। बोले — अभी यह क्या पढ़ेगा। दिन भर खेलता है। फेंकूराम इतना बड़ा अपराध अपने नन्हें से सिर क्यों लेता? बालसुलभ गर्व से बोला — हमको तो याद है, पण्डित सेतूराम पाठक। हम याद भी कर लें, तिस पर भी कहते हैं, हरदम खेलता है?

यह कहते हुए रोना शुरू किया।

चिंतामणि ने बालक को गले लगा लिया और बोले — नहीं बेटा, तुमने अपना पाठ सुना दिया है। तुम खूब पढ़ते हो। यह सेतूराम पाठक कौन हैं, बेटा?

मोटेराम ने बिगड़कर कहा — तुम भी लड़कों की बातों में आते हो। सुन लिया होगा किसी का नाम। (फेंकू से) जा, बाहर खेल।

चिंतामणि अपने मित्र की घबराहट देखकर समझ गए कि कोई-न-कोई रहस्य अवश्य है। बहुत दिमाग़ लड़ाने पर भी सेतूराम पाठक का आशय उनकी समझ में न आया। अपने परम मित्र की इस कुटिलता पर मन में दुखित होकर बोले — अच्छा, आप पाठ पढ़ाइए और परीक्षा लीजिए। मैं जाता हूं। तुम इतने स्वार्थी हो, इसका मुझे गुमान तक न था। आज तुम्हारी मित्रता की परीक्षा हो गई।

पण्डित चिंतामणि बाहर चले गए। मोटेरामजी के पास उन्हें मनाने के लिए समय न था, फिर परीक्षा लेने लगे।

सोनो ने कहा — मना लो, मना लो। रूठे जाते हैं। फिर परीक्षा लेना।

मोटे0 — जब कोई काम पड़ेगा मना लूंगा। निमंत्रण की सूचना पाते ही इनका सारा क्रोध शांत हो जायेगा! हां भवानी, तुम्हारे पिता का क्या नाम है, बोलो।

भवानी — गंगू पांडे।

मोटे0 — और तुम्हारे पिता का नाम, फेंकू?

फेंकू — बता तो दिया, उस पर कहते हैं, पढ़ता नहीं।

मोटे0 — हमें भी बता दो।

फेंकू — सेतूराम पाठ्क तो है।

मोटे० — बहुत ठीक, हमारा लड़का बड़ा राजा है। आज तुम्हें अपने साथ बैठाएंगे और सबसे अच्छा माल तुम्हीं को खिलाएंगे।

सोना — हमें भी कोई नाम बता दो।

मोटेराम ने रसिकता से मुस्कुराकर कहा — तुम्हारा नाम है पंडित मोहन सरूप सुकुल।

सोनादेवी ने लजाकर सिर झुका दिया।

3

सोनादेवी तो लड़कों को कपड़े पहनाने लगी। उधर फेंकू आनन्द की उमंग में घर के बाहर निकला। पंडित चिंतामणि रूठकर तो चले थे; पर कुतुहलवश अभी तक द्वार पर दबके खड़े थे। इन बातों की भनक इतनी देर में उनके कानों में पड़ी, उससे यह तो ज्ञात हो गया कि कहीं निमंत्रण है; पर कहां है, कौन-कौन से लोग निमंत्रित हैं, यह कुछ ज्ञात न हुआ था। इतने में फेंकू बाहर निकला तो उन्होंने उसे गोद में उठा लिया और बोले — कहां नेवता है, बेटा?

अपनी जान में तो उन्होंने बहुत धीरे से पूछा था; पर न जाने कैसे पंडित मोटेराम के कान में भनक पड़ गई। तुरन्त बाहर निकल आए। देखा, तो चिंतामणि फेंकू को गोद में लिये कुछ पूछ रहे हैं। लपककर लड़के का हाथ पकड़ लिया और चाहा कि उसे अपने मित्र की गोद से छीन लें; मगर चिंतामणिजी को अभी अपने प्रश्न का उत्तर न मिला था। अतएव वे लड़के का हाथ छुड़ाकर उसे लिए हुए अपने घर की ओर भागे। मोटेराम भी यह कहते हुए उनके पीछे दौड़े — उसे क्यों लिये जाते हो? धूर्त कहीं का, दुष्ट! चिंतामणि ने एक न सुनी। भागते ही चले गए। उनकी देह अभी संभाल के बाहर न हुई थी, दौड़ सकते थे; मगर मोटेरामजी को एक-एक पग आगे बढ़ना दुस्तर हो रहा था। भैंसे की भांति हांफते थे और नाना प्रकार के विशेषणों का प्रयोग करते दुलकी चाल से चले जाते थे। अच्छी घुडदौड़ दी। नगर के दो महात्मा दौड़ते हुए ऐसे जान पड़ते थे, मानो गैड़े चिड़िया-घर से भाग आए हों। सैकड़ों आदमी तमाशा देखने लगे। कितने ही बालक उनके पीछे तालियां बजाते हुए दौड़े। कदाचित् यह दौड़ पंड्ति चिंतामणि के घर पर ही समाप्त होती; पर पंडित मोटेराम धोती के ढीली होते जाने के क़ारण उलझकर गिर पड़े। चिंतामणि ने पीछे फिरकर यह दृश्य देखा, तो रूक गए और फेंकूराम से पूछा — क्यों बेटा, कहां नेवता है?

फेकू — बता दें, तो हमें मिठाई दोगे न?

चिंता० — हां, दूंगा; बताओ।

फेकू — रानी के यहां।

चिंता० — कहां की रानी?

फेकू — यह मैं नहीं जानता। कोई बड़ी रानी हैं।

नगर में कई बड़ी-बड़ी रानियां थी। पंडितजी ने सोचा, सभी रानियों के द्वार पर चक्कर लगाऊंगा। जहां भोज होगा, वहां कुछ भीड़-भाड़ होगी ही, पता चल जायेगा। यह निश्चय करके वे लौट पड़े। सहानभूति प्रकट करने में अब कोई बाधा न थी। मोटेरामजी के पास आये, तो देखा कि वे पड़े कराह रहे हैं। उठने का नाम नहीं लेते। घबराकर पूछा — गिर कैसे पड़े मित्र, यहां कहीं गढ़्ढ़ा भी तो नहीं है।

मोटे0 — तुमसे क्या मतलब! तुम लड़के को ले जाओ, जो कुछ पूछना चाहो, पूछो।

चिंता — मैं यह कपट-व्यवहार नहीं करता। दिल्लगी की थी, तुम बुरा मान गए। ले उठ तो बैठ, राम का नाम लेके। मैं सच कहता हूं, मैंने कुछ नहीं पूछा।

मोटे0 — चल झूठा!

चिंता — जनेऊ हाथ में लेकर कहता हूं।

मोटे0 — तुम्हारी शपथ का विश्वास नहीं।

चिंता — तुम मुझे इतना धूर्त समझते हो?

मोटे0 — इससे कहीं अधिक। तुम गंगा में डूबकर शपथ खाओ, तो भी मुझे विश्वास न आये।

चिंता — दूसरा यह बात कहता, तो मूंछ उखाड़ लेता।

मोटे0 — तो फिर आ जाओ!

चिंता0 — पहले पंडिताइन से पूछ आओ।

मोटेराम यह भस्मक व्यंग्य न सह सके। चट उठ बैठे और पंडित चिंतामणि का हाथ पकड़ लिया। दोनों मित्रों में मल्ल-युद्ध होने लगा। दोनों हनुमानजी की स्तुति कर रहे थे और इतने ज़ोर से गरज-गरजकर मानों सिंह दहाड़ रहे हों। बस, ऐसा जान पड़ता था, मानो दो पीपे आपस में टकरा रहे हों।

मोटे0 — महाबली विक्रम बजंरगी।

चिंता0 — भूत-पिशाच निकट नहिं आवे।

मोटे0 — जय-जय-जय हनुमान गोसाईं।

चिंता0 — प्रभु, रखिए लाज हमारी।

मोटे0 — (बिगड़कर) यह हनुमान-चालीसा में नहीं है।

चिंता0 — यह हमने स्वयं रचा है। क्या तुम्हारी तरह की यह रटंत विद्या है? जितना कहो, उतना रच दें।

मोटे0 — अबे, हम रचने पर जायें तो एक दिन में एक लाख स्तुतियां रच डालें। किंतु इतना अवकाश किसे है?

दोनों महात्मा अलग खड़े होकर अपने-अपने रचना-कौशल की डींगें मार रहे थे। मल्ल-युद्ध शास्त्रार्थ का रूप धारण करने लगा, जो विद्वानों के लिए उचित है। इतने में किसी ने चिंतामणि के घर जाकर कह दिया कि पंडित मोटेराम और चिंतामणि में बड़ी लड़ाई हो रही

है। चिंतामणि तीन महिलाओं के स्वामी थे। कुलीन ब्राह्मण थे, पूरे बीस बिस्वे। उस पर विद्वान उच्च कोटि के, दूर-दूर तक यजमानी थी। ऐसे पुरुषों को सब अधिकार हैं। कन्या के साथ-साथ जब प्रचुर दक्षिणा भी मिलती हो, तब कैसे इन्कार किया जाये। इन तीनों महिलाओं का सारे मुहल्ले में आतंक छाया हुआ था। पंडित ने उनके नाम बहुत ही रसीले रखे थे। बड़ी स्त्री को 'अमिरती' मंझली को 'गुलाबजामुन' और छोटी को 'मोहनभोग' कहते थे; पर मुहल्लेवालों के लिये तीनों महिलाएं त्रयतप से कम न थीं। घर में नित्य आंसुओं की नदी बहती रहती — खून की नदी तो पंडितजी ने भी कभी नहीं बहायी, अधिक-से-अधिक शब्दों की ही नदी बहायी थी; पर मज़ाल न थी कि बाहर का आदमी किसी से कुछ कह जाये। संकट के समय तीनों एक हो जाती थीं। यह पंडितजी के नीति-चातुर्य का सुफल था। ज्यों ही खबर मिली कि पंडित चिंतामणि पर संकट पड़ा हुआ है, तीनों त्रिदोष की भांति कुपित होकर घर से निकलीं और जो अन्य दोनों जैसी मोटी नहीं थीं, सबसे पहले समरभूमि में जा पहुंची। पंडित मोटेरामजी ने उसे आते देखा, तो समझ गए कि अब कुशल नहीं। अपना हाथ छुड़ाकर बगटुट भागे, पीछे फिरकर भी न देखा। चिंतामणिजी ने बहुत ललकारा; पर मोटेराम के कदम न रुके।

चिंता0 — अजी, भागे क्यों? ठहरो, कुछ मज़ा तो चखते जाओ।

मोटे0 — मैं हार गया, भाई, हार गया।

चिंता0 — अजी, कुछ दक्षिणा तो लेते जाओ।

मोटेराम ने भागते हुए कहा — दया करो, भाई, दया करो।

4

आठ बजते-बजते पंडित मोटेराम ने स्नान और पूजा करके कहा — अब विलम्ब नहीं करना चाहिए, फंकी तैयार है न?

सोना — फंकी लिये तो कब से बैठी हूं, तुम्हें तो जैसे किसी बात की सुधि ही नहीं रहती। रात को कौन देखता है कि कितनी देर तक पूजा करते हो!

मोटे0 — मैं तुमसे एक नहीं, हज़ार बार कह चुका कि मेरे कामों में मत बोला करो। तुम नहीं समझ सकतीं कि मैंने इतना विलम्ब क्यों किया। तुम्हें ईश्वर ने इतनी बुद्धि ही नहीं दी। जल्दी जाने से अपमान होता है। यजमान समझता है, लोभी है, भुक्खड़ है। इसलिए चतुर लोग विलम्ब किया करते हैं, जिसमें यजमान समझे कि पंडितजी को इसकी सुधि नहीं है, वह मरभूखों की तरह जाने में क्या कभी हो सकता है? मैं बुलावे की प्रतीक्षा कर रहा हूं। कोई-न-कोई आता ही होगा। लाओ थोड़ी फंकी। बालकों को खिला दी है न?

सोना — उन्हें तो मैंने सांझ ही को खिला दी थी।

मोटे0 — कोई सोया तो नहीं?

सोना — आज भला कौन सोएगा? सब भूख-भूख चिल्ला रहे थे, तो मैंने एक पैसे का

चबेना मंगवा दिया। सब-के-सब ऊपर बैठ खा रहे हैं। सुनते नहीं हो, मार-पीट हो रही है।

मोटेराम ने दांत पीसकर कहा — जी चाहता है कि तुम्हारी गर्दन पकड़ कर ऐंठ दूं। भला, इस बेला चबेना मंगाने का क्या काम था? चबेना खा लेंगे, तो वहां क्या तुम्हारा सिर खाएंगे? छिः-छिः! ज़रा भी बुद्धि नहीं!

सोना ने अपराध स्वीकार करते हुए कहा — हां, भूल तो हुई; पर सब-के-सब इतना कोलाहल मचाए हुए थे कि सुना नहीं जाता था।

मोटे० — रोते ही थे, न रोने देती। रोने से उनका पेट न भरता; बल्कि और भूख खुल जाती।

सहसा एक आदमी ने बाहर से आवाज़ दी — पंडितजी, महारानी बुला रही हैं, और लोगों को लेकर जल्दी चलो।

पंडितजी ने पत्नी की ओर गर्व से देखकर कहा — देखा, इसे निमंत्रण कहते हैं। अब तैयारी करनी चाहिए।

बाहर आकर पंडितजी ने उस आदमी से कहा — तुम एक क्षण और न आते, तो मैं कथा सुनाने चला गया होता। मुझे बिल्कुल याद न थी। चलो, हम बहुत शीघ्र आते हैं।

5

नौ बजते-बजते पंडित मोटेराम बाल-गोपाल सहित रानी साहब के द्वार पर जा पहुंचे। रानी बड़ी विशालकाय एवं तेजस्विनी महिला थीं। इस समय वे कारचोलीदार तकिया लगाए तख़्त पर बैठी हुई थीं। दो आदमी हाथ बांधे पीछे खड़े थे। बिजली का पंखा चल रहा था। पंडितजी को देखते ही रानी ने तख़्त से उठकर चरण-स्पर्श किया और इस बालक-मंडल को देखकर मुसकुराती हुई बोली — इन बच्चों को आप कहां से पकड़ लाए।

मोटे० — करता क्या? सारा नगर छान मारा; किसी पंडित ने आना स्वीकार न किया। कोई किसी के यहां निमंत्रण है, कोई किसी के यहां। तब तो मैं बहुत चकराया। अन्त में मैंने उनसे कहा — अच्छा; आप नहीं चलते तो हरि इच्छा; लेकिन ऐसा कीजिए कि मुझे लज्जित न होना पड़ा। तब ज़बरदस्ती प्रत्येक के घर से जो बालक मिला, उसे पकड़ लाना पड़ा। क्यों फेंकूराम, तुम्हारे पिताजी का क्या नाम है?

फेंकूराम ने गर्व से कहा — पंडित सेतूराम पाठक।

रानी — बालक तो बड़ा होनहार है।

और बालकों को भी उत्कंठा हो रही थी कि हमारी भी परीक्षा ली जाये; लेकिन जब पंडितजी ने उससे कोई प्रश्न न किया और उधर रानी ने फेंकूराम की प्रशंसा कर दी, तब तो वे अधीर हो उठे। भवानी बोला — मेरे पिता का नाम है पंडित गंगू पांडे।

छेदी बोला — मेरे पिता का नाम है दमड़ी तिवारी।

बेनीराम ने कहा — मेरे पिता का नाम है पंडित मंगरू ओझा।

अलगूराम समझदार था। चुपचाप खड़ा रहा। रानी ने उससे पूछा — तुम्हारे पिता का क्या नाम है, जी?

अलगूराम को इस वक़्त पिता का निर्दिष्ट नाम याद न आया। न सही सूझा कि कोई और नाम ले ले। हतबुद्धि-सा खड़ा रहा। पंडित मोटेराम ने जब उसकी ओर दांत पीसकर देखा, तब रहा-सहा हवास भी गायब हो गया।

फेंकूराम ने कहा — हम बता दें। भैया भूल गए।

रानी ने आश्चर्य से पूछा — क्या अपने पिता का नाम भूल गया? यह तो विचित्र बात देखी।

मोटेराम ने अलगू के पास जाकर कहा — 'के' से है।

अलगूराम बोल उठा — केशव पांडे।

रानी — तो अब तक क्यों चुप था?

मोटे० — कुछ ऊंचा सुनता है, सरकार

रानी — मैंने सामान तो बहुत-सा मंगवा रखा है। सब खराब होगा। लड़के क्या खायेंगे!

मोटे० — सरकार इन्हें बालक न समझें। इनमें जो सबसे छोटा है, वह दो पत्तल खाकर उठेगा।

6

जब सामने पत्तलें पड़ गई और भंडारी चांदी की थालों में एक-से एक उत्तम पदार्थ ला-लाकर परोसने लगा, तब पंडित मोटेरामजी की आंखें खुल गई। उन्हें आये-दिन निमंत्रण मिलते रहते थे। पर ऐसे अनुपम पदार्थ कभी सामने न आये थे। घी की भी ऐसी सोंधी सुगन्ध उन्हें कभी न मिली थी। प्रत्येक वस्तु से केवड़े और गुलाब से कभी पेट भर सकता है! मनों खा जाऊं, फिर भी और खाने को जी चाहे। देवतागण इनसे उत्तम और कौन-से पदार्थ खाते होंगे? इनसे उत्तम पदार्थों की तो कल्पना भी नहीं हो सकती।

पंडितजी को इस वक़्त अपने परममित्र पंडित चिंतामणि की याद आयी। अगर वे होते, तो रंग जम जाता। उसके बिना रंग फीका रहेगा। यहां दूसरा कौन है, जिससे लाग-डाट करूं। लड़के दो-दो पत्तलों की कौन गिनती? हमारी देखा-देखी लड़के भी डट जायेंगे। ओह, बड़ी भूल हो गई। यह ख्याल मुझे पहले न आया। रानी साहब से कहूं, बुरा तो न मानेंगी। उंह! जो कुछ हो, एक बार ज़ोर तो लगाना ही चाहिए। तुरंत खड़े होकर रानी साहब से बोले — सरकार! आज्ञा हो, तो कुछ कहूं।

रानी — कहिए, कहिए महाराज, क्या किसी वस्तु की कमी है?

मोटे० — नहीं सरकार, किसी बात की नहीं। ऐसे उत्तम पदार्थ तो मैंने कभी देखे भी

न थे। सारे नगर में आपकी कीर्ति फैल जायेगी। मेरे एक परम मित्र पंडित चिंतामणिजी हैं, आज्ञा हो तो उन्हें भी बुला लूं? बड़े विद्वान्, कर्मनिष्ठ ब्राह्मण हैं। उनके जोड़ का इस नगर में दूसरा नहीं है। मैं उन्हें निमंत्रण देना भूल गया। अभी सुधि आयी।

रानी — आपकी इच्छा हो, तो बुला लीजिए; मगर आने-जाने में देर होगी और भोजन परोस दिया गया है।

मोटे0 — मैं अभी आता हूं, सरकार; दौड़ता हुआ जाऊंगा।

रानी — मेरी मोटर ले लीजिए।

जब पंडितजी चलने को तैयार हुए, तब सोना ने कहा — तुम्हें आज क्या हो गया है, जी! उसे क्यों बुला रहे हो?

मोटे0 — कोई साथ देने वाला भी तो चाहिए?

सोना — मैं क्या तुमसे दब जाती?

पंडितजी ने मुस्कुराकर कहा... तुम जानती नहीं, घर की बात और है। दंगल की बात और। पुराना खिलाड़ी मैदान में जाकर जितना नाम करेगा, उतना नया पट्ठा नहीं कर सकता। वहां बल का काम नहीं, साहस का काम है। बस, यहां भी वही हाल समझो। झंडे गाड़ दूंगा। समझ लेना।

सोना — कहीं लड़के सो जायें तो?

मोटे0 — और भूख खुल जायेगी। जगा तो मैं लूंगा।

सोना — देख लेना, आज वह तुम्हें पछाड़ेगा। उसके पेट में तो शनीचर है।

मोटे0 — बुद्धि की सर्वत्र प्रधानता रहती है। यह न समझो कि भोजन करने की कोई विद्या ही नहीं। इसका भी एक शास्त्र है, जिसे मथुरा के शनिचरानंद महाराज ने रचा है। चतुर आदमी थोड़ी-सी जगह में गृहस्थी का सब सामान रख देता है। अनाड़ी बहुत-सी जगह में भी यही सोचता रहता है कि कौन वस्तु कहां रखूं। गंवार आदमी पहले से ही हबक-हबककर खाने लगता है और चट एक लोटा पानी पीकर अफर जाता है। चतुर आदमी बड़ी सावधानी से खाता है, उसका कौर नीचे उतरने के लिए पानी की आवश्यकता नहीं पड़ती। देर तक भोजन करते रहने से वह सुपाच्य भी हो जाता है। चिंतामणि मेरे सामने क्या ठहरेगा!

7

चिंतामणि अपने आंगन में उदास बैठे हुए थे। जिस प्राणी को वह अपने परम हितैषी समझते थे, जिसके लिए वे अपने प्राण तक देने को तैयार रहते थे। उसी ने आज उनके साथ बेवफ़ाई की। बेवफ़ाई ही नहीं की, उन्हें उठाकर दे मारा। पंडित मोटेराम के घर से तो कुछ जाता न था। अगर वे चिंतामणिजी को भी साथ लेते जाते, तो क्या रानी साहब उन्हें दुतकार देतीं? स्वार्थ के आगे कौन किसको पूछता है? उन अमूल्य पदार्थों की कल्पना करके चिंतामणि के

मुंह से लार टपकी पड़ती थी। अब सामने पत्तल आ गई होगी! अब थालों से अमिरतियां लिये भंडारीजी आये होंगे! आहा, कितनी सुन्दर, कोमल, कुरकुरी, रसीली अमिरतियां होंगी! अब बेसन के लड्डू आए होंगे। आहा, कितने सुडौल, मेवों से भरे हुए, घी से तरातर लड्डू होंगे, मुंह में रखते-ही-रखते घुल जाते होंगे, जीभ भी न डुलानी पड़ती होगी। अहा! अब मोहन-भोग आया होगा! हाय रे दुर्भाग्य! मैं यहां पड़ा सड़ रहा हूं और वहां यह बहार! बड़े निर्दयी हो मोटेराम, तुमसे इस निष्ठुरता की आशा न थी।

अमिरतीदेवी बोली — तुम इतना दिल छोटा क्यों करते हो? पितृ-पक्ष तो आ ही रहा है, ऐसे-ऐसे न जाने नितने नेवते आयेंगे।

चिंतामणि — आज किसी अभागे का मुंह देखकर उठा था। लाओ तो पत्रा देखूं, कैसा मुहूर्त है। अब नहीं रहा जाता। सारा नगर छान डालूंगा, कहीं तो पता चलेगा, नासिका तो दाहिनी चल रही है।

एकाएक मोटर की आवाज़ आयी। उसके प्रकाश से पंडितजी का सारा घर जगमगा उठा था। वे खिड़की से झांकने लगे, तो मोटेराम को मोटर से उतरते देखा। एक लम्बी सांस लेकर चारपाई पर गिर पड़े। मन ने कहा कि दुष्ट भोजन करके अब यहां मुझसे बखान करने आया है।

अमिरतीदेवी ने पूछा — कौन है डाढ़ीजार, इतनी रात को जगावत है?

मोटे० — हम हैं, हम! गाली न दो।

अमिरती — अरे दुर मुंहझौंसे, तै कौन है! कहते हैं, हम हैं, हम! को जाने, तैं कौन हस?

मोटे० — अरे, हमारी बोली नहीं पहचानती हो? खूब पहचान लो। हम हैं तुम्हारे देवर।

अमिरती — ऐ दुर, तोरे मुंह में कीड़ा लागे। तोर लहास उठे। हमार देवर बनता है, डाढ़ीजार।

मोटे० — अरे, हम हैं मोटेराम शास्त्री। क्या इतना भी नहीं पहचानती? चिंतामणि घर में हैं?

अमिरती ने किवाड़ खोल दिया और तिरस्कार भाव से बोली — अरे तुम थे! नाम क्यों नहीं बताते थे? जब इतनी गालियां खा लीं, तो बोल निकला। क्या है, क्या?

मोटे० — कुछ नहीं; चिंतामणिजी को शुभ संवाद देने आया हूं। रानी साहब ने उन्हें याद किया है।

अमिरती — भोजन के बाद बुलाकर क्या करेंगी?

मोटे० — अजी भोजन कहां हुआ है! मैंने जब इनको विद्या, कर्मनिष्ठा सद्विचार की प्रशंसा की, तब मुग्ध हो गई। मुझसे कहा कि उन्हें मोटर पर लाओ। क्या सो गए?

चिंतामणि चारपाई पर पड़े-पड़े सुन रहे थे। जी में आता था, चलकर मोटेराम के चरणों पर गिर पड़ूं। उनके विषय में अब तक जितने कुत्सित विचार उठे थे, सब लुप्त हो गए। ग्लानि का अभिर्भाव हुआ। रोने लगे।

...यह कहते हुए मोटेराम उनके सामने जाकर खड़े हो गए।

चिंता0 — तब क्यों न ले गए? जब इतनी दुर्दशा कर लिए, तब आये। अभी तक पीठ में दर्द हो रहा है।

मोटे0 — अजी, वह तर माल खिलाऊंगा कि सारा दर्द-वर्द भाग जायेगा, तुम्हारे यज़मानों को भी ऐसे पदार्थ मयस्सर न हुए होंगे। आज तुम्हें बदकर पछाड़ूंगा!

चिंता — तुम बेचारे मुझे क्या पछाड़ोगे? सारे शहर में तो कोई ऐसा माई का लाल दिखाई नहीं देता। हमें शनीचर का इष्ट है।

मोटे0 — अजी, यहां बरसों तपस्या की है। भंडारे-का-भंडार साफ कर दें। और इच्छा ज्यों-की-त्यों बनी रहे। बस, यही समझ लो कि भोजन करके हम खड़े नहीं रह सकते। चलना तो दूसरी बात है। गाड़ी पर लदकर आते हैं।

चिंता0 — तो यह कौन बड़ी बात है! यहां तो टिकठी पर उठाकर लाए जाते हैं। ऐसी-ऐसी डकारें लेते हैं कि जान पड़ता है, बम-गोला छूट रहा है। एक बार खोपिया पुलिस ने बम-गोले के संदेह में घर की तलाशी तक ली थी।

मोटे0 — झूठ बोलते हो। कोई इस तरह नहीं डकार सकता।

चिंता — अच्छा, तो आकर सुन लेना। डरकर भाग न जाओ। तो सही। क्षण में दोनों मित्र मोटर पर बैठे और मोटर चली।

8

रास्ते में पंडित चिंतामणि को शंका हुई कि कहीं ऐसा न हो कि मैं पंडित मोटेराम का पिछलग्गू समझा जाऊं और मेरा यथेष्ट सम्मान न हो। उधर पंडित मोटेराम को भी भय हुआ कि कहीं ये महाशय मेरे प्रतिद्वंद्वी न बन जायें और रानी साहब पर अपना रंग जमा लें।

दोनों अपने-अपने मंसूबे बांधने लगे। ज्यों ही मोटर रानी के भवन में पहुंची दोनों महाशय उतरे। अब मोटेराम चाहते थे कि पहले मैं रानी के पास पहुंच जाऊं और कह दूं कि पंडित को ले आया, और चिंतामणि चाहते थे कि पहले मैं रानी के पास पहुंचूं और अपना रंग जमा दूं। दोनों कदम बढ़ाने लगे। चिंतामणि हलके होने के कारण ज़रा आगे बढ़ गए, तो पंडित मोटेराम दौड़ने लगे। चिंतामणि भी दौड़ पड़े। घुड़दौड़-सी होने लगी। मालूम होता था कि दो गैंडे भागे जा रहे हैं। अंत को मोटेराम ने हांफते हुए कहा — राजसभा में दौड़ते हुए जाना उचित नहीं।

चिंता0 — तो तुम धीरे-धीरे आओ न, दौड़ने को कौन कहता है?

मोटे0 — ज़रा रूक जाओ, मेरे पैर में कांटा गड़ गया है।

चिंता0 — तो निकाल लो, तब तक मैं चलता हूं।

मोटे0 — मैं न कहता, तो रानी तुम्हें पूछतीं भी न!

मोटेराम ने बहुत किए; पर चिंतामणि ने एक न सुना। भवन में पहुंचे। रानी साहब बैठी कुछ लिख रही थीं और रह-रहकर द्वार की ओर ताक लेती थीं कि सहसा पंडित चिंतामणि उनके सामने आ खड़े हुए और यों स्तुति करने लगे —

'हे हे यशोदे, तू बालकेशव, मुरारनामा...'

रानी — क्या मतलब है? अपना मतलब कहो?

चिंता — सरकार को आशीर्वाद देता हूं। सरकार ने इस दास चिंतामणि को निमंत्रित करके जितना अनुग्रसित (अनुगृहीत) किया है, उसका बखान शेषनाग अपनी सहस्र जिह्वा द्वारा भी नहीं कर सकते।

रानी — तुम्हारा ही नाम चिंतामणि है? वे कहां रह गए — पंडित मोटेराम शास्त्री?

चिंता० — पीछे आ रहा है, सरकार! मेरे बराबर आ सकता है, भला! मेरा तो शिष्य है।

रानी — अच्छा, तो वे आपके शिष्य हैं!

चिंता — मैं अपने मुंह से अपनी बड़ाई नहीं करना चाहता सरकार! विद्वानों को नम्र होना चाहिए; पर जो यथार्थ है, वह तो संसार जानता है। सरकार, मैं किसी से वाद-विवाद नहीं करता; यह मेरा अनुशीलन (अभीष्ट) नहीं। मेरे शिष्य भी बहुधा मेरे गुरु बन जाते हैं; पर मैं किसी से कुछ नहीं कहता। जो सत्य है, वह सभी जानते हैं।

इतने में पंडित मोटेराम भी गिरते-पड़ते हांफते हुए आ पहुंचे और यह देखकर कि चिंतामणि भद्रता और सभ्यता की मूर्ति बने खड़े हैं, वे देवोपम शांति के साथ खड़े हो गए।

रानी — पंडित चिंतामणि बड़े साधु प्रकृति एवं विद्वान हैं। आप उनके शिष्य हैं, फिर भी वे आपको अपना शिष्य नहीं कहते।

मोटे० — सरकार, मैं इनका दासानुदास हूं।

चिंता० — जगतारिणी, मैं इनका चरण रज हूं।

मोटे० — रिपुदलसंहारिणी, मैं इनके द्वार पर कूकुर हूं।

रानी० — आप दोनों सज्जन पूज्य हैं। एक-से-एक बढ़े हुए। चलिए, भोजन कीजिए।

9

सोनारानी बैठी पंडित मोटेराम की राह देख रही थीं। पति की इस मित्र-भक्ति पर उन्हें बड़ा क्रोध आ रहा था। बड़े लड़कों के विषय में तो कोई चिंता न थी; लेकिन छोटे बच्चों के सो जाने का भय था। उन्हें किस्से-कहानियां सुना-सुनाकर बहला रही थीं कि भंडारी ने आकर कहा — महाराज चलो। दोनों पंडितजी आसन पर बैठ गए। फिर क्या था, बच्चे कूद-कूदकर

भोजनशाला में जा पहुंचे। देखा, तो दोनों पंडित दो वीरों की भांति आमने-सामने डटे बैठे हैं। दोनों अपना-अपना पुरुषार्थ दिखाने के लिए अधीर हो रहे थे।

चिंता — भंडारीजी, तुम परोसने में बड़ा विलम्ब करते हो? क्या भीतर जाकर सोने लगते हो?

भंडारी — चुपाई मारे बैठे रहो; जौन कुछ होई, सब आय जाई। घबड़ाये का नहीं होता। तुम्हारे सिवाय और कोई जिवैया नहीं बैठा है।

मोटे० — भैया, भोजन करने के पहले कुछ देर सुगंध का स्वाद तो लो।

चिंता० — अजी; सुगंध गया चूल्हे में, सुगंध देवता लोग लेते हैं। अपने लोग तो भोजन करते हैं।

मोटे० — अच्छा बताओ, पहले किस चीज़ पर हाथ फेरोगे?

चिंता० — मैं जाता हूं भीतर से सब चीज़ें एक साथ लिये आता हूं।

मोटे० — धीरज रखो भैया, सब पदार्थों को आ जाने दो। ठाकुरजी का भोग तो लग जाय।

चिंता — तो बैठे क्यों हो, तब तक भोग ही लगाओ। एक बाधा तो मिटे। नहीं तो लाओ, मैं चटपट भोग लगा दूं। व्यर्थ देर करोगे।

इतने में रानी आ गईं। चिंतामणि सावधान हो गए। रामायण की चौपाईयों का पाठ करने लगे।

'रहा एक दिन अवधि अधारा। समुझत मन दुख भयउ अपारा।।
कोशलेश दशरथ के जाये। हम पितु वचन मानि बन आये।।
उलटि पलटि लंका कपि जारी। कूद पड़ा तब सिधु मझारी।।
जेहि पर जाकर सत्य सनेहू। सो तेहि मिलेहि न कछु संदेहू।।
जामवंत के वचन सुहाये। सुनि हनुमान हृदय अति भाये।।'

पंडित मोटेराम ने देखा कि चिंतामणि का रंग जमता जाता है, तो वे भी अपनी विद्वता प्रकट करने को व्याकुल हो गए। बहुत दिमाग़ लड़ाया; पर कोई श्लोक, कोई मंत्र, कोई कवित्त याद न आया। तब उन्होंने सीधे-सीधे राम-राम का पाठ आरंभ कर दिया

'राम भज, राम भज रे मन' — इन्होंने इतने ऊंचे स्वर में जाप करना शुरू कर दिया कि चिंतामणि को भी अपना स्वर ऊंचा करना पड़ा। मोटेराम और जोर से गरजने लगे। इतने में भंडारी ने कहा — महाराज, अब भोग लगाइए। सह सुनकर उस प्रतिस्पर्द्धा का अंत हुआ। भोग की तैयारियां हुई। बाल-वृन्द सजग हो गया। किसी ने घंटा लिया, किसी ने घड़ियाल, किसी ने शंख, किसी ने करताल और चिंतामणि ने आरती उठा ली। मोटेराम मन में ऐंठकर रह गए। रानी के सामने जाने का यह अवसर उनके हाथ से निकल गया।

पर यह किसे मालूम था कि विधि-वाम उधर कुछ और भी कुटिल-क्रीड़ा कर रहा है? आरती समाप्त हो गई थी, भोजन शुरू होने को ही था कि एक कुत्ता न जाने किधर से आ

निकला। पंडित चिंतामणि के हाथ से लड्डू थाल से गिर पड़ा। पंडित मोटेराम अचकचाकर रह गए। सर्वनाश।

चिंतामणि ने मोटेराम से इशारे में कहा — अब क्या कहते हो, मित्र? कोई उपाय निकालो, यहां तो कमर टूट गई।

मोटेराम ने लम्बी सांस खींचकर कहा — अब क्या हो सकता है? यह ससुर आया किधर से?

रानी पास ही खड़ी थीं, उन्होंने कहा — अरे, कुत्ता किधर से आ गया? यह रोज़ बंधा रहता था, आज कैसे छूट गया? अब तो रसोई भ्रष्ट हो गई।

चिंता0 — सरकार आचार्यों ने इस विषय में...।

मोटे0 — कोई हर्ज़ नहीं है, सरकार, कोई हर्ज़ नहीं है!

सोना — भाग्य फूट गया। जोहत-जोहत आधी रात बीत गई, तब ई विपत्ति फाट परी।

चिंता — सरकार, स्वान के मुख में अमृत...

मोटे0 — तो अब आज्ञा हो तो चलें।

रानी — हां और क्या। मुझे बड़ा दुःख है कि इस कुत्ते ने आज इतना बड़ा अनर्थ कर डाला। तुम बड़े गुस्ताख़ हो गए, टॉमी। भंडारी, ये पत्तल उठाकर मेहतर को दे दो।

चिंता0 — (सोना से) छाती फटी जाती है।

सोना को बालकों पर दया आयी। बेचारे इतनी देर देवोपम धैर्य के साथ बैठे थे। बस चलता तो कुत्ते का गला घोंट देंती। बोली — लरकन का तो दोष नहीं परत है। इन्हें काहे नहीं खवाय देत कोऊ।

चिंत0 — मोटेराम महादुष्ट है। इसकी बुद्धि भ्रष्ट हो गई है।

सोना — ऐसे तो बड़े विद्वान् बनते रहे है। अब काहे नाहीं बोलत बनत। मुंह में दही जम गया, जीभै नाही खुलत है।

चिंता0 — सत्य कहता हूं, रानी को चकमा दे देता। इस दुष्ट के मारे सब खेल बिगड़ गया। सारी अभिलाषाएं मन में रह गई। ऐसे पदार्थ अब कहां मिल सकते हैं?

सोना — सारी मनसई निकस गई। घर ही में गरजै के सैर हैं।

रानी ने भंडारी को बुलाकर कहा — इन छोटे-छोटे तीन बच्चों को खिला दो। ये बेचारे क्यों भूखें मरें। क्यों फेंकूराम, मिठाई खाओगे!

फेंकू — इसीलिए तो आये हैं।

रानी — कितनी मिठाई खाओगे?

फेकू — बहुत-सी (हाथों से बताकर) इतनी!

रानी — अच्छी बात है। जितनी खाओगे उतनी मिलेगी; पर जो बात मैं पूछूं, वह बतानी पड़ेगी। बताओगे न?

फेकू — हां बताऊंगा, पूछिए!

रानी — झूठ बोले, तो एक मिठाई न मिलेगी। समझ गए।

फेकू — मत दीजिएगा। मैं झूठ बोलूंगा ही नहीं।

रानी — अपने पिता का नाम बताओ।

मोटे0 — बालकों को हरदम सब बातें स्मरण नहीं रहती। उसने तो आते ही बता दिया था।

रानी — मैं फिर पूछती हूं, इसमें आपकी क्या हानि है?

चिंता0 — नाम पूछने में कोई हर्ज़ नहीं।

मोटे0 — तुम चुप रहो चिंतामणि, नहीं तो ठीक न होगा। मेरे क्रोध को अभी तुम नहीं जानते। दबा बैठूंगा, तो रोते भागोगे।

रानी — आप तो व्यर्थ इतना क्रोध कर रहे हैं। बोलो फेंकूराम, चुप क्यों हो? फिर मिठाई न पाओगे।

चिंता0 — महारानीजी की इतनी दया-दृष्टि तुम्हारे ऊपर है, बता दो बेटा!

मोटे0 — चिंतामणिजी, मैं देख रहा हूं, तुम्हारे अदिन आये हैं। वह नहीं बताता, तुम्हारा साझा — आये वहां से बड़े खैरख्वाह बन के।

सोना — अरे हां, लरकन से ई सब पंवारा से का मतलब। तुमका धरम पर मिठाई देव, न धरम परे न देव। ई का कि बाप का नाम बताओ तब मिठाई देब।

फेंकूराम ने धीरे से कोई नाम लिया। इस पर पण्डितजी ने उसे इतने जोर से डांटा कि उसकी आधी बात मुंह में ही रह गई।

रानी — क्यों डांटते हो, उसे बोलने क्यों नहीं देते? बोलो बेटा?

मोटे0 — आप हमें अपने द्वार पर बुलाकर हमारा अपमान कर रही हैं।

चिंता0 — इसमें अपमान की तो कोई बात नहीं है, भाई!

मोटे0 — अब हम इस द्वार पर कभी न आयेंगे। यहां सत्यपुरुषों का अपमान किया जाता है।

अलगू — कहिए तो मैं चिंतामणि को एक पटकन दूं।

मोटे0 — नहीं बेटा, दुष्टों को परमात्मा स्वयं दंड देता है। चलो, यहां से चलें। अब भूलकर यहां न आयेंगे। खिलाना न पिलाना, द्वार पर आकर ब्राह्मणों का अपमान करना। तभी तो देश में आग लगी हुई है।

चिंता0 — मोटेराम, महारानी के सामने तुम्हें इतनी कटु बातें न करनी चाहिए।

मोटे0 — बस चुप रहना, नहीं तो सारा क्रोध तुम्हारे ही सिर जायेगा। माता-पिता का पता नहीं, ब्राह्मण बनने चले हैं। तुम्हें कौन कहता है ब्राह्मण?

चिंता0 — जो कुछ मन चाहे, कह लो। चन्द्रमा पर थूकने से थूक अपने ही मुंह पर पड़ता है। जब तुम धर्म का एक लक्षण नहीं जानते, तब तुमसे क्यों बातें करूं? ब्राह्मण को धैर्य रखना चाहिए।

मोटे0 — पेट के गुलाम हो। ठकुरसोहाती कर रहे हो कि एकाध पत्तल मिल जाये। यहां मर्यादा का पालन करते हैं!

चिंता — कह तो दिया भाई कि तुम बड़े, मैं छोटा, अब और क्या कहूं। तुम सत्य कहते होंगे, मैं ब्राह्मण नहीं, शूद्र हूं।

रानी — ऐसा न कहिए चिंतामणिजी।

'इसका बदला न लिया तो कहना!' यह कहते हुए पण्डित मोटेराम बालक-वृन्द के साथ बाहर चले आये और भाग्य को कोसते हुए घर को चले। बार-बार पछता रहे थे कि दुष्ट चिंतामणि को क्यों बुला लाया।

सोना ने कहा — भंडा फूटत-फूटत बच गया। फेंकुआ नाव बताय देता। काहे रे, अपने बाप केर नाव बताय देते।

फेंकू — और क्या। वे तो सच-सच पूछती थीं!

मोटे0 — चिंतामणि ने रंग जमा लिया, अब आंनद से भोजन करेगा।

सोना — तुम्हार एको विद्या काम न आई। ऊँ तौन बाजी मार लेगा।

मोटे0 — मैं तो जानता हूं, रानी ने जान-बूझकर कुत्ते को बुला लिया।

सोना — मैं तो ओका मुंह देखत ताड़ गई कि हमका पहचान गई।

इधर तो ये लोग पछताते चले जाते थे, उधर चिंतामणि की पांचों अंगुली घी में थीं। आसन मारे भोजन कर रहे थे। रानी अपने हाथों से मिठाइयां परोस रही थीं; वार्तालाप भी होता जाता था।

रानी — बड़ा धूर्त है? मैं बालकों को देखते ही समझ गई। अपनी स्त्री को भेष बदलकर लाते उसे लज्जा न आई।

चिंता0 — मुझे कोस रहे होंगे।

रानी — मुझसे उड़ने चला था। मैंने भी कहा था — बचा, तुमको ऐसे शिक्षा दूंगी कि उम्र भर याद करोगे। टॉमी को बुला लिया।

चिंता — सरकार की बुद्धि को धन्य है।

❑❑❑

रामलीला

इधर एक मुद्दत से रामलीला देखने नहीं गया। बंदरों के भद्दे चेहरे लगाए आधी टांगों का पाजामा और काले रंग का ऊंचा कुरता पहने आदमियों को दौड़ते, हू-हू करते देखकर हंसी आती है; मज़ा नहीं आता। काशी की लीला जगद्‌विख्यात है। सुना है, लोग दूर-दूर से देखने आते हैं। मैं भी बड़े शौक़ से गया; पर मुझे तो वहां की लीला और किसी बज्र देहात की लीला में कोई अंतर न दिखाई दिया। हां, रामनगर की लीला में कुछ साज-सामान अच्छे हैं। राक्षसों और बंदरों के चेहरे पीतल के हैं, गदाएं भी पीतल की हैं; कदाचित् वनवासी भ्राताओं के मुकुट सच्चे काम के हों; लेकिन साज-सामान के सिवा वहां भी वही हू-हू के सिवा और कुछ नहीं। फिर भी लाखों आदमियों की भीड़ लगी रहती है।

लेकिन एक ज़माना वह था, जब मुझे भी रामलीला में आनंद आता था। आनंद तो बहुत हलका-सा शब्द है। वह आनंद उन्माद से कम न था। संयोगवश उन दिनों मेरे घर से बहुत थोड़ी दूर पर रामलीला का मैदान था; और जिस घर में लीला-पात्रों का रूप-रंग भरा जाता था, वह तो मेरे घर से बिल्कुल मिला हुआ था। दो बजे दिन से पात्रों की सजावट होने लगती थी। मैं दोपहर ही से वहां जा बैठता, और जिस उत्साह से दौड़-दौड़कर छोटे छोटे काम करता, उस उत्साह से तो आज अपनी पेंशन लेने भी नहीं जाता। एक कोठरी में राजकुमारों का श्रृंगार होता था। उनकी देह में रामरज पीसकर पोती जाती; मुंह पर पॉउडर लगाया जाता और पॉउडर के ऊपर लाल, हरे, नीले रंग की बुंदकियां लगाई जाती थीं। सारा माथा, भौंहें, गाल, ठोड़ी, बुंदकियों से रच उठती थीं। एक ही आदमी इस काम में कुशल था। वही बारी-बारी से तीनों पात्रों का श्रृंगार करता था। रंग की प्यालियों में पानी लाना, रामरज पीसना, पंखा झलना मेरा काम था। जब इन तैयारियों के बाद विमान निकलता, तो उस पर रामचंद्रजी के पीछे बैठकर मुझे जो उल्लास, जो गर्व, जो रोमांच होता था; वह अब लाट साहब के दरबार में कुरसी पर बैठकर भी नहीं होता। एक बार जब होम-मेम्बर साहब ने व्यवस्थापक-सभा में मेरे एक प्रस्ताव का अनुमोदन किया था, उस वक़्त मुझे कुछ उसी तरह का उल्लास, गर्व और रोमांच हुआ था। हां, एक बार जब मेरा ज्येष्ठ पुत्र नायब-तहसीलदारों में नामजद हुआ, तब भी ऐसी ही

तरंगें मन में उठी थीं; पर इनमें उस बाल-विह्वलता में बड़ा अंतर है। तब ऐसा मालूम होता था कि मैं स्वर्ग में बैठा हूं।

निषाद-नौका-लीला का दिन था। मैं दो-चार लड़कों के बहकाबे में आकर गुल्ली-डंडा खेलने लगा था। आज श्रृंगार देखने न गया। विमान भी निकला; पर मैंने खेलना न छोड़ा। मुझे अपना दांव लेना था। अपना दांव छोड़ने के लिए उससे कहीं बढ़कर आत्म-त्याग की ज़रूरत थी; जितना मैं कर सकता था। अगर दांव देना होता तो मैं कब का भाग खड़ा होता; लेकिन पदाने में कुछ और ही बात होती है। खैर, दांव पूरा हुआ। अगर मैं चाहता, तो धांधली करके दस-पांच मिनट और पदा सकता था, इसकी काफ़ी गुंजाइश थी; लेकिन अब इसका मौक़ा न था। मैं सीधे नाले की तरफ दौड़ा। विमान जल-तट पर पहुंच चुका था। मैंने दूर से देखा, मल्लाह किश्ती लिये आ रहा है। दौड़ा; लेकिन आदमियों की भीड़ में दौड़ना कठिन था। आखिर जब मैं भीड़ हटाता, प्राण-पण से आगे बढ़ता घाट पर पहुंचा, तो निषाद अपनी नौका खोल चुका था। रामचंद्र पर मेरी कितनी श्रद्धा थी! अपने पाठ की चिंता न करके उन्हें पढ़ा दिया करता था, जिसमें वह फेल न हो जायें। मुझसे उम्र ज्यादा होने पर भी वह नीची कक्षा में पढ़ते थे! लेकिन वही रामचंद्र नौका पर बैठे इस तरह मुंह फेरे चले जाते थे, मानो मुझसे जान-पहचान ही नहीं। नक़ल में भी असल की कुछ-न-कुछ बू आ ही जाती है। भक्तों पर जिसकी निगाह सदा की तीखी रही है, वह मुझे क्यों उबारते? मैं विकल होकर उस बछड़े की भांति कूदने लगा, जिसकी गर्दन पर पहली बार जुआ रखा गया हो। कभी लपककर नाले की ओर जाता, कभी किसी सहायक की खोज में पीछे की तरफ़ दौड़ता, पर सब-के-सब अपनी धुन में मस्त थे; मेरी चीख-पुकार किसी के कानों तक न पहुंची। तबसे बड़ी-बड़ी विपत्तियां झेलीं; पर उस समय जितना दुःख हुआ, उतना फिर कभी न हुआ।

मैंने निश्चय किया था कि अब रामचंद्र से न कभी बोलूंगा, न कभी खाने की कोई चीज़ ही दूंगा; लेकिन ज्यों ही नाले को पार करके वह पुल की ओर लौटे, मैं दौड़कर विमान पर चढ़ गया, और ऐसा खुश हुआ, मानो कोई बात ही न हुई थी।

2

रामलीला समाप्त हो गई थी। राजगद्दी होने वाली थी; पर न जाने क्यों देर हो रही थी। शायद चंदा कम वसूल हुआ था। रामचंद्र की इन दिनों कोई बात भी न पूछता था। न घर ही जाने की छुट्टी मिलती थी, न भोजन का ही प्रबंध होता था। चौधरी साहब के यहां से एक सीधा कोई तीन बजे दिन को मिलता था। बाकी सारे दिन कोई पानी को भी नहीं पूछता। लेकिन मेरी श्रद्धा अभी तक ज्यों-की-त्यों थी। मेरी दृष्टि में वह अब भी रामचंद्र ही थे। घर पर मुझे खाने की कोई चीज़ मिलती, वह लेकर रामचंद्र को दे आता। उन्हें खिलाने में मुझे जितना आनंद मिलता था, उतना आप खा जाने में कभी न मिलता। कोई मिठाई या फल पाते ही

मैं बेहताशा चौपाल की ओर दौड़ता। अगर रामचंद्र वहां न मिलते, तो उन्हें चारों ओर तलाश करता, और जब तक वह चीज़ उन्हें नही खिला लेता, मुझे चैन न आता था।

खैर, राजगद्दी का दिन आया। रामलीला के मैदान में एक बड़ा-सा शामियाना ताना गया। उसकी खूब सजावट की गई। वेश्याओं के दल भी आ पहुंचे। शाम को रामचंद्र की सवारी निकली, और प्रत्येक द्वार पर उनकी आरती उतारी गई, श्रद्धानुसार किसी ने रुपये दिये, किसी ने पैसे। मेरे पिता पुलिस के आदमी थे; इसलिए उन्होंने बिना कुछ दिये ही आरती उतारी। उस वक़्त मुझे जितनी लज्जा आई, उसे बयान नहीं कर सकता। मेरे पास उस वक़्त संयोग से एक रुपया था। मेरे मामाजी दशहरे के पहले आये थे और मुझे एक रुपया दे गए थे। उस रुपया को मैंने रख छोड़ा था। दशहरे के दिन भी उसे खर्च न कर सका। मैंने तुरंत वह रुपया लाकर आरती की थाली में डाल दिया। पिताजी मेरी ओर कुपित नेत्रों से देखकर रह गए। उन्होंने कुछ कहा तो नहीं लेकिन मुंह ऐसा बना लिया, जिससे प्रकट होता था कि मेरी इस धृष्टता से उनके रोब में बट्टा लग गया। रात के दस बजते-बजते यह परिक्रमा पूरी हुई। आरती की थाली रुपयों और पैसों से भरी हुई थी। ठीक तो नहीं कह सकता; मगर अब ऐसा अनुमान होता है कि चार-पांच सौ रुपयों से कम न थे। चौधरी साहब इनसे कुछ ज़्यादा ही खर्च कर चुके थे। उन्हें इसकी बड़ी फ़िक्र हुई कि किसी तरह कम-से-कम दो सौ रुपये और वसूल हो जाएं और इसकी सबसे अच्छी तरकीब उन्हें यही मालूम हुई कि वेश्याओं द्वारा महफ़िल में वसूली हो। जब लोग आकर बैठ जायें, और महफ़िल का रंग जम जाय, तो आबादीजान रसिकजनों की कलाइयां पकड़कर ऐसे हाव-भाव दिखाएं कि लोग शरमाते-शरमाते भी कुछ-न-कुछ दे ही मरें। आबादीजान और चौधरी साहब में सलाह होने लगी। मैं संयोग से उन दोनों प्राणियों की बातें सुन रहा था। चौधरी साहब ने समझा होगा, यह लौंड़ा क्या मतलब समझेगा। पर यहां ईश्वर की दया से अक्ल के पुतले थे। सारी दास्तान समझ में आती जाती थी।

चौधरी — सुनो आबादीजान, यह तुम्हारी ज़्यादती है। हमारा और तुम्हारा कोई पहला साबिका तो है नहीं। ईश्वर ने चाहा, तो यहां हमेशा तुम्हारा आना-जाना लगा रहेगा। अबकी चंदा बहुत कम आया, नहीं तो मैं तुमसे इतना इसरार न करता।

आबादी0 — आप मुझसे भी ज़मीदारी चाले चलते हैं, क्यों? मगर यहां हुजूर की दाल न गलेगी। वाह! रुपया तो मैं वसूल करूं, और मूंछों पर ताव आप दें। कमाई का अच्छा ढंग निकाला है। इस कमाई से तो वाकई आप थोड़े दिनों में राजा हो जाएंगे। उसके सामने ज़मीदारी झक मारेगी! बस, कल ही से एक चकला खोल दीजिए! खुदा की कसम, मालामाल हो जाइएगा।

चौधरी — तुम दिल्लगी करती हो, और यहां काफ़िया तंग हो रहा है।

आबादी0 — तो आप भी तो मुझी से उस्तादी करते हैं। यहां आप जैसे काइंयों को रोज उंगलियों पर नाचती हूं।

चौधरी — यही सही।

आबादी० — अच्छा, वो पहले मेरे सौ रुपये गिन दीजिए। पीछे से आप अलसेट करने लगेंगे।

चौधरी — वाह! वह भी लोगी और यह भी।

आबादी० — अच्छा, तो आप समझते थे कि अपनी उज़रत छोड़ दूंगी? वाह री आपकी समझ! खूब, क्यों न हो। दीवाना बकारे दरवेश हुशियार!

चौधरी — तो क्या तुमने दोहरी फीस लेने की ठानी है?

आबादी० — अगर आपको सौ दफ़े गरज़ हो तो। वरना मेरे सौ रुपये तो कहीं गये ही नहीं। मुझे क्या कुत्ते ने काटा है, जो लोगों की जेब में हाथ डालती फिरूं?

चौधरी की एक न चली। आबादी के सामने दबना पड़ा। नाच शुरू हुआ। आबादीजान बला की शोख़ औरत थी। एक तो कमसिन, उस पर हसीन। और उसकी अदाएं तो इस ग़जब की थीं कि मेरी तबियत भी मस्त हुई जाती थी। आदमियों के पहचानने का गुण भी उसमें कुछ कम न था। जिसके सामने बैठ गई, उससे कुछ-न-कुछ ले ही लिया। पांच रुपये से कम तो शायद ही किसी ने दिये हों। पिताजी के सामने भी वह बैठी। मैं मारे शर्म के गड़ गया। जब उसने उनकी कलाई पकड़ी, तब तो मैं सहम उठा। मुझे यक़ीन था कि पिताजी उसका हाथ झटक देंगे और शायद दुतकार भी दें, किंतु यह क्या हो रहा है! ईश्वर! मेरी आंखें धोखा तो नहीं खा रही हैं! पिताजी मूंछों में हंस रहे हैं। ऐसा मृदु हंसी उनके चेहरे पर मैंने कभी नहीं देखी थी। उनकी आंखों से अनुराग टपका पड़ता था। उनका एक-एक रोम पुलकित हो रहा था; मगर ईश्वर ने मेरी लाज रख ली। वह देखो, उन्होंने धीरे से आबादी के कोमल हाथों से अपनी कलाई छुड़ा ली। अरे! यह फिर क्या हुआ? आबादी तो उनके गले में बाहें डाल देती है। अब पिताजी उसे ज़रूर पीटेंगे। चुड़ैल को ज़रा भी शर्म नहीं।

एक महाशय ने मुस्कुराकर कहा — यहां तुम्हारी दाल न गलेगी, आबादीजान! और दरवाज़ा देखो।

बात तो इन महाशय ने मेरे मन की कही, और बहुत ही उचित कही। लेकिन न जाने क्यों पिताजी ने उसकी ओर कुपित नेत्रों से देखा, और मूंछों पर ताव दिया। मुंह से तो वह कुछ न बोले; पर उनके मुख की आकृति चिल्लाकर सरोष शब्दों में कह रही थी — तू बनिया, मुझे समझता क्या है? यहां ऐसे अवसर पर जान तक निसार करने को तैयार हैं। रुपये की हकीकत ही क्या! तेरा जी चाहे, आजमा ले। तुझसे दूनी रकम न दे डालूं, तो मुंह न दिखाऊं!

महान् आश्चर्य! घोर अनर्थ! अरे ज़मीन, तू फट क्यों नहीं जाती? आकाश, तू फट क्यों नहीं पड़ता? अरे, मुझे क्यों नहीं आ जाती! पिताजी जेब में हाथ डाल रहे हैं। वह कोई चीज़ निकाली, और सेठजी को दिखाकर आबादीजान को दे डाली। आह! यह तो अशर्फ़ी है। चारों ओर तालियां बजने लगीं। सेठजी उल्लू बन गए। पिताजी ने मुंह की खाई, इसका निश्चय मैं नहीं कर सकता। मैंने केवल इतना देखा कि पिताजी ने एक अशर्फी निकालकर आबादीजान को दी। उनकी आंखों में इस समय इतना गर्वयुक्त उल्लास था, मानों उन्होंने हातिम की क़ब्र

पर लात मारी हो। यही पिताजी हैं, जिन्होंने मुझे आरती में एक रुपया डालते देखकर मेरी ओर इस तरह से देखा था, मानो मुझे फाड़ ही खाएंगे। मेरे उस परमोचित व्यवहार से उनके रोब में फ़र्क़ आता था, और इस समय इस घृणित, कुत्सित और निंदित व्यापार पर गर्व और आनंद से फूले न समाते थे।

आबादीजान ने एक मनोहर मुस्कान के साथ पिताजी को सलाम किया और आगे बढ़ी; मगर मुझसे वहां न बैठा गया। मारे शर्म के मेरा मस्तक झुका जाता था; अगर मेरी आंखों देखी बात न होती, तो मुझे इस पर कभी एतबार न होता। मैं बाहर जो कुछ देखता-सुनता था, उसकी रिपोर्ट अम्मा से ज़रूर करता था। पर इस मामले को मैंने उनसे छिपा रखा। मैं जानता था, उन्हें यह बात सुनकर बड़ा दुःख होगा।

रात भी गाना होता रहा। तबले की धमक मेरे कानों में आ रही थी। जी चाहता था, चलकर देखूं, पर साहस न होता था। मैं किसी को मुंह कैसे दिखाऊंगा। कहीं किसी ने पिताजी का ज़िक्र छेड़ दिया तो मैं क्या करूंगा?

प्रातःकाल रामचंद्र की विदाई होने वाली थी। मैं चारपाई से उठते ही आंखें मलता हुआ चौपाल की ओर भागा। डर रहा था कि कहीं रामचंद्र चले न गए हों। पहुंचा, तो देखा — तवायफ़ों की सवारियां जाने को तैयार हैं। बीसों आदमी हसरतनाक मुंह बनाए उन्हें घेरे खड़े हैं। मैंने उनकी ओर आंख तक न उठाई। सीधा रामचंद्र के पास पहुंचा। लक्ष्मण और सीता बैठे रो रहे थे; और रामचंद्र खड़े कांधे पर लुटिया-डोर डाले उन्हें समझा रहे थे। मेरे सिवा वहां और कोई न था। मैंने कुंठित स्वर से रामचंद्र से पूछा — क्या तुम्हारी बिदाई हो गई?

रामचंद्र — हां, हो तो गई। हमारी बिदाई ही क्या? चौधरी साहब ने कह दिया — जाओ, चले जाते हैं।

'क्या रुपया और कपड़े नहीं मिले?'

'अभी नहीं मिले। चौधरी साहब कहते हैं, इस वक़्त बचत में रुपये नहीं है। फिर आकर ले जाना।'

'कुछ नहीं मिला?'

'एक पैसा भी नहीं। कहते हैं, कुछ बचत नहीं हुई। मैंने सोचा था, कुछ रुपये मिल जाएंगे तो पढ़ने की किताबें ले लूंगा। सो कुछ न मिला। राह-खर्च भी नहीं दिया। कहते हैं, कौन दूर है, पैदल चले जाओ!'

मुझे ऐसा क्रोध आया कि चलकर चौधरी को खूब आड़े हाथों लूं। वेश्याओं के लिए रुपये, सवारियां सब कुछ; पर बेचारे रामचंद्र और उनके साथियों के लिए कुछ भी नहीं! जिन लोगों ने रात को आबादीजान पर दस-दस, बीस-बीस रुपये न्योछावर किए थे; उनके पास क्या इनके लिए दो-चार आने पैसे भी नहीं? पिताजी ने भी तो आबादीजान को एक अशर्फ़ी दी थी। देखूं इनके नाम पर क्या देते हैं! मैं दौड़ा हुआ पिताजी के पास गया। वह कहीं तफ़्तीश पर जाने को तैयार खड़े थे। मुझे देखकर बोले — कहां घूम रहे हो? पढ़ने के वक़्त तुम्हें घूमने को सूझती है?

मैंने कहा — गया था चौपाल। रामचंद्र बिदा हो रहे थे। उन्हें चौधरी साहब ने कुछ नहीं दिया।

'तो तुम्हें इसकी क्या फ़िक्र पड़ी है?'

'वह जाएंगे कैसे? पास राह-खर्च भी तो नहीं है!'

'क्या कुछ खर्च भी नहीं दिया? यह चौधरी साहब की बेइंसाफ़ी है।'

'आप अगर दो रुपया दे दें, तो मैं उन्हें दे आऊं। इतने में शायद वह घर पहुंच जायें।'

पिताजी ने तीव्र दृष्टि से देखकर कहा — जाओ, अपनी किताब देखो; मेरे पास रुपये नहीं हैं।

यह कहकर वह घोड़े पर सवार हो गए। उसी दिन से पिताजी पर से मेरी श्रद्धा उठ गई। मैंने फिर कभी उनकी डांट-डपट की परवा नहीं की। मेरा दिल कहता, आपको मुझको उपदेश देने का कोई अधिकार नहीं है। मुझे उनकी सूरत से चिढ़ हो गई। वह जो कहते, मैं ठीक उसका उलटा करता। यद्यपि इससे मेरी हानि हुई; लेकिन मेरा अंतःकरण उस समय विप्लवकारी विचारों से भरा हुआ था।

मेरे पास दो आने पैसे पड़े हुए थे। मैंने पैसे उठा लिए और जाकर शरमाते-शरमाते रामचंद्र को दे दिए। उन पैसों को देखकर रामचंद्र को जितना हर्ष हुआ, वह मेरे लिए आशातीत था। टूट पड़े, मानो प्यासे को पानी मिल गया।

वही दो आने पैसे लेकर तीनों मूर्तियां विदा हुईं! केवल मैं ही उनके साथ कस्बे के बाहर तक पहुंचाने आया।

उन्हें बिदा करके लौटा, तो मेरी आंखें सजल थीं; पर हृदय आनंद से उमड़ा हुआ था।

❑❑❑

मंत्र (1)

पंडित लीलाधर चौबे की जबान में जादू था। जिस वक़्त वह मंच पर खड़े होकर अपनी वाणी की सुधा-वृष्टि करने लगते थे, श्रोताओं की आत्माएं तृप्त हो जाती थीं, लोगों पर अनुराग का नशा छा जाता था। चौबेजी के व्याख्यानों में तत्व तो बहुत कम होता था, शब्द-योजना भी बहुत सुन्दर न होती थी; लेकिन बार-बार दुहराने पर भी उसका असर कम न होता; बल्कि धन की चोटों की भांति और भी प्रभावोत्पादक हो जाता था। हमें तो विश्वास नहीं आता; किन्तु सुनने वाले कहते हैं, उन्होंने केवल एक व्याख्यान रट रखा है! और उसी को यह शब्दशः प्रत्येक सभा में एक नए अंदाज़ से दुहराया करते हैं! जातीय गौरव-गान उनके व्याख्यानों का प्रधान गुण था; मंच पर आते ही भारत के प्राचीन गौरव और पूर्वजों की अमर-कीर्ति का राग छेड़कर सभा को मुग्ध कर देते थे। यथा —

'सज्जनो! हमारी अधोगति की कथा सुनकर किसी आंखों से अश्रुधारा न निकल पड़ेगी? हमें प्राचीन गौरव को याद करके संदेह होने लगता है कि हम वही हैं, या बदल गए। जिसने कल सिंह से पंजा लिया, वह आज चूहे को देखकर बिल खोज़ रहा है। इस पतन की भी सीमा है? दूर क्यों जाइए, महाराज चंद्रगुप्त के समय में यहां द्वार पर ताले न डाले जाते थे, चोरी कहीं सुनने में न आती थी, व्यभिचार का नाम-निशान न था, दस्तावेज़ों का आविष्कार ही न हुआ था, पुर्जों पर लाखों का लेन-देन हो जाता था, न्याय-पद पर बैठे हुए कर्मचारी मक्खियां मारा करते थे। सज्जनों! उन दिनों कोई आदमी जवान न मरता था। (तालियां हां, उन दिनों कोई आदमी जवान न मरता था। बाप के सामने बेटे का अवसान हो जाना एक अभूतपूर्व एक असंभव घटना थी। आज ऐसे कितने माता-पिता हैं, जिनके कलेजे पर जवान बेटों का दाग़ न हो? वह भारत नहीं रहा, भारत गारत हो गया!'

यह चौबेजी की शैली थी। यह वर्तमान की अधोगति और दुर्दशा तथा भूत की समृद्धि और सुदशा का राग अलापकर लोगों में जातीय स्वाभिमान जागृत कर देते थे। इसी सिद्धि की बदौलत उनकी नेताओं में गणना होती थी। विशेषतः हिंदू-सभा के तो वह कर्णधार ही समझे जाते थे। हिंदू-सभा के उपासकों में कोई ऐसा उत्साही, ऐसा दक्ष, ऐसा नीति-चतुर दूसरा न

था। यों कहिए कि सभा के लिए उन्होंने अपना जीवन ही उत्सर्ग कर दिया था। धन तो उनके पास न था, कम-से-कम लोगों का विचार यहीं था; लेकिन साहस, धैर्य और बुद्धि जैसे अमूल्य रत्न उनके पास अवश्य थे, और ये सभी सभा को अर्पण थे। 'शुद्धि' के तो मानो प्राण ही थे। हिंदू-जाति का उत्थान और पतन, जीवन और मरण उनके विचारों में इसी प्रश्न पर अवलम्बित था। शुद्धि के सिवा अब हिंदू-जाति के पुनर्जीवन का और कोई उपाय न था। जाति की समस्त नैतिक, शारीरिक, मानसिक, सामाजिक, आर्थिक और धार्मिक बीमारियों की दवा इसी आंदोलन की सफलता में मर्यादित थी, और वह तन-मन से इसका उद्योग किया करते थे। चंदे वसूल करने में चौबेजी सिद्धहस्त थे। ईश्वर ने उन्हें वह 'गुन' बता दिया था कि पत्थर से भी तेल निकाल सकते थे। कंजूसों को तो वह ऐसा उलटे छूरे से मूड़ते थे कि उन महाशयों को सदा के लिए शिक्षा मिल जाती थी। इस विषय में पंडितजी साम, दाम, दंड और भेद इन चारों नीतियों से काम लेते थे, यहां तक कि राष्ट्रहित के लिए डाका और चोरी को भी क्षम्य समझते थे।

2

गरमी के दिन थे। लीलाधरजी किसी शीतल पार्वत्य-प्रदेश को जाने की तैयारियां कर रहे थे कि सैर हो जायेगी, और बन पड़ा तो कुछ चंदा भी वूसल कर लायेंगे। उनको जब भ्रमण की इच्छा होती, तो मित्रों के साथ एक डेपुटेशन के रूप में निकल खड़े होते; अगर एक हज़ार रुपये वसूल करके वह इसका आधा सैर-सपाटे में खर्च भी कर दें, तो किसी की क्या हानि? हिंदू-सभा को तो कुछ-न-कुछ मिल ही जाता था। वह न उद्योग करते, तो इतना भी तो न मिलता! पंडितजी ने अब की सपरिवार जाने का निश्चय किया था। जब से 'शुद्धि' का आविर्भाव हुआ था, उनकी आर्थिक दशा, जो पहले बहुत शोचनीय रहती थी, बहुत कुछ सम्हल गई थी।

लेकिन जाति के उपासकों का ऐसा सौभाग्य कहां कि शांति-निवास का आनंद उठा सकें! उनका तो जन्म ही मारे-मारे फिरने के लिए होता। ख़बर आयी कि मद्रास प्रांत में तबलीगवालों ने तूफ़ान मचा रखा है। हिंदूओं के गांव-के-गांव मुसलमान होते जाते हैं। मुल्लाओं ने बड़े जोश से तबलीग़ का काम शुरू किया है; अगर हिंदू-सभा ने इस प्रवाह को रोकने की आयोजना न की, तो प्रांत हिंदूओं से शून्य हो जायेगा — किसी शिखाधारी की सूरत तक न नज़र आयेगी।

हिंदू-सभा में खलबली मच गई। तुरंत एक विशेष अधिवेशन हुआ और नेताओं के सामने यह समस्या उपस्थित की गई। बहुत सोच-विचार के बाद निश्चय हुआ कि चौबेजी पर इस कार्य का भार रखा जाय, उनसे प्रार्थना की जाय कि तुरंत मद्रास चले जायें, और धर्म-विमुख बंधुओं का उद्धार करें। कहने ही की देर थी, चौबेजी तो हिंदू-जाति की सेवा के लिए अपने को अर्पण

ही कर चुके थे; पर्वत-यात्रा का विचार रोक दिया, और मद्रास जाने को तैयार हो गए। हिंदू सभा के मंत्री ने आंखों में आंसू भरकर उनसे विनय की कि महाराज, यह बेड़ा आप ही उठा सकते हैं। आप ही को परमात्मा ने इतनी सामर्थ्य दी है। आपके सिवा ऐसा कोई दूसरा मनुष्य भारतवर्ष में नहीं है, जो इस घोर विपत्ति में काम आये। जाति की दीन-हीन दशा पर दया कीजिए। चौबेजी इस प्रार्थना को अस्वीकार न कर सके। फौरन सेवकों की एक मंडली बनी और पंडितजी के नेतृत्व में रवाना हुई। हिंदू-सभा ने उसे बड़ी धूम से विदाई का भोज दिया। एक उदार रईस ने चौबेजी को एक थैली भेंट की, और रेलवे-स्टेशन पर हज़ारों आदमी उन्हें विदा करने आये।

यात्रा का वृत्तांत लिखने की जरूर नहीं। हर एक बड़े स्टेशन पर सेवकों का सम्मानपूर्ण स्वागत हुआ। कई जगह थैलियां मिली। रतलाम की रियासत ने एक शामियाना भेंट किया। बड़ौदा ने एक मोटर दी कि सेवकों को पैदल चलने का कष्ट न उठाना पड़े, यहां तक की मद्रास पहुंचते-पहुंचते सेवादल के पास एक माकूल रकम के अतिरिक्त ज़रूरत की कितनी चीज़ें ज़मा हो गई। वहां आबादी से दूर खुले हुए मैदान में हिंदू-सभा का पड़ाव पड़ा। शामियाने पर राष्ट्रीय झंड़ा लहराने लगा। सेवकों ने अपनी-अपनी वर्दियां निकाली, स्थानीय धन-कुबरों ने दावत के सामान भेजे, रावटियां पड़ गई। चारों ओर ऐसी चहल-पहल हो गई, मानों किसी राजा का कैम्प है।

3

रात के आठ बजे थे। अछूतों की एक बस्ती के समीप, सेवक-दल का कैम्प गैस के प्रकाश से जगमगा रहा था। कई हज़ार आदमियों का जमाव था; जिनमें अधिकांश अछूत ही थे। उनके लिए अलग टाट बिछा दिए गए थे। ऊंचे वर्ण के हिन्दू कालीनों पर बैठे हुए थे। पंडित लीलाधरजी का धुआंधर व्याख्यान हो रहा था — तुम उन्हीं ऋषियों की संतान हो, जो आकाश के नीचे एक नयी सृष्टि की रचना कर सकते थे! जिनके न्याय, बुद्धि और विचार-शक्ति के सामने आज सारा संसार सिर झुका रहा है।

सहसा एक बूढ़े अछूत ने उठकर पूछा — हम लोग भी उन्हीं ऋषियों की संतान हैं?

लीलाधर — निस्संदेह। तुम्हारी धमनियों में भी उन्हीं ऋषियों का रक्त दौड़ रहा है और यद्यपि आज का निर्दयी, कठोर, विचारहीन और संकुचित हिन्दू-समाज तुम्हें अवहेलना की दृष्टि से देख रहा है, तथापि तुम किसी हिन्दू से नीच नहीं हो, चाहे वह अपने को कितना ही ऊंचा समझता हो।

बूढ़ा — तुम्हारी सभा हम लोगों की सुधि क्यों नहीं लेती?

लीलाधर — हिन्दू-सभा का जन्म, अभी थोड़े ही दिन हुए हुआ है, और इस अल्पकाल में उसने जितने काम किए हैं, उन पर उसे अभिमान हो सकता है। हिन्दू-जाति शताब्दियों के

बाद गहरी नींद से चौंकी है, और अब वह समय निकट है, जब भारतवर्ष में कोई हिन्दू किसी हिन्दू को नीच न समझेगा, जब वह सब एक दूसरे को भाई समझेंगे। श्रीरामचंद्र के निषाद को छाती से लगाया था, शबरी के जूठे बेर खाए थे...

बूढ़ा — आप जब इन्हीं महात्माओं की संतान हैं, तो फिर ऊंच-नीच में क्यों इतना भेद मानते हैं ?

लीलाधर — इसलिए कि हम पतित हो गए हैं — अज्ञान में पड़कर उन महात्माओं को भूल गए हैं।

बूढ़ा — अब तो आपकी निद्रा टूटी है, हमारे साथ भोजन करोगे ?

लीलाधर — मुझे कोई आपत्ति नहीं है।

बूढ़ा — मेरे लड़के से अपनी कन्या का विवाह कीजिएगा ?

लीलाधर — जब तक तुम्हारे जन्म-संस्कार न बदल जायें, जब तक तुम्हारे आहार-व्यवहार में परिवर्तन न हो जाये, हम तुमसे विवाह का संबंध नहीं कर सकते। मांस खाना छोड़ो, मदिरा पीना छोड़ों शिक्षा ग्रहण करो, तभी तुम उच्च-वर्ग के हिन्दुओं में मिल सकते हो।

बूढ़ा — हम कितने ही ऐसे कुलीन ब्राह्मणों को जानते हैं, जो रात-दिन नशे में डूबे रहते हैं। मांस के बना कौर नहीं उठाते; कितने ही ऐसे हैं, जो एक अक्षर भी नहीं पढ़े हैं; पर आपको उनके साथ भोजन करते देखता हूं। उनसे विवाह-संबंध करने में आपको कदाचित् इनकार न होगा। जब आप खुद अज्ञान में पड़े हुए हैं, तो हमारा उद्धार कैसे कर सकते हैं ? आपका हृदय अभी तक अभिमान से भरा हुआ है। जाइए, अभी कुछ दिन और अपनी आत्मा का सुधार कीजिए। हमारा उद्धार आपके किये न होगा। हिंदू-समाज में रहकर हमारे माथे से नीचता का कलंक न मिटेगा। हम कितने ही विद्वान्, कितने ही आचारवान हो जायें, आप हमें यों ही नीच समझते रहेंगे। हिन्दुओं की आत्मा मर गई है, और उसका स्थान अहंकार ने ले लिया है। हम अब उस देवता की शरण जा रहे हैं, जिनके माननेवाले हमसे गले मिलने को आज ही तैयार हैं। वे यह नहीं कहते कि तुम अपने संस्कार बदलकर आओ। हम अच्छे हैं या बुरे, वे इसी दशा में हमें अपने पास बुला रहे हैं। आप अगर ऊंचे हैं, तो ऊंचे बने रहिए। हमें उड़ना न पड़ेगा।

लीलाधर — एक ऋषि-संतान के मुंह से ऐसी बातें सुनकर मुझे आश्चर्य हो रहा है। वर्ण-भेद तो ऋषियों ही किया हुआ है। उसे तुम कैसे मिटा सकते हो ?

बूढ़ा — ऋषियों को मत बदनाम कीजिए। यह सब पाखंड आप लोगों का रचा हुआ है। आप कहते हैं — तुम मदिरा पीते हो; लेकिन आप मदिरा पीनेवालों की जूतियां चाटते हैं। आप हमसे मांस खाने के कारण घिनाते हैं; लेकिन आप गो-मांस खानेवालों के सामने नाक रगड़ते हैं। इसीलिए न कि वे आपसे बलवान हैं ? हम भी आज राजा हो जाएं, तो आप हमारे सामने हाथ बंधे खड़े होंगे। आपके धर्म में वहीं ऊंचा है, जो बलवान् है; वही नीच है, जो निर्बल है। यही आपका धर्म है ?

यह कहकर बूढ़ा वहां से चला गया और उसके साथ ही ओर लोग भी उठ खड़े हुए। केवल

चौबेजी और उनके दलवाले मंच पर रह गए, मानो पंच-गान समाप्त हो जाने के बाद उसकी प्रतिध्वनि वायु में गूंज रही हो।

4

तबलीग़वालों ने जब से चौबेजी के आने की ख़बर सुनी थी, इस फ़िक्र में थे कि किसी उपाय से इन सबको यहां से दूर करना चाहिए। चौबेजी का नाम दूर-दूर तक प्रसिद्ध था। जानते थे, यह यहां जम गया, तो हमारी सारी की-कराई मेहनत व्यर्थ हो जायेगी। इसके कदम यहां जमने न पाएं। मुल्लाओं ने उपाय सोचना शुरू किया। बहुत वाद-विवाद, हुज्जत और दलील के बाद निश्चय हुआ कि इस काफ़िर को क़त्ल कर दिया जाये। ऐसा सवाब लूटने के लिए आदमियों की क्या कमी? उसके लिए तो ज़न्नत का दरवाजा खुल जायेगा, हूरें उसकी बलाएं लेंगी, फरिश्ते उसके कदमों की ख़ाक का सुरमा बनाएंगे, रसूल उसके सर पर बरक़त का हाथ रखेंगे, खुदावंश-करीम उसे सीने से लगाएंगे, और कहेंगे — तू मेरा प्यारा दोस्त है। दो हट्‌टे-कट्‌टे जवानों ने तुरंत बीड़ा उठा लिया।

रात के दस बज गए थे। हिंदू-सभा के कैंप में सन्नाटा था। केवल चौबेजी अपनी रावटी में बैठे हिंदू-सभा के मंत्री को पत्र लिख रहे थे — यहां सबसे बड़ी आवश्यकता धन की है। रुप्या, रुपया! जितना भेज सकें, भेजिए। डेपुटेशन भेजकर वसूल कीजिए, मोटे महाजनों की जेबें टटोलिए, भिक्षा मांगिए। बिना धन के इन अभागों का उद्धार न होगा। जब तक कोई पाठशाला न खुले, कोई चिकित्सालय न स्थापित हो, कोई वाचनालय न हो, इन्हें कैसे विश्वास आएगा कि हिन्दू-सभा उनकी हितचिंतक है। तबलीग़वाले जितना खर्च कर रहे हैं, उसका आधा भी मुझे मिल जाये, तो हिंदू-धर्म की पताका फहराने लगे। केवल व्याख्यानों से काम न चलेगा। असीसों से कोई जिंदा नहीं रहता।

सहसा किसी की आहट पाकर वह चौंक पड़े। आंखें ऊपर उठाई तो देखा, दो आदमी सामने खड़े हैं। पंडितजी ने शंकित होकर पूछा — तुम कौन हो? क्या काम है?

उत्तर मिला — हम इज़राइल के फ़रिश्ते हैं। तुम्हारी रूह कब्ज़ करने आये हैं। इज़राइल ने तुम्हें याद किया है।

पंडितजी यों बहुत ही बलिष्ठ पुरुष थे, उन दिनों को एक धक्के में गिरा सकते थे। प्रातःकाल तीन पाव मोहनभोग और दो सेर दूध का नाश्ता करते थे। दोपहर के समय पाव भर घी दाल में खाते, तीसरे पहर दूधिया भंग छानते, जिससे सेर भर मलाई और आध सेर बादाम मिली रहती। रात को डटकर ब्यालू करते; क्योंकि प्रातःकाल तक फिर कुछ न खाते थे। इस पर तुर्रा यह कि पैदल पग भर भी न चलते थे। पालकी मिले, तो पूछना ही क्या, जैसे घर का पलंग उड़ा जा रहा हो। कुछ न हो, तो इक्का तो था ही; यद्यपि काशी में दो ही चार इक्केवाले ऐसे थे, जो उन्हें देखकर कह न दें कि 'इक्का खाली नहीं हैं।' ऐसा मनुष्य

नर्म अखाड़े में पट पड़कर ऊपरवाले पहलवान को थका सकता था, चुस्ती और फुर्ती के अवसर पर तो वह रेत पर निकला हुआ कछुआ था।

पंडितजी ने एक बार कनखियों से दरवाज़े की तरफ़ देखा। भागने का कोई मौक़ा न था। तब उनमें साहस का संचार हुआ। भय की पराकाष्ठा ही साहस है। अपने सोटे की तरफ़ हाथ बढ़ाया और गरज़कर बोले — निकल जाओ यहां से...।

बात मुंह से पूरी न निकली थी कि लाठियों का वार पड़ा। पंडितजी मूर्च्छित होकर गिर पड़े। शत्रुओं ने समीप में आकर देखा, जीवन का कोई लक्षण न था। समझ गए, काम तमाम हो गया। लूटने का तो विचार न था, पर जब कोई पूछनेवाला न हो, तो हाथ बढ़ाने में क्या हर्ज़? जो कुछ हाथ लगा, ले-देकर चलते बने।

5

प्रातःकाल बूढ़ा भी उधर से निकला, तो सन्नाटा छाया हुआ था — न आदमी; न आदमज़ाद। छोलदारियां भी ग़ायब! चकराया, यह माज़रा क्या है? रात ही भर में अलादीन के महल की तरह सब कुछ ग़ायब हो गया। उन महात्माओं में से एक भी नज़र नहीं आता, जो प्रातःकाल मोहनभोग उड़ाते और संध्या समय भांग घोटते दिखाई देते थे। ज़रा और समीप जाकर पंडित लीलाधर की रावटी में झांका, तो कलेजा सन्न हो गया! पंडितजी ज़मीन पर मुर्दे की तरह पड़े हुए थे। मुंह पर मक्खियां भिनक रही थीं। सिर के बालों में रक्त ऐसा जम गया था जैसे किसी चित्रकार के ब्रश में रंग। सारे कपड़े लहूलुहान हो रहे थे। समझ गया, पंडितजी के साथियों ने उन्हें मारकर अपनी राह ली। सहसा पंडितजी के मुंह के कराहने की आवाज़ निकली। अभी जान बाक़ी थी। बूढ़ा तुरंत दौड़ा हुआ गांव में आ गया और कई आदमियों को लाकर पंडितजी को अपने घर उठवा ले गया।

मरहम-पट्टी होने लगी। बूढ़ा दिन-के-दिन, रात-की-रात पंडितजी के पास बैठा रहता। उसके घरवाले उनकी शुश्रूषा में लगे रहते। गांववाले भी यथा-शक्ति सहायता करते। इस बेचारे का यहां कौन अपना बैठा हुआ है? अपने हैं, तो हम, बेगाने हैं, तो हम। हमारे ही उद्धार के लिए तो बेचारा यहां आया था, नहीं तो यहां उसे क्यों आना था? कई बार पंडितजी अपने घर पर बीमार पड़ चुके थे, पर उसके घरवालों ने इतनी तन्मयता से उनकी तीमारदारी न की थी। सारा घर, और घर ही नहीं, सारा गांव उनका गुलाम बना हुआ था। अतिथि-सेवा उनके धर्म का एक अंग था। सभ्य-स्वार्थ ने अभी उस भाव का गला नहीं घोंटा था। सांप का मंत्र जानने वाला देहाती अब भी माघ-पूस की अंधेरी मेघाच्छन्न रात्रि में मंत्र झाड़ने के लिए दस-पांच कोस पैदल दौड़ता हुआ चला जाता है। उसे डबल फीस और सवारी की ज़रूरत नहीं होती। बूढ़ा मल-मूत्र तक अपने हाथों उठाकर फेंकता, पंडितजी की घुड़कियां सुनता, सारे गांव से दूध मांगकर उन्हें पिलाता। पर उनकी त्योरियां कभी मैली न होती। अगर उसके कहीं चले

जाने पर घरवालें लापरवाही करते तो आकर सबको डांटता।

महीने भर के बाद पंडितजी चलते-फिरने लगे और अब उन्हें ज्ञात हुआ कि इन लोगों ने मेरे साथ कितना उपकार किया है। इन्हीं लोगों का काम था कि मुझे मौत के मुंह से निकाला, नहीं तो मरने में क्या कसर रह गई थी? उन्हें अनुभव हुआ कि मैं जिन लोगों को नीच समझता था, और जिनके उद्धार का बीड़ा उठाकर आया था, वे मुझसे कहीं ऊंचे हैं। मैं इस परिस्थिति में कदाचित् रोगी को किसी अस्पताल भेजकर ही अपनी कर्त्तव्यनिष्ठा पर गर्व करता; समझता, मैंने दधीचि और हरिशचंद्र का मुख उज्जवल कर दिया। उनके रोएं-रोएं से इन देव-तुल्य प्राणियों के प्रति आशीर्वाद निकलने लगा।

6

तीन महीने गुज़र गए। न तो हिंदू-सभा ने पंडितजी की ख़बर ली और न घरवालों ने। सभा के मुख-पत्र में उनकी मृत्यु पर आंसू बहाये गए, उनके कामों की प्रशंसा की गई, और उनका स्मारक बनाने के लिए चंदा खोल दिया गया। घरवाले भी रो-पीटकर बैठ रहे।

उधर पंडितजी दूध और घी खाकर चौक-चौबंद हो गए। चेहरे पर खून की सुर्खी दौड़ गई, देह भर आई। देहात के जलवायु ने वह काम कर दिखाया, जो कभी मलाई और मक्खन से न हुआ था। पहले की तरह तैयार तो वह न हुए; पर फुर्ती और चुस्ती दुगुनी हो गई। मोटाई का आलस्य अब नाम को भी न था। उनमें एक नए जीवन का संचार हो गया।

जाड़ा शुरू हो गया था। पंडितजी घर लौटने की तैयारियां कर रहे थे। इतने में प्लेग का आक्रमण हुआ, और गांव के तीन आदमी बीमार हो गए। बूढ़ा चौधरी भी उन्हीं में था। घरवाले इन रोगियों को छोड़कर भाग खड़े हुए। वहां का दस्तूर था कि जिन बीमारियों को वे लोग दैव का कोप समझते थे, उनके रोगियों को छोड़कर चले जाते थे। उन्हें बचाना देवताओं से बैर मोल लेना था, और देवताओं से बैर करके कहां जाते? जिस प्राणी को देवता ने चुन लिया, उसे भला वे उसके हाथों से छीनने का साहस कैसे करते? पंडितजी को भी लोगों ने साथ ले जाना चाहा; किंतु पंडितजी न गये। उन्होंने गांव में रहकर रोगियों की रक्षा करने का निश्चय किया। जिस प्राणी ने उन्हें मौत के पंजे में छुड़ाया था, उसे इस दशा में छोड़कर वह कैसे जाते? उपकार ने उनकी आत्मा को जगा दिया था। बूढ़े चौधरी ने तीसरे दिन होश आने पर जब उन्हें अपने पास खड़े देखा, तो बोला — महाराज, तुम यहां क्यों आ गए? मेरे लिए देवताओं का हुक्म आ गया है। अब मैं किसी तरह नहीं रुक सकता। तुम क्यों अपनी जान जोखिम में डालते हो? मुझ पर दया करो, चले जाओ।

लेकिन पंडितजी पर कोई असर न हुआ। वह बारी-बारी से तीनों रोगियों के पास जाते, और कभी उनकी गिल्टिया सेंकते, कभी उन्हें पुराणों की कथाए सुनाते। घरों में अनाज बरतन आदि सब ज्यो-के-त्यों रखे हुए थे। पंडितजी पथ्य बनाकर रोगियों को खिलाते। रात को जब

रोगी भी सो जाते और सारा गांव भांय-भांय करने लगता, तो पंडितजी को भयंकर जंतु दिखलाई देते। उनके कलेजे में धड़कन होने लगती; लेकिन वहां से टलने का नाम न लेते। उन्होंने निश्चय कर लिया था कि या तो इन लोगों को बचा ही लूंगा, या इन पर अपने को बलिदान ही कर दूंगा।

जब तीन दिन सेक-बांध करने पर रोगियों की हालत न संभली तो पंडितजी की बड़ी चिंता हुई। शहर वहां से बीस मील पर था। रेल का कहीं पता नहीं, रास्ता बीहड़ और सवारी कोई नहीं। इधर यह भय कि अकेले रोगियों की जाने क्या दशा हो? बेचारे बड़े संकट में पड़े। अंत को चौथे दिन, पहर रात रहे, वह अकेले शहर को चल दिये और दस बजते-बजते वहां जा पहुंचे। अस्पताल में दवाओं का मनमाना दाम वसूल करते थे। पण्डितजी को मुफ़्त क्यों देने लगे? डॉक्टर के मुंशी ने कहा — दवा तैयार नहीं है।

पण्डितजी ने गिड़गिड़ाकर कहा — सरकार, बड़ी दूर से आया हूं। कई आदमी बीमार पड़े हैं। दवा न मिलेगी, तो सब मर जाएंगे।

मुंशी ने बिगड़कर कहा — क्यों सिर खाए जाते हो? कह तो दिया, दवा तैयार नहीं है, न तो इतनी जल्दी हो ही सकती है।

पण्डितजी अत्यंत दीन भाव से बोले — सरकार, ब्राह्मण हूं; आपके बाल-बच्चों को भगवान् चिरंजीवी करे, दया कीजिए। आपका अगबाल चमकता रहे।

रिश्वती कर्मचारी में दया कहां? वे तो रुपये के गुलाम हैं। ज्यों-ज्यों पण्डितजी उसकी खुशामद करते थे, वह और भी झल्लाता था। अपने जीवन में पण्डितजी ने कभी इतनी दीनता न प्रकट न की थी। उनके पास इस वक़्त एक धेला भी न था; अगर वह जानते कि दवा मिलने में इतनी दिक्कत होगी, तो गांववालों से ही कुछ मांग-जांचकर लाए होते। बेचारे हतबुद्धि से खड़े सोच रहे थे कि अब क्या करना चाहिए? सहसा डॉक्टर साहब स्वयं बंगले से निकल आये। पण्डितजी लपककर उनके पैरों पर गिर पड़े और करुण-स्वर में बोले — दीनबंधु, मेरे घर के तीन आदमी ताऊन में पड़े हुए हैं। बड़ा ग़रीब हूं, सरकार कोई दवा मिले।

डॉक्टर साहब के पास ऐसे ग़रीब लोग नित्य आया करते थे। उनके चरण पर किसी का गिर पड़ना, उनके सामने पड़े हुए आर्तनाद करना उनके लिए कुछ नई बातें न थी। अगर इस तरह वह दया करने लगते तो दवा ही भर को होते; यह ठाठ-बाट कहां से निभता? मगर दिल के चाहे कितने ही बुरे हों, बातें मीठी-मीठी करते थे। पैर हटाकर बोले — रोगी कहां है?

पण्डितजी — सरकार, वे तो घर पर हैं। इतनी दूर कैसे लाता?

डॉक्टर — रोगी घर, और तुम दवा लेने आया है? कितने मजे की बात है! रोगी को देखे बिना कैसे दवा दे सकता है?

पण्डितजी को अपनी भूल मालूम हुई। वास्तव में बिना रोगी को देखे रोग की पहचान कैसे हो सकती है; लेकिन तीन-तीन रोगियों को इतनी दूर लाना आसान न था। अगर गांववाले उनकी सहायता करते तो डोलियों का प्रबन्ध हो सकता था; पर वहां तो सब-कुछ अपने ही बूते पर करना था, गांववालो में इसमे सहायता मिलने की कोई आशा न थी कि यह दुष्ट

देवताओं से बैर बढ़ाकर हम लोगों पर न जाने क्या विपत्ति लाएगा? अगर कोई दूसरा आदमी होता, तो वह उसे कब का मार चुके होते। पण्डितजी से उन्हें प्रेम हो गया था, इसलिए छोड़ दिया था।

यह ज़वाब सुनकर पण्डितजी को कुछ बोलने का साहस तो न था; पर कलेजा मज़बूत करके बोले — सरकार, अब कुछ नहीं हो सकता?

डॉक्टर — अस्पताल से दवा नहीं मिल सकती। हम अपने पास से, दाम लेकर दवा दे सकता है।

पण्डित — यह दवा कितने की होगी सरकार?

डॉक्टर साहब ने दवा का दाम 10 रु0 बतलाया, और यह भी कहा कि इस दवा से जितना लाभ होगा, उतना अस्पताल की दवा से नहीं हो सकता। बोले — वहां पुरानी दवाई रखा रहता है। ग़रीब लोग आता है, दवाई ले जाता है, जिसको जीना होता है, जीता है; जिसे मरना होता है; मरता है, हमसे कुछ मतलब नहीं। हम तुमको जो दवा देगा, यह सच्चा दवा होगा।

दस रुपये! — इस समय पंडितजी को दस रुपये दस लाख जान पड़े। इतने रुपये वह एक दिन में भंग-बूटी में उड़ा दिया करते थे। पर इस समय तो धेले-धेले को मोहताज़ थे। किसी से उधार मिलने की आशा कहां? हां, सम्भव है, भिक्षा मांगने से कुछ मिल जाय; लेकिन इतनी जल्द दस रुपये किसी भी उपाय से न मिल सकते थे। आध घंटे तक वह इसी उधेड़-बुन में खड़े रहे। भिक्षा के सिवा दूसरा कोई उपाय न सूझता था, और भिक्षा उन्होंने कभी मांगी न थी। वह चंदे ज़मा कर चुके थे, एक-एक बार में हज़ारों वसूल कर लेते थे; पर वह चंदा लेने में एक गौरव था, चंदा लेकर वह देने वालों पर एहसान करते थे, पर यहां तो भिखारियों की तरह हाथ फैलाना, गिड़गिड़ाना और फटकारें सहनी पड़ेंगी। कोई कहेगा — इतने मोटे-ताजे तो हो, मिहनत क्यों नहीं करते। तुम्हें भीख मांगते शर्म भी नहीं आती? कोई कहेगा — घास खोद लाओ, मैं तुम्हें अच्छी मज़दूरी दूंगा। किसी को उनके ब्राह्मण होने का विश्वास न आएगा। अगर यहां उनका रेशमी अचकन और रेशमी साफ़ा होता, केसरिया रंगवाला दुपट्टा ही मिल जाता, तो वह कोई स्वांग भर लेते! ज्योतिषी बनकर वह किसी धनी सेठ को फांस सकते थे, और इस फ़न में वह उस्ताद भी थे, पर यहां वह सामान कहां — कपड़े-लत्ते तो सब लुट चुके थे। विपत्ति में कदाचित् बुद्धि भी भ्रष्ट हो जाती है। अगर वह मैदान में खड़े होकर कोई मनोहर व्याख्यान दे देते, तो शायद उनके दस-पांच भक्त पैदा हो जाते, लेकिन इस तरफ़ उनका ध्यान ही न गया। वह सजे हुए पंडाल में, फूलों से सुसज्जित मेज़ के सामने, मंच पर खड़े होकर अपनी वाणी का चमत्कार दिखला सकते थे। इस दुरवस्था में कौन उनका व्याख्यान सुनेगा? लोग समझेगें, कोई पागल बक रहा है।

मगर दोपहर ढली जा रही थी, अधिक सोच-विचार का अवकाश न था। यहीं संध्या हो गई, तो रात को लौटना असम्भव हो जायेगा। फिर रोगियों की न-जाने क्या दशा हो? वह अब इस अनिश्चित दशा में खड़े न रह सके, चाहे जितना तिरस्कार हो, कितना ही अपमान सहना पड़े, भिक्षा के सिवा और कोई उपाय न था।

वह बाज़ार में जाकर एक दूकान के सामने खड़े हो गए; पर कुछ मांगने की हिम्मत न पड़ी।

दूकानदार ने पूछा — क्या लोगे?

पंडितजी बोले — चावल का क्या भाव है?

मगर दूसरी दूकान पर पहुंचकर वह ज़्यादा सावधान हो गए। सेठजी गद्दी पर बैठे हुए थे। पंडितजी आकर उनके सामने खड़े हो गए और गीता का एक श्लोक पढ़ सुनाया। उनका शुद्ध उच्चारण और मधुर वाणी सुनकर सेठजी चकित हो गए, पूछा कहां स्थान है?

पंडितजी — काशी से आ रहा हूं?

यह कहकर पंडितजी नें सेठजी को धर्म के दसों लक्षण बतलाए और श्लोक की ऐसी अच्छी व्याख्या की कि वह मुग्ध हो गए। बोले — महाराज, आज चलकर मेरे स्थान को पवित्र कीजिए।

कोई स्वार्थी आदमी होता तो इस प्रस्ताव को सहज स्वीकार कर लेता; लेकिन पंडितजी को लौटने की पड़ी थी। बोले — नहीं सेठजी, मुझे अवकाश नहीं है।

सेठ — महाराज, आपको हमारी इतनी ख़ातिरी करनी पड़ेगी।

पंडितजी जब किसी तरह ठहरने पर राजी न हुए, तो सेठजी ने उदास होकर कहा — फिर हम आपकी क्या सेवा करें? कुछ आज्ञा दीजिए। आपकी वाणी से तो तृप्ति नहीं हुई। फिर कभी इधर आना हो तो अवश्य दर्शन कीजिए।

पंडितजी — आपकी इतनी श्रद्धा है तो अवश्य आऊंगा।

यह कहकर पंडितजी फिर उठ खड़े हुए। संकोच ने फिर उनकी जबान बंद कर दी। यह आदर-सत्कार इसीलिए तो है कि मैं अपना स्वार्थ-भाव छिपाए हुए हूं। कोई इच्छा प्रकट की, और इनकी आंखें बदलीं। सूखा जवाब चाहे न मिले; पर श्रद्धा न रहेगी। वह नीचे उतर गए और सड़क पर एक क्षण के लिए खड़े होकर सोचने लगे — अब कहां जाऊं? उधर जाड़े का दिन किसी विलासी के धन की भांति भागा चला जाता था। वह अपने ही ऊपर झुंझला रहे थे — जब किसी से मांगूंगा नहीं, तो कोई क्यों देने लगा? कोई क्या मेरे मन का हाल जानता है? वे दिन गए, जब धनी लोग ब्राह्मणों की पूजा किया करते थे। यह आशा छोड़ दो कि कोई महाशय आकर तुम्हारे हाथ में रुपये रख देंगे। वह धीरे-धीरे आगे बढ़े।

सहसा सेठजी ने पीछे से पुकारा — पंडितजी, जरा ठहरिये।

पंडितजी ठहर गए। फिर घर चलने के लिए आग्रह करने आता होगा। यह तो न हुआ कि एक रुपये का नोट लाकर दे देता, मुझे घर ले जाकर न जाने क्या करेगा!

मगर जब सेठजी ने सचमुच एक गिनी निकालकर उनके पैरों पर रख दी, तो उनकी आंखों में एहसान के आंसू उछल आए। हैं, अब भी सच्चे धर्मात्मा जीव संसार में है, नहीं तो यह पृथ्वी रसातल को न चली जाती? अगर इस वक़्त उन्हें सेठजी के कल्याण के लिए अपनी देह का सेर-आधा सेर रक्त भी देना पड़ता तो भी शौक से दे देते। गद्गद-कंठ से बोले — इसका तो कुछ काम न था, सेठजी! मैं भिक्षुक नहीं हूं, आपका सेवक हूं।

सेठजी श्रद्धा-विनय पूर्ण शब्दों में बोले — भगवन्, इसे स्वीकार कीजिए। यह दान नहीं, भेट है। मैं भी आदमी पहचानता हूं। बहुतेरे साधु-संत, योगी-यती देश और धर्म के सेवक आते रहते हैं; पर न जाने क्यों किसी के प्रति मेरे मन में श्रद्धा नहीं उत्पन्न होती। उनसे किसी तरह पिंड छुड़ाने की पड़ जाती है। आपका संकोच देखकर मैं समझ गया कि आपका यह पेशा नहीं है आप विद्वान हैं, धर्मात्मा हैं; पर किसी संकट में पड़े हुए हैं। इस तुच्छ भेंट को स्वीकार कीजिए और मुझे आशीर्वाद दीजिए।

7

पंडितजी दवाएं लेकर घर चले, तो हर्ष उल्लास और विजय से उनका हृदय उछल पड़ता था। हनुमानजी भी संजीवन-बूटी लाकर इतने प्रसन्न न हुए होंगे। ऐसा सच्चा आनंद उन्हें कभी प्राप्त न हुआ था। उनके हृदय में इतने पवित्र भावों का संचार कभी न हुआ था।

दिन बहुत थोड़ा रह गया था। सूर्यदेव अविरल गति से पश्चिम की ओर दौड़ते चले जाते थे। क्या उन्हें भी किसी रोगी को दवा देनी थी? वह बड़े वेग से दौड़ते हुए पर्वत की ओर में छिप गए? पंडितजी और भी फुर्ती से पांव बढ़ाने लगे; मानो उन्होंने सूर्यदेव को पकड़ लेने की ठानी है।

देखते-देखते अंधेरा छा गया। आकाश में दो-एक तारे दिखाई देने लगे। अभी दस मील की मंज़िल बाकी थी। जिस तरह काली घटा को सिर पर मंडराते देखकर गृहिणी दौड़-दौड़कर सुखावन समेटने लगती है, उसी भांति लीलाधर ने भी दौड़ना शुरू किया। उन्हें अकेले पड़ जाने का भय न था, भय था अंधेरे में राह भूल जाने का। दाहिने-बाएं बस्तियां छूटती जाती थीं। पंडितजी को ये गांव इस समय बहुत ही सुहावने मालूम होते थे। कितने आनंद से लोग अलाव के सामने बैठे ताप रहे हैं।

सहसा उन्हें एक कुत्ता दिखाई दिया। न जाने किधर से आकर वह उनके सामने पगडंडी पर चलने लगा। वह बूढ़े चौधरी का कुत्ता मोती था। वह गांव छोड़कर आज इधर इतनी दूर कैसे आ निकला? क्या वह जानता है? पंडितजी दवा लेकर आ रहे होगें, कहीं रास्ता भूल जायें? कौन जानता है? पंडितजी ने एक बार मोती कहकर पुकारा, तो कुत्ते ने दुम हिलायी; पर रुका नहीं। वह इससे अधिक परिचय देकर समय नष्ट न करना चाहता था। पंडितजी को ज्ञात हुआ कि ईश्वर मेरे साथ हैं, वही मेरी रक्षा कर रहे हैं। अब उन्हें कुशल से घर पहुंचने का विश्वास हो गया।

दस बजते-बजते पंडितजी घर पहुंच गए।

x x x

रोग घातक न था; पर यश पंडितजी को बदा था। एक सप्ताह के बाद तीनों रोगी चंगे

हो गए। पंडितजी की कीर्ति दूर-दूर तक फैल गई। उन्होंने यम देवता से घोर संग्राम करके इन आदमियों को बचा लिया था। उन्होंने देवताओं पर भी विजय पा ली थी — असम्भव को सम्भव कर दिखाया था। वह साक्षात् भगवान् थे। उनके दर्शनों के लिए लोग दूर-दूर से आने लगे; किन्तु पंडितजी को अपनी कीर्ति से इतना आनंद न होता था, जितना रोगियों को चलते-फिरते देखकर।

चौधरी ने कहा — महाराज, तुम साक्षात् भगवान् हो। तुम न आ जाते, तो हम न बचते।

पंडितजी बोले — मैंने कुछ नहीं किया। यह सब ईश्वर की दया है।

चौधरी — अब हम तुम्हें कभी न जाने देंगे। जाकर अपने बाल-बच्चों को भी ले आओ।

पंडितजी — हां, मैं भी यही सोच रहा हूं। तुमको छोड़कर अब नहीं जा सकता।

8

मुल्लाओं ने मैदान खाली पाकर आस-पास के देहातों में खूब जोर बांध रखा था। गांव-के-गांव मुसलमान होते जाते थे। उधर हिन्दू-सभा ने सन्नाटा खींच लिया था। किसी की हिम्मत न पड़ती थी कि इधर आये। लोग दूर बैठे हुए मुसलमानों पर गोला-बारूद चला रहे थे। इस हत्या का बदला कैसे लिया जाय; यही उनके सामने सबसे बड़ी समस्या थी। अधिकारियों के पास बार-बार प्रार्थना-पत्र भेजे जा रहे थे कि इस मामले की छान-बीन की जाय और बार-बार यही जवाब मिलता था कि हत्यारों का पता नहीं चलता। उधर पंडितजी के स्मारक के लिए चंदा भी ज़मा किया जा रहा था।

मगर इस नई ज्योति ने मुल्लाओं का रंग, फीका कर दिया। वहां एक ऐसे देवता का अवतार हुआ था, जो मर्दों को जिला देता था, जो अपने भक्तों के कल्याण के लिए अपने प्राणों का बलिदान कर सकता था। मुल्लाओं के यहां यह सिद्धि कहां, यह विभूति कहां, यह चमत्कार कहां? इस ज्वलंत उपकार के सामने ज़न्नत और अखूबत (भ्रातृ-भाव) की कोरी दलीलें कब ठहर सकती थीं। पंडितजी! अब वह अपने ब्राह्मणत्व पर घमंड करने वाले पंडितजी न थे। उन्होंने शूद्रों और भीलों का आदर करना सीख लिया था। उन्हें छाती से लगाते हुए अब पंडितजी को घृणा न होती थी। अपना घर अंधेरा पाकर ही ये इस्लामी दीपक की ओर झुके थे। जब अपने घर में सूर्य का प्रकाश हो गया, तो उन्हें दूसरों के यहां जाने की क्या ज़रूरत थी? सनातन-धर्म की विजय हो गई। गांव-गावं में मंदिर बनने लगे और शाम-सबेरे मंदिरों से शंख और घंटे की ध्वनि सुनाई देने लगी। लोगों के आचरण आप-ही-आप सुधरने लगे। पंडितजी ने किसी को शुद्ध नहीं किया। उन्हें अब शुद्धि का नाम लेते शर्म आती थी — मैं भला इन्हें क्या शुद्ध करूंगा, पहले अपने को तो शुद्ध कर लूं। ऐसी निर्मल एवं पवित्र आत्माओं को शुद्धि के ढोंग से अपमानित नहीं कर सकता।

यह मंत्र था, जो उन्होंने उन चांडालों से सीखा था और इसी के बल से वह अपने धर्म

की रक्षा करने में सफल हुए थे। पंडितजी अभी जीवित हैं; पर अब सपरिवार उसी प्रांत में, उन्हीं भीलों के साथ रहते हैं।

संदेह नहीं है।

❑❑❑

कामना-तरु

राजा इंद्रनाथ का देहांत हो जाने के बाद कुंवर राजनाथ को शत्रुओं ने चारों ओर से ऐसा दबाया, कि उन्हें प्राण लेकर एक पुराने सेवक की शरण जाना पड़ा, जो एक छोटे से गांव का ज़ागीरदार था। कुंवर स्वभाव ही से शांतिप्रिय, रसिक, हंस-खेलकर समय काटने वाले युवक थे। रण-क्षेत्र की अपेक्षा कवित्व के क्षेत्र में अपना चमत्कार दिखाना उन्हें अधिक प्रिय था। रसिक जनों के साथ, किसी वृक्ष के नीचे बैठे हुए, काव्य-चर्चा करने में जो आनंद मिलता था, वह शिकार या राज-दरबार में नहीं। इस पर्वत-मालाओं से घिरे हुए गांव में आकर उन्हें जिस शांति और आनंद का अनुभव हुआ, उसके बदले में वह ऐसे-ऐसे कई राज्य त्याग कर सकते थे। यह पर्वतमालाओं की मनोहर छटा, यह नेत्ररंजक हरियाली, यह जलप्रवाह की मधुर वीणा, यह पक्षियों की मीठी बोलियां, यह मृगशावकों की छलांगें, यह बछड़ों की कुलेलें, यह ग्रामनिवासियों की बालोचित सरलता, यह रमणियों की संकोचमय चपलता! ये सभी बातें उनके लिए नई थीं; पर इन सबों से बढ़कर जो वस्तु उनको आकर्षित करती थी, वह जागीरदार की युवती कन्या चंदा थी।

चंदा घर का सारा काम-काज आप ही करती थी। उसको माता की गोद में खेलना नसीब ही न हुआ था। पिता की सेवा ही में रत रहती थी। उसका विवाह इसी साल होनेवाला था कि इसी बीच में कुंवरजी ने आकर उसके जीवन में नवीन भावनाओं और नवीन आशाओं को अंकुरित कर दिया। उसने अपने पति का जो चित्र मन में खींच रखा था, वही मानों रूप धारण करके सम्मुख आ गया। कुंवर की आदर्श रमणी भी चंदा ही के रूप में अवतरित हो गई, लेकिन कुंवर समझते थे — मेरे ऐसे भाग्य कहां? चंदा भी समझती थी — कहां यह और कहां मैं!

2

दोपहर का समय था और जेठ का महीना। खपरैल का घर भट्ठी की भांति तपने लगा।

खस की टट्टियों और तहखाने में रहने वाले राजकुमार का चित्त गरमी से इतना बेचैन हुआ कि वह बाहर निकल आए और सामने के बाग़ में जाकर एक घने वृक्ष की छांह में बैठ गए। सहसा उन्होंने देखा — चंदा नदी से जल की गागर लिये चली आ रही है। नीचे जलती हुई रेत थी; ऊपर जलता हुए सूर्य। लू से देह झुलसी जाती थी। कदाचित् इस समय प्यास से तड़पते हुए आदमी को भी नदी तक जाने की हिम्मत न पड़ती। चंदा क्यों पानी लेने गई थी? घर में पानी भरा हुआ हैं फिर इस समय वह क्यों पानी लेने निकली?

कुंवर दौड़कर उसके पास पहुंचे और उसके हाथ से गागर छीन लेने की चेष्टा करते हुए बोले — मुझे दे दो और भागकर छांह में चली जाओ। इस समय पानी का क्या काम था?

चंदा ने गागर न छोड़ी। सिर से खिसका हुआ आंचल संभालकर बोली — तुम इस समय कैसे आ गए? शायद मारे गरमी के अंदर न रहे सके?

कुंवर — मुझे दे दो, नहीं तो मैं छीन लूंगा।

चंदा ने मुस्कुराकर कहा — राजकुमारों को गागर लेकर चलना शोभा नहीं देता।

कुंवर ने गागर का मुंह पकड़कर कहा — इस अपराध का बहुत बड़ा दण्ड सह चुका हूं। चंदा, अब तो अपने को राजकुमार कहने में भी लज्जा आती है।

चंदा — देखो, धूप में खुद भी हैरान होते हो और मुझे भी हैरान करते हो। गागर छोड़ दो, सच कहती हूं, पूजा का जल है।

कुंवर — क्या मेरे ले जाने से पूजा का जल अपवित्र हो जायेगा?

चंदा — अच्छा भाई, नहीं मानते, तो तुम्हीं ले चलो। हां, नहीं तो...।

कुंवर गागर लेकर आगे-आगे चले। चंदा पीछे हो ली। बगीचे में पहुंचे, तो चंदा एक छोटे-से पौधे के पास रूककर बोली — इसी देवता की पूजा करनी है, गागर रख दो। कुंवर ने आश्चर्य से पूछा — यहां कौन देवता है, चंदा? मुझे कहीं नहीं नज़र आता।

चंदा ने पौधे को सींचते हुए कहा — यही तो मेरा देवता है।

पानी पाकर पौधे की मुरझाई हुई पत्तियां हरी हो गई, मानो उनकी आंखें खुल गई हों।

कुंवर ने पूछा — यह पौधा क्या तुमने लगाया है, चंदा?

चंदा ने पौधे को एक सीधी लकड़ी से बांधते हुए कहा — हां, उसी दिन तो, जब तुम यहां आये। यहां पहले मेरी गुड़ियों का घरौंदा था। मैंने गुड़ियों पर छांह करने के लिए अमोला लगा दिया था। फिर मुझे इसकी याद नहीं रही। घर के काम-धंधे में भूल गई। मैंने आकर देखा तो वह सूख गया था। मैंने तुरंत पानी लाकर इसे सींचा, तो कुछ-कुछ ताज़ा होने लगा। तब से इसे सींचती हूं। देखा, कितना हरा-भरा हो गया है!

यह कहते-कहते उसने सिर उठाकर कुंवर की ओर ताकते हुए कहा — और सब काम भूल जाऊं; पर इस पौधे को पानी देना नहीं भूलती। तुम्हीं इसके प्राणदाता हो। तुम्हीं ने आकर इसे जिला दिया, नहीं तो बेचारा सूख गया होता। यह तुम्हारे शुभागमन का स्मृति-चिह्न है। ज़रा इसे देखो। मालूम होता है, हंस रहा है। मुझे तो ऐसा जान पड़ता है कि यह मुझसे बोलता है। सच कहती हूं, कभी यह रोता है, कभी हंसता है, कभी रूठता है। आज तुम्हारा लाया हुआ

पानी पाकर यह फूला नहीं समाता। एक-एक पत्ता तुम्हें धन्यवाद दे रहा है।

कुंवर को ऐसा जान पड़ा, मानों वह पौधा कोई नन्हा-सा क्रीड़ाशील बालक है। जैसे, चुम्बन से प्रसन्न होकर बालक गोद में चढ़ने के लिए दोनों हाथ फैला देता है, उसी भांति यह पौधा भी हाथ फैलाए जान पड़ा। उसके एक-एक अणु में चंदा का प्रेम झलक रहा था।

चंदा के घर में खेती के सभी औज़ार थे। कुंवर एक फावड़ा उठा लाये और पौधे का एक थाल बनाकर चारों ओर ऊंची मेंड उठा दी। फिर खुरपी लेकर अंदर की मिट्टी को गोड़ दिया। पौधा और भी लहलहा उठा।

कुंवर ने मुस्कुराकर कहा — हाँ, कहता है — अम्मा की गोद में बैठूंगा।

चंदा — नहीं, कह रहा है, इतना प्रेम करके फिर भूल न जाना।

3

मगर कुंवर को अभी राजपुत्र होने का दंड भोगना बाकी था। शत्रुओं को न जाने कैसे उनकी टोह मिल गई। इधर तो हितचिंतकों के आग्रह से विवश होकर बूढ़ा कुबेर सिंह चंदा और कुंवर के विवाह की तैयारियां कर रहा था, उधर शत्रुओं का एक दल सिर पर आ पहुंचा। कुंवर ने उस पौधे के आस-पास फूल-पत्ते लगाकर एक फुलवारी-सी बना दी थी। पौधे को सींचना अब उनका काम था। प्रातःकाल वह कंधे पर कांवर रखे नदी से पानी ला रहे थे, कि दस-बारह आदमियों ने उन्हें रास्ते में घेर लिया। कुबेर सिंह तलवार लेकर दौड़ा; लेकिन शत्रुओं ने उसे मार गिराया। अकेला अस्त्रहीन कुंवर क्या करता? कंधे पर कांवर रखे हुए बोला — अब क्यों मेरे पीछे पड़े हो, भाई? मैंने तो सब-कुछ छोड़ दिया है।

सरदार बोला — हमें आपको पकड़ ले जाने का हुक्म है।

'तुम्हारा स्वामी मुझे इस दशा में भी नहीं देख सकता? खैर, अगर धर्म समझे तो कुबेर सिंह की तलवार मुझे दे दो। अपनी स्वाधीनता के लिए लड़कर प्राण दूं।'

इसका उत्तर यही मिला कि सिपाहियों ने कुंवर को पकड़कर मुश्कें कस दीं और उन्हें एक घोड़े पर बिठाकर घोड़े को भगा दिया। कांवर वहीं पड़ी रह गई।

उसी समय चंदा घर से निकली। देखा — कांवर पड़ी हुई है और कुंवर को लोग घोड़े पर बिठाए जा रहे हैं। चोट खाए हुए पक्षी की भांति वह कई कदम दौड़ी, फिर गिर पड़ी। उसकी आंखों में अंधेरा छा गया।

सहसा उसकी दृष्टि पिता की लाश पर पड़ी। वह घबराकर उठी और लाश के पास जा पहुंची! कुबेर अभी मरा न था। प्राण आंखों में अटके हुए थे।

चंदा को देखते ही क्षीण स्वर में बोला — बेटी...कुंवर! इसके आगे वह कुछ न कह सका। प्राण निकल गए; पर इस शब्द — 'कुंवर' — ने उसका आशय प्रकट कर दिया।

4

बीस वर्ष बीत गए! कुंवर कैद से न छूट सके।

यह एक पहाड़ी क़िला था। जहां तक निग़ाह जाती, पहाड़ियां ही नज़र आतीं। क़िले में उन्हें कष्ट न था। नौकर-चाकर, भोजन-वस्त्र, सैर-शिकार किसी बात की कमी न थी। पर, उस वियोगाग्नि को कौन शांत करता, जो नित्य कुंवर के हृदय में जला करती थी। जीवन में अब उनके लिए कोई आशा न थी, कोई प्रकाश न था। अगर कोई इच्छा थी, तो कि एक बार उस प्रेमतीर्थ की यात्रा कर लें, जहां उन्हें वह सब कुछ मिला, जो मनुष्य को मिल सकता है। हां, उनके मन में एकमात्र यही अभिलाषा थी कि उस पवित्र स्मृतियों से रंजित भूमि के दर्शन करके जीवन का उसी नदी के तट पर अंत कर दें। वही नदी का किनारा; वही वृक्षों का कुंज, वहीं चंदा का छोटा-सा सुन्दर घर उसकी आंखों में फिरा करता; और वही पौधा जिसे उन दोनों ने मिलकर सींचा था; उसमें तो मानो उसके प्राण ही बसते थे। क्या वह दिन भी आएगा, जब वह उस पौधे को हरी-हरी पत्तियों से लदा हुआ देखेगा? कौन जाने, वह अब है भी या सूख गया? कौन अब उसको सींचता होगा? चंदा इतने दिनों अविवाहित थोड़े ही बैठी होगी? ऐसा संभव भी तो नहीं। उसे अब मेरी सुध भी न होगी। हां, शायद कभी अपने घर की याद खींच लाती हो, तो पौधे को देखकर उसे मेरी याद आ जाती हो। मुझ-जैसे अभागे के लिए इससे अधिक वह और कर ही क्या सकती है? उस भूमि को एक बार देखने के लिए वह अपना जीवन दे सकता था; पर यह अभिलाषा न पूरी होती थी।

आह! एक युग बीत गया, शोक और नैराश्य ने उठती जवानी को कुचल दिया। न आंखों में ज्योति रही, न पैरों में शक्ति — जीवन क्या था। बस, जीवन का आधार एक अभिलाषा थी, एक सुखद स्वप्न, जो जीवन में न जाने कब उसने देखा था। एक बार फिर वही स्वप्न देखना चाहता था। फिर उसकी अभिलाषाओं का अंत हो जायेगा, उसे कोई इच्छा न रहेगी! सारा अनंत भविष्य, सारी अनंत चिंताएं; इसी स्वप्न में लीन हो जाती थीं।

उसके रक्षकों को अब उसकी ओर से कोई शंका न थी। उन्हें उस पर दया आती थी। रात को पहरे पर केवल कोई एक आदमी रह जाता था, और लोग मीठी नींद सोते थे। कुंवर भाग जा सकता है, उसकी कोई सम्भावना कोई शंका न थी। यहां तक कि एक दिन यह सिपाही भी निश्शंक होकर बंदूक लिये लेट रहा। निद्रा किसी हिंसक पशु की भांति ताक लगाए बैठी थी। लेटते ही टूट पड़ी। कुंवर ने सिपाही की नाक की आवाज़ सुनी। उसका हृदय बड़े वेग से उछलने लगा। यह अवसर आज कितने दिनों के बाद मिला था। वह उठे; मगर पांव थर-थर कांप रहे थे। बरामदे के नीचे उतरने का साहस न हो सका। कहीं इसकी नींद खुल गई तो? हिंसा उनकी सहायता कर सकती थी। सिपाही की बगल में उसकी तलवार पड़ी थी; पर प्रेम का हिंसा से बैर है। कुंवर ने सिपाही को जगा दिया। वह चौंककर उठ बैठा। रहा-सहा संशय

भी उसके दिल से निकल गया। दूसरी बार जो सोया, तो खर्राटे लेने लगा।

प्रातःकाल जब उसकी निद्रा टूटी, तो उसने लपककर कुंवर के कमरे में झांका।

कुंवर का पता न था।

कुंवर इस समय हवा के घोड़े पर सवार, कल्पना की द्रुतगति से भागा जा रहा था — उस स्थान को, जहां उसने सुख-स्वप्न देखा था।

क़िले में चारों ओर तलाश हुई, नायक ने सवार दौड़ाए; पर कहीं पता न चला।

5

पहाड़ी रास्तों का काटना कठिन था, उस पर अज्ञातवास की क़ैद, मृत्यु के दूत पीछे लगे हुए, जिनसे बचना मुश्किल। कुंवर को कामना-तीर्थ पहुंचने में महीनों लग गए। जब यात्रा पूरी हुई तो कुंवर में एक कामना के सिवा और कुछ शेष न था। दिन भर की कठिन यात्रा के बाद जब वह उस स्थान पर पहुंचे, तो संध्या हो गई थी। यहां बस्ती का नाम भी न था। दो-चार टूटे-फूटे हुए झोपड़ें उस बस्ती के चिह्न-स्वरूप शेष रह गए थे। वह झोपड़ा, जिससे कभी प्रेम का प्रकाश था, जिसके नीचे उन्होंने जीवन के सुखमय दिन काटे थे, जो उनकी कामनाओं का आगार और उपासना का मंदिर था, अब उनकी अभिलाषाओं की भांति भग्न हो गया था। झोपड़े की भग्नावस्था मूक भाषा में अपनी करुण-कथा सुना रही थी। कुंवर उसे देखते ही 'चन्दा-चन्दा!' पुकारते हुए दौड़े, उन्होंने उस रज को माथे पर मला, मानो किसी देवता की विभूति हो, और उनकी टूटी हुई दीवारों से चिपटकर बड़ी देर तक रोते रहे। हाय रे अभिलाषा! वह रोने ही के लिए इतनी दूर से आये थे! रोने की अभिलाषा इतने दिनों से उन्हें विकल कर रही थी! पर इस रुदन में कितना स्वर्गीय आनंद था। क्या समस्त संसार का सुख इन आंसुओं की तुलना कर सकता था?

तब वह झोंपड़े से निकले! सामने मैदान में एक वृक्ष हरे-हरे नवीन पल्लवों को गोद में लिये मानो उनका स्वागत करने खड़ा था। यह वह पौधा है, जिसे आज से बीस वर्ष पहले दोनों के आरोपित किया था। कुंवर उन्मत्त की भांति दौड़े और जानकर उस वृक्ष से लिपट गए, मानों कोई पिता अपने मातृहीन पुत्र को छाती से लगाए हुए हो। यह उसी प्रेम की निशानी है, उसी अक्षय प्रेम की, जो इतने दिनों के बाद आज इतना विशाल हो गया है। कुंवर का हृदय ऐसा हो उठा, मानो इस वृक्ष को अपने अंदर रख लेगा, जिसमें उसे हवा का झोंका भी न लगे। उसे एक-एक पल्लव पर चंदा की स्मृति बैठी हुई थी। पक्षियों का इतना रम्य संगीत क्या कभी उन्होंने सुना था? उनके हाथों में दम न था, सारी देह भूख-प्यास और थकान से शिथिल हो रही थी। पर, वह उस वृक्ष पर चढ़ गये, इतनी फुर्ती से चढ़े कि बंदर भी न चढ़ता। सबसे ऊंची फुनगी पर बैठकर उन्होंने चारों ओर गर्वपूर्ण दृष्टि डाली। यही उनकी कामनाओं का स्वर्ग था। सारा दृश्य चंदामय हो रहा था। दूर की नीली पर्वत-श्रेणियों पर चंदा बैठी गा रही थी।

आकाश में तैरनेवाली लालिमामयी नौकाओं पर चंदा की उड़ी जाती थी। सूर्य की श्वेत-पीत प्रकाश की रेखाओं पर चंदा ही बैठी हंस रही थी। कुंवर के मन में आया, पक्षी होता तो इन्हीं डालियों पर बैठा हुआ जीवन के दिन पूरे करता।

जब अंधेरा हो गया, तो कुंवर नीचे उतरे और उसी वृक्ष के नीचे थोड़ी-सी भूमि झाड़कर पत्तियों की शय्या बनाई और लेटे। यही उनके जीवन का स्वर्ण स्वप्न था, आह, यही वैराग्य! अब वह इस वृक्ष की शरण छोड़कर कहीं न जायेंगे, दिल्ली के तख्त के लिए भी वह इस आश्रम को न छोड़ेंगे।

6

उसी स्निग्ध, अमल चांदनी मे सहसा एक पक्षी आकर उस वृक्ष पर बैठा और दर्द में डूबे हुए स्वरों में गाने लगा। ऐसा जान पड़ा मानो वह वृक्ष सिर धुन रहा है! यह नीरव रात्रि उसके वेदनामय संगीत से हिल उठी। कुंवर का हृदय इस तरह ऐंठने लगा, मानों वह फट जायगा। स्वर में करुणा और वियोग के तीर-से भरे हुए थे। आह पक्षी! तेरा भी जोड़ा अवश्य बिछुड़ गया है। नहीं तो तेरे राग में इतनी व्यथा, इतना विषाद, इतना रुदन कहां से आता? कुंवर के हृदय के टुकड़े हुए जाते थे, एक-एक स्वर तीर की भांति दिल को छेदे डालता था। वह बैठे न रह सके। उठकर एक आत्मविस्मृति की दशा में दौड़े हुए झोपड़े में गये; वहां से फिर वृक्ष के नीचे आये। उस पक्षी को कैसे पाएं? कहीं दिखाई नहीं देता।

पक्षी का गाना बंद हुआ, तो कुंवर को नींद आ गई। उन्हें स्वप्न में ऐसा जान पड़ा कि वहीं पक्षी उनके समीप आया। कुंवर ने ध्यान से देखा, तो वहां पक्षी न था, चंदा थी; हां प्रत्यक्ष चंदा थी।

कुंवर ने पूछा — चंदा, यह पक्षी यहां कहां?

चंदा ने कहा — मैं ही तो वह पक्षी हूं।

कुंवर — तुम पक्षी हो! क्या तुम्हीं गा रही थीं?

चंदा — हां प्रियतम, मैं ही गा रही थी। इस तरह रोते-रोते एक युग बीत गया।

कुंवर — तुम्हारा घोंसला कहां है?

चंदा — उसी झोंपड़े में, जहां तुम्हारी खाट थी। उसी खाट के बान से मैंने अपना घोंसला बनाया है।

कुंवर — और तुम्हारा जोड़ा कहां है?

चंदा — मैं अकेली हूं। चंदा को अपने प्रियतम के स्मरण करने में, उसके लिए रोने में जो सुख है, वह जोड़े में नहीं। मैं इसी तरह अकेली रहूंगी और अकेली मरुंगी।

कुंवर — मैं क्या पक्षी नहीं हो सकता?

चंदा चली गई। कुंवर की नींद खुली गई। उषा की लालिमा आकाश पर छाई हुई थी

और वह चिड़िया कुंवर की शय्या के समीप एक डाल पर बैठी चहक रही थी। अब उस संगीत में करुणा न थी, विलाप न था; उसमें आनंद था; चापल्य था, सारल्य था; वह वियोग का करुण-क्रंदन नहीं, मिलन का मधुर संगीत था।

कुंवर सोचने लगे — इस स्वप्न का क्या रहस्य है?

7

कुंवर ने शय्या से उठते ही एक झाड़ू बनाई और झोपड़े को साफ़ करने लगे। उनके जीते-जी इसकी यह भग्न दशा नहीं रह सकती। वह इसकी दीवारें उठाएंगे, इस पर छप्पर डालेंगे, इसे लीपेंगे। इसमें उनकी चंदा की स्मृति वास करती है। झोपड़े के एक कोने में वह कॉवर रखी हुई थी, जिस पर पानी ला-लाकर वह इस वृक्ष को सींचते थे। उन्होंने कांवर उठा ली और पानी लाने चले। दो दिन से कुछ भोजन न किया। रात को भूख लगी हुई थी; पर इस समय भोजन की बिल्कुल इच्छा न थी। देह में एक अद्भुत स्फूर्ति का अनुभव होता था। उन्होंने नदी से पानी ला-लाकर मिट्टी भिगोना शुरू किया। दौड़े जाते थे और दौड़े आते थे। इतनी शक्ति उनमें कभी न थी।

एक ही दिन में इतनी दीवार उठ गई, जितनी चार मज़दूर भी न उठा सकते थे। और कितनी सीधी, चिकनी दीवार थी कि कारीगर भी देखकर लज्जित हो जाते! प्रेम की शक्ति अपार है!

संध्या हो गई। चिड़ियों ने बसेरा लिया। वृक्षों ने भी आंखें बन्द कीं; मगर कुंवर को आराम कहां। तारों के मलिन प्रकाश में मिट्टी के रद्दे रखे जा रहे थे। हाय रे कामना! क्या तू इस बेचारे के प्राण ही लेकर छोड़ेगी?

वृक्ष पर पक्षी का मधुर स्वर सुनाई दिया। कुंवर के हाथों से घड़ा छूट पड़ा। हाथ और पैरों में मिट्टी लपेटकर वह वृक्ष के नीचे जाकर बैठ गए। उस स्वर में कितना लालित्य था, कितना उल्लास, कितनी ज्योति! मानव संगीत इसके सामने बेसुरा आलाप था। उसमें यह जागृति, यह अमृत, यह जीवन कहां? संगीत के आनन्द में विस्मृति है; पर वह विस्मृति कितनी स्मृतिमय होती है? अतीत को जीवन और प्रकाश से रंजित करके प्रत्यक्ष कर देने की शक्ति संगीत के सिवा और कहां है? कुंवर के हृदय-नेत्रों के सामने वह दृश्य खड़ा हुआ, जब चंदा इसी पौधे को नदी से जल ला-लाकर सींचती थी। हाय, क्या वे दिन फिर आ सकते हैं!

सहसा एक बटोही आकर खडा हो गया और कुंवर को देखकर वह प्रश्न करने लगा, जो साधारणतः दो अपरिचित प्राणियों में हुआ करते हैं — कौन हो, कहां से आते हो, कहां जाओगे? पहले वह भी इसी गांव में रहता था; पर जब गांव उजड़ गया, तो समीप के एक दूसरे गांव में जा बसा था। अब भी उसके खेत यहां थे। रात को जंगली पशुओं से अपने खेतों की रक्षा करने के लिए वह यहीं आकर सोता था।

कुंवर ने पूछा — तुम्हें मालूम है, इस गांव में कुबेरसिंह ठाकुर रहते थे?

किसान ने बड़ी उत्सुकता से कहा — हां-हां, भाई, जानता क्यों नहीं! बेचारे यहीं तो मारे गए। तुमसे भी क्या जान-पहचान थी?

कुंवर — हां, उन दिनों कभी-कभी आया करता था। मैं भी राजा की सेना में नौकर था। उनके घर में और कोई न था?

किसान — अरे भाई, कुछ न पूछो; बड़ी करुणा-कथा है। उसकी स्त्री तो पहले ही मर चुकी थी। केवल लड़की बच रही थी। आह! कैसी सुशीला, कैसी सुघड़ वह लड़की थी! उसे देखकर आंखों में ज्योति आ जाती थी। बिल्कुल स्वर्ग की देवी जान पड़ती थी। जब कुबेरसिंह जीता था, तभी कुंवर राजनाथ यहां भागकर आये थे और उसके यहां रहे थे। उस लड़की की कुंवर से कहीं बातचीत हो गई। जब कुंवर को शत्रुओं ने पकड़ लिया, तो चंदा घर में अकेली रह गई। गांववालों ने बहुत चाहा कि उसका विवाह हो जाये। उसके लिए वरों का जोड़ न था भाई! ऐसा कौन था, जो उसके पाकर अपने को धन्य न मानता; पर वह किसी से विवाह करने पर राजी न हुई? यह पेड़, तो तुम देख रहे हो, तब छोटा-सा पौधा था। इसके आस-पास फूलों की कई क्यारियां थी। इन्हीं को गोड़ने, निराने, सींचने में उसका दिन कटता था। बस, यही कहती थी कि हमारे कुंवर साहब आते होगे।

कुंवर की आंखों से आंसू की वर्षा होने लगी। मुसाफ़िर ने ज़रा दम लेकर कहा — दिन-दिन घुलती जाती थी। तुम्हें विश्वास न आएगा भाई, उसने दस साल इसी तरह काट दिए। इतनी दुर्बल हो गई थी कि पहचानी न जाती थी; पर अब भी उसे कुंवर साहब के आने की आशा बनी हुई थी। आख़िर एक दिन इसी वृक्ष के नीचे उसकी लाश मिली। ऐसा प्रेम कौन करेगा, भाई! कुंवर न-जाने मरे कि जिए, कभी उन्हें इस विरहिणी की याद भी आती है कि नहीं; पर इसने तो प्रेम को ऐसा निभाया — जैसा चाहिए।

कुंवर को ऐसा जान पड़ा, मानो हृदय फटा जा रहा है। वह कलेजा थामकर बैठ गया।

मुसाफ़िर के हाथ में एक सुलगता हुआ उपला था। उसने चिलम भरी और दो-चार दम लगाकर बोला — उसके मरने के बाद यह घर गिर गया। गांव पहले ही उजाड़ था। अब तो और भी सुनसान हो गया। दो-चार आदमी यहां आ बैठते थे। अब तो चिड़िया-पूत भी यहां नहीं आता। उसके मरने के कई महीने के बाद यही चिड़िया इस पेड़ पर बोलती हुई सुनाई दी। तब से बराबर इसे यहां बोलते सुनता हूं। रात को सभी चिड़िया सो जाती हैं; पर यह रात भर बोलती रहती है। इसका जोड़ा कभी नहीं दिखाई दिया। बस, फुट्टैल है। दिनभर उसी झोंपड़े में पड़ी रहती है। रात को इस पेड़ पर आकर बैठती है मगर इस समय इसके गाने में कुछ और ही बात है, नहीं तो सुनकर रोना आता है। ऐसा जान पड़ता है, मानो कोई कलेजे को मसोस रहा है। मैं तो कभी-कभी पड़े-पड़े रो दिया करता हूं। सब लोग कहते हैं कि यह वहीं चंदा है। अब भी कुंवर के वियोग में विलाप कर रही है। मुझे भी ऐसा ही जान पड़ता है। आज जाने क्यों मगन है?

किसान तम्बाकू पीकर सो गया। कुंवर कुछ देर तक खोए हुए से खड़े रहे। फिर धीरे

से बोले — चंदा, क्या सचमुच तुम्हीं हो, मेरे पास क्यों नहीं आतीं?

एक क्षण में चिड़िया आकर उनके हाथ पर बैठ गई। चन्द्रमा के प्रकाश में कुंवर ने चिड़िया को देखा। ऐसा जान पड़ा, मानों उसकी आंखें खुल गई हो, मानों आंखों के सामने से कोई आवरण हट गया हो। पक्षी के रूप में भी चंदा की मुखकृति अंकित थी।

दूसरे दिन किसान सोकर उठा तो कुंवर की लाश पड़ी हुई थी।

8

कुंवर अब नहीं हैं; किंतु उनके झोपड़े की दीवारें बन गई हैं, ऊपर फूस का नया छप्पर पड़ गया है, और झोपड़े के द्वार पर फूलों की कई क्यारियां लगी हुई हैं। गांव के किसान इससे अधिक और क्या कर सकते थे?

उस झोंपड़े में अब पक्षियों के एक जोड़े ने अपना घोंसला बनाया है। दोनों साथ-साथ दाने-चारे की खोज में जाते हैं, साथ-साथ आते हैं, रात को दोनों उसी वृक्ष की डाल पर बैठे दिखाई देते हैं। उनका सुरम्य संगीत रात की नीरवता में दूर तक सुनाई देता है। वन के जीवन-जन्तु वह स्वर्गीय गान सुनकर मुग्ध हो जाते हैं।

यह पक्षियों का जोड़ा कुंवर और चंदा का जोड़ा है, इसमें किसी को भी संदेह नहीं है।

एक बार एक व्याध ने इस पक्षियों को फंसाना चाहा; पर गांववालों ने उसे मारकर भगा दिया।

□□□

सती

दो शताब्दियों से अधिक बीत गए हैं; पर चिंता देवी का नाम चला आता है। बुंदेलखण्ड के एक बीहड़ स्थान में आज भी मंगलवार को सहस्रों स्त्री-पुरुष चिंता देवी की पूजा करने आते हैं। उस दिन यह निर्जन स्थान सुहाने गीतों से गूंज उठता है, टीले और टोकरे रमणियों के रंग-बिरंगे वस्त्रों से सुशोभित हो जाते हैं। देवी का मंदिर एक बहुत ऊंचे टीले पर बना हुआ है। इसके कलश पर लहराती हुई लाल पताका बहुत दूर से दिखाई देती है। मंदिर इतना छोटा है कि उनमें मुश्किल से एक साथ दो आदमी समा सकते हैं। भीतर कोई प्रतिमा नहीं है, केवल एक छोटी-सी बेदी बनी हुई है। नीचे से मंदिर तक पत्थर का जीना है। भीड़-भाड़ में धक्का खाकर कोई नीचे न गिर पड़े, इसलिए ज़ीने की दीवार दोनों तरफ़ बनी हुई है। यही चिंता देवी सती हुई थीं पर लोक-रीति के अनुसार वह अपने मृत पति के साथ चिता पर नहीं बैठी थीं। उनका पति हाथ जोड़े सामने खड़ा था; पर वह उसकी ओर आंखें उठाकर भी न देखती थीं। वह पति-शरीर के साथ नहीं, उसकी आत्मा के साथ सती हुई। उस चिता पर पति का शरीर न था, उसकी मर्यादा भस्मीभूत हो रही थी।

2

यमुना-तट पर कालपी एक छोटा-सा नगर है। चिंता उसी नगर के एक वीर बुंदेल की कन्या थी। उसकी माता उनकी बाल्यावस्था में ही परलोक सिधार चुकी थीं। उसके पालन-पोषण का भार पिता पर पड़ा। वह संग्राम का समय था, योद्धाओं को कमर खोलने की भी फुरसत न मिलती थी थी। वे घोड़े की पीठ पर भोजन करते और ज़मीन पर ही झपकियां ले लेते थे। चिंता का बाल्यकाल पिता के साथ समर-भूमि में कटा। बाप उसे किसी खोह में या वृक्ष की आड़ में छिपाकर मैदान में चला जाता। चिंता निश्शंक भाव से बैठी हुई मिट्टी के क़िले बनाती और बिगाड़ती। उसके घरौंदे थे, उसकी गुड़ियां ओढ़नी न ओढ़ती थीं। वह सिपाहियों के गुड्डे बनाती और उन्हें रण-क्षेत्र में खड़ा करती थी।

कभी-कभी उसका पिता संध्या समय भी न लौटता; पर चिंता को भय छू तक न गया था। निर्जन स्थान में भूखी-प्यासी रात-रात भर बैठी रह जाती। उसने नेवले और सियार की कहानियां कभी न सुनी थीं। वीरों के आत्मोत्सर्ग की कहानियां और वह भी योद्धाओं के मुंह से सुन-सुनकर आदर्शवादिनी बन गई थी।

एक बार तीन दिन तक चिंता को अपने पिता की ख़बर न मिली। वह एक पहाड़ी की खोह में बैठी मन-ही-मन एक ऐसा किला बना रही थी, जिसे शत्रु किसी भांति जान सके। दिन-भर वह उसी किले का नक्शा सोचती और रात को उसी क़िले का स्वप्न देखती। तीसरे दिन संध्या-समय उसके पिता के कई साथियों ने आकर उनके सामने रोना शुरू किया। चिंता ने विस्मित होकर पूछा — दादाजी कहां है? तुम लोग क्यों रोते हो?

किसी ने इसका उत्तर न दिया। वे जोर से धाड़े मार-मारकर रोने लगे। चिंता समझ गई कि उसके पिता ने वीर-गति पाई है। उस तेरह वर्ष की बालिका की आंखों से आंसू की एक बूंद भी न गिरी, मुख ज़रा भी मालिन न हुआ, एक आह भी न निकली। हंसकर बोली — अगर उन्होंने वीर-गति पाई, तो तुम लोग रोते क्यों हो? योद्धाओं के लिए इसे बढ़कर और कौन मृत्यु हो सकती है? इससे बढ़कर उनकी वीरता का और क्या पुरस्कार मिल सकता है? यह रोने का नहीं है, आनंद मनाने का अवसर है।

एक सिपाही ने चिंतित स्वर में कहा — हमें तुम्हारी चिंता है। तुम अब कहां रहोगी?

चिंता ने गंभीर स्वर से कहा — इसकी तुम कुछ चिंता न करो, दादा! मैं अपने बाप की बेटी हूं। जो कुछ उन्होंने किया, वहीं मैं भी करूंगी। अपनी मातृ-भूमि को शत्रुओं के पंजे से छुड़ाने में उन्होंने अपने प्राण दे दिए। मेरे सामने भी वहीं आदर्श है। जाकर अपने आदमियों को संभालिए। मेरे लिए एक घोड़ा और हथियारों का प्रबंध कर दीजिए। ईश्वर ने चाहा, तो आप लोग मुझे किसी से पीछे न पाएंगे, लेकिन यदि मुझे पीछे हटते देखना, तो तलवार के एक हाथ से इस जीवन का अंत कर देना। यही मेरी आपसे विनय है। जाइए, अब विलम्ब न कीजिए।

सिपाहियों को चिंता के ये वीर-वचन सुनकर कुछ भी आश्चर्य नहीं हुआ। हां, उन्हें यह संदेह अवश्य हुआ कि क्या कोमल बालिका अपने संकल्प पर दृढ़ रह सकेगी?

3

पांच वर्ष बीत गए। समस्त प्रांत में चिंता देवी की धाक बैठ गई। शत्रुओं के कदम उखड़ गए। वह विजय की सजीव मूर्ति थी। उसे तीरों और गोलियों के सामने निशशंक खड़े देखकर सिपाहियों को उत्तेजना मिलती रहती थी। उसके सामने वे कैसे कदम पीछे हटाते? कोमलांगी युवती आगे बढ़े, तो कौन पुरुष पीछे हटेगा! सुन्दरियों के सम्मुख योद्धाओं की वीरता अजेय हो जाती है। रमणी के वचन-बाण योद्धाओं के लिए आत्मसमर्पण के गुप्त संदेश हैं। उसकी

एक चितवन कायरों में भी पुरुषत्व प्रवाहित कर देती है। चिंता की छवि-कीर्ति ने मनचले सूरमाओं को चारों ओर से खींच-खींचकर उसकी सेना को सजा दिया — जान पर खेलनेवाले भौंरे चारों ओर से आ-आकर इस फूल पर मंडराने लगे।

इन्हीं योद्धाओं में रत्नसिंह नाम का एक युवक राजपूत भी था।

यों तो चिंता के सैनिकों में सभी तलवार के धनी थे; बात पर जान देने वाले, उसके इशारे पर आग में कूदनेवाले, उसकी आज्ञा पाकर एक बार आकाश के तारे तोड़ लाने को भी चल पड़ते किंतु रत्नसिंह सबसे बढ़ा हुआ था। चिंता भी हृदय में उसे प्रेम करती थी। रत्नसिंह अन्य वीरों की भांति अक्खड़, मुंहफट या घमंडी न था। और लोग अपनी-अपनी कीर्ति को खूब बढ़ा-बढ़ाकर बयान करते, आत्म-प्रशंसा करते हुए उनकी ज़बान न रूकती थी। वे जो कुछ करते, चिंता को दिखाने के लिए। उनका ध्येय अपना कर्त्तव्य न था, चिंता थी। रत्नसिंह जो कुछ करता, शांत भाव से। अपनी प्रशंसा करना तो दूर रहा, वह चाहे कोई शेर ही क्यों न मार आये, उसकी चर्चा तक न करता। उसकी विनयशीलता और नम्रता, संकोच की सीमा से भिड़ गई थी। औरों के प्रेम में विलास था; पर रत्नसिंह के प्रेम में त्याग और तप। और लोग मीठी नींद सोते थे; पर रत्नसिंह तारे गिर-गिनकर रात काटता था और बस अपने दिल में समझता था कि चिंता मेरी होगी — केवल रत्नसिंह निराश था, और इसलिए उसे किसी से न द्वेष था, न राग। औरों को चिंता के सामने चहकते देखकर उसे उनकी वाक्पटुता पर आश्चर्य होता, प्रतिक्षण उसका निराशांधकार और भी घना हो जाता था। कभी-कभी वह अपने बोदेपन पर झुंझला उठता — क्यों ईश्वर ने उसे उन गुणों से वंचित रखा, जो रमणियों के चित्त को मोहित करते हैं? उसे कौन पूछेगा? उसकी मनोव्यथा को कौन जानता है? पर वह मन में झुंझलाकर रह जाता था। दिखावे की उसकी सामर्थ्य ही न थी।

आधी से अधिक रात बीत चुकी थी। चिंता अपने खेमे में विश्राम कर रही थीं। सैनिकगण भी कड़ी मंज़िल मारने के बाद कुछ खा-पीकर गाफ़िल पड़े हुए थे। आगे एक घना जंगल था। जंगल के उस पार शत्रुओं का एक दल डेरा डाले पड़ा था। चिंता उसके आने की खबर पाकर भागाभाग चली आ रही थी। उसने प्रातःकाल शत्रुओं पर धावा करने का निश्चय कर लिया था। उसे विश्वास था कि शत्रुओं को मेरे आने की ख़बर न होगी; किंतु यह उसका भ्रम था। उसी की सेना का एक आदमी शत्रुओं से मिला हुआ था। यहां की ख़बरें वहां नित्य पहुंचती रहती थी। उन्होंने चिंता से निश्चिंत होने के लिए एक षड्यंत्र रचा रखा था — उसकी गुप्त-हत्या करने के लिए तीन साहसी सिपाहियों को नियुक्त कर दिया था। वे तीनों हिंसक पशुओं की भांति दबे पांव जंगल को पार करके आये और वृक्षों की आड़ में खड़े होकर सोचने लगे कि चिंता का खेमा कौन-सा है। सारी सेना बे-खबर सो रही थी, इससे उन्हें अपने कार्य की सिद्धि में लेश-मात्र संदेह न था। वे वृक्षों की आड़ से निकले, और ज़मीन पर मगर की तरह रेंगते हुए चिंता के खेमे की ओर चले।

सारी सेना बे-ख़बर सोती थी, पहरे के सिपाही थककर चूर हो जाने के कारण निद्रा में मग्न हो गए हैं। केवल एक प्राणी खेमे के पीछे मारे ठंड के सिकुड़ा हुआ बैठा था। यह रत्नसिंह

था। आज उसने यह कोई नई बात न की थी। पड़ावों में उसकी रातें इसी भांति चिंता के खेमे के पीछे बैठे-बैठे कटती थीं। घातकों की आहट पाकर उसने तलवार निकाल ली और चौंककर उठ खड़ा हुआ। देखा — तीन आदमी झुके हुए चले आ रहे हैं। अब क्या करे? अगर शोर मचाता है, तो सेना में खलबली पड़ जाये, और अंधेरे में लोग एक-दूसरे पर वार करके आपस ही में कट मरें। इधर अकेले तीन जवानों से भिड़ने में प्राणों का भय। अधिक सोचने का मौक़ा न था। उसमें योद्धाओं की अविलम्ब निश्चय कर लेने की शक्ति थी; तुरन्त तलवार खींच ली और उन तीनों पर टूट पड़ा। कई मिनट तक तलवारें छपाछप चलती रहीं। फिर सन्नाटा छा गया। उधर वे तीनों आहत होकर गिर पड़े, इधर यह भी जख़्मों से चूर होकर अचेत हो गया।

प्रातःकाल चिंता उठी, तो चारों जवानों को भूमि पर पड़े पाया। उसका कलेजा धक् से हो गया। समीप जाकर देखा — तीनों आक्रमणकारियों के प्राण निकल चुके थे; पर रत्नसिंह की सांस चल रही थी। सारी घटना समझ में आ गई। नारीत्व ने वीरत्व पर विजय पाई। जिन आंखों से पिता की मृत्यु पर आंसू की एक बूंद भी न गिरी थी, उन्हीं आंखों से आंसुओं की झड़ी लग गई। उसने रत्नसिंह का सिर अपनी जांघ पर रख लिया, और हृदयांगण में रचे हुए स्वयंवर में उसके गले में जयमाला डाल दी।

4

महीने भर न रत्नसिंह की आंखें खुलीं, और न चिंता की आंखें बन्द हुई। चिंता उसके पास से एक क्षण के लिए भी कहीं न जाती। न अपने इलाके की परवा थी, न शत्रुओं के बढ़ते चले आने की फ़िक्र। रत्नसिंह पर वह अपनी सारी विभूतियों का बलिदान कर चुकी थी। पूरा महीना बीत जाने के बाद रत्नसिंह की आंखें खुली। देखा — चारपाई पर पड़ा हुआ है, और चिंता सामने पंखा लिये खड़ी है। क्षीण स्वर में बोला — चिंता, पंखा मुझे दे दो, तुम्हें कष्ट हो रहा है।

चिंता का हृदय इस समय स्वर्ग के अखंड, अपार सुख का अनुभव कर रहा था। एक महीना पहले जिस जीर्ण शरीर के सिरहाने बैठी हुई वह नैराश्य से रोया करती थी, उसे आज बोलते देखकर आह्लाद का पारावार न था। उसने स्नेह-मधुर स्वर से कहा — प्राणनाथ, यदि यह कष्ट है तो सुख क्या है? मैं नहीं जानती। 'प्राणनाथ' — इस सम्बोधन में विलक्षण मंत्र की-सी शक्ति थी। रत्नसिंह की आंखें चमक उठीं। जीर्ण मुद्रा प्रदीप्त हो गई; नसों में एक नए जीवन का संचार हो उठा, और वह जीवन कितना स्फूर्तिमय था! उसमें कितना उत्साह, कितना माधुर्य, कितना उल्लास और कितनी करुणा थी! रत्नसिंह के अंग-अंग फड़कने लगे। उसे अपनी भुजाओं में अलौकिक पराक्रम का अनुभव होने लगा। ऐसा जान पड़ा, मानो वह सारे संसार को सर कर सकता है, उड़कर आकाश पर पहुंच सकता है, पर्वतों को चीर सकता है। एक क्षण के लिए उसे ऐसी तृप्ति हुई, मानों उसकी सारी अभिलाषाएं पूरी हो गई हैं, और

वह अब किसी से कुछ नहीं चाहता; शायद शिव को सामने खड़े देखकर भी वह मुंह फेर लेगा, कोई वरदान न मांगेगा। उसे अब किसी सिद्धि की, किसी पदार्थ की इच्छा न थी। उसे गर्व हो रहा था, मानो उससे अधिक सुखी, उससे अधिक भाग्यशाली पुरुष इस संसार में और कोई न होगा।

रत्नसिंह ने उठने की चेष्टा करके कहा — बिना तप के सिद्धि नहीं मिलती।

चिंता अभी अपना वाक्य पूरा भी न कर पाई थी कि उसी प्रसंग में बोली — हां, आपको मेरे कारण अलबत्ता दुस्सह यातना भोगनी पड़ी!

चिंता ने रत्नसिंह को कोमल हाथों से लिटाते हुए कहा — इस सिद्धि के लिए तुमने तपस्या नहीं की थी। झूठ क्यों बोलते हो? तुम केवल एक अबला की रक्षा कर रहे थे। यदि मेरी जगह कोई दूसरी स्त्री होती, तो भी तुम इतने ही प्राणपण से उसकी रक्षा करते, मुझे इसका विश्वास है। मैं तुमसे सत्य कहती हूं, मैंने आजीवन ब्रह्मचारिणी रहने का प्रण कर लिया था; लेकिन तुम्हारे आत्मोत्सर्ग ने मेरे प्रण को तोड़ डाला। मेरा पालन योद्धाओं की गोद में हुआ है; मेरा हृदय उसी पुरुष सिंह के चरणों पर अर्पण हो सकता है, जो प्राणों की बाज़ी खेल सकता हो। रसिकों के हास-विलास, गुंड़ों के रूप-रंग और फेकैतों के दाव-घात का मेरी दृष्टि में रत्ती भर भी मूल्य नहीं। उनकी नट-विद्या को मैं केवल तमाशे की तरह देखती हूं। तुम्हारें ही हृदय में मैंने सच्चा उत्सर्ग पाया, और तुम्हारी दासी हो गई — आज से नहीं बहुत दिनों से।

5

प्रणय की पहली रात थी। चारों ओर सन्नाटा था। केवल दोनों प्रेमियों के हृदयों में अभिलाषाएं लहरा रही थीं। चारों और अनुरागमयी चांदनी छिटकी हुई थी, और उसकी हास्यमयी छटा में वर-वधू प्रेमालाप कर रहे थे।

सहसा ख़बर आयी कि शत्रुओं की एक सेना किले की ओर बढ़ी चली आती है। चिंता चौंक पड़ी; रत्नसिंह खड़ा हो गया, और खूंटी से लटकती हुई तलवार उतार ली।

चिंता ने उसकी ओर कातर-स्नेह की दृष्टि से देखकर कहा — कुछ आदमियों को उधर भेज दो, तुम्हारे जाने की क्या ज़रूरत है?

रत्नसिंह ने बंदूक कंधे पर रखते हुए कहा, मुझे भय है कि अबकी वे लोग बड़ी संख्या में आ रहे हैं।

चिंता — तो मैं भी चलूंगी।

'नहीं, मुझे आशा है, वे लोग ठहर न सकेंगे। मैं एक ही धावे में उनके कदम उखाड़ दूंगा। यह ईश्वर की इच्छा है कि हमारी प्रणय-रात्रि विजय रात्रि हो!'

'न-जाने क्यों मन कातर हो रहा है। जाने देने को जी नहीं चाहता।'

रत्नसिंह ने इस सरल, अनुरक्त आग्रह से विह्वल होकर चिंता को गले लगा लिया और बोले — मैं सबेरे तक लौट आऊंगा, प्रिये!

चिंता पति के गले में हाथ डालकर आंखों में आंसू भरे बोली — मुझे भय है, तुम बहुत दिनों में लौटेगे। मेरा मन तुम्हारे साथ रहेगा। जाओ, पर रोज ख़बर भेजते रहना। तुम्हारें पैरों पड़ती हूं, अवसर का विचार करके धावा करना। तुम्हारी आदत है कि शत्रु को देखते ही आकुल हो जाते हो, और जान पर खेलकर टूट पड़ते हो। तुमसे मरा यही अनरोध है कि अवसर देखकर काम करना। जाओ, जिस तरह पीठ दिखाते हो, उसी तरह मुंह दिखाओ।

चिंता का हृदय कातर हो रहा था। जहां पहले केवल विजय-लालसा का आधिपत्य था, अब भोग-लालसा की प्रधानता थी। वहीं वीर-बाला, जो सिंहनी की तरह गरज़कर शत्रुओं के कलेजे को कंपा देती थी, आज इतनी दुर्बल हो रही थी कि जब रत्नसिंह घोड़े पर सवार हुआ, तो आप उसकी कुशल-कामना से मन-ही-मन देवी की मनौतियां कर रही थी। जब तक वह वृक्षों की ओट में छिप न गया, वह खड़ी उसे देखती रही, फिर वह किले के सबसे ऊंचे बुर्ज पर चढ़ गयी और घंटों उसी तरफ ताकती रही। वहां शून्य था, पहाड़ियों ने कभी का रत्नसिंह को अपनी ओट में छिपा लिया था, पर चिंता को ऐसे जान पड़ता था कि वे सामने चले जा रहे हैं। जब उषा की लोहित छवि वृक्ष की आड़ से झांकने लगी तो उसकी मोह-विस्मृति टूट गई। मालूम हुआ, चारों तरफ शून्य है। वह रोती हुई बुर्ज से उतरी और शय्या पर मुंह ढांपकर रोने लगी।

6

रत्नसिंह के साथ मुश्किल से सौ आदमी थे; किन्तु सभी मंजे हुए, अवसर और संख्या को तुच्छ समझनेवाले, अपनी जान से दुश्मन! वीरोल्लास से भरे एक वीर-रस पद गाते हुए घोड़ों को बढ़ाए चले जाते थे —

'बांकी तेरी पाग सिपाही, इसकी रखना लाज।
तेग-तवर कुछ काम न आये, बख़्तर-ढाल व्यर्थ हो जावे।
रखियों मन में लाग, सिपाही बांकी तेरी पाग।
इसकी रखना लाज।'

पहाड़ियां इन वीर-स्वरों से गूंज रही थीं। घोड़ों की टाप ताल दे रही थी। यहां तक कि कि रात बीत गई, सूर्य ने अपनी लाख आंखें खोल दीं और इन वीरों पर अपनी स्वर्ण-छटा की वर्षा करने लगा।

वही रक्तमय प्रकाश में शत्रुओं की सेना एक पहाड़ी पर पड़ाव डाले हुए नज़र आई।

रतनसिंह सिर झुकाए, वियोग-व्यथित हृदय को दबाए, मंद गति से पीछे पीछे चला जाता था। कदम आगे बढ़ता था; पर मन पीछे हटता। आज जीवन में पहली बार दुश्चिंताओं ने उसे आशंकित कर रखा था। कौन जानता है, लड़ाई का अंत क्या होगा! जिस स्वर्ग-सुख को छोड़कर वह आया था, उसकी स्मृतियां रह-रहकर उसके हृदय को मसोस रही थीं; चिंता की सजल आंखें याद आती थीं और जी चाहता था, घोड़े की रास पीछे मोड़ दे। प्रतिक्षण रणोत्साह क्षीण होता जाता था, सहसा एक सरदार ने समीप आकर कहा — भैया, यह देखो, ऊंची पहाड़ी पर शत्रु डेरे डाले पड़ा है। तुम्हारी अब क्या राय हैं? हमारी तो यही इच्छा है कि तुरंत उन पर धावा कर दें। गाफ़िल पड़े हुए हैं, भाग खड़े होंगे। देर करने से वह भी संभल जायेंगे और तब मामला नाजुक हो जायेगा। एक हज़ार से कम न होंगे।

रत्नसिंह ने चिंतित नेत्रों से शत्रु-दल की ओर देखकर कहा — हां, मालूम तो होता हैं।

सिपाही — तो धावा कर दिया जाये न?

रत्न0 — जैसी तुम्हारी इच्छा। संख्या अधिक है, सोच लो।

सिपाही इसकी परवाह नहीं। हम इससे बड़ी सेनाओं को परास्त कर चुके हैं।

रत्न0 — यह सच है; पर आग में कूदना ठीक नहीं।

सिपाही — भैया, तुम कहते क्या हो? सिपाही का तो जीवन ही आग में कूदने के लिए है। तुम्हारे हुक्म की देर है, फिर हमारा जीवन देखना।

रत्न0 — अभी हम लोग बहुत थके हुए हैं। ज़रा विश्राम कर लेना अच्छा है।

सिपाही — नहीं भैया, उन सबों को हमारी आहट मिल गई, तो ग़जब हो जायेगा।

रत्न0 — तो फिर धावा ही कर दो।

एक क्षण में योद्धाओं ने घोड़ों की बागें उठा दीं, और अस्त्र संभाले हुए शत्रुसेना पर लपके; किंतु पहाड़ी पर पहुंचते ही इन लोगों ने उसके विषय में जो अनुमान किया था, वह मिथ्या था। वह सजग ही न थे, स्वयं किले पर धावा करने की तैयारियां भी कर रहे थे। इन लोगों ने जब उन्हें सामने आते देखा, तो समझ गए कि भूल हुई; लेकिन अब सामना करने के सिवा चारा ही क्या था। फिर भी वे निराश न थे। रत्नसिंह जैसे कुशल योद्धा के साथ इन्हें कोई शंका न थी। वह इससे भी कठिन अवसरों पर अपने रण-कौशल से विजय-लाभ कर चुका था! क्या आज वह अपना ज़ौहर न दिखाएगा? सारी आंखें रत्नसिंह को खोज रही थी; पर उसका वहां कहीं पता न था। कहां चला गया? यह कोई न जानता था।

पर वह कहीं नहीं जा सकता। अपने साथियों को इस कठिन अवस्था में छोड़कर वह कहीं नहीं जा सकता — सम्भव नहीं। अवश्य ही वह यहीं है, और हारी हुई बाज़ी को जिताने की कोई युक्ति सोच रहा है।

एक क्षण में शत्रु इनके सामने आ पहुंचे। इतनी बहुसंख्यक सेना के सामने ये मुट्ठी भर आदमी क्या कर सकते थे? चारों ओर से रत्नसिंह की पुकार होने लगी — भैया, तुम कहां हो? हमें क्या हुक्म देते हो? देखते हो, वे लोग सामने आ पहुंचे पर तुम अभी मौन खड़े हो। सामने आकर हमें मार्ग दिखाओ, हमारा उत्साह बढ़ाओ!

पर अब भी रत्नसिंह न दिखाई दिया। यहां तक कि शत्रु-दल सिर पर आ पहुंचा, और दोनों दलों में तलवारें चलने लगीं। बुंदेलों ने प्राण हथेली पर लेकर लड़ना शुरू किया; पर एक को एक बहुत होता है; एक और दस का मुकाबला ही क्या? यह लड़ाई न थी, प्राणों का जुआ था! बुंदेलों में निराशा का अलौकिक बल था। खूब लड़े; पर क्या मज़ाल कि कदम पीछे हटे। उनमें अब जरा भी संगठन न था। जिससे जिनता आगे बढ़ते बना, बढ़ा। अन्त क्या होगा, इसकी किसी को चिंता न थी। कोई तो शत्रुओं की सफें चीरता हुआ सेनापति के समीप पहुंच गया, कोई उनके हाथी पर चढ़ने की चेष्टा करते मारा गया। उनका अमानुषिक साहस देखकर शत्रुओं के मुंह से भी वाह-वाह निकलती थी; लेकिन ऐसे योद्धाओं ने नाम पाया है, विजय नहीं पायी। एक घंटे में रंगमंच का परदा गिर गया, तमाशा खत्म हो गया। एक आंधी थी, जो आई और वृक्षों को उखाड़ती हुई चली गई। सगंठित रहकर ये ही मुट्‌टी भर आदमी दुश्मनों के दांत खट्‌टे कर देते; पर जिस पर संगठन का भार था, उसका कहीं पता न था। विजयी मरहठों ने एक-एक लाश ध्यान से देखी। रत्नसिंह उनकी आंखों में खटकता था। उसी पर उनके दांत लगे थे। रत्नसिंह के जीते-जी उन्हें नींद न आती थी। लोगों ने पहाड़ी की एक-एक चट्‌टान का मंथन कर डाला, पर रत्न न हाथ आया। विजय हुई; पर अधूरी।

7

चिंता के हृदय में आज न जाने क्यों भांति-भांति की शंकाए उठ रही थीं। वह कभी इतनी दुर्बल न थी। बुंदेलों की हार ही क्यों होगी? इसका कोई कारण तो वह न बता सकती थी; पर यह भावना उसके विकल हृदय से किसी तरह निकलती थी। उस अभागिन के भाग्य में प्रेम का सुख भोगना लिखा होता, तो क्या बचपन ही में मां मर जाती, पिता के साथ वन-वन घूमना पड़ता, खोहों और कंदराओं में रहना पड़ता, और वह आश्रय भी तो बहुत दिन न रहा। पिता भी मुंह मोड़कर चल दिए। तब से उसे एक दिन भी तो आराम से बैठना नसीब न हुआ। विधना क्या अब अपना क्रूर कौतुक छोड़ देगा? आह! उसके दुर्बल हृदय में इस समय एक विचित्र भावना उत्पन्न हुई — ईश्वर उसके प्रियतम को आज सकुशल लाये, तो वह उसे लेकर किसी दूर के गांव में जा बसेगी। पतिदेव की सेवा और आराधना में जीवन सफल करेगी। इस संग्राम से सदा के लिए मुंह मोड़ लेगी। आज पहली बार नारीत्व का भाव उसके मन में जागृत हुआ।

संध्या हो गई थी, सूर्य भगवान् किसी हारे हुए सिपाही की भांति मस्तक झुकाते कोई आड़ खोज रहे थे। सहसा एक सिपाही नंगे सिर-पांव, निरस्त्र उसके सामने आकर खड़ा हो गया। चिंता पर व्रज्रपात हो गया। एक क्षण तक मर्माहत-सी बैठी रही फिर उठकर घबराई हुई सैनिक के पास आयी, और आतुर स्वर में पूछा — कौन-कौन बचा?

सैनिक ने कहा — कोई नही?

'कोई नहीं? कोई नहीं?'

चिंता सिर पकड़कर भूमि पर बैठ गई। सैनिक ने फिर कहा — मरहठे समीप आ पहुंचे।

'समीप आ पहुंचे?

'बहुत समीप।'

'तो तुरन्त चिता तैयार करो। समय नहीं है।'

'अभी हम लोग तो सिर कटाने को हाज़िर ही हैं।'

'तुम्हारी जैसी इच्छा। मेरे कर्त्तव्य का तो यही अंत है।'

'क़िला बंद करके हम महीनों लड़ सकते हैं।'

'तो जाकर लड़ो। मेरी लड़ाई अब किसी से नहीं।'

एक ओर अधंकार प्रकाश को पैरों तले कुचलता चला आता था, दूसरी ओर विजयी मरहठे लहराते हुए खेतों को। और क़िले में चिता बन रही थी। ज्यों ही दीपक जले, चिता में आग लगी। सती-चिता सोलहों श्रृंगार किए, अनुपम छवि दिखाती हुई, प्रसन्न-मुख अग्नि-मार्ग से पतिलोक की यात्रा करने जा रही थी।

8

चिंता के चारों ओर स्त्री और पुरुष ज़मा थे। शत्रुओं ने क़िले को घेर लिया है, इसकी किसी को फ़िक्र न थी। शोक और संताप से सबके चेहरे उदास और सिर झुके हुए थे। अभी कल इसी आंगन में विवाह-मंडप सजाया गया था। जहां इस समय चिता सुलग रही है, वहीं कल हवन-कुंड था। कल भी इसी भांति अग्नि की लपटें उठ रही थीं, इसी भांति लोग ज़मा थे; पर आज और कल के दृश्यों में कितना अंतर है! हां, स्थूल नेत्रों के लिए अंतर हो सकता है; पर वास्तव में यह उसी यज्ञ की पूर्णाहुति है, उसी प्रतिभा का पालन है।

सहसा घोड़े की टापों की आवाज़ें सुनाई देने लगी। मालूम होता था, कोई सिपाही घोड़े को सरपट भगाता चला आ रहा है। एक क्षण में टापों को आवाज़ बंद हो गई, और एक सैनिक आंगन में दौड़ा हुआ आ पहुंचा। लोगों ने चकित होकर देखा, यह रत्नसिंह था।

रत्नसिंह चिंता के पास जाकर हांफता हुआ बोला — प्रिये, मैं तो अभी जीवित हूं, यह तुमने क्या कर डाला?

चिंता में आग लग चुकी थी! चिंता की साड़ी से अग्नि की ज्वाला निकल रही थी। रत्नसिंह उन्मत की भांति चिंता में घुस गया, और चिंता का हाथ पकड़कर उठाने लगा। लोगों ने चारों ओर से लपक-लपककर चिता की लकड़ियां हटानी शुरू कीं; पर चिंता ने पति की ओर आंख उठाकर भी न देखा, केवल हाथों से उसे हट जाने का संकेत किया।

रत्नसिंह सिर पीटकर बोला — हाय प्रिये, तुम्हें क्या हो गया? मेरी ओर देखती क्यों नहीं? मैं तो जीवित हूं।

चिता से आवाज़ आयी — तुम्हारा नाम रत्नसिंह है; पर तुम मेरे रत्नसिंह नहीं हो। तुम मेरी तरफ़ देखो तो, मैं ही तुम्हारा दास, तुम्हारा उपासक; तुम्हारा पति हूं।

'मेरे पति ने वीर-गति पायी।'

'हाय! कैसे समझाऊं! अरे लोगों, किसी भांति अग्नि को शांत करो। मैं रत्नसिंह ही हूं, प्रिये! क्या तुम मुझे पहचानती नहीं हो?'

अग्नि-शिखा चिंता के मुख तक पहुंच गई। अग्नि में कमल खिल गया। चिंता स्पष्ट स्वर में बोली — खूब पहचानती हूं। तुम मेरे रत्नसिंह नहीं। मेरा रत्नसिंह सच्चा शूर था। वह आत्मरक्षा के लिए, इस तुच्छ देह को बचाने के लिए, अपने क्षत्रिय-धर्म का परित्याग न कर सकता था। मैं जिस पुरुष के चरणों की दासी बनी थी, वह देवलोक में विराजमान है। रत्नसिंह को बदनाम मत करो। वह वीर राजपूत था, रण-क्षेत्र से भागनेवाला कायर नहीं!

अन्तिम शब्द निकले ही थे कि अग्नि ज्वाला चिंता के सिर के ऊपर जा पहुंची। फिर एक क्षण में वह अनुपम रूप-राशि, वह आदर्श वीरता की उपासिका, वह सच्ची सती अग्नि-राशि में विलीन हो गई।

रत्नसिंह चुपचाप, हतबुद्धि-सा खड़ा यह शोकमय दृश्य देखता रहा। फिर अचानक एक ठंडी सांस खींचकर उसी चिता में कूद पड़ा।

□□□

हिंसा परमो धर्मः

दुनिया में कुछ ऐसे लोग भी होते हैं, जो किसी के नौकर न होते हुए सबके नौकर होते हैं, जिन्हें कुछ अपना खास काम न होने पर भी सिर उठाने की फुरसत नहीं होती। जामिद इसी श्रेणी के मनुष्यों में था। बिल्कुल बेफ़िक्र, न किसी से दोस्ती, न किसी से दुश्मनी। जो ज़रा हंसकर बोला, उसका बे-दाम का गुलाम हो गया। बे-काम का काम करने में उसे मज़ा आता था। गांव में कोई बीमार पड़े, वह रोगी की सेवा-सुश्रूषा के लिए हाजिर है। कहिए, तो आधी रात को हक़ीम के घर चला जाये; किसी जड़ी-बूटी की तलाश में मंज़िलों की खाक छान आये। मुमकिन न था कि किसी ग़रीब पर अत्याचार होते देखे और चुप रह जाय। फिर चाहे कोई उसे मार ही डाले, वह हिमायत करने से बाज़ न आता था। ऐसे सैकड़ों ही मौक़े उसके सामने आ चुके थे। कांस्टेबिल से आये दिन उसकी छेड़-छाड़ होती ही रहती थी। इसलिए लोग उसे बौड़म समझते थे। और बात भी यह थी। जो आदमी किसी का बोझ भारी देखकर, उससे छीनकर अपने सिर पर ले ले, किसी का छप्पर उठाने या आग बुझाने के लिए कोसों दौड़ा चला जाय, उसे समझदार कौन कहेगा? सारांश यह कि उसकी जात से दूसरों को चाहे कितना फायदा पहुंचे, अपना कोई उपकार न होता था; यहां तक कि वह रोटियों के लिए भी दूसरों का मोहताज़ था। दीवाना तो वह था, और उसका ग़म दूसरे खाते थे।

2

आख़िर जब लोगों ने बहुत धिक्कारा — क्यों अपना जीवन नष्ट कर रहे हो? तुम दूसरों के लिए मरते हो, कोई तुम्हारा भी पूछने वाला है? अगर एक दिन बीमार पड़ जाओ, तो कोई चुल्लू भर पानी न दे; जब तक दूसरों की सेवा करते हो, लोग खैरात समझकर खाने को दे देते हैं; जिस दिन आ पड़ेगी, कोई सीधे मुंह बात भी न करेगा, तब जामिद की आंखें खुलीं। बरतन-भांड़ा कुछ था ही नहीं। एक दिन उठा, और एक तरफ की राह ली। दो दिन के बाद

एक शहर में पहुंचा। शहर बहुत बड़ा था। महल आसामन से बाते करने वाले। सड़कें चौड़ी और साफ़। बाज़ार गुलज़ार; मस्जिदों और मंदिरों की संख्या अगर मकानों से अधिक न थी, तो कम भी नहीं।

देहात में न तो कोई मस्जिद थी, न कोई मंदिर। मुसलमान लोग एक चबूतरे पर नमाज़ पढ़ लेते थे। हिंदू एक वृक्ष के नीचे पानी चढ़ा दिया करते थे। नगर में धर्म का यह माहात्म्य देखकर जामिद को बड़ा कुतूहल और आनंद हुआ। उसकी दृष्टि में मज़हब का जितना सम्मान था, उतना और किसी सांसारिक वस्तु का नहीं। वह सोचने लगा — ये लोग कितने ईमान के पक्के, कितने सत्यवादी हैं। इनमें कितनी दया, कितना विवेक, कितनी सहानुभूति होगी, तभी तो खुदा ने इन्हें इतना माना है। वह हर आने-जानेवाले को श्रद्धा की दृष्टि से देखता और उसके सामने विजय से सर झुकाता था। यहां के सभी प्राणी उसे देवता-तुल्य मालूम होते थे।

घूमते-घूमते सांझ हो गई। वह थककर एक मंदिर के चबूतरे पर जा बैठा। मंदिर बहुत बड़ा था। ऊपर सुनहला कलश चमक रहा था। जगमोहन पर संगमरमर के चौके जड़े हुए थे; मगर आंगन में जगह-जगह गोबर और कूड़ा पड़ा था। जामिद को गंदगी से चिढ़ थी; देवालय की यह दशा देखकर उससे न रहा गया; इधर-उधर निगाह दौड़ाई कि कहीं झाडू मिल जाय, तो साफ़ कर दे; पर झाडू कहीं नज़र न आई। विवश होकर उसने दामन से चबूतरे को साफ़ करना शुरू कर दिया।

ज़रा देर में भक्तों का ज़माव होने लगा। उन्होंने जामिद को चबूतरा साफ़ करते देखा, तो आपस में बातें करने लगे —

'है तो मुसलमान!'

'मेहतर होगा।'

'नहीं, मेहतर अपने दामन से सफ़ाई नहीं करता। कोई पागल मालूम होता है।'

'उधर का भेदिया न हो।'

'नहीं, चेहरे से बड़ा ग़रीब मालूम होता है।'

'हसन निज़ामी का कोई मुरीद होगा।

'अजी, गोबर के लालच से सफ़ाई कर रहा है। कोई भठियारा होगा (जामिद से) गोबर न ले जाना बे, समझा? कहां रहता है?

'परदेशी मुसाफिर हूं, साहब; मुझे गोबर लेकर क्या करना है। ठाकुरजी का मंदिर देखा, तो आकर बैठ गया। कूड़ा पड़ा हुआ था। मैंने सोचा, धर्मात्मा लोग आते होंगे, सफ़ाई करने लगा।'

'तुम तो मुसलमान हो न?'

'ठाकुरजी जो सबके ठाकुरजी हैं — क्या हिंदू, क्या मुसलमान!'

'तुम ठाकुरजी को मानते हो?'

'ठाकुरजी को कौन न मानेगा, साहब? जिसने पैदा किया, उसे न मानूंगा तो किसे मानूंगा?'

भक्तों में यह सलाह होने लगी—

'देहाती हैं।'

'फांस लेना चाहिए, जाने न पाए!'

3

जामिद फांस लिया गया। उसका आदर-सत्कार होने लगा। एक हवादार मकान रहने को मिला। दोनों वक़्त उत्तम पदार्थ खाने को मिलने लगे। दो-चार आदमी हरदम उसे घेरे रहते। जामिद को भजन खूब याद थे। गला भी अच्छा था। वह रोज मंदिर में जाकर कीर्तन करता। भक्ति के साथ स्वर-लालित्य भी हो, तो फिर क्या पूछना। लोगों पर उसके कीर्तन का बड़ा असर पड़ता। कितने ही लोग संगीत के लोभ से ही मंदिर में आने लगे। सबको विश्वास हो गया कि भगवान् ने यह शिकार चुनकर भेजा है।

एक दिन मंदिर में बहुत-से आदमी ज़मा हुए थे। आंगन में फ़र्श बिछाया गया। जामिद का सिर मुड़ा दिया गया। नए कपड़े पहनाए। हवन हुआ। जामिद के हाथों से मिठाई बांटी गई। वह अपने आश्रयदाताओं की उदारता और धर्मनिष्ठा का और भी कायल हो गया। ये लोग कितने सज्जन हैं, मुझ-जैसे फटेहाल परदेशी की इतनी खातिर! इसी को सच्चा धर्म कहते हैं। जामिद को जीवन में कभी इतना सम्मान न मिला था। यहां वही सैलानी युवक, जिसे लोग बौड़म कहते थे, भक्तों का सिरमौर बना हुआ था। सैकड़ों ही आदमी केवल इसके दर्शनों को आते थे। उसकी प्रकांड विद्वता की कितनी की कथाएं प्रचलित हो गई। पत्रों में यह समाचार निकला कि एक बड़े आलिम मौलवी साहब की शुद्धि हुई है। सीधा-सादा जामिद इस सम्मान का रहस्य कुछ न समझता था। ऐसे धर्म-परायण सहृदय प्राणियों के लिए वह क्या कुछ न करता? वह नित्य पूजा करता, भजन गाता था। उसके लिए यह कोई नई बात न थी। अपने गांव में भी यह बराबर सत्यनारायण की कथा में बैठा करता था। भजन-कीर्तन किया करता था। अंतर यही था कि देहात में उसकी क़दर न थी। यहां सब उसके भक्त थे।

एक दिन जामिद कई भक्तों के साथ बैठा हुआ कोई पुराण पढ़ रहा था, तो क्या देखता है कि सामने सड़क पर एक बलिष्ठ युवक, माथे पर तिलक लगाए, जनेऊ पहने, एक बूढ़े दुर्बल मनुष्य को मार रहा है। बुड्ढ़ा रोता है, गिगिड़ाता है और पैरों पड़-पड़के कहता है कि महाराज, मेरा कसूर माफ़ करो; किंतु तिलकधारी युवक को उस पर ज़रा भी दया नहीं आती। जामिद का रक्त खौल उठा। ऐसे दृश्य देखकर वह शांत न बैठ सकता था। तुरन्त कूदकर बाहर निकला, और युवक के सामने आकर बोला — बुड्ढ़े को क्यों मारते हो, भाई? तुम्हें इस पर ज़रा भी दया नहीं आती।

युवक — मैं मारते-मारते इसकी हड्डियां तोड़ दूंगा।

जामिद — आख़िर इसने क्या कसूर किया है? कुछ मालूम भी तो हो।

युवक — इसकी मुर्ग़ी हमारे घर में घुस गई थी, और सारा घर गंदा कर आई।

जामिद — तो क्या इसने मुर्ग़ी को सिखा दिया था कि तुम्हारा घर गंदा कर आए?

बुड्ढ़ा — खुदावंत, मैं तो उसे बराबर खांचे में ढांके रहता हूं। आज गफ़लत हो गई। कहता हूं, महाराज, कुसूर माफ़ करो; मगर नहीं मानते। हुजूर मारते-मारते अधमरा कर दिया।

युवक — अभी नहीं मारा है, अब मारूंगा — खोदकर गाड़ दूंगा।

जामिद — खोदकर गाड़ दोगे भाई साहब, तो तुम भी यों न खड़े रहोगे। समझ गए? अगर फिर हाथ उठाया तो, अच्छा न होगा।

जवान को अपनी ताकत का नशा था। उसने फिर बुड्ढे को चांटा लगाया; पर चांटा पड़ने के पहले ही जामिद ने उसकी गर्दन पकड़ ली। दोनों में मल्ल-युद्ध होने लगा। जामिद करारा जवान था। युवक को पटकनी दी, तो चारों खाने चित्त गिर गया। उसका गिरना था कि भक्तों का समुदाय, जो अब तक मंदिर में बैठा तमाशा देख रहा था, लपक पड़ा और जामिद पर चारों तरफ से चोटें पड़ने लगी। जामिद की समझ में न आता था कि लोग मुझे क्यों मार रहे हैं। कोई कुछ नहीं पूछता। तिलकधारी जवान को कोई कुछ नहीं कहता। बस, जो आता है, मुझी पर हाथ साफ़ करता है। आख़िर वह बेदम होकर गिर पड़ा। तब लोगों में बातें होने लगीं।

'दग़ा दे गया!'

'धत् तरी जात् की; कभी म्लेच्छों से भलाई की आशा न रखनी चाहिए। कौआ कौओं ही के साथ मिलेगा। कमीना जब करेगा, कमीनापन। इसे कोई पूछता न था, मंदिर में झाडू लगा रहा था। देह पर कपड़े का तार भी न था, हमने इसका सम्मान किया, पशु से आदमी बना दिया, फिर भी अपना न हुआ।'

'इनके धर्म का तो मूल ही यही है!'

जामिद रात भर सड़क के किनारे पड़ा दर्द से कराहता रहा, उसे मार खाने का दुःख न था। ऐसी यातनाएं वह कितनी बार भोग चुका था। उसे दुःख और आश्चर्य केवल इस बात का था कि इन लोगों ने क्यों एक दिन मेरा इतना सम्मान किया, और क्यों आज अकारण ही मेरी इतनी दुर्गति की? इनकी वह सज्जनता कहां गई? मैं तो वहीं हूं, मैंने कोई कुसूर भी नहीं किया। मैंने तो वही किया; जो ऐसी दशा में सभी को करना चाहिए। फिर इन लोगों ने मुझ पर क्यों इतना अत्याचार किया है? देवता क्यों राक्षस बन गए?

वह रात भर इसी उलझन में पड़ा रहा। प्रातःकाल उठकर एक तरफ़ की राह ली।

जामिद अभी थोड़ी ही दूर गया था कि वही बुड्ढा उसे मिला। उसे देखते ही वह बोला— कसम खुदा की, तुमने कल मेरी जान बचा दी। सुना, जालिमों ने तुम्हें बुरी तरह पीटा। मैं तो मौक़ा पाते ही निकल भागा। अब तक कहां थे? यहां लोग रात ही से तुमसे मिलने के लिए बेकरार है। काज़ी साहब रात ही से तुम्हारी तलाश में निकले थे, मगर तुम न मिले। कल हम दोनों अकेले पड़ गए थे। दुश्मनों ने हमें पीट लिया। नमाज़ का वक़्त था, जहां सब लोग मसजिद में थे; अगर ज़रा भी ख़बर हो जाती, तो एक हज़ार लठैत पहुंच जाते। तब

आटे-दाल का भाव मालूम होता। कसम ख़ुदा की, आज से मैंने तीन कोड़ी मुर्गियां पाली है। देखूं, पंडितजी महाराज अब क्या करते हैं! कसम ख़ुदा की, काजी साहब ने कहा है, अगर वह लौंडा ज़रा भी आंखें दिखाए, तो तुम आकर मुझे कहना। या तो बचा घर छोड़कर भागेंगे, या हड्डी-पसली तोड़कर रख दी जायेगी।

जामिद को लिये वह बुड्ढ़ा काज़ी जोरावर हुसैन के दरवाज़े पर पहुंचा। काज़ी साहब वजू कर रहे थे। जामिद को देखते ही दौड़कर गले लगा लिया और बोले — वल्लाह! तुम्हें आंखें ढूंढ रही थीं। तुमने अकेले इतने काफिरों के दांत खट्टे कर दिए! क्यों न हो, मोमिन का ख़ून है! काफिरों की हक़ीक़त क्या! सुना सब-के-सब तुम्हारी शुद्धि करने जा रहे थे; मगर तुमने उनके सारे मनसूबे पलट दिए। इस्लाम को ऐसे ही खादिमों की ज़रूरत है। तुम-जैसे दीनदारों से इस्लाम का नाम रोशन है। गलती यही हुई कि तुमने एक महीने भर तक सब्र नहीं किया। शादी हो जाने देते, तब मज़ा आता। एक नाज़नीन साथ लाते, और दौलत मुफ़्त! वल्लाह! तुमने उजलत कर दी।

दिन भर भक्तों का तांता लगा रहा। जामिद को एक नज़र देखने को सबको शौक़ था। सभी उसकी हिम्मत ज़ोर और मज़हबी जोश की प्रशंसा करते थे।

4

पहर रात बीत चुकी थी। मुसाफिरों की आमदरफ़्त कम हो चली थी। जामिद ने काज़ी साहब से धर्म-ग्रंथ पढ़ना शुरू किया था। उन्होंने उसके लिए अपने बगल का कमरा खाली कर दिया था। वह काज़ी साहब से सबक लेकर आया, और सोने जा रहा था कि सहसा से दरवाज़े पर एक तांगे के रुकने की आवाज़ सुनाई दी। काज़ी साहब के मुरीद अक्सर आया करते थे। जामिद ने सोचा, कोई मुरीद आया होगा। नीचे आया, तो देखा — एक स्त्री तांगे से उतरकर बरामदे में खड़ी है, और तांगेवाला उसका असबाब उतार रहा है।

महिला ने मकान इधर-उधर देखकर कहा — नहीं जी, मुझे अच्छी तरह ख़याल है, यह उनका मकान नहीं है। शायद तुम भूल गए हो।

तांगेवाला — हजूर तो मानती ही नहीं। कह दिया कि बाबू साहब ने मकान तबदील कर दिया है। ऊपर चलिए।।

स्त्री ने कुछ झिझकते हुए कहा — बुलाते क्यों नहीं? आवाज़ दो!

तांगेवाले — ओ साहब, आवाज क्या दूं, जब जानता हूं कि साहब का मकान यही है, तो नाहक चिल्लाने से क्या फायदा? बेचारे आराम कर रहे होंगे। आराम में खलल पड़ेगा! आप निसाख़ातिर रहिए। चलिए, ऊपर चलिए।

औरत ऊपर चली। पीछे-पीछे तांगेवाला असबाब लिए हुए चला। जामिद गुम-सुम नीचे खड़ा रहा। यह रहस्य उसकी समझ में न आया।

तांगेवाले की आवाज़ सुनते ही काज़ी साहब छत पर निकल आये, और एक औरत को आते देख, कमरे की खिड़कियां चारों तरफ से बंद करके खूंटी पर लटकती तलवार उतार ली, और दरवाज़े पर आकर खड़े हो गए।

औरत ने जीना तय करके ज्यों ही छत पर पैर रखा कि काज़ी साहब को देखकर झिझकी। वह तुरन्त पीछे की तरफ़ मुड़ना चाहती थी कि काज़ी साहब ने लपककर उसका हाथ पकड़ लिया और अपने कमरे में घसीट लाए। इसी बीच में जामिद और तांगेवाला, ये दोनों भी ऊपर आ गए थे। जामिद यह दृश्य देखकर विस्मित हो गया था। यह रहस्य और भी रहस्यमय हो गया था। यह विद्या का सागर, यह न्याय का भंडार, यह नीति, धर्म और दर्शन का आगार, इस समय एक अपरिचित महिला के ऊपर यह घोर अत्याचार कर रहा है। तांगेवाले के साथ वह भी काज़ी साहब के कमरे में चला गया। काज़ी साहब तो स्त्री के दोनों हाथ पकड़े हुए थे। तांगेवाले ने दरवाज़ा बंद कर दिया।

महिला ने तांगेवाले की ओर खून भरी आंखों से देखकर कहा — तू मूझे यहां क्यों लाया?

काज़ी साहब ने तलवार चमकाकर कहा — पहले आराम से बैठ जाओ, सब कुछ मालूम हो जायेगा।

औरत — तुम तो मुझे कोई मौलवी मालूम होते हो? क्या तुम्हें खुदा ने यही सिखाया है कि पराई बहू-बेटियों को ज़बरदस्ती घर में बंद करके उनकी आबरू बिगाड़ो?

काज़ी — हां, खुदा का यही हुक्म है कि काफ़िरों को जिस तरह मुमकिन हो, इस्लाम के रास्ते पर लाया जाये। अगर खुशी से न आयें, तो जब्र से।

औरत — इसी तरह अगर कोई तुम्हारी बहू-बेटी को पकड़कर बेआबरू करे, तो?

काज़ी — हो ही रहा है। जैसा तुम हमारे साथ करोगे, वैसा ही हम तुम्हारे साथ करेंगे। फिर हम तो बे-आबरू नहीं करते, सिर्फ़ अपने मज़हब में शामिल करते हैं। इस्लाम कबूल करने से आबरू बढ़ती है, घटती नहीं। हिंदू क़ौम ने तो हमें मिटा देने का बीड़ा उठाया है। वह इस मुल्क से हमारा निशान मिटा देना चाहती है। धोखे से, लालच से, जब्र से मुसलमानों को बे-दीन बनाया जा रहा है तो मुसलमान बैठे मुंह ताकेंगे?

औरत — हिंदू कभी ऐसा अत्याचार नहीं कर सकता। सम्भव है, तुम लोगों की शरारतों से तंग आकर नीचे दर्जे के लोग इस तरह बदला लेने लगे हों; मगर अब भी कोई सच्चा हिंदू इसे पसंद नहीं करता।

काज़ी साहब ने कुछ सोचकर कहा — बेशक, पहले इस तरह की शरारत मुसलमान शोहदे किया करते थे। मगर शरीफ़ लोग इन हरकतों को बुरा समझते थे, और अपने इमकान भर रोकने की कोशिश करते थे। तालीम और तहज़ीब की तरक्की के साथ कुछ दिनों में यह गुंडापन ज़रूर ग़ायब हो जाते, मगर अब तो सारी हिंदू क़ौम हमें निगलने के लिए तैयार बैठी हुई है। फिर हमारे लिए रास्ता ही कौन-सा है? हम कमज़ोर हैं, इसलिए हमें मज़बूर होकर अपने को क़ायम रखने के लिए दग़ा से काम लेना पड़ता है; मगर तुम इतना घबराती क्यों हो?

तुम्हें यहां किसी बात की तकलीफ़ न होगी। इस्लाम औरतों के हक़ का जितना लिहाज़ करता है, उतना और कोई मज़हब नहीं करता। और मुसलमान मर्द तो अपनी औरत पर जान देता है। मेरे यह नौजवान दोस्त (जामिद) तुम्हारे सामने खड़े हैं, इन्हीं के साथ तुम्हारा निक़ाह कर दिया जाएगा। बस, आराम से जिंदगी के दिन बसर करना।

औरत — मैं तुम्हें और तुम्हारे धर्म को घृणित समझती हूं। तुम कुत्ते हो। इसके सिवा तुम्हारे लिए कोई दूसरा काम नहीं। ख़ैरियत इसी में है कि मुझे जाने दो; नहीं तो मैं अभी शोर मचा दूंगी, और तुम्हारा सारा मौलवीपन निकल जायगा।

काज़ी — अगर तुमने ज़बान खोली, तो तुम्हें जान से हाथ धोना पड़ेगा। बस, इतना समझ लो।

औरत — आबरू के सामने जान की कोई हकीक़त नहीं। तुम मेरी जान ले सकते हो; मगर आबरू नहीं ले सकते।

काज़ी — क्यों नाहक ज़िद करती हो?

औरत ने दरवाज़े के पास जाकर कहा — मैं कहती हूं, दरवाजा खोल दो। जामिद अब तक चुपचाप खड़ा था। ज्यों ही स्त्री दरवाज़े की तरफ़ चली, और काज़ी साहब ने उसका हाथ पकड़कर खींचा, जामिद ने तुरंत दरवाज़ा खोल दिया और काज़ी साहब से बोला — इन्हें छोड़ दीजिए।

काज़ी — क्या बकता है?

जामिद — कुछ नहीं। खैरियत इसी मैं है कि इन्हें छोड़ दीजिए।

लेकिन जब काज़ी साहब ने उस महिला का हाथ न छोड़ा और तांगेवाला भी उसे पकड़ने के लिए बढ़ा, तो जामिद ने एक धक्का देकर काज़ी साहब को धकेल दिया, और उस स्त्री का हाथ पकड़े हुए कमरे से बाहर निकल गया। तांगेवाला पीछे लपका, मगर जामिद ने उसे इतने जोर से धक्का दिया कि वह औंधा मुंह जा गिरा। एक क्षण में जामिद और स्त्री, दोनों सड़क पर थे।

जामिद — आपका घर किस मुहल्ले में है?

औरत — अहियागंज में।

जामिद — चलिए, मैं आपको पहुंचा आऊं।

औरत — इससे बड़ी और क्या मेहरबानी होगी। मैं आपकी इस नेकी को कभी न भूलूंगी। अपने आज मेरी आबरू बचा ली, नहीं तो मैं कहीं की न रहती। मुझे अब मालूम हुआ कि अच्छे और बुरे सब जगह होते हैं। मेरे शौहर का नाम पंडित राजकुमार है।

उसी वक़्त एक तांगा सड़क पर आता दिखाई दिया। जामिद ने स्त्री को उस पर बिठा दिया, और खुद बैठना ही चाहता था कि काज़ी साहब ने जामिद पर लट्ठ चलाया और डंडा तांगे से टकराया। जामिद तांगे में आ बैठा और तांगा चल दिया।

अहियागंज में पंडित राजकुमार का पता लगाने में कठिनाई न पड़ी। जामिद ने ज्यों ही आवाज दी, वह घबराइए हुए बाहर निकल आये और स्त्री को देखकर बोले — तुम कहां रह

गई थीं, इन्दिरा? मैंने तो तुम्हें स्टेशन पर कहीं न देखा। मुझे पहुंचने में ज़रा देर हो गई थी। तुम्हें इतनी देर कहां लगी?

इंदिरा ने घर के अंदर कदम रखते ही कहा — बड़ी लम्बी कथा है, ज़रा दम लेने दो, तो बता दूंगी। बस, इतना ही समझ लो कि आज अगर इस मुसलमान ने मेरी मदद न की होती, तो आबरू चली गई थी।

पंडितजी पूरी कथा सुनने के लिए और भी व्याकुल हो उठे। इंदिरा के साथ वह भी घर में चले गए; पर एक ही मिनट के बाद बाहर आकर जामिद से बोले — भाई साहब, शायद आप बनावट समझें; पर मुझे आपके रूप में इस समय अपने इष्टदेव के दर्शन हो रहे हैं। मेरी ज़बान में इतनी ताकत नहीं कि आपका शुक्रिया अदा कर सकूं। आइए, बैठ जाइए।

जामिद — जी नहीं, अब मुझे इज़ाज़त दीजिए।

पंडित — मैं आपकी इस नेकी का क्या बदला दे सकता हूं?

जामिद — इसका बदला यही है कि इस शरारत का बदला किसी ग़रीब मुसलमान से न लीजिएगा, मेरी आपसे यही दरख्वास्त है।

यह कहकर जामिद चल खड़ा हुआ, और उस अंधेरी रात के सन्नाटे में शहर के बाहर निकल गया। उस शहर की विषाक्त वायु में सांस लेते हुए उसका दम घुटता था! वह जल्द-से-जल्द शहर से भागकर अपने गांव में पहुंचना चाहता था जहां मजहब का नाम सहानुभूति, प्रेम और सौहार्द था। धर्म और धार्मिक लोगों से उसे घृणा हो गई थी।

❑❑❑

बहिष्कार

पंडित ज्ञानचंद्र ने गोविंदी की ओर सतृष्ण नेत्रों से देखकर कहा — मुझे ऐसे निर्दयी प्राणियों से ज़रा भी सहानुभूति नहीं है। इस बर्बरता की कोई हद है कि जिसके साथ तीन वर्ष जीवन के सुख भोगे, उसे एक ज़रा-सी बात पर घर से निकाल दिया।

गोविंदी ने आंखें नीची करके पूछा — आखिर क्या बात हुई थी?

ज्ञान0 — कुछ भी नहीं। ऐसी बातों में कोई बात होती है। शिकायत है कि कालिंदी ज़बान की तेज़ है। तीन साल तक ज़बान तेज़ न थी, आज ज़बान की तेज़ हो गई। कुछ नहीं, कोई दूसरी चिड़िया नज़र आई होगी। उसके लिए पिंजरे को खाली करना आवश्यक था। बस, यह शिकायत निकल आयी। मेरा बस चले, तो ऐसे दुष्टों को गोली मार दूं। मुझे कई बार कालिंदी से बातचीत करने का अवसर मिला है। मैंने ऐसी हंसमुख दूसरी स्त्री ही नहीं देखी।

गोविंदी — सोमदत्त को समझाया नहीं।

ज्ञान0 — ऐसे लोग समझाने से नहीं मानते। यह लात का आदमी है, बातों की उसे क्या परवा? मेरा तो यह विचार है कि जिससे एक बार संबंध हो गया, फिर चाहे वह अच्छी हो या बुरी, उसके साथ जीवन-भर निर्वाह करना चाहिए! मैं तो कहता हूं, अगर स्त्री के कुल में कोई दोष भी निकल आए, तो क्षमा से काम लेना चाहिए।

गोविंदी ने कातर नेत्रों से देखकर कहा — ऐसे आदमी तो बहुत कम होते हैं।

ज्ञान0 — समझ ही में नहीं आता कि जिसके साथ इतने दिन हंसे-बोले, जिसके प्रेम की स्मृतियां हृदय के एक-एक अणु में समाई हुई हैं, उसे दर-दर ठोकरें खाने को कैसे छोड़ दिया। कम-से-कम इतना तो करना चाहिए था कि उसे किसी सुरक्षित स्थान पर पहुंचा देते और उसके निर्वाह का कोई प्रबंध कर देते। निर्दयी ने इस तरह घर से निकाला, जैसे कोई कुत्ते को निकाले। बेचारी गांव के बाहर बैठी रो रही है। कौन कह सकता है, कहां जायगी! शायद मायके में भी कोई नहीं रहा। सोमदत्त के डर के मारे गांव का कोई आदमी उसके पास भी नहीं आता। ऐसे बग्गड़ का क्या ठिकाना? जो आदमी स्त्री का न हुआ, वह दूसरे का क्या होगा? उसकी दशा देखकर मेरी आंखों में आंसू भर आए। जी में तो आया, कहूं — बहन,

तुम मेरे घर चलो; मगर तब तो सोमदत्त मेरे प्राणों का गाहक हो जाता।

गोविंदी — तुम ज़रा जाकर एक बार फिर समझाओ। अगर वह किसी की न माने, तो कालिंदी को लेते आना।

ज्ञान० — जाऊं?

गोविंदी — हां, अवश्य जाओ; अगर सोमदत्त कुछ खरी-खोटी भी कहे तो सुन लेना।

ज्ञानचंद ने गोविंदी को गले लगाकर कहा — तुम्हारे हृदय में बड़ी दया है। गोविंदी! लो जाता हूं, अगर सोमदत्त ने न माना, तो कालिंदी ही को लेता आऊंगा। अभी बहुत दूर न गयी होगी।

2

तीन वर्ष बीत गए। गोविंदी एक बच्चे की मां हो गई। कालिंदी अभी तक इसी घर में है। उसके पति ने दूसरा विवाह कर लिया है। गोविंदी और कालिंदी में बहनों का-सा प्रेम है। गोविंदी सदैव उसकी दिलजोई करती रहती है। वह इतनी कल्पना भी नहीं करती कि यह कोई ग़ैर है और मेरी रोटियों पर पड़ी हुई है! लेकिन सोमदत्त को कालिंदी का यहां रहना एक आंख नहीं भाता। वह कोई कानूनी कार्रवाई करने की तो हिम्मत नहीं रखता। और इस परिस्थिति में कर ही क्या सकता है; लेकिन ज्ञानचंद्र का सिर नीचा करने के लिए अवसर खोजता रहता है।

संध्या का समय था। ग्रीष्म की उष्ण वायु अभी तक बिल्कुल शांत नहीं हुई थी। गोविंदी गंगा-जल भरने गयी थी और जल-तट की शीतल निर्जनता का आनंद उठा रही थी, सहसा उसे सोमदत्त आता हुआ दिखाई दिया। गोविंदी ने आंचल से मुंह छिपा लिया और कलसा लेकर चलने ही को थी कि सोमदत्त ने सामने आकर कहा — ज़रा ठहरो, गोविंदी, तुमसे एक बात कहना है। तुमसे यह पूछना चाहता हूं कि तुमसे कहूं या ज्ञानू से?

गोविंदी ने धीरे से कहा — उन्हीं से कह दीजिए।

सोम० — जी तो मेरा भी चाहता है; लेकिन तुम्हारी दीनता पर दया आती है। जिस दिन मैं ज्ञानचंद्र से यह बात कह दूंगा, तुम्हें इस घर से निकलना पड़ेगा। मैंने सारी बातों का पता लगा लिया है। तुम्हारा बाप कौन था, तुम्हारी मां की क्या दशा हुई, यह सारी कथा जानता हूं। क्या तुम समझती हो कि ज्ञानचंद्र यह कथा सुनकर तुम्हें अपने घर में रखेगा? उसके विचार कितने ही स्वाधीन हों; पर जीती मक्खी नहीं निगल सकता।

गोविंदी ने थर-थर कांपते हुए कहा — जब आप सारी बातें जानते हैं, तो मैं क्या कहूं? आप जैसा उचित समझें, करें; लेकिन मैंने तो आपके साथ कभी कोई बुराई नहीं की।

सोम० — तुम लोगों ने गांव में मुझे कहीं मुंह दिखाने के योग्य नहीं रखा, तिस पर कहती हो, मैंने तुम्हारे साथ कोई बुराई नहीं की! तीन साल से कालिंदी को आश्रय देकर मेरी आत्मा को जो कष्ट पहुंचाया है, यह मैं ही जानता हूं। तीन साल से मैं इसी फ़िक्र में था

कि कैसे इस अपमान का दंड दूं। अब वह अवसर पाकर उसे किसी तरह नहीं छोड़ सकता!

गोविंदी — अगर आपकी यही इच्छा है कि मैं यहां न रहूं, तो मैं चली जाऊंगी, आज ही चली जाऊंगी, लेकिन उनसे आप कुछ न कहिए। आपके पैरों पड़ती हूं!

सोम0 — कहां चली जाओगी?

गोविंदी — और कहीं ठिकाना नहीं है, तो गंगाजी तो हैं।

सोम0 — नहीं गोविंदी, मैं इतना निर्दयी नहीं हूं। मैं केवल इतना चाहता हूं कि तुम कालिंदी को अपने घर से निकाल दो। और मैं कुछ नहीं चाहता। तीन दिन का समय देता हूं, खूब सोच-विचार लो। अगर कालिंदी तीसरे दिन तुम्हारे घर से न निकली, तो तुम जानोगी।

सोमदत्त वहां से चला गया। गोविंदी कलसा लिये मूर्ति की भांति खड़ी रह गई। उसके सम्मुख कठिन समस्या आ खड़ी हुई थी, वह थी, कालिंदी! घर में एक ही रह सकती थी। दोनों के लिए उस घर में स्थान न था। क्या कालिंदी के लिए वह अपना घर, स्वर्ग त्याग देगी? कालिंदी अकेली है, पति ने उसे पहले ही छोड़ दिया है, वह जहां चाहे जा सकती है, पर वह अपने प्राणधार और प्यारे बच्चे को छोड़कर कहां जायेगी?

लेकिन कालिंदी से क्या वह क्या कहेगी? जिसके साथ इतने दिनों तक बहनों की तरह रही, उसे क्या वह अपने घर से निकाल देगी? उसका बच्चा कालिंदी से कितना हिला हुआ था, कालिंदी उसे कितना चाहती थी! क्या उस परित्यक्ता दीना को वह अपने घर से निकाल देगी? इसके सिवा और उपाय ही क्या था? उसका जीवन अब एक स्वार्थी, दम्भी व्यक्ति की दया पर अवलम्बित था। क्या अपने पति के प्रेम पर वह भरोसा कर सकती थी! ज्ञानचंद्र सहृदय थे, उदार थे, विचारशील थे, दृढ़ थे; पर क्या उनका प्रेम अपमान, व्यंग्य और बहिष्कार जैसे आघातों को सहन कर सकता था।

3

उसी दिन से गोविंदी और कालिंदी में कुछ पार्थक्य-सा दिखाई देने लगा। दोनों अब बहुत कम साथ बैठतीं। कालिंदी पुकारती — बहन आकर खाना खा लो। गोविंदी कहती — तुम खा लो, मैं फिर खा लूंगी। पहले कालिंदी बालक को सारे दिन खिलाया करती थी, मां के पास केवल दूध पीने जाता था। मगर अब गोविंदी हर दम उसे अपने ही पास रखती है। दोनों के बीच में कोई दीवार खड़ी हो गई है।

कालिंदी बार-बार सोचती है, आजकल मुझसे यह क्यों रूठी हुई हैं? पर उसे कोई कारण नहीं दिखाई देता। उसे भय हो रहा है कि कदाचित् यह अब मुझे यहां नहीं रखना चाहतीं। इसी चिंता में गोते खाया करती है; किन्तु गोविंदी भी उससे कम चिंतित नहीं है। कालिंदी से वह स्नेह तोड़ना चाहती है; पर उसकी म्लान मूर्ति देखकर उसके हृदय के टुकड़े हो जाते हैं। उससे कुछ कह नहीं सकतीं। अवहेलना के शब्द मुंह से नहीं निकलते। कदाचित् उसे घर से

जाते देखकर वह रो पड़ेगी और ज़बरदस्ती रोक लेगी। इसी हैस-बैस में तीन दिन गुज़र गए। कालिंदी घर से न निकली। तीसरे दिन संध्या समय सोमदत्त नदी के तट पर बड़ी देर तक खड़ा रहा। अंत में चारों और अंधेरा छा गया। फिर भी पीछे फिर-फिरकर जल-तट की ओर देखता जाता था।

रात के दस बज गए है। अभी ज्ञानचंद्र घर नहीं आये। गोविंदी घबरा रही है। उन्हें इतनी देर तो कभी नहीं होती थी। आज इतनी देर कहां लगा रहे हैं ? शंका से उसका हृदय कांप रहा है।

सहसा मरदाने कमरे का द्वार खुलने की आवाज़ आयी। गोविंदी दौड़ी हुई बैठक में आयी; लेकिन पति का मुख देखते ही उसकी सारी देह शिथिल पड़ गई, उस मुख पर हास्य था; पर उस हास्य में भाग्य-तिरस्कार झलक रहा था। विधि वाम ने ऐसे सीधे-सादे मनुष्य को ही अपनी क्रीड़ा-कौशल के लिए चुन लिया। क्या वह रहस्य रोने के योग्य था? रहस्य रोने की वस्तु नहीं, हंसने की वस्तु है।

ज्ञानचंद्र ने गोविंदी की ओर नहीं देखा। कपड़े उतारकर सावधानी से अलगनी पर रखे, जूता उतारा और फ़र्श पर बैठकर एक पुस्तक के पन्ने उलटने लगा।

गोविंदी ने डरते-डरते कहा — आज इतनी देर कहां की? भोजन ठंडा हो रहा है।

ज्ञान0 — अब बिल्कुल भूख नहीं है।

गोविंदी — तो मैं भी जाकर सो रहती हूं।

ज्ञानचंद्र ने जब गोविंदी की तरफ देखकर कहा — क्यों? तुम क्यों न खाओगी?

वह और कुछ न कह सकी। गला भर आया।

ज्ञानचंद्र ने समीप आकर कहा — मैं सच कहता हूं, गोविंदी, एक मित्र के घर भोजन आया हूं। तुम जाकर खा लो।

4

गोविंदी पलंग पर पड़ी हुई चिंता, नैराश्य और विषाद के अपार सागर में गाते खा रही थी। यदि कालिंदी का उसने बहिष्कार कर दिया होता, तो आज उसे इस विपत्ति का सामना न करना पड़ता; किंतु यह अमानुषिय व्यवहार उसके लिए असाध्य था और इस दशा में भी उसे इसका दुःख न था ज्ञानचंद्र की ओर से यों तिरस्कृत होने का भी उसे दुःख न था। जो ज्ञानचंद्र नित्य धर्म और सज्जनता की डींगें मारा करता, वहीं आज इसका इतनी निर्दयता से बहिष्कार करता हुआ जान पड़ता था, उस पर उसे लेश मात्र भी दुःख, क्रोध, या द्वेष न था। उसके मन को केवल एक ही भावना आंदोलित कर रही थी। वह अब इस घर में कैसे रह सकती है? अब तक वह इस घर की स्वामिनी थी! इसलिए न कि वह अपने पति के प्रेम की स्वामिनी थीः पर अब वह प्रेम से वंचित हो गई थी। अब इस घर पर उसका क्या अधिकार

था? वह अब अपने पति को मुंह ही कैसे दिखा सकती थी? वह जानती थी, ज्ञानचंद्र अपने मुंह से उसके विरुद्ध एक शब्द भी न निकालेंगे; पर उसके विषय में ऐसी बातें जानकर क्या वह उससे प्रेम कर सकते थे? कदापि नहीं! इस वक़्त न-जाने क्या समझकर चुप रहे! सबेरे तूफ़ान उठेगा। कितने ही विचारशील हों, पर अपने समाज से निकाला जाना कौन पंसद करेगा? स्त्रियों की संसार में कमी नहीं। मेरी जगह हज़ारों मिल जायंगी। मेरी किसी को क्या परवा? अब यहां बेहयाई है। आख़िर कोई लाठी मारकर थोड़े निकाल देगा। हयादार के लिए आंख का इशारा बहुत है। मुंह से न कहें, मन की बात और भाव छिपे नहीं रहते; लेकिन मीठी निद्रा की गोद में सोए हुए शिशु को देखकर ममता ने उसे अशक्त हृदय को और भी कातर कर दिया। इस अपने प्राणों के आधार को वह कैसे छोड़ेगी?

शिशु को उसने गोद में उठा लिया और खड़ी रोती रही। तीन साल कितने आनन्द से गुज़रे। उसने समझा था कि इसी भांति सारा जीवन कट जायगा; लेकिन उसके भाग्य में इससे अधिक सुख भोगना लिखा ही न था। करुणा वेदना में डूबे हुए ये शब्द उसके मुख से निकल आये — भगवान्! अगर तुम्हे इस भांति मेरी दुर्गति करनी थी; तो तीन साल पहले क्यों न की? उस वक़्त यदि तुमने मेरे जीवन का अन्त कर दिया होता, तो मैं तुम्हें धन्यवाद देती। तीन साल तक सौभाग्य के सुरम्य उद्यान में सौरभ, समीर और माधुर्य का आनंद उठाने के बाद इस उद्यान को उजाड़ दिया। हां! जिस पौधे को उसने अपने प्रेम-जल से सींचा था, वे अब निर्मम दुर्भाग्य के पैरों-तले कितनी निष्ठुरता से कुचले जा रहे थे। ज्ञानचंद्र के शील और स्नेह का स्मरण आया, तो वह रो पड़ी। मृदु स्मृतियां आ-आकर हृदय को मसोसने लगीं।

सहसा ज्ञानचंद्र के आने से वह संभल बैठी। कठोर-से-कठोर बातें सुनने के लिए उसने अपने हृदय को कड़ा कर लिया; किन्तु ज्ञानचंद्र के मुख पर रोष का चिह्न भी न था। उन्होंने आश्चर्य से पूछा — क्या तुम अभी तक सोयी नहीं? जानती हो, कै बजे हैं? बारह से ऊपर हैं।

गोविंदी ने सहमते हुए कहा — तुम भी तो अभी नहीं सोए।

ज्ञान0 — मैं न सोऊं, तो तुम भी न सोओ? मैं न खाऊं, तो तुम भी न खाओ? मैं बीमार पड़ूं, तो तुम भी बीमार पड़ो? यह क्यों? मैं तो एक जन्मपत्री बना रहा था। कल देनी होगी। तुम क्या करती रहीं, बोलो?

इन शब्दों में कितना सरल स्नेह था! क्या तिरस्कार के भाव इतने ललित शब्दों में प्रकट हो सकते हैं? प्रवंचकता क्या इतनी निर्मल हो सकती है? शायद सोमदत्त ने अभी वज्र का प्रहार नहीं किया। अवकाश न मिला होगा; लेकिन ऐसा है, तो आज घर इतनी देर में क्यों आये? भोजन क्यों न किया, मुझसे बोले तक नहीं, आंखें लाल हो रही थीं। मेरी ओर आंखें उठाकर देखा तक नहीं। क्या यह सम्भव है कि इनका क्रोध शांत हो गया हो? यह सम्भावना की चरम सीमा से भी बाहर है। तो क्या सोमदत्त को मुझ पर दया आ गई? पत्थर पर दूब जमी? गोविंदी कुछ निश्चय न कर सकी, और जिस भांति गृह-सुख विहीन पथिक वृक्ष की छांह में ही आनन्द से पांव फैलाकर सोता है, उसकी अव्यवस्था ही उसे निश्चिंत बना देती है, उसी भांति गोविंदी मानसिक व्यग्रता में भी स्वस्थ हो गई। मुस्कुराकर स्नेह-मृदुल स्वर में

बोली — तुम्हारी ही राह तो देख रही थी।

यह कहते-कहते गोविंदी का गला भर आया। व्याध के जाल में फड़फडाती हुई चिड़िया क्या मीठे राग गा सकती है? ज्ञानचंद्र ने चारपाई पर बैठकर कहा — झूठी बात, रोज तो तुम अब तक सो जाया करती थीं।

5

एक सप्ताह बीत गया; पर ज्ञानचंद्र ने गोविंदी से कुछ न पूछा, और न उनके बर्ताव ही से उनके मनोगत भावों का कुछ परिचय मिला। अगर उनके व्यवहारों में कोई नवीनता थी, तो यह कि वह पहले से ही ज्यादा स्नेहशील, निर्द्वन्द्व और प्रफुल्लबदन हो गए। गोविंदी का इतना आदर और मान उन्होंने कभी नहीं किया था। उनके प्रत्यनशील रहने पर भी गोविंदी उनके मनोभावों को ताड़ रही थी और उसका चित्त प्रतिक्षण शंका से चंचल और क्षुब्ध रहता था। अब उसे इसमें लेश मात्र भी संदेह नहीं था कि सोमदत्त ने आग लगा दी है। गीली लकड़ी में पड़कर वह चिनगारी बुझ जायगी, या जंगल की सूखी पत्तियां हाहाकार कर के जल उठेंगी, यह कौन जान सकता है? लेकिन इस सप्ताह के गुज़रते ही अग्नि का प्रकोप होने लगा।

ज्ञानचंद्र एक महाजन के मुनीम थे। उस महाजन ने कह दिया — मेरे यहां अब आपका काम नहीं। जीविका का दूसरा साधन यजमानी है। यजमान भी एक-एक करके उन्हें जवाब देने लगे। यहां तक कि उनके द्वार पर लोगों का आना-जाना बंद हो गया। आग सूखी पत्तियों में लगकर अब हरे वृक्ष के चारों ओर मंडराने लगी। पर ज्ञानचंद्र के मुख में गोविंदी के प्रति एक भी कटु, अमृदु शब्द न था। वह इस सामाजिक दंड की शायद कुछ परवा न करते यदि दुर्भाग्यवश इसने उनकी जीविका के द्वार न बंद कर दिए होते।

गोविंदी सब कुछ समझती थी; पर संकोच के मारे कुछ न कह सकती थी। उसी के कारण उसके प्राणप्रिय पति की यह दशा हो रही है, यह उसके लिए डूब मरने की बात थी। पर, कैसे प्राणों का उत्सर्ग करे? कैसे जीवन-मोह से मुक्त हो? इस विपत्ति में स्वामी के प्रति उसके रोम-रोम से शुभ-कामनों की सरिता-सी बहती थी; पर मुंह से एक शब्द भी न निकलता था। भाग्य की सबसे निष्ठुर लीला उस दिन हुई, जब कालिंदी भी बिना कुछ कहे-सुने सोमदत्त के घर जा पहुंची। जिसके लिए यह सारी यातनाएं झेलनी पड़ीं, उसी ने अंत में बेवफ़ाई की। ज्ञानचंद्र ने सुना, तो केवल मुस्कुरा दिए; पर गोविंदी इस कुटिल आघात को इतनी शांति से सहन न कर सकी। कालिंदी के प्रति उसके मुख से अप्रिय शब्द निकल ही आए। ज्ञानचंद्र ने कहा — उसे व्यर्थ ही कोसती हो प्रिये, उसका कोई दोष नहीं। भगवान् हमारी परीक्षा ले रहे हैं। इस वक़्त धैर्य के सिवा हमें किसी से कोई आशा न रखनी चाहिए।

जिन भावों को गोविंदी कई दिनों से अंतस्तल में दबाती चली आती थी, वे धैर्य का बांध टूटते ही बड़े वेग से बाहर निकल पड़े। पति के सम्मुख अपराधियों की भांति हाथ बांधकर उसने

कहा — स्वामी, मेरे ही कारण आपको यह सारे पापड़ बेलने पड़े रहे हैं। मैं ही आपके कुल की कलंकिनी हूं। क्यों न मुझे किसी ऐसी जगह भेज दीजिए, जहां कोई मेरी सूरत तक न देखे। मैं आपसे सत्य कहती हूं...।

ज्ञानचंद्र ने गोविंदी को और कुछ न कहने दिया। उसे हृदय से लगाकर बोले — प्रिये, ऐसी बातों से मुझे दुःखी न करो। तुम आज भी उतनी ही पवित्र हो, जितनी उस समय थीं, जब देवताओं के समक्ष मैं आजीवन पत्नीव्रत लिया था। तब मुझसे तुम्हारा परिचय न था। अब तो मेरी देह और आत्मा का एक-एक परमाणु तुम्हारे अक्षय प्रेम में आलोकित हो रहा है। उपहास और निंदा की तो बात ही क्या है, दुर्दिन का कठोरतम आघात भी मेरे व्रत को भंग नहीं कर सकता। अगर डूबेंगे तो साथ-साथ डूबेंगे; तरेंगे तो साथ-साथ तरेंगे। मेरे जीवन का मुख्य कर्तव्य तुम्हारे प्रति है। संसार इसके पीछे बहुत पीछे है।

गोविंदी को जान पड़ा, उसके सम्मुख कोई देव-मूर्ति खड़ी है। स्वामी में इतनी श्रद्धा इतनी भक्ति, उसे आज तक कभी न हुई थी। गर्व में उसका मस्तक ऊंचा हो गया और मुख पर स्वर्गीय आभा झलक पड़ी। उसने फिर कहने का साहस न किया।

6

सम्पन्नता अपमान और बहिष्कार को तुच्छ समझती है। उनके अभाव में ये बाधाएं प्राणांतक हो जाती हैं। ज्ञानचंद्र दिन-के-दिन घर में पड़े रहते। घर से बाहर निकलने का उन्हें साहस न होता था। जब वह गोविंदी के पास गहने थे, तब तक भोजन की चिंता न थी। किंतु जब यह आधार भी न रह गया, तो हालत और भी खराब हो गई। कभी-कभी निराहार रह जाना पड़ता। अपनी व्यथा किससे कहें, कौन मित्र था? कौन अपना था?

गोविंदी पहले भी हृष्ट-पुष्ट न थी; पर अब तो अनाहार और अंतर्वेदना के कारण उसकी देह और भी जीर्ण हो गई थी। पहले शिशु के लिए दूध मोल लिया करती थी। अब इसकी सामर्थ्य न थी। बालक दिन-पर दिन दुर्बल होता जाता था। मालूम होता था, उसे सूखे का रोग हो गया है। दिन-के-दिन बच्चा खुर्रा खाट पर पड़ा माता को नैराश्य-दृष्टि से देखा करता। कदाचित् उसकी बाल-बुद्धि भी अवस्था को समझती थी। कभी किसी वस्तु के लिए हठ न करता। उसकी बालोचित सरलता, चंचलता और क्रीड़ाशीलता ने अब एक दीर्घ, आशाविहीन प्रतीक्षा का रूप धारण कर लिया था। माता-पिता उसकी दशा देखकर मन-ही-मन कुढ़कर रह जाते थे।

संध्या का समय था। गोविंदी अंधेरे में बालक के सिरहाने चिन्ता में मग्न बैठी थी। आकाश पर बादल छाए हुए थे और हवा के झोंके उसके अर्द्धनग्न शरीर में शर के समान लगते थे। आज दिन भर बच्चे ने कुछ न खाया था। घर में कुछ था ही नहीं। क्षुधाग्नि से बालक छटपटा रहा था; पर या तो रोना न चाहता था, या उसमें रोने की शक्ति ही न थी।

इतने में ज्ञानचंद्र तेली के यहां से तेल लेकर आ पहुंचे। दीपक के क्षीण प्रकाश में माता ने बालक का मुख देखा, तो सहम उठी। बालक का मुख पीला पड़ गया था और पुतलियां ऊपर चढ़ गयी थीं। उसने घबराकर बालक को गोद में उठाया। देह ठंडी थी। चिल्लाकर बोली — हा भगवान्! मेरे बच्चे को क्या हो गया? ज्ञानचंद्र ने बालक के मुख की ओर देखकर एक ठंडी सांस ली और बोले — ईश्वर, क्या सारी दया-दृष्टि हमारे ही ऊपर करोगे?

गोविंदी — हाय! मेरा लाल मारे भूख के शिथिल हो गया है। कोई ऐसा नहीं, जो इसे दो घूंट दूध पिला दे।

यह कहकर उसके बालक को पति की गोद में दे दिया और एक लुटिया लेकर कालिंदी के घर दूध मांगने चली। जिस कालिंदी ने आज छः महीने से इस घर की ओर ताका न था, उसी के द्वार पर दूध की भिक्षा मांगने जाते हुए उसे कितनी ग्लानि, कितना संकोच हो रहा था, वह भगवान के सिवा और कौन जान सकता है? यह वही बालक है, जिस पर कालिंदी प्राण देती थी; पर उसकी ओर से अब उसने अपना हृदय इतना कठोर कर लिया था कि घर में कई गाय लगने पर भी एक चिल्लू दूध न भेजा। उसी की दया-भिक्षा मांगने आज, अंधेरी रात में, भीगती हुई गोविंदी दौड़ी जा रही है। माता! तेरे वात्सल्य को धन्य है!

कालिंदी दीपक लिए दालान में खड़ी गाय दुहा रही थी। पहले स्वामिनी बनने के लिए वह सौत से लड़ा करती थी। सेविका का पद उसे स्वीकार न था। अब सेविका का पद स्वीकार करके स्वामिनी बनी हुई थी। गोविन्दी को देखकर तुरंत निकल आयी और विस्मय से बोली — क्या है बहन, पानी-बूंद में कैसे चली आयीं।

गोविंदी ने सकुचाते हुए कहा — लाला बहुत भूखा है कालिंदी! आज दिन भर कुछ नहीं मिला। थोड़ा-दूध लेने आयी हूं?

कालिंदी भीतर जाकर दूध का मटका लिये बाहर निकल आयी और बोली — जितना चाहो, ले लो, गोविंदी! दूध की कौन कमी है? लाला तो अब चलता होगा? बहुत जी चाहता है कि जाकर उसे देख आऊं। लेकिन जाने का हुक्म नहीं है। पेट पालना है, तो हुक्म मानना ही पड़ेगा। तुमने बतलाया तो नहीं, नहीं तो लाला के लिए दूध का तोड़ा थोड़ा ही है। मैं चली क्या आयी कि तुमने उसका मुंह देखने को भी तरसा डाला। कभी पूछता है?

यह कहते हुए कालिंदी ने दूध का मटका गोविंदी के हाथ में रख दिया। गोविंदी की आंखों से आंसू बहने लगे। कालिंदी इतनी दया करेगी, इसकी उसे आशा नहीं थी। जब उसे ज्ञात हुआ कि यह वही दयाशीलता, सेवा-परायण रमणी है, जो पहले थी। लेश मात्र भी अंतर न था। बोली — इतना दूध लेकर क्या करूंगी, बहन। इस लुटिया में डाल दो।

कालिंदी — दूध छोटे-बड़े सभी खाते हैं। ले जाओ, (धीरे) यह मत समझो कि तुम्हारे घर से चली आयी, तो बिरानी हो गई। भगवान् की दया से अब यहां किसी बात की चिंता नहीं है। मुझसे कहने भर की देर है। हां, मैं आऊंगी नहीं, इससे लाचार हूं। कल किसी बेला लाला को लेकर नदी किनारे आ जाना, देखने को बहुत जी चाहता है।

गोविंदी दूध की हांडी लिए घर चली। गर्वपूर्ण आनंद के मारे उसके पैर उड़े जाते थे। ड्योढ़ी

में पैर रखते ही बोली — ज़रा दिया दिखा देना, यहां सुझाई नहीं देता। ऐसा न हो कि दूध गिर पड़े।

ज्ञानचंद्र ने दीपक दिखा दिया। गोविंदी ने बालक को अपनी गोद में लेकर कटोरी से दूध-पिलाना चाहा! पर एक घूंट से अधिक कंठ में न गया। बालक ने हिचकी ली और अपनी जीवन लीला समाप्त कर दी।

करुण रोदन से घर गूंज उठा। सारी बस्ती के लोग चौंक पड़े; पर जब मालूम हो गया कि ज्ञानचन्द्र के घर से आवाज़ आ रही है, तो कोई द्वार पर न आया। रात भर भग्नहृदय दम्पति रोते रहे। प्रातःकाल ज्ञानचंद्र ने शव उठा लिया और शमाशान की ओर चले। सैंकड़ों आदमियों ने उन्हें जाते देखा; पर कोई समीप न आया।

7

कुल-मर्यादा संसार की सबसे उत्तम वस्तु है। उस पर प्राण तक न्योछावर कर दिए जाते हैं। ज्ञानचंद्र के हाथ से वह वस्तु निकल गई, जिस पर उन्हें गौरव था। वह गर्व, वह आत्मबल, वह तेज, जो परम्परा ने उनके हृदय में कूट-कूटकर भर दिया था, उसका कुछ अंश तो पहले ही मिट चुका था, बचा-खुचा पुत्र शोक ने मिटा दिया। उन्हें विश्वास हो गया कि उनके अविचार का ईश्वर ने यह दंड दिया है। दुरवस्था, जीर्णता और मानसिक दुर्बलता सभी इस विश्वास को दृढ़ करती थीं। वह गोविंदी को अब भी निर्दोष समझते थे। उसके प्रति एक कटु शब्द उनके मुंह से न निकलता था, न कोई कटु-भाव ही उनके दिल में जगह पाता था। विधि की क्रूर-क्रीड़ा ही उनका सर्वनाश कर रही है, इसमें उन्हें लेश-मात्र भी संदेह न था।

अब यह घर उन्हें फाड़े खाता था। घर के प्राण-से निकल गए थे। अब माता किसे गोद में लेकर चंदा मामा को बुलाएगी, किसे उबटन मलेगी, किसके लिए प्रातःकाल हलुवा पकाएगी? सब कुछ शून्य था, मालूम होता था कि उनके हृदय निकाल लिये गए हैं। अपमान, कष्ट, अनाहार, इन सारी विडंबनाओं के होते हुए भी बालक की बाल-क्रीड़ाओं में वे सब-कुछ भूल जाते थे। उसके लालन-पालन में ही अपना जीवन सार्थक समझते थे। अब चारों ओर अंधकार था।

यदि ऐसे मनुष्य हैं, जिन्हें विपत्ति से उत्तेजना और साहस मिलता है, तो ऐसे भी मनुष्य हैं, जो आपत्तिकाल में कर्तव्यहीन, पुरुषार्थहीन और उद्यमहीन हो जाते हैं। ज्ञानचंद्र शिक्षित थे, योग्य थे। यदि शहर में जाकर दौड़-धूप करते, तो उन्हें कहीं-न-कहीं काम मिल जाता। वेतन कम ही सही, रोटियों के तो मोहताज़ न होते; किन्तु अविश्वास उन्हें घर से निकलने न देता था। कहां जायं, शहर में उन्हें कौन जानता है? अगर दो-चार परिचित प्राणी हैं भी, तो उन्हें मेरी क्यों परवाह होने लगी? फिर इस दशा में जायं कैसे? देह पर साबित कपड़े भी नहीं। इसके पहले गोविंदी के लिए कुछ-न-कुछ प्रबन्ध करना आवश्यक था। उसका कोई सुभीता न

था। इन्हीं चिन्ताओं में पड़े-पड़े उनके दिन कटते जाते थे। यहां तक कि उन्हें घर से बाहर निकलते भी बड़ा संकोच होता था। गोविंदी ही पर अन्नोपार्जन का भार था। बेचारी दिन को बच्चों के कपड़े सीती, रात को दूसरों के लिए आटा पीसती। ज्ञानचंद्र सब कुछ देखते थे और माथा ठोककर रह जाते थे।

एक दिन भोजन करते हुए ज्ञानचंद्र ने आत्म-धिक्कार के भाव से मुस्कुरा कर कहा — मुझ सा निर्लज्ज पुरुष भी संसार में दूसरा न होगा, जिसे स्त्री की कमाई खाते भी मौत नहीं आती!

गोविंदी ने भौं सिकोड़कर कहा — तुम्हारे पैरों पड़ती हूं, मेरे सामने ऐसी बातें मत किया करो। है तो यह सब मेरे ही कारण?

ज्ञान0 — तुमने पूर्वजन्म में कोई बड़ा पाप किया था गोविंदी, जो मुझ जैसे निखट्टू के पाले पड़ी। मेरे जीते-जी ही तुम विधवा हो। धिक्कार है ऐसे जीवन को!

गोविंदी तुम मेरा ही खून पियो, अगर फिर इस तरह की कोई बात मुंह से निकालो। तुम्हारी दासी बनकर मेरा जन्म सफल हो गया। मैं इसे पूर्व-जन्मों की तपस्या का पुनीत फल समझती हूं। दुःख-सुख किस पर नहीं आता? तुम्हें भगवान् कुशल से रखें, यही मेरी अभिलाषा है।

ज्ञान0 — भगवान् तुम्हारी अभिलाषा पूर्ण करें। खूब चक्की पीसो।

गोविंदी — तुम्हारी बला से चक्की पीसती हूं।

ज्ञान0 — हां, हां पीसो। मैं मना थोड़े करता हूं। तुम न चक्की पीसोगी, तो यहां मूछों पर ताव देकर खाएगा कौन? अच्छा, आज दाल में घी भी है! ठीक है, अब मेरी चांदी है, बेड़ा पार लग जायेगा। इस गांव में बड़े-बड़े उच्च-कुल की कन्याएं हैं। अपने वस्त्राभूषणों के सामने उन्हें और किसी की परवाह नहीं। तुममें वह गुण नहीं है। तुम उच्च-कुल की नहीं हो। वाह री दुनिया! ऐसी पवित्र देवियों का तो यहां अनादर होता है! उन्हें कुल-कलंकिनी समझा जाता है! धन्य है तेरा व्यापार! तुमने कुछ और सुना? सोमदत्त ने मेरे असामियों को बहका दिया है कि लगान मत देना, देखें क्या करते हैं। बताओ, जमींदार को रकम कैसे चुकाऊंगा।

गोविंदी — मैं सोमदत्त से जाकर पूछती हूं न। मना क्यों करेंगे? कोई दिल्लगी है!

ज्ञान0 — नहीं गोविंदी, तुम उस दुष्ट के पास मत जाना। मैं नहीं चाहता कि तुम्हारे ऊपर उसकी छाया भी पड़े। उसे खूब अत्याचार करने दो। मैं भी देख रहा हूं कि भगवान् कितने न्यायी हैं।

गोविंदी — तुम असामियों के पास क्यों नहीं जाते? हमारे घर न आयें, हमारा छुआ पानी न पियें, या हमारे रुपये भी मार लेंगे?

ज्ञान0 — वाह, इससे सरल तो कोई काम नहीं है। कह देंगे — हम रुपये दे चुके। सारा गांव उनकी तरफ़ हो जायेगा। मैं तो अब गांव भर का द्रोही हूं न। आज खूब डटकर भोजन किया। अब मैं रईस हूं, बिना हाथ-पैर हिलाए गुलछर्रे उड़ता हूं। सच कहता हूं, तुम्हारी ओर से अब मैं निश्चिन्त हो गया। देश-विदेश भी चला जाऊं, तो तुम अपना निर्वाह कर सकती हो।

गोविंदी — कहीं जाने का काम नहीं है।

ज्ञान० — तो यहां जाता ही कौन है? किसे कुत्ते ने काटा है, जो यह सेवा छोड़कर मेहनत-मजूरी करने जाय! तुम सचमुच देवी हो, गोविंदी!

भोजन करके ज्ञानचंद्र बाहर निकले। गोविंदी भोजन करके कोठरी में आयी तो ज्ञानचंद्र न थे। समझी — कहीं बाहर चले गये होंगे। आज पति की बातों से उसका चित्त कुछ प्रसन्न था। शायद अब वह नौकरी-चाकरी की खोज में कहीं जाने वाले हैं। यह आशा बंध रही थी। हां, उनकी व्यंग्योक्तियों का भाव उसकी समझ ही में न आता था। ऐसी बातें वह कभी न करते थे। आज क्या सूझी!

कुछ कपड़े सीने थे। जाड़ों के दिन थे। गोविंदी धूप में बैठकर सीने लगी। थोड़ी ही देर में शाम हो गई। अभी तक ज्ञानचंद्र नहीं आये। तेल बत्ती का समय आया, फिर भोजन की तैयारी करने लगी। कालिंदी थोड़ा-सा दूध दे गई थी। गोविंदी को तो भूख न थी, अब वह एक ही बेला खाती थी। हां, ज्ञानचंद्र के लिए रोटियां सेकनी थीं। सोचा — दूध है ही, दूध-रोटी खा लेंगे।

भोजन बनाकर निकली ही थी कि सोमदत्त ने आंगन में आकर पूछा — कहां है ज्ञानू?

गोविंदी — कहीं गये हैं।

सोम० — कपड़े पहनकर गये हैं?

गोविंदी — हां, काली मिर्जई पहने थे?

सोम० — जूता भी पहने थे?

गोविंदी घबराकर बोली — क्या हुआ, दादाजी? हाय! बताते क्यों नहीं? हाय!

सोम० — अभी थाने से आ रहा हूं। वहां उनकी लाश मिली है। रेल के नीचे दब गए! हाय ज्ञानू! मुझ हत्यारे को क्यों न मौत आ गई?

गोविंदी के मुंह से फिर कोई शब्द न निकला। अंतिम 'हाय' के साथ बहुत दिनों तक तड़पता हुआ प्राण-पक्षी उड़ गया।

एक क्षण में गांव की कितनी ही स्त्रियां ज़मा हो गई। सब कहती थीं — देवी थी! सती थी!

प्रातःकाल दो अर्थियां गांव से निकलीं। एक पर रेशमी चुंदरी का कफ़ था, दूसरी पर रेशमी शाल का। गांव के द्विजों में से केवल सोमदत्त साथ था। शेष गांव के नीच जातिवाले आदमी थे। सोमदत्त ही ने दाह-क्रिया का प्रबन्ध किया था। वह रह-रहकर दोनों हाथों से अपनी छाती पीटता था और जोर-जोर से चिल्लाता था — हाय! हाय ज्ञानू!!

❑❑❑

चोरी

हाय बचपन! तेरी याद नहीं भूलती! वह कच्चा, टूटा घर, वह पुवाल का बिछौना; वह नंगे बदन, नंगे पांव खेतों में घूमना; आम के पेड़ो पर चढ़ना — सारी बातें आंखों के सामने फिर रही हैं। चमरौधे जूते पहनकर उस वक्त कितनी खुशी होती थी, अब 'फ्लेक्स' के बूटों से भी नहीं होती। गरम पनुए रस में जो मज़ा था, वह अब गुलाब के शर्बत में भी नही; चबेने और कच्चे बेरों में जो रस था, वह अब अंगूर और खीरमोहन में भी नहीं मिलता।

मैं अपने चचेरे भाई हलधर के साथ दूसरे गांव में एक मौलवी साहब के यहां पढ़ने जाया करता था। मेरी उम्र आठ साल थी। हलधर (वह अब स्वर्ग में निवास कर रहे हैं) मुझसे दो साल जेठे थे। हम प्रातःकाल बासी रोटियां खा, दोपहर के लिए मटर और जौ का चबेना लेकर चल देते थे। फिर तो सारा दिन अपना था। मौलवी साहब के यहां कोई हाज़िरी का रजिस्टर तो था नहीं, और न गैरहाजिरी का जुर्माना ही देना पड़ता था। फिर डर किस बात का! कभी तो थाने के सामने खड़े सिपाहियों की कवायद देखते, कभी किसी भालू या बंदर नचाने वाले मदारी के पीछे-पीछे घूमने में दिन काट देते। कभी रेलवे स्टेशन की ओर निकल जाते और गाड़ियों की बहार देखते। गाड़ियों के समय का जितना ज्ञान हमकों था, उतना शायद टाइम-टेबिल को भी न था। रास्ते में शहर के एक महाजन ने एक बाग़ लगवाना शुरू किया था। वहां एक कुंआ खुद रहा था। वह भी हमारे लिए एक दिलचस्प तमाशा था। वह माली हमें अपने झोपड़ी में बड़े प्रेम से बैठाता था। हम उससे झगड़-झगड़कर उसका काम करते। कहीं बाल्टी लिये पौधों को सींच रहे हैं, कहीं खुरपी से क्यारियां गोड़ रहे हैं, कहीं कैंची से बेलों की पत्तियां छांट रहे हैं। उन कामों में कितना आनंद था! माली बाल-प्रकृति का पंडित था। हमसे काम लेता; पर इस तरह, मानो हमारे ऊपर कोई एहसान कर रहा है। जितना काम वह दिन भर में करता, हम घंटे भर में निबटा देते थे। अब वह माली नहीं है; लेकिन बाग़ हरा-भरा है। उसके पास से होकर गुज़रता हूं, तो जी चाहता है, उन पर पेड़ों के गले मिलकर रोऊं; और कहूं — प्यारे, तुम मुझे भूल गए; लेकिन मैं तुम्हें नहीं भूला; मेरे हृदय में तुम्हारी याद अभी तक हरी है — उतनी ही हरी, जितने तुम्हारे पत्ते। निःस्वार्थ प्रेम के तुम जीते-जागते

स्वरूप हो।

कभी-कभी हम हफ़्तों गैरहाज़िर रहते; पर मौलवी साहब से ऐसा बहाना कर देते कि उनकी चढ़ी हुई त्योरियां उतर जातीं। उतनी कल्पना-शक्ति आज होती जो ऐसा उपन्यास लिख मारता कि लोग चकित रह जाते। अब तो यह हाल है कि बहुत सिर खपाने के बाद कोई कहानी सूझती है। खैर, हमारे मौलवी साहब दरज़ी थे। मौलवीगिरी केवल शौक़ से करते थे। हम दोनों भाई अपने गांव के कुरमी-कुम्हारों से उनकी खूब बड़ाई करते थे। यों कहिए कि हम मौलवी साहब के सफरी एजेंट थे। हमारे उद्योग से जब मौलवी साहब को कुछ काम मिल जाता, तो हम न फूले न समाते। जिस दिन कोई बहाना सूझता, मौलवी साहब के लिए कोई-न-कोई सौगात ले जाते। कभी सेर-आध-सेर फलियां तोड़ लीं, तो कभी दस-पांच ऊख; कभी जौ या गेहूं की हरी-हरी बालें ले लीं, उन सौगातों को देखते ही मौलवी साहब का क्रोध शांत हो जाता। जब इन चीज़ों की फ़सल न होती, तो हम सजा से बचने का कोई और ही उपाय सोचते। मौलवी साहब को चिड़ियों का शौक था। मक़तब में श्यामा, बुलबुल, दहियल और चंडूलों के पिंजरे लटकते रहते थे। हमें सबक याद हो, या न हो, पर चिड़ियों को याद हो जाते थे। हमारे साथ ही वे पढ़ा करती थीं। इन चिड़ियों के लिए बेसन पीसने में हम लोग खूब उत्साह दिखाते थे। मौलवी साहब सब लड़कों को पतिंगे पकड़ लाने की ताक़ीद करते रहते थे। इन चिड़ियों को पतिंगों से विशेष रूचि थी। कभी-कभी हमारी बला पतिंगों ही के सिर चली जाती थी। उनका बलिदान करके हम मौलवी साहब के रौद्र रूप को प्रसन्न कर लिया करते थे।

एक दिन सवेरे हम दोनों भाई तालाब में मुंह धोने गये, तो हलधर ने कोई सफेद-सी चीज़ मुट्ठी में लेकर दिखायी। मैंने लपककर मुट्ठी खोली, तो उसमें एक रुपया था। विस्मित होकर पूछा — यह रुपया तुम्हें कहां मिला?

हलधर — अम्मां ने ताक पर रखा था; चारपाई खड़ी करके निकाल लाया।

घर में कोई संदूक या अलमारी तो थी नहीं; रुपये-पैसे एक ऊंचे ताक पर रख दिये जाते थे। एक दिन पहले चचाजी ने सन बेचा था। उसके रुपये ज़मींदार को देने के लिए रखे हुए थे। हलधर को न-जाने क्योंकर पता लग गया। जब घर के सब लोग काम-धंधे में लग गए, तो अपनी चारपाई खड़ी की और उस पर चढ़कर एक रुपया निकाल लिया।

उस तक वक़्त हमने कभी रुपया छुआ तक न था। वह रुपया देखकर आनंद और भय की जो तरंगें दिल में उठी थीं, वे अभी तक याद हैं। हमारे लिए रुपया एक अलभ्य वस्तु थी। मौलवी साहब को हमारे यहां से सिर्फ़ बारह आने मिला करते थे। महीने के अंत में चचाजी खुद जाकर पैसे दे आते थे। भला, कौन हमारे गर्व का अनुमान कर सकता है! लेकिर मार का भय आनंद में विघ्न डाल रहा था। रुपये अनगिनत तो थे नहीं। चोरी का खुल जाना मानी हुई बात थी। चचाजी के क्रोध का भी, मुझे तो नहीं, हलधर को प्रत्यक्ष अनुभव हो चुका था! यों उनसे ज्यादा सीधा-सादा आदमी दुनिया में न था। चचा ने उनकी रक्षा का भार सिर पर न रख लिया होता, तो कोई बनिया उन्हें बाज़ार में बेच सकता था; पर जब क्रोध आ जाता

तो फिर उन्हें कुछ न सूझता। और-तो-और, चची भी उनके क्रोध का सामना करते डरती थीं। हम दोनों ने कई मिनट तक इन्हीं बातों पर विचार किया, और आख़िर यह निश्चय हुआ कि आई लक्ष्मी को न जाने देना चाहिए। एक तो हमारे ऊपर संदेह होगा ही नहीं, और अगर हुआ भी तो हम साफ़ इनकार कर जायेंगे। कहेंगे, हम रुपया लेकर क्या करते। थोड़ा सोच-विचार करते, तो यह निश्चय पलट जाता, और वह वीभत्स लीला न होती, जो आगे चलकर हुई; पर उस समय हममें शांति से विचार करने की क्षमता ही न थी।

मुंह-हाथ धोकर हम दोनों घर आये और डरते-डरते अंदर कदम रखा, अगर कहीं इस वक़्त तलाशी की नौबत आयी, तो भगवान ही मालिक हैं। लेकिन सब लोग अपना-अपना काम कर रहे थे। कोई हमसे न बोला। हमने नाश्ता भी न किया, चबेना भी न लिया; किताब बगल में दबायी और मदरसे का रास्ता लिया।

बरसात के दिन थे। आकाश पर बादल छाए थे। हम दोनों ख़ुश-ख़ुश मक़तब चले जा रहे थे। आज कॉउन्सिल की मिनिस्ट्री पाकर भी शायद उतना आनन्द न होता। हज़ारों मंसूबे बांधते थे, हज़ारों हवाई क़िले बनाते थे। यह अवसर बड़े भाग्य से मिला था। जीवन में फिर शायद ही यह अवसर मिले इसलिए रुपये को इस तरह खर्च करना चाहते थे कि ज्यादा-से-ज्यादा दिनों तक चल सके। यद्यपि उन दिनों पांच आने सेर बहुत अच्छी मिठाई मिलती थी और शायद आधा सेर मिठाई में हम दोनों अफर जाते; लेकिन सह ख़याल हुआ कि मिठाई खायेंगे तो रुपया आज ही ग़ायब हो जायेगा। कोई सस्ती चीज़ खानी चाहिए जिसमें मज़ा भी आये, पेट भी भरे और पैसे भी कम खर्च हों। आख़िर अमरूदों पर हमारी नज़र पड़ गई। हम दोनों राजी हो गए। दो पैसे के अमरूद से दामन भर गए। जब हलधर ने खटकिन के हाथ में रुपया रखा, तो उसने संदेह से देखकर पूछा — रुपया कहां पाया, लाला? चुरा तो नहीं लाये?

जवाब हमारे पास तैयार था। ज़्यादा नहीं, तो दो-तीन किताबें पढ़ ही चुके थे। विद्या का कुछ-कुछ असर हो चला था। मैंने झट से कहा — मौलवी साहब की फीस देनी है। घर में पैसे न थे, तो चचाजी ने रुपया दे दिया।

इस जवाब ने खटकिन का संदेह दूर कर दिया। हम दोनों ने एक पुलिया पर बैठकर खूब अमरूद खाये। मगर अब साढ़े पंद्रह आने पैसे कहां ले जायें? एक रुपया छिपा लेना तो इतना मुश्किल काम न था। पैसों का ढेर कहां छिपता। न कमर में इतनी जगह थी न जेब में इतनी गुंजाइश। उन्हें अपने पास रखना अपनी चोरी का ढिंढोरा पीटना था। बहुत सोचने के बाद यह निश्चय किया कि बारह आने तो मौलवी साहब को दे दिये जायें, शेष साढ़े तीन आने की मिठाई उड़े। यह फैसला करके हम लोग मक़तब पहुंचे। आज कई दिन के बाद गये थे। मौलवी साहब ने बिगड़कर पूछा — इतने दिन कहां रहे?

मैंने कहा — मौलवी साहब, घर में ग़मी हो गई।

यह कहते-कहते बारह आने उनके सामने रख दिये। फिर क्या पूछना था? पैसे देखते ही मौलवी साहब की बाछें खिल गई। महीना खत्म होने में अभी कई दिन बाक़ी थे। साधारणतः

महीना चढ़ जाने और बार-बार तकाज़े करने पर कहीं पैसे मिलते थे। अबकी इतनी जल्दी पैसे पाकर उनका खुश होना कोई अस्वाभाविक बात न थी। हमने अन्य लड़कों की ओर सगर्व नेत्रों से देखा, मानों कह रहे हों — एक तुम हो कि मांगने पर भी पैसे नहीं देते, एक हम है कि पेशेगी देते हैं।

हम अभी सबक पढ़ ही रहे थे कि मालूम हुआ, आज तालाब का मेला है, दोपहर में छुट्टी हो जायेगी। मौलवी साहब मेले में बुलबुल लड़ाने जायेंगे। यह ख़बर सुनते ही हमारी खुशी का ठिकाना न रहा। बारह आने तो बैंक में ज़मा ही कर चुके थे; साढ़े तीन आने में मेला देखने की ठहरी। खूब बहार रहेगी। मज़े से रेवाड़ियां खाएंगे, गोलगप्पे उड़ाएंगे, झूले पर चढ़ेंगे और शाम को घर पहुंचेगे; लेकिन मौलवी साहब ने एक कड़ी शर्त यह लगा दी थी कि सब लड़के छुट्टी के पहले अपना-अपना सबक सुना दें। जो सबक न सुना सकेगा, उसे छुट्टी न मिलेगी। नतीज़ा यह हुआ कि मुझे तो छुट्टी मिल गई; पर हलधर क़ैद कर लिये गए। और कई लड़कों ने भी सबक सुना दिये थे, वे सभी मेला देखने चल पड़े। मैं भी उनके साथ हो लिया। पैसे मेरे ही पास थे; इसलिए मैंने हलधर को साथ लेने का इंतज़ार न किया। तय हो गया था कि वह छुट्टी पाते ही मेले में आ जायें, और दोनों साथ-साथ मेला देखें। मैंने वचन दिया था कि जब तक वह न आएंगे, एक पैसा भी खर्च न करूंगा; लेकिन क्या मालूम था कि दुर्भाग्य कुछ और लीला रच रहा है!

मुझे मेला पहुंचे एक घंटे से ज्यादा गुज़र गया; पर हलधर का कहीं पता नहीं। क्या अभी तक मौलवी साहब ने छुट्टी नहीं दी, या रास्ता भूल गए? आंखें फाड़-फाड़कर सड़क की ओर देखता था। अकेला मेला देखने में जी भी न लगता था। यह संशय भी हो रहा था कि कहीं चोरी खुल तो नहीं गई, और चचाजी हलधर को पकड़कर घर तो नहीं ले गए! आख़िर जब शाम हो गई, तो मैंने कुछ रेवड़ियां खायीं और हलधर के हिस्से के पैसे जेब में रखकर धीरे-धीरे घर चला। रास्ते में ख़याल आया, मक़तब होता चलूं। शायद हलधर अभी वहीं हों; मगर वहां सन्नाटा था। हां, एक लड़का खेलता हुआ मिला। उसने मुझे देखते ही ज़ोर से कहकहा मारा और बोला — बचा, घर जाओ, तो कैसी मार पड़ती है। तुम्हारे चचा आये थे। हलधर को मारते-मारते ले गए हैं। अजी, ऐसा तानकर घूंसा मारा कि मियां हलधर मुंह के बल गिर पड़े। यहां से घसीटते ले गए हैं। तुमने मौलवी साहब की तनख्वाह दे दी थी; वह भी ले ली। अभी कोई बहाना सोच लो; नहीं तो बेभाव की पड़ेगी।

मेरी सिट्टी-पिट्टी भूल गई, बदन का लहू सूख गया। वही हुआ, जिसका मुझे शक हो रहा था। पैर मन-मन भर के हो गए। घर की ओर एक-एक कदम चलना मुश्किल हो गया। देवी-देवताओं के जितने नाम याद थे, सभी को मनौती मानी — किसी को लड्डू, किसी को पेड़े, किसी को बतासे। गांव के पास पहुंचा तो गांव के डीह का सुमिरन किया; क्योंकि अपने हलके में डीह ही की इच्छा सर्वप्रधान होती है।

यह सब कुछ किया; लेकिन ज्यों-ज्यों घर निकट आता, दिल की धड़कन बढ़ती जाती थी। घटाएं उमड़ी आती थी। मालूम होता था, आसमान फटकर गिरा ही चाहता है। देखता था, लोग

अपने-अपने काम छोड़-छोड़ भागे जा रहे हैं, गोरू भी पूंछ उठाए घर की ओर उछलते-कूदते चले जाते थे। चिड़ियां अपने घोंसले की ओर उड़ी चली जाती थीं। लेकिन मैं उसी मंद गति से चला आता था; मानों पैरों में शक्ति नहीं। जी चाहता था, ज़ोर का बुखार चढ़ आए, या कहीं चोट लग जाए; लेकिन कहने से धोबी गधे पर नहीं चढ़ता। बुलाने से मौत नहीं आती। बीमारी का तो कहना ही क्या! कुछ-न हुआ, और धीरे-धीरे चलने पर भी घर सामने आ ही गया। अब क्या हो? हमारे द्वार पर इमली का एक घना वृक्ष था। मैं उसी की आड़ में छिप गया कि ज़रा और अंधेरा हो जाये, तो चुपके से घुस जाऊं और अम्मां के कमरे में चारपाई के नीचे जा बैठूं। जब सब लोग सो जायेंगे, तो अम्मां से सारी कथा कह सुनाऊंगा! अम्मां कभी नहीं मारतीं। ज़रा उनके सामने झूठ-झूठ रोऊंगा, तो वह और भी पिघल जायेंगी। रात कट जाने पर फिर कौन पूछता है। सुबह तक सबका गुस्सा ठंडा हो जायेगा। अगर यह मंसूबे पूरे हो जाते, तो इसमें संदेह नहीं कि मैं बेदाग़ बच जाता। लेकिन वहां तो विधाता को कुछ और ही मंजूर था। मुझे एक लड़के ने देख लिया, और मेरे नाम की रट लगाते हुए सीधे मेरे घर में भागा। अब मेरे लिए कोई आशा न रही। लाचार घर में दाख़िल हुआ, तो सहसा मुंह से एक चीख निकल गई, जैसे मार खाया हुआ कुत्ता किसी को अपनी ओर आता देखकर भय से चिल्लाने लगता है। बरोठे में पिताजी बैठे थे। पिताजी का स्वास्थ्य इन दिनों कुछ ख़राब हो गया था। छुट्टी लेकर घर आये हुए थे। यह तो नहीं कह सकता कि उन्हें शिकायत क्या थी; पर वह मूंग की दाल खाते थे, और संध्या-समय शीशे की गिलास में एक बोतल में से कुछ उड़ेल-उड़ेलकर पीते थे। शायद यह किसी तजुरबेकार हकीम की बताई हुई दवा थी। दवाएं सब बस्सानेवाली और कड़वी होती हैं। यह दवा भी बुरी ही थी; पर पिताजी न-जाने क्यों इस दवा को खूब मज़ा ले-लेकर पीते थे। हम जो दवा पीते हैं, तो आंखें बंद करके एक ही घूंट में गटक जाते हैं; पर शायद इस दवा का असर धीरे-धीरे पीने में ही होता हो। पिताजी के पास गांव के दो-तीन और कभी-कभी चार-पांच और रोगी भी ज़मा हो जाते; और घंटों दवा पीते रहते थे। मुश्किल से खाना खाने उठते थे, इस समय भी वह दवा पी रहे थे। रोगियों की मंडली ज़मा थी, मुझे देखते ही पिताजी ने लाल-लाल आंखें करके पूछा — कहां थे अब तक।

मैंने दबी ज़बान से कहा — कहीं तो नहीं।

'अब चोरी की आदत सीख रहा है! बोल, तूने रुपया चुराया कि नहीं?'

मेरी ज़बान बंद हो गई। सामने नंगी तलवार नाच रही थी। शब्द भी निकालते हुए डरता था।

पिताजी ने ज़ोर से डांटकर पूछा — बोलता क्यों नहीं? तूने रुपया चुराया कि नहीं?

मैंने जान पर खेलकर कहा — मैंने कहां...

मुंह से पूरी बात भी न निकलने पाई थी कि पिताजी विकराल रूप धारण किए दांत पीसते, झपटकर उठे और हाथ उठाये मेरी ओर चले। मैं ज़ोर से चिल्लाकर रोने लगा। ऐसा चिल्लाया कि पिताजी भी सहम गए। उनका हाथ उठा ही रह गया। शायद समझे कि जब अभी से इसका

यह हाल है, तब तमाचा पड़ जाने पर कहीं इसकी जान ही न निकल जाय। मैंने जो देखा कि मेरी हिकमत काम कर गई, तो और भी गला फाड़-फाड़कर रोने लगा। इतने में मंडली के दो-तीन आदमियों ने पिताजी को पकड़ लिया और मेरी ओर इशारा किया कि भाग जा! बच्चे बहुधा ऐसे मौक़े पर मचल जाते हैं, और व्यर्थ मार खा जाते हैं। मैंने बुद्धिमानी से काम लिया।

लेकिन अंदर का दृश्य इससे कहीं भयंकर था। मेरा तो खून सर्द हो गया। हलधर के दोनों हाथ एक खम्भे से बंधे थे, सारी देह धूल-धूसरित हो रही थी, और वह अभी तक सिसक रहे थे। शायद वह आंगन भर में लोटे थे। ऐसा मालूम हुआ कि सारा आंगन उनके आंसुओं से भर गया है। चची हलधर को डांट रही थीं और अम्मा बैठी मसाला पीस रही थीं। सबसे पहले मुझ पर चची की निग़ाह पड़ी। बोलीं — लो, वह भी आ गया, क्यों रे, रुपया तूने चुराया था कि इसने?

मैंने निश्शंक होकर कहा — हलधर ने।

अम्मां बोली — अगर उसी ने चुराया था, तो तूने घर आकर किसी से कहा क्यों नहीं?

अब झूठ बोले बग़ैर बचना मुश्किल था। मैं तो समझता हूं कि जब आदमी को जान का खतरा हो, तो झूठ बोलना क्षम्य है। हलधर मार खाने के आदी थे। दो-चार घूंसे और पड़ने से उनका कुछ न बिगड़ सकता था। मैंने मार कभी न खायी थी। मेरा तो दो ही चार घूंसों में काम तमाम हो जाता। फिर हलधर ने भी तो अपने को बचाने के लिए मुझे फंसाने की चेष्टा की थी, नहीं तो चची मुझसे क्यों पूछतीं — रुपया तूने चुराया या हलधर ने? किसी भी सिद्धांत से मेरा झूठ बोलना इस समय स्तुत्य नहीं, तो क्षम्य ज़रूर था। मैंने छूटते ही कहा — हलधर कहते थे, किसी से बताया, तो मार ही डालूंगा।

अम्मां — देखा, वही बात निकली न! मैं तो कहती थी कि बच्चा को ऐसी आदत नहीं; पैसा तो वह हाथ से छूता ही नहीं, लेकिन सब लोग मुझी को उल्लू बनाने लगे।

हल० — मैंने तुमसे कब कहा था कि बताओगे, तो मारूंगा?

मैं — वहीं, तालाब के किनारे तो!

हल० — अम्मां, बिल्कुल झूठ है!

चची — झूठ नहीं, सच है। झूठ तो तू है, और तो सारा संसार सच्चा है, तेरा नाम निकल गया है न! तेरा बाप नौकरी करता, बाहर से रुपये कमा लाता, चार जने उसे भला आदमी कहते, तो तू भी सच्चा होता। अब तो तू ही झूठा है। जिसके भाग में मिठाई लिखी थी, उसने मिठाई खायी। तेरे भाग में तो लात खाना ही लिखा है।

यह कहते हुए चची ने हलधर को खोल दिया और हाथ पकड़कर भीतर ले गयीं। मेरे विषय में स्नेहपूर्ण आलोचना करके अम्मां ने पांसा पलट दिया था, नहीं तो अभी बेचारे पर न-जाने कितनी मार पड़ती। मैंने अम्मां के पास बैठकर अपनी निर्दोषिता का राग खूब अलापा। मेरी सरल-हृदय माता मुझे सत्य का अवतार समझती थी। उन्हें पूरा विश्वास हो गया कि सारा अपराध हलधर का है। एक क्षण बाद मैं गुड़ चबेना लिये कोठरी से बाहर निकला। हलधर भी

उसी वक़्त चिउड़ा खाते हुए बाहर निकले। हम दोनों साथ-साथ बाहर आये और अपनी-अपनी बीती सुनाने लगे। मेरी कथा सुखमय थी, हलधर की दुःखमयी; पर अंत दोनों का एक था — गुड़ और चबेना।

❑❑❑

लांछन

मुंशी श्यामकिशोर के द्वार पर मुन्नू मेहतर ने झाड़ू लगायी, गुसलखाना धो-धोकर साफ़ किया और तब द्वार पर आकर गृहणी से बोला — मां जी, देख लीजिए, सब साफ़ कर दिया। आज कुछ खाने को मिल जायें, सरकार!

देवी रानी ने द्वार पर आकर कहा — अभी तो तुम्हें महीना पाये दस दिन भी नहीं हुए। फिर इतनी जल्दी मांगने लगे?

मुन्नू — क्या करूं, मांजी, खर्च नहीं चलता। अकेला आदमी, घर देखूं कि काम करूं?

देवी — तो ब्याह क्यों नहीं कर लेते?

मुन्नू — रुपये मांगते हैं सरकार! यहां खाने से ही नहीं बचता, थैली कहां से लाऊं?

देवी — अभी तो तुम जवान हो, कब तक अकेले बैठे रहोगे?

मुन्नू — हुजूर की इतनी निग़ाह है, तो कहीं-न-कहीं ठीक हो ही जायेगी; सरकार कुछ मदद करेंगी न?

देवी — हां-हां, तुम ठीक-ठाक करो। मुझसे जो कुछ हो सकेगा, मैं भी दे दूंगी।

मुन्नू — सरकार का मिज़ाज़ बड़ा अच्छा है। हुजूर इतना ख़याल करती हैं। दूसरे घरों में तो मालकिनें बात भी नहीं पूछतीं। सरकार को अल्लाह ने जैसी शक्ल-सूरत दी है, वैसा ही दिल भी दिया है। अल्लाह जानता है, हुजूर को देखकर भूख-प्यास जाती रहती है। बड़े-बड़े घर की औरतें देखी हैं, मुदा आपके तलुवों की बराबरी भी नहीं कर सकती।

देवी — चल झूठे! मैं ऐसी कौन ख़ूबसूरत हूं।

मुन्नू — अब सरकार से क्या कहूं। बड़ी-बड़ी खत्रानियों को देखता हूं; मगर गोरेपन के सिवा और कोई बात नहीं। उनमें यह नमक कहां, सरकार!

देवी — एक रुपये में तुम्हारा काम चल जायेगा?

मुन्नू — भला सरकार, दो रुपये तो दे दें।

देवी — अच्छा, यह लो और जाओ!

मुन्नू — जाता हूं, सरकार! आप नाराज़ न हों, तो एक बात पूछूं?

देवी — क्या पूछते हो, पूछो? मगर जल्दी, मुझे चूल्हा जलाना है।

मुन्नू — तो सरकार जायें; फिर कभी कहूंगा।

देवी — नहीं-नहीं, कहो क्या बात है? अभी कुछ ऐसी जल्दी नहीं है।

मुन्नू — दालमंडी में सरकार के कोई रहते हैं क्या?

देवी — नहीं, यहां तो कोई नातेदार नहीं है।

मुन्नू — तो कोई दोस्त होंगे। सरकार को अक्सर एक कोठे पर से उतरते देखता हूं।

देवी — दालमंडी तो रंडियों का मुहल्ला है?

मुन्नू — हां सरकार, रंडियां बहुत है यहां; लेकिन सरकार तो सीधे-सादे आदमी मालूम होते हैं। यहां रात को देर से तो नहीं आते?

देवी — नहीं, शाम से पहले ही आ जाते हैं और फिर कहीं नहीं जाते। हां, कभी-कभी लाइब्रेरी अलबत्ता जाते हैं।

मुन्नू — बस-बस, यही बात है, हुजूर? मौक़ा मिले, तो इशारे से समझा दीजिएगा सरकार, कि रात को उधर न जाया करें। आदमी का दिल कितना ही साफ़ हो, लेकिन देखने वाले तो शक करने लगते है।

इतने में ही बाबू श्यामकिशोर आ गए। मुन्नू ने उन्हें सलाम किया, बाल्टी उठायी और चलता हुआ।

श्यामकिशोर ने पूछा — मुन्नू क्या कह रहा था।

देवी — कुछ नहीं, अपने दुखड़े रो रहा था। खाने को मांगता था। दो रुपये दे दिये हैं। बातचीत बड़े ढंग से करता है।

श्याम0 — तुम्हें तो बातें करने का मरज़ है। और कोई नहीं तो महतर ही सही। इस भूतने से न-जाने तुम कैसे बातें करती हो!

देवी — मुझे उसकी सूरत लेकर क्या करना है। ग़रीब आदमी है। अपना दुःख सुनाने लगता है, तो कैसे न सुनूं?

बाबू साहब ने बेले का गज़रा रूमाल से निकाला, देवी के गले में डाल दिया किंतु देवी के मुख पर प्रसन्नता का कोई चिह्न न दिखाई दिया। तिरछी निग़ाहों से देखकर बोलीं — आप आजकल दालमंडी की सैर बहुत किया करते हैं?

श्याम0 — कौन? मैं?

देवी — जी हां, तुम। मुझसे तो लाइब्रेरी का बहाना करके जाते हो, और वहां जलसे होते हैं।

श्याम0 — बिलकुल झूठ सोलहों आने झूठ। तुमसे कौन कहता था? यहीं मुन्नू?

देवी — मुन्नू ने मुझसे कुछ नहीं कहा; पर तुझे तुम्हारी टोह मिलती रहती है।

श्याम0 — तुम मेरी टोह मत लिया करो। शक करने से आदमी शक्की हो जाता है, और तब बड़े-बड़े अनर्थ हो जाते हैं। भला, मैं दालमंडी क्यों जाने लगा? तुमसे बढ़कर दालमंडी में और कौन है? मैं तो तुम्हारी इन मदभरी आंखों का आशिक़ हूं। अगर अप्सरा भी सामने

आ जाये, तो भी आंखें उठाकर न देखूं। आज शारदा कहां है?

देवी — नीचे खेलने चली गयी है।

श्याम0 — नीचे मत जाने दिया करो। इक्के, मोटरे, बग्घियां दौड़ती रहती हैं। न जाने कब क्या हो जाये। आज ही अरदली बाज़ार में एक वारदात हो गई। तीन लड़के एक साथ दब गए।

देवी — तीन लड़के!! बड़ा गज़ब हो गया। किसकी मोटर थी।

श्याम0 — इसका अभी तक पता नहीं चला। ईश्वर जानता है, तुम्हें यह गज़रा बहुत खिल रहा है!

देवी (मुस्कुराकर) — चलो, बाते न बनाओ।

2

तीसरे दिन मुन्ने ने देवी से कहा — सरकार, एक जगह सगाई ठीक हो रही है; देखिए, कौल से फिर न जाइएगा। मुझे आपका बड़ा भरोसा है।

देवी — देख ली औरत? कैसी है!

मुन्नू — सरकार जैसी तकदीर में है, वैसी है। घर की रोटियां तो मिलेगी, नहीं तो अपने हाथों ठोकना पड़ता था। है क्या कि मिज़ाज की सीधी है। हमारे जात की औरतें बड़ी चंचल होती हैं, हुजूर! सैकड़े पीछे एक भी पाक न मिलेगी।

देवी — मेहतर लोग अपनी औरतों को कुछ कहते नहीं!

मुन्नू — क्या कहें हुजूर! डरते हैं कि कहीं अपने आसना से चुगली खाकर हमारी नौकरी-चाकरी न छुड़ा दें। मेहतरानियों पर बाबू साहबों की बहुत निगाह रहती है, सरकार!

देवी — (हंसकर) चल झूठे! बाबू साहबों की औरतें क्या मेहतरानियों से भी गयी-गुजरी होती है।

मुन्नू — अब सरकार कुछ न कहलाएं हुजूर को छोड़कर और तो कोई ऐसी बबुआइन नहीं देखता, जिसका कोई बखान करे। बहुत ही छोटा आदमी हूं, सरकार; पर बबुआइनों की तरह मेरी औरत होती, तो उससे बोलने को जी न चाहता। हुजूर के चेहरे-मोहरे की कोई औरत मैंने तो नहीं देखी।

देवी — चल झूठे, इतनी खुशामद करना किससे सीखा?

मुन्नू — खुशामद नहीं करता, सरकार; सच्ची बात कहता हूं। हुजूर एक दिन खिड़की के सामने खड़ी थीं। राजा मियां की निगाह आप पर पड़ गई। जूते की बड़ी दूकान है उनकी। अल्लाह ने जैसा धन दिया है, वैसा ही दिल भी। आपको देखते ही आंखें नीची कर लीं। आज बातों-बातों में हुजूर की सकल-सूरत को सराहने लगे। मैंने कहा — जैसी सूरत है, वैसा सरकार को अल्लाह ने दिल भी दिया है।

देवी — अच्छा, यह लांबा-सा सांवले रंग का जवान है?

मुन्नू — हां हुजूर, वही। मुझसे कहने लगे कि किसी तरह एक बार फिर उन्हें देख पाता, लेकिन मैंने डांटकर कहा — खबरदार! मियां, जो मुझसे ऐसी बातें कीं। वहां तुम्हारी दाल न गलेगी।

देवी — तुमने बहुत अच्छा किया। निगोड़े की आंखें फूट जाएं; जब इधर से जाता है, खिड़की की ओर उसकी निग़ाह रहती है। कह देना, इधर भूल कर भी न ताके!

मुन्नू — कह दिया है हुजूर, हुक्म हो तो चलूं। और तो कुछ साफ़ नहीं करना है? सरकार के आने के बेला हो गई है। मुझे देखेंगे तो कहेंगे — यह क्या बातें कर रहा है।

देवी — ये रोटियां लेते जाओ। आज चूल्हें से बच जाओगे।

मुन्नू — अल्लाह हुजूर को सलामत रखे! मेरा तो यही जी चाहता है कि इसी दरवाज़े पर पड़ा रहूं और एक टुकड़ा खा लिया करूं। सच कहता हूं, हुजूर को देखकर भूख-प्यास जाती रहती है।

मुन्नू जा ही रहा था कि बाबू श्यामकिशोर ऊपर आ पहुंचे। मुन्नू की पिछली बात उनके कान में पड़ गयी थी। मुन्नू ज्यों ही नीचे गया, बाबू साहब देवी से बोले — मैंने तुमसे कह दिया था कि मुन्नू को मुंह न लगाओ, पर तुमने मेरी बात न मानी। छोटे आदमी एक घर की बात दूसरे घर पहुंचा देते हैं, इन्हें कभी मुंह न लगाना चाहिए। भूख-प्यास बन्द होने की क्या बात थी?

देवी — क्या जानें, भूख-प्यास कैसी? ऐसी तो कोई बात न थी।

श्याम0 — थी क्यों नहीं, मैंने साफ़ सुना।

देवी — मुझे तो ख़याल नहीं आता। होगी कोई बात। मैं कौन उसकी सब बातें बैठी सुना करती हूं।

श्याम0 — तो क्या वह दीवार से बातें करता है? देखो, नीचे एक आदमी इस खिड़की की तरफ़ ताकता चला जाता है। इसी मुहल्ले का मुसलमान लौंडा है। जूते की दूकान करता है। तुम क्यों इस खिड़की पर खड़ी रहा करती हो?

देवी — चिक तो पड़ी हुई है।

श्याम0 — चिक के पास खड़ी होने से बाहर का आदमी तुम्हें साफ़ देख सकता है।

देवी — यह मुझे मालूम न था। अब कभी खिड़की खोलूंगी ही नहीं।

श्याम0 — हां, फ़ायदा क्या? मुन्नू को अंदर मत आने दिया करो।

देवी — गुसलखाना कौन साफ़ करेगा?

श्याम0 — खैर आये, मगर उससे बातें न करनी चाहिए; आज एक नया थिएटर आया है। चलो देख आओ। सुना है, इसके एक्टर बहुत अच्छे हैं।

इतने में शारदा नीचे से मिठाई का दोना लिये दौड़ती हुई आयी। देवी ने पूछा — अरी, यह मिठाई किसने दी?

शारदा — राजा भैया ने दी?

शारदा० — राजा भैया कौन है?

शारदा — वही तो हैं, जो अभी इधर से गये है!

श्याम० — वही तो नहीं, जो लम्बा-सा सांवले रंग का आदमी है?

शारदा — हां-हां, वही-वही। मैं अब उनके घर रोज जाऊंगी?

देवी — क्या तू उसके घर गई थी?

शारदा — वही तो गोद में उठाकर ले गए थे।

श्याम० — तू नीचे खेलने मत जाया कर। किसी दिन मोटर के नीचे दब जायेगी। देखती नहीं, कितनी मोटरें आती रहती है।

शारदा — राजा भैया कहते थे, तुम्हें मोटर पर हवा खिलाने ले चलेंगे।

श्याम० — तुम बैठी-बैठी क्या किया करती हो, जो तुमसे एक लड़की की निग़रानी भी नहीं हो सकती?

देवी — इतनी बड़ी लड़की को संदूक में बंद करके नहीं रखा जा सकता।

श्याम० — तुम जवाब देने में तो बहुत तेज हो, यह मैं जानता हूं। यह क्यों नहीं कहती कि बातें करने से फुरसत नहीं मिलती।

देवी — बातें मैं किससे करती हूं? यहां तो कोई पड़ोसिन भी नहीं?

श्याम० — मुन्नू तो हई है!

देवी — (ओठ दबाकर) मुन्नू क्या मेरा कोई सगा है, जिससे बैठी बातें किया करती हूं? ग़रीब आदमी है, अपना दुःख रोता है, तो क्या कह दूं? मुझसे तो दुतकारते नहीं बनता।

श्याम० — ख़ैर, खाना बना लो, नौ बजे तमाशा शुरू हो जायेगा। सात बज गए हैं।

देवी — तुम जाओ, देख आओ, मैं न जाऊंगी।

श्याम० — तुम्ही तो महीनों से तमाशे की रट लगाए हुए थीं। अब क्या हो गया? क्या तुमने कसम खा ली है कि यह जो बात कहें, वह कभी न मानूंगी?

देवी — जाने क्यों तुम्हारा ऐसा ख़याल है। मैं तो तुम्हारी इच्छा पाकर ही कोई काम करती हूं। मेरे जाने से कुछ और पैसे खर्च हो जायेंगे और रुपये कम पड़ जायेंगे तो तुम मेरी जान खाने लगोगे, यही सोचकर मैंने कहा था। अब तुम कहते हो, तो चली चलूंगी। तमाशा देखना किसे बुरा लगता है?

3

नौ बजे श्यामकिशोर एक तांगे पर बैठकर देवी और शारदा के साथ थिएटर देखने चले। सड़क पर थोड़ी ही दूर गए थे कि पीछे एक और तांगा आ पहुंचा। इस पर राजा बैठा हुआ था। और उसकी बगल में — हां, उसके बगल में बैठा था मुन्नू मेहतर, जो बाबू साहब के घर में सफाई करता था। देवी ने उन दोनों को देखते ही सिर झुका लिया। उसे आश्चर्य हुआ

कि राजा और मुन्नू में इतनी गाढ़ी मित्रता है कि राजा उसे तांगे पर बिठाकर सैर कराने ले जाता है। शारदा राजा को देखते ही बोल उठी — बाबूजी, देखो, वह राजा भैया आ रहे हैं। (ताली बजाकर) राजा भैया; इधर देखो, हम लोग तमाशा देखने जा रहे हैं।

राजा ने मुस्कुरा दिया; और बाबू साहब मारे क्रोध के तिलमिला उठे। उन्हें ऐसा मालूम हुआ कि ये दुष्ट केवल मेरा पीछा करने के लिए आ रहे हैं। इन दोनों में जरूर सांठ-गांठ है। नहीं तो राजा मुन्नू को साथ क्यों लेता; उनसे पीछा छुड़ाने के लिए उन्होंने तांगेवाले से कहा — और तेज़ ले चलो, देर हो रही है। तांगा तेज़ हो गया। राजा ने भी अपना तांगा तेज किया। बाबू साहब ने जब तांगे को धीमा करने को कहा, तो राजा का तांगा भी धीमा हो गया। आखिर बाबू साहब ने झुंझलाकर कहा — तुम तांगे को छावनी की ओर ले चलो, हम थिएटर देखने नहीं जायंगे। तांगेवाले ने उनकी ओर कुतूहल से देखा और तांगा फेर दिया। राजा का तांगा भी फिर गया। बाबू साहब को इतना क्रोध आ रहा था कि राजा को ललकारूं; पर डरते थे कि कहीं झगड़ा हो गया, तो बहुत से आदमी ज़मा हो जायेंगे और व्यर्थ ही झेंप होगी। लहू का घूंट पीकर रह गए। अपने ऊपर झुंझलाने लगे कि नाहक आया। क्या जानता था कि ये दोनों शैतान सिर पर सवार हो जायेंगे। मुन्नू को तो कल ही निकाल दूंगा। बारे राजा का तांगा कुछ दूर चलकर दूसरी तरफ़ मुड़ गया, और बाबू साहब का क्रोध कुछ शांत हुआ; किंतु अब थिएटर जाने का समय न था। छावनी से घर लौट आये।

देवी ने कोठे पर आकर कहा — मुफ़्त में तांगेवाले को दो रुपये देने पड़े।

श्यामकिशोर ने उसकी ओर रक्त-शोषक दृष्टि से देखकर कहा — और मुन्नू से बातें करो, और खिड़की पर खड़ी हो-होकर राजा को छवि दिखाओ। तुम न जाने क्या करने पर तुली हुई हो!

देवी — ऐसी बातें मुंह से निकालते तुम्हें शर्म नहीं आती? तुम मेरा व्यर्थ ही अपमान करते हो, इसका फल अच्छा न होगा। मैं किसी मर्द को तुम्हारे पैरों की धूल के बराबर भी नहीं समझती, उस अभागे मेहतर की क्या हक़ीकत है! तुम मुझे इतना नीच समझते हो?

श्याम० — नहीं, मैं तुम्हें इतना नीच नहीं समझता; मगर बेसमझ ज़रूर समझता हूं। तुम्हें इस बदमाश को कभी मुंह न लगाना चाहिए था। अब तो तुम्हें मालूम हो गया कि वह छटा हुआ शोहदा है, या अब भी कुछ शक है?

देवी — मैं उसे कल ही निकाल दूंगी।

मुंशीजी लेटे; पर चित्त अशांत था। वह दिन-भर दफ़्तर में रहते थे। क्या जान सकते थे कि उनके पीछे देवी क्या करती है। वह यह जानते थे कि देवी पतिव्रता है; पर यह भी जानते थे कि अपनी छवि दिखाने का सुंदरियों को मरज़ होता है। देवी ज़रूर बन-ठनकर खिड़की पर खड़ी होती है, और मुहल्ले के शोहदे उसको देख-देखकर मन में न जाने क्या-क्या कल्पना करते होंगे। इस व्यापार को बन्द कराना उन्हें अपने काबू से बाहर मालूम होता था। शोहदे वशीकरण की कला में निपुण होते हैं। ईश्वर न करे, इन बदमाशों की निग़ाह किसी भले घर की बहू-बेटी पर पड़े! इनसे पिंड कैसे छुड़ाऊं?

बहुत सोचने के बाद अन्त में उन्होंने वह मकान छोड़ देने का निश्चय किया। इसके सिवा उन्हें दूसरा कोई उपाय न सूझा। देवी से बोले — कहो, तो यह घर छोड़ दूं। इन शोहदों के बीच में रहने से आबरू बिगड़ने का भय है। देवी ने आपत्ति के भाव से कहा — जैसी तुम्हारी इच्छा!

श्याम० — आखिर तुम्हीं कोई उपाय बताओ।

देवी — मैं कौन-सा उपाय बताऊं, और किस बात का उपाय? मुझे तो घर छोड़ने की कोई ज़रूरत नहीं मालूम होती। एक-दो नहीं, लाख-दो लाख शोहदे हों, तो क्या। कुत्तों के भौंकने के भय से भला कोई अपना मकान छोड़ देता है?

श्याम० — कभी-कभी कुत्ते काट भी तो लेते हैं।

देवी ने इसका कोई जवाब न दिया और तर्क करने से पति की दुश्चिंताओं के बढ़ जाने का भय था। यह शक्की तो हैं ही, न जाने उसका क्या आशय समझ बैठें।

तीसरे ही दिन श्याम बाबू ने वह मकान छोड़ दिया।

4

इस नए मकान में आने के एक सप्ताह के पीछे एक दिन मुन्नू सिर में पट्टी बांधे, लाठी से टेकता हुआ आया और आवाज़ दी। देवी उसकी आवाज़ पहचान गई; पर उसे दुतकारा नहीं। किवाड़ खोल दिए। पुराने घर के समाचार जानने के लिए उसका चित्त लालायित हो रहा था। मुन्नू ने अन्दर आकर कहा — सरकार, जब से आपने मकान छोड़ दिया, कसम ले लीजिए जो उधर एक बार भी गया हूं। उस घर को देखकर रोना आने लगता है। मेरा भी जी चाहता है कि इसी मुहल्ले में आऊं। पागल की तरह इधर-उधर मारा-मारा फिरा करता हूं, सरकार किसी काम में जी नहीं लगता। बस, हर घड़ी आप ही की याद आती रहती है। हुजूर जितनी परवरिस करती थीं, उतनी अब कौन करेगा? यह मकान तो बहुत छोटा है।

देवी — तुम्हारे ही कारण तो वह मकान छोड़ना पड़ा।

मुन्नू — मेरे कारण! मुझसे कौन-सी ख़ता हुई, सरकार?

देवी — तुम्हीं तो तांगे पर राजा के साथ बैठे मेरे पीछे-पीछे आ रहे थे। ऐसे आदमी पर आदमी का शक होता ही है!

मुन्नू — अरे सरकार, उस दिन की बात न पूछिए। राजा मियां को एक वकील साहब से मिलने जाना था। वह छावनी में रहते थे। मुझे भी साथ बिठा लिया। उनका साईस कहीं गया हुआ था। मारे लिहाज़ के आपके तांगे के आगे न निकलते थे। सरकार उसे शोहदा कहती हैं। उसका-सा भला आदमी मुहल्ले भर में नहीं है। पांचों बख़्त की नमाज़ पढ़ता है, हुजूर तीसों रोज़े रखता है। घर में बीबी-बच्चे सभी मौजूद है। क्या मज़ाल कि किसी पर बदनिग़ाह हो।

देवी — ख़ैर होगा, तुम्हारे सिर में पट्टी क्यों बंधी है?

मुन्नू — इसका माज़रा न पूछिए, हुजूर! आपकी बुराई करते किसी को देखता हूं, तो बदन में आग लग जाती है। दरवाज़े पर जो हलवाई रहता था, कहने लगा — मेरे कुछ पैसे बाबूजी पर आते हैं। मैंने कहा — वह ऐसे आदमी नहीं हैं कि तुम्हारे पैसे हज़म कर जाते। बस, हुजूर, इसी बात पर तकरार हो गई। मैं तो दूकान के नीचे नाली धो रहा था। वह ऊपर से कूदकर आया और मुझे ढकेल दिया। मैं बेख़बर खड़ा था, चारों खाने चित्त सड़क पर गिर पड़ा। चोट तो आई; मगर मैंने भी दूकान के सामने बचा को इतनी गालियां सुनाईं कि याद ही करते होंगे। अब घाव अच्छा हो रहा है, हूजूर।

देवी — राम! राम! नाहक लड़ाई लेने गए। सीधी-सी बात तो थी। कह देते — तुम्हारे पैसे आते हैं, तो जाकर मांग लाओ। हैं तो शहर ही में, दूसरे देश में तो नहीं भाग गए?

मुन्नू — हुजूर, आपकी बुराई सुन के नहीं रहा जाता, फिर चाहे वह अपने घर लाट ही क्यों न हो, भिड़ पड़ूंगा। वह महाजन होगा, तो अपने घर का होगा। यहां कौन उसका दिया खाते हैं।

देवी — उस घर में अभी कोई आया कि नहीं?

मुन्नू — कई आदमी देखने आए, हुजूर; मगर जहां आप रह चुकी हैं, वहां अब दूसरा कौन रह सकता है? हम लोगों ने उन लोगों को भड़का दिया। राजा मिंया तो हुजूर, उसी दिन से खाना-पीना छोड़ बैठे हैं। बिटिया को याद कर-करके रोया करते हैं। हुजूर को हम गरीबों की याद काहे को आती होगी?

देवी — याद क्यों नहीं आती? मैं आदमी नहीं हूं? जानवर तक थान छूटने पर दो-चार दिन चारा नहीं खाते। यह पैसे लो, कुछ बाज़ार से लाकर खा लो, भूखे होगे।

मुन्नू — हूजूर की दुआ से खाने की तंगी नहीं है। आदमी का दिल देखा जाता है, हूजूर! पैसों की कौन बात है। आपका दिया तो खाते ही हैं। हुजूर का मिज़ाज ऐसा है कि आदमी बिना कौड़ी का गुलाम हो जाता हैं। तो अब चलूंगा, हुजूर, बाबूजी आते होंगे। कहेंगे — यह शैतान यहां फिर आ पहुंचा।

देवी — अभी उनके आने में बड़ी देर है।

मुन्नू — ओ हो, एक बात तो भूल ही जाता था। राजा मिंया बिटिया के लिए ये खिलौने दिये थे। बातों में ऐसा भूल गया कि इनकी सुध ही न रही। कहां है बिटिया?

देवी — अभी तो मदरसे से नहीं आई, मगर इतने खिलौने लाने की क्या ज़रूरत थी? अरे! राजा ने तो ग़जब ही कर दिया। भेजना ही था, तो दो-चार आने के खिलौने भेज देते। अकेली मेम तीन-चार रुपये से कम की न होगी। कुल मिलाकर तीस-पैंतीस रुपये से कम के खिलौने नहीं है।

मुन्नू — क्या जाने सरकार, मैंने तो कभी खिलौने नहीं खरीदे। तीस-पैंतीस रुपये के ही होंगे, तो उनके लिए कौन-सी बड़ी बात है? अकेली दूकान से पचास रुपये रोज़ की आमदनी है, हुजूर!

देवी — नहीं, इनको लौटा ले जाओ। इतने खिलौने लेकर वह क्या करेगी? मैं सिर्फ़

एक मेम रखे लेती हूं।

मुन्नू — हुजूर, राजा मिंया को बड़ा रंज होगा। मुझे तो जीता ही न छोड़ेगा। बड़े ही मुहब्बती आदमी हैं, हुजूर! बीबी दो-चार दिन के लिए मैके चली जाती है, तो बैचेन हो जाते हैं।

सहसा शारदा पाठशाला से आ गई और खिलौने देखते ही उन पर टूट पड़ी। देवी ने डांटकर कहा — क्या करती है? मेम ले ले, और सब लेकर क्या करेगी?

शारदा — मैं तो सब लूंगी। मेम को मोटर पर बैठाकर दौड़ाऊंगी। कुत्ता पीछे-पीछे दौड़ेगा। इन बरतनों में गुड़िया के खाने बनाऊंगी। कहां से आये है; अम्मां? बता दो।

देवी — कहीं से नहीं आये, मैंने देखने को मंगवाए थे। तू इनमें से कोई एक ले ले।

शारदा — कहां से लाये हो मुन्नू, बता दो?

मुन्नू — तुम्हारे राजा भैया ने तुम्हारे लिए भेजे हैं।

शारदा — राजा भैया ने भेजे हैं। ओ हो! (नाचकर) राजा भैया बड़े अच्छे हैं। कल अपनी सहेलियों को दिखाऊंगी। किसी के पास ऐसे खिलौने न निकलेंगे।

देवी — अच्छा, मुन्नू, तुम अब जाओ। राजा मिंया से क़ह देना, फिर यहां खिलौने न भेंजे।

मुन्नू चला गया, तो देवी ने शारदा से कहा — ला बेटी, तेरे खिलौने रख दूं। बाबूजी देखेंगे, तो बिगड़ेंगे और कहेंगे कि राजा मियां के खिलौने क्यों लिये? तोड-ताड़कर फेंक देंगे। भूलकर भी उनसे खिलौनों की चर्चा न करना।

शारदा — हां, अम्मां, रख दो। बाबूजी तोड़ देंगे।

देवी — उनसे कभी मत कहना कि राजा भैया ने खिलौने भेजे थे, नहीं तो बाबूजी राजा भैया को मारेंगे और तुम्हारे कान भी काट लेंगे। कहेंगे, लड़की भिखमंगी है, सबसे खिलौने मांगती फिरती है।

शारदा — हां, अम्मा, रख दो। बाबूजी तोड़ देंगे।

इतने में बाबू श्यामकिशोर भी दफ़्तर से आ गए। भौंहे चढ़ी हुई थीं। आते-ही-आते बोले — वह शैतान मुन्नू इस मुहल्ले में भी आने लगा। मैंने आज उसे देखा। क्या यहां भी आया था?

देवी ने हिचकिचाते हुए — हां, आया तो था।

श्याम० — और तुमने आने दिया? मैंने मना न किया था कि उसे कभी अंदर कदम न रखने देना।

देवी — आकर द्वार खटखटाने लगा, तो क्या करती?

श्याम० — तुमने आज भी न कहा होगा, यहां मत आया कर!

देवी — मुझे तो इसका ख़याल न रहा। और अब वह यहां क्या करने आएगा?

श्याम० — जो करने आज आया था, वही करने फिर आएगा। तुम मेरे मुंह में कालिख लगाने पर तुली हुई हो।

देवी ने क्रोध से ऐंठकर कहा — मुझसे तुम ऊटपटांग बातें मत किया करो, समझ गए? तुम्हें ऐसी बातें मुंह से निकालते शर्म भी नहीं आती? एक बार पहले भी तुमने कुछ ऐसी ही बाते कही थीं। आज फिर तुम वही बात कर रहे हो। अगर तीसरी बार ये शब्द मैंने सुने, तो नतीज़ा बुरा होगा, इतना कहे देती हूं। तुमने कोई वेश्या समझ लिया है?

श्याम0 — मैं नहीं चाहता कि वह मेरे घर आये।

देवी — तो मना क्यों नहीं कर देते, मैं तुम्हें रोकती हूं?

श्याम0 — तुम क्यों नहीं मना कर देतीं?

देवी — तुम्हें कहते हुए शर्म आती है?

श्याम — मेरा मना करना व्यर्थ है। मेरे मना करने पर भी तुम्हारी इच्छा पाकर उसका आना-जाना होता रहेगा।

देवी ने ओंठ दबाकर कहा — अच्छा अगर वह आता ही रहे, तो क्या हानि है? मेहतर सभी घरों में आया-जाया करते हैं।

श्याम0 — अगर मैंने मुन्नू को कभी अपने द्वार पर फिर देखा, तो तुम्हारी कुशल नहीं, इतना समझाए देता हूं।

यह कहते हुए श्यामकिशोर नीचे चले गए, और देवी स्तम्भित-सी खड़ी रह गई। तब उसका हृदय इस अपमान, लांछन और अविश्वास के आघात से पीड़ित हो उठा। वह फूट-फूटकर रोने लगी। उसको सबसे बड़ी चोट जिस से लगी, वह यह थी कि मेरे पति मुझे इतना नीच, इतनी निर्लज्ज समझते हैं। जो काम वेश्या भी न करेगी, उसका संदेह मुझ पर कर रहे हैं।

5

श्यामकिशोर के आते ही शारदा अपने खिलौने उठाकर भाग गई थी कि कहीं बाबूजी तोड़ न डाले। नीचे जाकर कर वह सोचने लगी कि इन्हें कहां छिपा कर रखूं। वह इसी सोच में थी कि उसकी एक सहेली आंगन में आ गई। शारदा उसे अपने खिलौने दिखाने के लिए आतुर हो गई। इस प्रलोभन को वह किसी तरह न रोक सकी। अभी तो बाबूजी ऊपर हैं, कौन इतनी जल्दी आए जाते हैं! तब तक क्यों न सहेली को अपने खिलौने दिखा दूं? उसने सहेली को बुला लिया और दोनों नए खिलौने देखने में मग्न हो गईं, कि बाबू श्यामकिशोर के नीचे आने की भी उन्हें खबर न हुई। श्यामकिशोर खिलौने-देखते ही झपटकर शारदा के पास जा पहुंचे और पूछा — तूने यह खिलौने कहां पाए?

शारदा की घिग्घी बंध गयी। मारे भय के थर-थर कांपने लगी। मुंह से एक शब्द भी न निकला।

श्यामकिशोर ने फिर गरजकर पूछा — बोलती क्यों नहीं, तुझे किसने खिलौने दिए?

शारदा रोने लगी। तब श्यामकिशोर ने उसे फुसलाकर कहा — रो मत, हम तुझे मारेंगे

नहीं। तुझसे इतना ही पूछते हैं, तूने ऐसे सुंदर खिलौने कहां पाए?

इस तरह दो-चार बार दिलासा देने से शारदा को कुछ धैर्य बंधा। उसने सारी कथा कह सुनाई। हा अनर्थ! इससे कहीं अच्छा होता कि शारदा मौन ही रहती। उसका गूंगी हो जाना भी इससे अच्छा था। देवी कोई बहाना करके बला सिर से टाल देती; पर होनहार को कौन टाल सकता है? श्यामकिशोर के रोम-रोम से ज्वाला निकलने लगी। खिलौने वहीं छोड़कर वह धम-धम करते हुए ऊपर गए और देवी के कंधे दोनों हाथों से झंझोड़कर बोले — तुम्हें इस घर में रहना है या नहीं। साफ़-साफ़ कह दो।

देवी अभी तक खड़ी सिसकियां ले रही थी। यह निर्मम प्रश्न सुनकर उसके आंसू ग़ायब हो गए। किसी भारी विपत्ति की आशंका ने इस हलके-से आघात को भुला दिया, जैसे घातक की तलवार देखकर कोई प्राणी रोग-शय्या से उठकर भागे। श्यामकिशोर की ओर भयातुर नेत्रों से देखा; पर मुंह से कुछ न बोली। उसका एक-एक रोम मौन भाषा में पूछ रहा था — इस प्रश्न का क्या मतलब है?

श्यामकिशोर ने फिर कहा — तुम्हारी जो इच्छा हो, साफ़-साफ़ कह दो। अगर मेरे साथ रहते-रहते तुम्हारा जी ऊब गया हो, तो तुम्हें अख़्तियार है। मैं तुम्हें क़ैद करके नहीं रखना चाहता। मेरे साथ तुम्हें छल-कपट करने की ज़रूरत नहीं। मैं सहर्ष तुम्हें विदा करने को तैयार हूं। जब तुमने मन में एक बात निश्चय कर ली, तो मैंने भी निश्चय कर लिया है। तुम इस घर में अब नहीं रह सकतीं; रहने योग्य नहीं हो।

देवी ने आवाज़ को संभालकर कहा — तुम्हें आजकल क्या हो गया है, जो हर वक़्त ज़हर उगलते रहते हो? अगर मुझसे जी ऊब गया है, तो ज़हर दे दो, जला-जलाकर क्यों जान मारते हो? मेहतर से बातें करना तो ऐसा अपराध न था। जब उसने आकर पुकारा, तो मैंने आकर द्वार खोल दिया। अगर मैं जानती कि ज़रा-सी बात का बतंगड़ हो जायेगा, तो उसे दूर ही से दुतकार देती।

श्याम० — जी चाहता है, तालू से ज़बान खींच लें। बातें होने लगी, इशारे होने लगे, तोहफे आने लगे। अब बाक़ी क्या रहा?

देवी — क्यों नाहक घाव पर नमक छिड़कते हो? एक अबला की जान लेकर कुछ पा न पाओगे?

श्याम० — मैं झूठ कहता हूं?

देवी — हां, झूठ कहते हो।

श्याम० — ये खिलौने कहां से आए?

देवी का कलेजा धक्-से हो गया। काटो तो बदन में लहू नहीं। समझ गई, इस वक़्त ग्रह बिगड़े हुए हैं, सर्वनाश के सभी संयोग मिलते जाते हैं। ये निगोड़े खिलौने न जाने किस बुरी साइत में आए! मैंने लिये ही क्यों, उसी वक़्त लौटा क्यों न दिए! बात बनाकर बोली — आग लगे, वही खिलौने तोहफ़े हो गए! बच्चे को कोई कैसे रोके, किसी की मानते हैं! कहती रही, मत ले; मगर न मानी, तो मैं क्या करती! हां, यह जानती कि इन खिलौनों पर मेरी जान

मारी जायेगी तो ज़बरदस्ती छीनकर फेंक देती।

श्याम० — इनके साथ और कौन-कौन सी चीज़ें आयी हैं, भला चाहती हो तो अभी लाओ।

देवी — जो कुछ आया होगा, इसी घर ही में होगा। देख क्यों नहीं लेते। इतना बड़ा घर भी नहीं है कि दो-चार दिन देखते लग जाय?

श्याम० — मुझे इतनी फुरसत नहीं है। ख़ैरियत इसी में है कि जो चीज़ें आयी हों, लाकर मेरे सामने रख दो। यह तो हो नहीं सकता कि लड़की के लिए खिलौने आयें और तुम्हारें लिए कोई सौगात न आये। तुम भरी गंगा में कसम खाओ, तो तुझे विश्वास न आएगा।

देवी — तो घर में देख क्यों नहीं लेते?

श्यामकिशोर ने घूंसा तानकार कहा — कह दिया, मुझे फुरसत नहीं है। सीधे से सारी चीज़ें लाकर रख दो; नहीं तो इसी दम गला दबाकर मार डालूंगा।

देवी — मारना हो, तो मार डालो, जो चीज़े आई ही नहीं, उन्हें में दिखा कहां से दूं?

श्यामकिशोर ने क्रोध से उन्मत्त होकर देवी को इतनी ज़ोर से धक्का दिया कि वह चारों खाने चित्त ज़मीन पर गिर पड़ी। तब उसके गले पर हाथ रखकर बोले — दबा दूं गला! न दिखलाएगी तू उन चीज़ों को?

देवी — जो अरमान हो, पूरे कर लो।

श्याम० — खून पी जाऊंगा? तूने समझा क्या है?

देवी — अगर दिल की प्यास बुझती हो, तो पी जाओ।

श्याम० — फिर तो उस मेहतर से बातें न करोगी? अगर अब कभी मुन्नू या उस शोहदे को द्वार पर देखा, तो उसका गला काट लूंगा।

यह कहकर बाबूजी ने देवी को छोड़ दिया, और बाहर चले गये; लेकिन देवी उसी दशा में बड़ी देर तक पड़ी रही। उसके मन में इस समय पति-प्रेम की मर्यादा-रक्षा का लेश भी न था। उसका अन्तःकरण प्रतिकार के लिए विकल हो रहा था। इस वक़्त अगर वह सुनतीकि श्यामकिशोर को किसी ने बाज़ार में जूतों से पीटा, तो कदाचित् वह खुश होती। कई दिनों तक पानी से भीगने के बाद, आज यह झोंका पाकर प्रेम की दीवार भूमि पर गिर पड़ी, और मन की रक्षा करने वाली कोई साधना न रही। आज केवल संकोच और लोक-लाज की हलकी-सी रस्सी रह गई है, जो एक झटके में टूट सकती है।

6

श्यामकिशोर बाहर चले गये, तो शारदा भी अपने खिलौने लिये हुए घर से बाहर निकली। बाबूजी खिलौनों को देखकर कुछ बोले नहीं, तो अब उसे किसकी चिंता और किसका भय! अब वह क्यों न अपनी सहेलियों को खिलौने दिखाए। सड़क के उस पार एक हलवाई का मकान

था। हलवाई की लड़की अपने द्वार पर खड़ी थी। शारदा उसे खिलौने दिखाने चली। बीच में सड़क थी, सवारी-गाड़ियों और मोटरों का तांता बंधा हुआ। शारदा को अपनी धुन में किसी बात का ध्यान न रहा। बालोचित उत्सुकता से भरी हुई वह खिलौने लिये दौड़ी। वह क्या जानती थी कि मृत्यु भी उसी तरह प्राणों का खिलौना खेलने के लिए दौड़ी आ रही है। सामने एक मोटर आती हुई दिखाई दी। दूसरी ओर से एक बग्घी आ रही थी। शारदा ने चाहा, दौड़कर उस पार निकल जाय। मोटर ने बिगुल बजाया; शारदा ने ज़ोर मारा कि सामने से निकल जाय; पर होनहार को कौन टालता! मोटर बालिका को रौंदती हुई चली गई। सड़क पर एक मांस की लोथ पड़ी रह गई। खिलौने ज्यो-के-त्यों थे। उनमें से एक भी न टूटा था! खिलौने रह गए। खेलनेवाला चला गया। दोनों में कौन स्थायी है और कौन अस्थायी, इसका फैसला कौन करे!

चारों ओर से लोग दौड़ पड़े। अरे! यह तो बाबूजी की लड़की है, जो ऊपरवाले मकान में रहते हैं। लोथ कौन उठाए? एक आदमी ने लपककर द्वार पर पुकारा — बाबूजी! आपकी लड़की तो सड़क पर नहीं खेल रही थी! ज़रा नीचे तो आ जाइए।

देवी ने छज्जे पर खड़े होकर सड़क की ओर देखा, तो शारदा की लोथ पड़ी हुई थी। चीख मारकर बेतहाशा नीचे दौड़ी और सड़क पर आकर बालिका की गोद में उठा लिया। उसके पैर थर-थर कांपने लगे। इस वज्रपात ने उसे स्तम्भित कर दिया। रोना भी न आया।

मुहल्ले के कई आदमी पूछने लगे — बाबूजी कहां गये हैं? उनको कैसे बुलाया जाय?

देवी क्या जवाब देती? वह तो संज्ञाहीन हो गई थी। लड़की की लाश को गोद में लिये, उसके रक्त से अपने वस्त्रों को भिगोती, आकाश की ओर ताक रही थी, मानों देवता से पूछ रही हो — क्या सारी विपत्तियां मुझी पर?

अंधेरा होता जाता था; पर बाबूजी का पता नहीं। कुछ मालूम भी नहीं, वह कहां गये हैं। धीरे-धीरे नौ बजे। पर अब तक बाबूजी न लौटे। इतनी देर तक बाहर न रहते। क्या आज ही उन्हें भी गायब होना था? दस बज गए। अब देवी रोने लगी। उसे लड़की की मृत्यु का इतना दुःख न था, जितना अपनी असमर्थता का। वह कैसे शव की दाह-क्रिया करेगी? कौन उसके साथ जायेगा? क्या इतनी रात गए, कोई उसके साथ चलने पर तैयार होगा? अगर कोई न गया, तो उसे अकेले जाना पड़ेगा? क्या रात भर लोथ पड़ी रहेगी?

ज्यों-ज्यों सन्नाटा होता जाता था, देवी को भय होता था। वह पछता रही थी कि शाम ही को क्यों न इसे लेकर चली गई।

ग्यारह बजे थे। सहसा किसी ने द्वार खोला। देवी उठकर खड़ी हो गई। समझी बाबूजी आ गए। उसका हृदय उमड़ आया और वह रोती हुई बाहर आई; पर आह! यह बाबूजी न थे, पुलिस के आदमी थे, जो इस मामले की तहक़ीक़ात करने आए थे। पांच बजे की घटना थी। तहक़ीक़ात होने लगी ग्यारह बजे। आख़िर थानेदार भी तो आदमी है; वह भी संध्या-समय घूमने-फिरने जाता ही है।

घंटे भर तक तहक़ीक़ात होती रही। देवी ने देखा, अब संकोच से काम न चलेगा। थानेदार ने उससे जो कुछ पूछा, उसका उत्तर उसने निःसंकोच भाव से दिया। ज़रा भी न शरमाई, ज़रा

भी न झिझकी। थानेदार भी दंग रह गया।

जब सबके बयान लिखकर दारोग़ाजी चलने लगे, तो देवी ने कहा — आप उस मोटर का पता लगाएंगे!

दारोग़ा — अब तो शायद ही उसका पता लगे।

देवी — तो उसकी कुछ सजा न होगी?

दारोग़ा — मज़बूरी है। किसी को नम्बर भी तो मालूम नहीं।

देवी — सरकार इसका कुछ इंतजाम नहीं करती? ग़रीबों के बच्चे इसी तरह कुचले जाते रहेंगे?

दारोग़ा — इसका क्या इंतज़ाम हो सकता है? मोटरें तो बंद नहीं हो सकतीं?

देवी — कम-से-कम पुलिसवालों को यह देखना चाहिए कि शहर में कोई बहुत तेज़ न चलाए? मगर आप लोग ऐसा क्यों करने लगे? आपके अफ़सर भी तो मोटरों पर बैठते हैं। आप उनकी मोटरे रोकेंगे, तो नौकरी कभी रहेगी?

थानेदार लज्जित हो चला गया। जब लोग सड़क पर पहुंचे, तो एक सिपाही ने कहा — मेहरिया बड़ी टनमन दिखत है।

थानेदार — अजी, इसने तो मेरा नातका बन्द कर दिया। किस ग़जब का हुस्न पाया है! मगर कसम ले लो, जो मैंने एक बार भी उसकी तरफ़ निग़ाह की हो। ताकने की हिम्मत ही न पड़ती थी!

बाबू श्यामकिशोर बारह बजे के बाद नशे में चूर घर पहुंचे। उन्हें यह ख़बर रास्ते ही में मिल गई थी। रोते हुए घर में दाखिल हुए। देवी भरी बैठी थी, सोच रखा था — आज चाहे जो हो जाय; पर फटकारूंगी ज़रूर। पर उनको रोते देखा, तो सारा गुस्सा ग़ायब हो ग़या। खुद भी रोने लगी। दोनों बड़ी देर से रोते रहे। इस विपत्ति ने दोनों के हृदय को एक-दूसरे की ओर बड़े ज़ोर से खींचा। उन्हें ऐसा ज्ञात हुआ कि उनमें फिर पहले का-सा प्रेम जागृत हो गया है।

प्रातःकाल जब लोग दाह-क्रिया करके लौटे, तो श्यामकिशोर ने देवी की ओर स्नेह से देखकर करुण स्वर में कहा — तुम्हारा जी अकेले कैसे लगेगा?

देवी — तुम दस-पांच दिन की छुट्टी न ले सकोगे?

श्याम0 — यही तो मैं भी सोचता हूं। पंद्रह दिन की छुट्टी ले लूं।

श्याम बाबू दफ़्तर छुट्टी लेने चले गए। इस विपत्ति में भी आज देवी का हृदय जितना प्रसन्न था, उतना उधर महीनों से न हुआ था। बालिका को खोकर वह विश्वास और प्रेम पा गई थी, और यह उसके आंसू पोंछने के लिए कुछ कम न था।

आह! अभागिनी! खुश मत हो। तेरे जीवन का वह अंतिम कांड होना अभी बाकी है, जिसकी आज तू कल्पना भी नहीं कर सकती।

7

दूसरे दिन बाबू श्यामकिशोर घर पर ही थे कि मुन्नू ने आकर सलाम किया। श्यामकिशोर ने ज़रा कड़ी आवाज में पूछा — क्या है जी, तुम क्यों बार-बार यहां आया करते हो?

मुन्नू बड़े दीन भाव से बोला — मालिक, कल की बात जो सुनता है, उसी को रंज होता है। मैं तो हुजूर का गुलाम ठहरा। अब नौकर नहीं हूं तो क्या, सरकार का नमक तो खा चुका हूं। भला, वह कभी हड्डियों से निकल सकता है? कभी-कभी हाल-हवाल पूछने आ जाता हूं। जब से कलवाली बात सुनी है हुजूर, ऐसा कसक हो रहा है कि क्या कहूं। कैसी प्यारी-प्यारी बच्ची थी कि देखकर दुःख दूर हो जाता था। मुझे देखते ही मुन्नू-मुन्नू करके दौड़ती थी; जब गैरों को यह हाल है, तो हुजूर के दिल पर जो बीत रही होगी, हुजूर ही जानते होंगे।

श्याम बाबू कुछ नर्म होकर बोले — ईश्वर की मरज़ी में इन्सान का क्या चारा? मेरा तो घर ही अंधेरा हो गया। अब यहां रहने को जी नहीं चाहता।

मुन्नू — मालकिन तो और भी बेहाल होगी।

श्याम० — हुआ ही चाहें। मैं तो उसे शाम-सवेरे खेला लिया करता था। मां तो दिन भर साथ रहती थी। मैं तो काम-धंधों में भूल भी जाऊंगा। वह कहां भूल सकती है। उनको तो सारी जिंदगी का रोना है।

पति को मुन्नू से बातें करते सुनकर देवी ने कोठे पर से आंगन की ओर देखा। मुन्नू को देखकर उसकी आंखों में बे-अख़्तियार आंसू भर आए। बोली — मुन्नू मैं तो लुट गयी!

मुन्नू — हुजूर, अब सबर कीजिए, रोने-धोने से क्या फ़ायदा? यही सब अंधेर देखकर तो कभी-कभी अल्लाह मियां को जालिम कहना पड़ता है। जो बेईमान हैं दूसरों का गला काटते फिरते हैं, उनसे अल्लाह मियां भी डरते हैं। जो सीधे और सच्चे हैं, उन्हीं पर आफ़त आती है।

मुन्नू देवी को दिलासा देता रहा। श्याम बाबू भी उसकी बातों का समर्थन करते जाते थे। जब वह चला गया, तो बाबू साहब ने कहा — आदमी तो कुछ बुरा नहीं मालूम होता।

देवी ने कहा — मोहब्बती आदमी है। रंज न होता, तो यहां क्यों आता?

8

पंद्रह दिन गुज़र गए। बाबू साहब फिर दफ़्तर जाने लगे। मुन्नू इस बीच में फिर कभी न आया। अब तक तो देवी का दिन पति से बातें करने में कटा जाता था; लेकिन अब उनके

चले जाने पर उसके बार-बार शारदा की याद आती। प्रायः सारा दिन रोते कटता था। मुहल्ले की दो-चार नीच जाति की औरतें आती थीं; लेकिन देवी का उनसे मन न मिलता था, झूठी सहानुभूति दिखाकर देवी से कुछ ऐंठना चाहती थीं!

एक दिन कोई चार बजे मुन्नू फिर आया, और आंगन में खड़ा होकर बोला — मालकिन, मैं हूं मुन्नू, ज़रा नीचे आ जाइएगा।

देवी के ऊपर ही से पूछा — क्या काम है? कहो तो।

मुन्नू — ज़रा आइए तो!

देवी नीचे आई, तो मुन्नू ने कहा — राजा मियां बाहर खड़े हैं; और हुजूर से मातमपुरसी करते हैं।

देवी ने कहा — जाकर कह दो, ईश्वर की जो मर्जी थी, वह हुई।

राजा दरवाज़े पर खड़ा था। ये बातें उसने साफ़ सुनीं। बाहर ही से बोला — ख़ुदा जानता है, जब से यह ख़बर सुनी है, दिल के टुकड़े हुए जाते हैं। मैं ज़रा दिल्ली चला गया था। आज ही लौटकर आया हूं। अगर मेरी मौजूदगी में वह वारदात हुई होती, तो और क्या कर सकता था; मगर मोटरवाले को बिना सजा कराए न छोड़ता, चाहे वह किसी राजा ही की मोटर होती। सारा शहर छान डालता। बाबू साहब चुप होके बैठे रहे, यह भी कोई बात है। मोटर चलाकर क्या कोई किसी की जान ले लेगा! फूल-सी मासूम बच्ची को जालिमों ने मार डाला। हाय! अब कौन मुझे राजा भैया कहकर पुकारेगा! खुदा की कसम, उसके लिए दिल्ली से टोकरी भर खिलौने ले आया हूं। क्या जानता था कि यहां यह सितम हो गया। मुन्नू देख, यह तावीज़ ले जाकर बहूजी को दे दे। इसे अपने जूड़े में बांध लेंगी। खुदा ने चाहा, तो उन्हें किसी की दशहत या खटका न रहेगा। उन्हें बुरे-बुरे ख्वाब दिखाई देते होंगे, रात की नींद उचट जाती होगी, दिल घबराया करता होगा। ये सारी शिकायतें इस तावीज़ से दूर हो जायंगी। मैंने एक पहुंचे हुए फकीर से यह तावीज़ लिखाया है।

इसी तरह से राजा और मुन्नू उस वक़्त तक एक-न-एक बहाने से द्वार से न टले, जब तक बाबू साहब आते न दिखाई दिए। श्यामकिशोर न उन दोनों को जाते देख लिया। ऊपर जाकर गम्भीर भाव से बोले — राजा क्या करने आया था?

देवी — यों ही मातमपुरसी करने आया था। आज दिल्ली से आया है। यह ख़बर सुनकर दौड़ा आया था।

श्याम० — मर्द मर्दों से मातमपुरसी करते हैं या औरतों से?

देवी — तुम न मिले, तो मुझी से शोक प्रकट करके चला गया।

श्याम० — इसके यह माने की जो आदमी मुझसे मिलने आए, वह मेरे न रहने पर तुमसे मिल सकता है। इसमें कोई हरज़ नहीं, क्यों?

देवी — सबसे मिलने मैं थोड़े ही जा रही हूं?

श्याम० — तो राजा क्या मेरा साला है या ससुरा?

देवी — तुम तो ज़रा-सी बात पर झल्लाने लगते हो।

श्याम0 — यह ज़रा-सी बात है! एक भले घर की स्त्री एक शोहदे से बाते करे, यह ज़रा-सी बात है! तो बड़ी-सी बात किसे कहते हैं? यह ज़रा-सी बात नहीं है कि यदि में तुम्हारी गर्दन घोंट दूं तो मुझे पाप न लगेगा; देखता हूं फिर तुमने वही रंग पकड़ा। इतनी बड़ी सजा पाकर भी तुम्हारी आंखें नहीं खुली। अबकी क्या मुझे ले बीतना चाहती हो।

देवी सन्नाटे में आ गई। एक तो लड़की का शोक; उस पर यह अपशब्दों की बौछार और भीषण आक्षेप! उसके सिर में चक्कर-सा आ गया। बैठकर रोने लगी। 'इस जीवन से तो मौत कहीं अच्छी!' केवल यही शब्द उसके मुंह से निकले।

बाबू साहब गरज़कर बोले — यही होगा। मत घबराओ, मत घबराओ, यही होगा। तुम मरना चाहती हो, तो मुझे भी तुम्हारे अमर होने की आकांक्षा नहीं है। जितनी जल्द तुम्हारे जीवन का अंत हो जाय, उतना ही अच्छा। कुल में कलंक तो न लगेगा?

देवी ने सिसकियां लेते हुए कहा — क्यों एक अबला पर इतना अन्याय करते हो? तुम्हें ज़रा भी दया नहीं आती?

श्याम0 — मैं कहता हूं, चुप रह!

देवी — क्यों चुप रहूं; क्या किसी की ज़बान बन्द कर दोगे?

श्याम0 — फिर बोले जाती है? मैं उठकर सिर तोड़ दूंगा?

देवी — क्या सिर तोड़ दोगे, कोई जबरदस्ती है?

श्याम0 — अच्छा तो बुला, देखें तेरा कौन हिमायती है?

यह कहते हुए बाबू साहब झल्लाकर उठे, और देवी को कई थप्पड़ और घूंसे लगा दिये; मगर वह न रोई, न चिल्लाई, न जबान से एक शब्द निकाला, केवल अर्थ-शून्य नेत्रों से पति की ओर ताकती रही, मानो यह निश्चय करना चाहती थी कि यह आदमी है या कुछ और।

जब श्यामकिशोर मार-पीटकर अलग खड़े हो गए, तो देवी ने कहा — दिल के अरमान अभी न निकले हों तो और निकाल लो। फिर शायद अवसर न मिले।

श्यामकिशोर ने जवाब दिया — सिर काट लूंगा, सिर। तू है किस फेर में?

यह कहते हुए वह नीचे चले गये, झटके के साथ किवाड़ खोले, धमाके के साथ बंद किए और कहीं चले गये।

अब देवी की आंखों से आंसू की नदी बहने लगी।

रात के दस बज गए; पर श्यामकिशोर घर न लौटे। रोते-रोते देवी की आंखें सूज आईं। क्रोध में मधुर-स्मृतियों का लोप हो जाता है। देवी को ऐसा ज्ञान होता था कि श्यामकिशोर को उसके साथ कभी प्रेम ही न था। हां, कुछ दिनों वह उसका मुंह अवश्य जोहते रहते थे; लेकिन वह बनावटी प्रेम था। उसके यौवन का आनंद लूटने ही के लिए उसमें मीठी-मीठी प्यार की बातें की जाती थी। उसे छाती से लगाया जाता था, उसे कलेजे पर सुलाया जाता था। वह सब दिखावा था, स्वांग था। उसे याद ही न आता कि कभी उससे सच्चा प्रेम किया गया हो! अब वह रूप नहीं रहा, वह यौवन नहीं रहा, वह नवीनता नहीं रही! फिर उसके साथ क्यों न अत्याचार किए जायं? उसने सोचा — कुछ नहीं! अब इनका दिल मुझसे फिर गया है, नहीं

तो क्या इस ज़रा-सी बात पर यों पर टूट पड़ते। कोई-न-कोई लांछन लगाकर मुझसे गला छुड़ाना चाहते हैं। यही बात है, तो मैं क्यों इनकी रोटियां और इनकी मार खाने के लिए इस घर में पड़ी रहूं? जब प्रेम ही नहीं रहा, तो मेरे यहां रहने को धिक्कार है! मैके में कुछ न सही, यह दुर्गति न होगी। इनकी यही इच्छा है, तो यही सही। मैं भी समझ लूंगी कि विधवा हो गई।

ज्यों-ज्यों रात गुज़रती थी, देवी के प्राण सूखे जाते थे। उसे यह धड़का समाया हुआ था कि कहीं वह आकर फिर न मार-पीट शुरू कर दें। कितने क्रोध में भरे हुए यहां से गए। वाह री तक़दीर! अब मैं इतनी नीच हो गई कि मेहतरों से, जूतवालों से आशनाई करने लगी! इस भले आदमी को ऐसी बातें मुंह से निकालते हुए शर्म भी नहीं आती! न जाने इनके मन में ऐसी बातें कैसे आती हैं। कुछ नहीं, वह स्वभाव के नीच, दिल के मैले, स्वार्थी आदमी हैं। नीचों के साथ नीच ही बनना चाहिए। मेरी भूल थी कि इतने दिनों से उनकी घुडकियां सहती रही। जहां इज़्ज़त नहीं, मर्यादा नहीं, प्रेम नहीं, विश्वास नहीं, वहां रहना बेहयाई है। कुछ मैं इनके हाथों बिक तो गई ही नहीं कि यह जो चाहें करें, मारे या काटें, पड़ी सहा करूं। सीता-जैसी पत्नियां होती थीं, तो राम-जैसे पति भी होते थे।

देवी को अब ऐसी शंका होने लगी कि कहीं श्यामकिशोर आते ही सचमुच उसका गला न दबा दें, या छुरी भोंक दें। वह समाचार-पत्रों में ऐसी कई हरजाइयों की ख़बरें पढ़ चुकी थी। शहर ही में ऐसी घटनाएं हो चुकी थीं। मारे भय के वह थरथरा उठी। यहां रहने से प्राणों की कुशल न थी।

देवी ने कपड़ों की एक छोटी-सी बकुची बांधी और सोचने लगी — यहां से कैसे निकलूं? और फिर यहां से निकलकर जाऊं कहां? कहीं इस वक़्त मुन्नू का पता लग जाता, तो बड़ा काम निकलता। वह मुझे क्या मैके न पहुंचा देता? एक बार मैके पहुंच भर जाती। फिर तो लाला सिर पटककर रह जायं, भूलकर भी न आऊं। यह भी क्या याद करेंगे। रुपये क्यों छोड़ दूं। जिसमें यह मज़े में गुलछर्रे उड़ाएं? मैंने ही तो काट-छांटकर जमा किए हैं। इनकी कौन-सी ऐसी बड़ी कमाई थी। खर्च करना चाहती, तो कौड़ी न बचती। पैसा-पैसा बचाती रहती थी।

देवी ने जाकर नीचे के किवाड़ बन्द कर दिए। फिर संदूक खोलकर अपने सारे ज़ेवर और रुपये निकालकर बकुची में बांध लिये। सब-के-सब करेंसी नोट थे; विशेष बोझ भी न हुआ।

एकाएक किसी ने सदर दरवाज़े में ज़ोर से धक्का मारा। देवी सहम उठी। ऊपर से झांककर देखा, श्याम बाबू थे। उसकी हिम्मत न पड़ी कि जाकर द्वार खोल दे। फिर तो बाबू साहब ने इतने ज़ोर से धक्के मारने शुरू किए, मानो किवाड़ ही तोड़ डालेंगे। इस तरह द्वार खुलवाना ही उनके चित्त की दशा का साफ़ प्रकट कर रहा था। देवी शेर के मुंह में जाने का साहस न कर सकी।

आख़िर श्यामकिशोर ने चिल्लाकर कहा — ओ डैम! किवाड़ खोल, औ ब्लाड़ी! किवाड़ खोल, अभी खोल!

देवी की रही-सही हिम्मत भी जाती रही। श्यामकिशोर नशे में चूर थे। होश में शायद

दया आ जाती, इसलिए शराब पीकर आये हैं। किवाड़ तो न खोलूंगी चाहे तोड़ ही डालो। अब तुम इस घर में आने पाओगे ही नहीं, मारोगे तो कहां से? तुम्हें खूब पहचान गई।

श्याम किशोर पन्द्रह-बीस मिनट तक शोर मचाने और किवाड़ हिलाने के बाद ऊल-जलूल बकते चले गये। दो-चार पड़ोसियों ने फटकारों भी सुनाई। आप भी तो पढ़े-लिखे आदमी होकर आधी रात को घर चलते हैं। नींद ही तो है, नहीं खुलती, तो क्या कीजिएगा? जाइए, किसी यार-दोस्त के घर लेट रहिए; सवेरे आइएगा।

श्यामकिशोर के जाते ही देवी ने बहुची उठाई और धीरे-धीरे नीचे उतरी। ज़रा देर उसने कान लगाकर आहट ली कि कही श्यामकिशोर खड़े तो नहीं हैं। जब विश्वास हो गया कि वह चले गये तो धीरे से द्वार खोला और बाहर निकल आई। उसे ज़रा भी क्षोभ, ज़रा भी दुःख न था। बस, केवल एक इच्छा थी कि यहां से भाग जाऊं। कोई ऐसा आदमी न था, जिस पर वह भरोसा कर सके, जो इस संकट में काम आ सके। बस वही मुन्नू मेहतर। अब उसी के मिलने पर उसकी सारी आशांए अवलम्बित थीं। उसी से मिलकर वह निश्चय करेगी कि कहां जाय, कैसे रहे। मैके जाने का अब उसा इरादा न था। उसे भय होता था कि मैके में श्यामकिशोर से वह अपनी जान न बचा सकेगी। उसे यहां न पाकर वह अवश्य उसके मैके जायंगे, और उसे ज़बरदस्ती खींच लाएंगे। वह सारी यातनाएं, सारे अपमान सहने को तैयार थी, केवल श्यामकिशोर की सूरत नहीं देखना चाहती थी। प्रेम अपमानित होकर द्वेष में बदल जाता है।

थोड़ी ही दूर पर चौराहा था, कई तांगेवाले खड़े थे। देवी ने एक इक्का किया और उससे स्टेशन चलने को कहा।

9

देवी ने रात स्टेशन पर काटी। प्रातःकाल उसने एक तांगा किराए पर किया। और परदे में बैठकर चौक जा पहुंची। अभी दुकानें न खुली थीं; लेकिन पूछने से राजा मियां का पता चल गया। उसकी दूकान पर एक लौंडा झाड़ू दे रहा था। देवी ने उसे बुलाकर कहा — जाकर राजा मियां से कह दे कि शारदा की अम्मां तुमसे मिलने आई हैं, अभी चलिए।

दस मिनट में राजा और मुन्नू आ पहुंचे।

देवी ने सजल नेत्र होकर कहा — तुम लोगों के पीछे मुझे घर छोड़ना पड़ा। कल रात को तुम्हारा मेरे घर जाना ग़जब हो गया। जो कुछ हुआ, वह फिर कहूंगी। मुझे कहीं एक घर दिला दो। घर ऐसा हो कि बाबू साहब को मेरा पता न मिले। नहीं तो वह मुझे जीती न छोड़ेंगे।

राजा ने मुन्नू की ओर देखा, मानो कह रहा है — देखो, चाल कैसी ठीक थी! देवी से बोला — आप निसाखातिर रहें, ऐसा घर दिला दूंगा कि बाबू साहब के बाबा साहब को भी पता न चलेगा। आपको किसी बात की तकलीफ़ न होगी। हम आपके पसीने की जगह खून

बहा देंगे। सच पूछो तो बहूजी, बाबू साहब आपके लायक थे नहीं।

मुन्नू — कहां की बात भैया, आप रानी होने लायक हैं। मैं मालकिन से कहता था कि बाबूजी को दालमंडी की हवा लग गई है; पर आप मानती ही न थीं। आज रात ही को मैंने गुलाबजान के कोठे पर से उतरते देखा। नशे में चूर थे।

देवी — झूठी बात। उनकी यह आदत नहीं। गुस्सा उन्हें ज़रूर बहुत है, और गुस्से में आकर उन्हें नेग-बद कुछ नहीं सूझता; लेकिन निग़ाह के बुरे नहीं।

मुन्नू — हुज़ूर मानती ही नहीं, तो क्या करूं। अच्छा, कभी दिखा दूंगा, तब, तो मानिएगा।

राजा — अबे दिखाना पीछे, इस वक़्त आपको मेरे घर पहुंचा दे। ऊपर ले जाना। तब तक मैं एक मकान देखने जाता हूं। आपके लायक बहुत ही अच्छा है।

देवी — तुम्हारे घर में बहुत-सी औरतें होंगी?

राजा — कोई नहीं है, बहूजी, सिर्फ एक बुढ़िया मामी है। वह आपके लिए एक कहारिन बुला देगी। आपको किसी बात की तकलीफ़ न होगी। मैं मकान देखने जा रहा हूं।

देवी — ज़रा बाबू साहब की तरफ़ भी होते आना। देखना, घर आये कि नहीं?

राजा — बाबू साहब से तो मुझे चिढ़ हो गई है। शायद नज़र में आ जायें तो मेरी उनसे लड़ाई हो जाय। जो मर्द आप जैसी हुस्न की देवी की क़दर नहीं कर सकता, वह आदमी नहीं।

मुन्नू — बहुत ठीक कहते हो, भैया। ऐसी शरीफ़ज़ादी को नजाने किस मुंहसे डांटते हैं! मुझे इतने दिन हुज़ूर की गुलामी करते हो गए, कभी एक बात न कही।

राजा मकान देखने गया, और तांगा राजा के घर की तरफ़ चला।

देवी के मन में इस समय एक शंका का आभास हुआ — कहीं ये दोनों सचमुच शोहदे तो नहीं है? लेकिन कैसे मालूम हो? यह सत्य है कि देवी ने जीवन पर्यन्त के लिए स्वामी का परित्याग किया था; पर इतनी ही देर में उसको कुछ पश्चात्ताप होने लगा था! अकेली घर में कैसे रहेगी, बैठी-बैठी क्या करेगी; यह कुछ उसकी समझ में न आता था। उसके दिल में कहा — क्यों न घर लौट चलूं? ईश्वर करे, वह अभी घर न आये हों। मुन्नू से बोली — तुम ज़रा दौड़कर देखो तो, बाबूजी घर आये कि नहीं?

मुन्नू — आप चलकर आराम से बैठे, मैं देख आता हूं।

देवी — मैं अंदर न जाऊंगी।

मुन्नू — खुदा की कसम खाके कहता हूं, घर बिलकुल खाली है। आप हम लोगों पर शक करती हैं। हम वह लोग हैं कि आपका हुक्म पाएं तो अलग में कूद पड़े।

देवी इक्के से उतरकर अंदर चली गई। चिड़िया इस बार पकड़े जाने पर भी फड़फड़ाई; किन्तु पैरों में लासा लगे होने के कारण उड़ न सकी, और शिकारी ने उसे अपनी झोली में रख लिया। वह अभागिनी क्या फिर कभी आकाश में उड़ेगी? क्या फिर उसे डालियों पर चहकना नसीब होगा?

10

श्यामकिशोर सवेरे घर लौटे, तो उनका चित्त शांत हो गया था। उन्हें शंका हो रही थी कि कदाचित् देवी घर में न होगी। द्वार के दोनों पट खुले देखे तो कलेजा सन-से हो गया। इतने सबेरे किवाड़ों का खुला रहना अमंगलसूचक था। एक क्षण द्वार पर खड़े होकर अंदर की आहट ली। कोई आवाज़ न सुनाई दी। आंगन में गये, वहां भी सन्नाटा, ऊपर चारों तरफ़ सूना! घर काटने को दौड़ रहा था! श्यामकिशोर ने अब ज़रा सतर्क होकर देखना शुरू किया। संदूक में रुपये नदारद। गहने का संदूक भी खाली। अब क्या भ्रम हो सकता था? कोई गंगा-स्नान के लिए जाता है, तो घर के रुपये नहीं उठा ले जाता। वह चली गई। अब इससे लेश-मात्र भी संदेह नहीं था। यह भी मालूम था कि वह कहा गई है। शायद उसी वक़्त लपककर जाने से वह वापस भी लाई जा सकती है; लेकिन दुनिया क्या कहेगी?

श्यामकिशोर ने अब चारपाई पर बैठकर ठंडे दिल से इस घटना की विवेचना करनी शुरू की। इसमें तो संदेह न था कि राजा और उसका पिट्ठू मुन्नू ने ही बहकाया है। आख़िर बाबूजी का कर्तव्य क्या था? उन्होंने वह पुराना मकान छोड़ दिया, देवी को बार-बार समझाया। इसके उपरांत वह क्या कर सकते? क्या मारना अनुचित था? अगर एक क्षण के लिए अनुचित ही मान लिया जाये, तो क्या देवी को इस तरह घर से निकल जाना चाहिए था! कोई दूसरी स्त्री, जिसके हृदय में पहले ही से विष न भर दिया गया हो, केवल मार खाकर घर से न निकल जाती? अवश्य ही देवी का हृदय कलुषित हो गया।

बाबू साहब ने फिर सोचा — अभी ज़रा देर में महरी आएगी। वह देवी को घर में न देखकर पूछेगी, तो क्या जवाब दूंगा? दम-के-दम में सारे मुहल्ले में यह ख़बर फैल जायगी। हाय भगवान्: क्या करूं? श्यामकिशोर के मन में इस वक़्त ज़रा भी पश्चात्ताप, ज़रा भी दया न थी। अगर देवी किसी तरह उन्हें मिल सकती; तो वह उसकी हत्या कर डालने में ज़रा भी पसोपेश न करते। उसका घर से निकल जाना, चाहे आवेश के सिवा उसका कोई कारण न हो, उनकी निग़ाह में अक्षम्य था। क्रोध बहुधा विरक्ति का रूप धारण कर लिया करता है। श्यामकिशोर को संसार से घृणा हो गई। जब अपनी पत्नी ही दग़ा कर जाय तो किसी से क्या आशा की जाए? जिस स्त्री के लिए हम जीते भी हैं और मरते भी, जिसको सुखी रखने के लिए हम अपने प्राणों का बलिदान कर देते हैं, जब वह अपनी न हुई, तो फिर दूसरा कौन अपना हो सकता है? इसी स्त्री को प्रसन्न रखने के लिए उन्होंने क्या नहीं किया? घरवालों से लड़ाई की, भाईयों से नाता तोड़ा, यहां तक कि वे अब उनकी सूरत भी नहीं देखना चाहते। उसकी कोई ऐसी इच्छा न थी; जो उन्होंने पूरी न की हो। उसका ज़रा-सा सिर भर दुखता था, तो उनके हाथों के तोते उड़ जाते थे। रात-की-रात उनकी सेवा-सुश्रूषा में बैठे रह जाते थे। वह स्त्री आज उनसे दग़ा कर गई, केवल एक गुंडे के बहकावे में आकर उनके मुंह में कालिख

लगा गई। गुंडे पर इलज़ाम लगाना तो एक प्रकार से मन को समझाना है! जिसके दिल में खोट न हो, उसे कोई क्या बहका सकता है? जब इस स्त्री ने धोखा दिया, तो फिर समझना चाहिए कि संसार में प्रेम और विश्वास का अस्तित्व ही नहीं। यह केवल भावुक प्राणियों की कल्पना मात्र है। ऐसे संसार में रहकर दुःख और दुराशा के सिवा और क्या मिलना है? हा दुष्टा! ले, आज से तू स्वतंत्र है; अब कोई तेरा हाथ पकड़ने वाला नहीं रहा। जिसे तू प्रियतम कहते हुए नहीं थकती थी, उसके साथ तूने यह कुटिल व्यवहार किया! चाहूं, तो तुझे अदालत में घसीटकर इस पाप का दंड दे सकता हूं; मगर क्या फ़ायदा! इसका फल तुझे ईश्वर देंगे।

श्यामकिशोर चुपचाप नीचे उतरे, न किसी से कुछ कहा, न सुना, द्वार खुले छोड़ दिए और गंगा-तट की ओर चले।

❑❑❑

कज़ाकी

मेरी बाल-स्मृतियों में 'कज़ाकी' एक न मिटने वाला व्यक्ति है। आज चालीस साल गुज़र गए; लेकिन कज़ाकी की मूर्ति अभी तक आंखों के सामने नाच रही है। मैं उन दिनों अपने पिता के साथ आजमगढ़ की एक तहसील में था। कज़ाकी जाति का पासी था, बड़ा ही हंसमुख, बड़ा ही साहसी, बड़ा ही ज़िंदादिल। वह रोज़ शाम को डाक का थैला लेकर आता, रात-भर रहता और सवेरे डाक लेकर चला जाता। शाम को फिर उधर से डाक लेकर आ जाता। मैं दिन भर एक उद्विग्न दशा में उसकी राह देखा करता। ज्यों ही चार बजते, व्याकुल होकर, सड़क पर आकर खड़ा हो जाता और थोड़ी देर में कज़ाकी कंधे पर बल्लम रखे, उनकी झुंझनी बजाता, दूर से दौड़ता हुआ आता दिखलाई देता। वह सांवले रंग का गठीला, लंबा जवान था। शरीर सांचे में ऐसा ढला हुआ कि चतुर मूर्तिकार भी उसमें कोई दोष न निकाल सकता। उसकी छोटी-छोटी मूछें, उसके चेहरे पर बहुत ही अच्छी मालूम होती थीं। मुझे देखकर और वह और तेज़ दौड़ने लगता, उसकी झंझुनी और ज़ोर से बजने लगती और मेरे हृदय में और ज़ोर से खुशी की धड़कन होने लगती। हर्षातिरेक में मैं दौड़ पड़ता और एक क्षण में कज़ाकी का कंधा मेरा सिंहासन बन जाता। वह स्थान मेरी अभिलाषाओं का स्वर्ग था। स्वर्ग के निवासियों को भी शायद यह आंदोलित आनंद न मिलता होगा, जो मुझे कज़ाकी के विशाल कंधों पर मिलता था। संसार मेरी आंखों में तुच्छ हो जाता और जब कज़ाकी मुझे कंधे पर लिये हुए दौड़ने लगता, तब तो ऐसा मालूम होता, मानो मैं हवा के घोड़े पर उड़ा जा रहा हूं।

कज़ाकी डाकखाने में पहुंचता तो पसीने से तर रहता; लेकिन आराम करने की आदत न थी। थैला रखते ही वह हम लोगों को लेकर किसी मैदान में निकल जाता, कभी बिरहे गाकर सुनाता और कभी कहानियां सुनाता। उसे चोरी और डाके, मार-पीट, भूत-प्रेत की सैकड़ों कहानियां याद थीं। मैं ये कहानियां सुनकर विस्मयपूर्ण आनंद में मग्न हो जाता; उसकी कहानियों के चोर और डाकू योद्धा होते थे, जो अमीरों को लूटकर दीन-दुखी प्राणियों का पालन करते थे। मुझे उन पर घृणा के बदले श्रद्धा होती थी।

2

एक दिन कज़ाकी को डाक का थैला लेकर आने में देर हो गई। सूर्यास्त हो गया और वह दिखलाई न दिया। मैं खोया हुआ-सा सड़क पर दूर तक आंखें फाड़-फाड़कर देखता था; पर वह परिचित रेखा दिखलाई पड़ती थी। कान लगाकर सुनता था; 'झुन-झुन' की व आमोदमय ध्वनि न सुनाई देती थी। प्रकाश के साथ मेरी आशा भी मलिन होती जाती थी। उधर से किसी को आते देखता तो पूछता — कज़ाकी आता है? पर कोई सुनता ही न था, या केवल सिर हिला देता था।

सहसा 'झुनझुन' की वह आवाज़ कानों में आई। मुझे अंधेरे में चारों ओर भूत ही दिखलाई देते थे — यहां तक कि माताजी के कमरे में ताक पर रखी हुई मिठाई भी अंधेरा हो जाने के बाद, मेरे लिए त्याज्य हो जाती थी; लेकिन वह आवाज़ सुनते ही मैं उसकी तरफ़ ज़ोर से दौड़ा। हां, वह कज़ाकी ही था। उसके देखते ही मेरी विकलता क्रोध में बदल गई। मैं उसे मारने लगा, फिर रूठ करके अलग खड़ा हो गया।

कज़ाकी ने हंसकर कहा — मारोगे, तो मैं एक चीज़ लाया हूं, वह न दूंगा।

मैंने साहस करके कहा — जाओ, मत देना, मैं लूंगा ही नहीं।

कज़ाकी — अभी दिखा दूं, तो दौड़कर गोद में उठा लोगे।

मैंने पिघलकर कहा — अच्छा दिखा दो।

कज़ाकी — तो आकर मेरे कंधे पर बैठ जाओ, भाग चलूं। आज बहुत देर हो गई है। बाबूजी बिगड़ रह होंगे।

मैंने अकड़कर कहा — पहले दिखा।

मेरी विजय हुई। अगर कज़ाकी को देर का डर न होता और वह एक मिनट भी और रूक सकता, तो शायद पासा पलट जाता। उसने कोई चीज़ दिखलाई, जिसे वह एक हाथ से छाती से चिपटाए हुए था; लम्बा मुंह था और दो आंखें चमक रही थी।

मैंने दौड़कर उसे कज़ाकी की गोद से ले लिया। वह हिरण का बच्चा था। आह! मेरी उस खुशी का कौन अनुमान करेगा? तब से कठिन परीक्षाएं पास कीं, अच्छा पद भी पाया, रायबहादुर भी हुआ; पर वह खुशी फिर न हासिल हुई। मैं उसे गोद में लिये, उसके कोमल स्पर्श का आनंद उठाता घर की ओर दौड़ा। कज़ाकी को आने में क्यों इतनी देर हुई, इसका ख़याल ही न रहा।

मैंने पूछा — यह कहां मिला, कज़ाकी?

कज़ाकी — भैया, यहां से थोड़ी दूर एक छोटा-सा जंगल है। उसमें बहुत से हिरण हैं। मेरा बहुत जी चाहता था कि कोई बच्चा मिल जाय, तो तुम्हें दूं। आज यह बच्चा हिरणों के झुंड़ के साथ दिखलाई दिया। मैं झुड़ की ओर दौड़ा, तो सब-के-सब भागे। यह बच्चा भी भागा;

लेकिन मैंने पीछा न छोड़ा। और हिरण तो बहुत दूर निकल गए, यही पीछे रह गया। मैंने इसे पकड़ लिया। इसी से इतनी देर हुई।

यों बाते करते हम दोनों डाकखानें पहुंचे। बाबूजी ने मुझे न देखा, हिरण के बच्चे को भी न देखा, कज़ाकी ही पर उनकी निग़ाह पड़ी। बिगड़कर बोले — आज इतनी देर कहां लगाई? अब थैला लेकर आया है, उसे लेकर क्या करूं? डाक तो चली गई। बता, इतनी देर कहां लगाई?

कज़ाकी के मुंह से आवाज़ न निकली।

बाबूजी ने कहा — तुझे शायद अब नौकरी नहीं करनी है। नीच है न, पेट भरा तो मोटा हो गया! जब भूखों मरने लगेगा, तो आंखें खुलेंगी।

कज़ाकी चुपचाप खड़ा रहा।

बाबूजी का क्रोध और बढ़ा। बोले — अच्छा, थैला रख दे और अपने घर की राह ले। सूअर, अब डाक लेके आया है। तेरा क्या बिगड़ेगा, जहां चाहेगा, मजूरी कर लेगा। माथे तो मेरे जायगी — जवाब तो मुझसे तलब होगा।

कज़ाकी ने रुआंसे होकर कहा — सरकार, अब कभी देर न होगी।

बाबूजी — आज क्यों देर की, इसका जवाब दे?

कज़ाकी के पास इसका कोई जवाब न था। आश्चर्य तो यह था कि मेरी भी ज़बान बंद हो गई। बाबूजी बड़े ग़ुस्सेवर थे। उन्हें काम बहुत करना पड़ता था, इसी से बात-बात पर झुंझला पड़ते थे। मैं तो उनके सामने कभी जाता ही न था। वह भी मुझे कभी प्यार न करते थे। घर में केवल दो बार घंटे-घंटे भर के लिए भोजन करने आते थे; बाक़ी सारे दिन दफ़्तर में लिखा करते थे। उन्होंने बार-बार एक सहकारी के लिए अफ़सरों से विनय की थी; पर इसका कुछ असर न हुआ था। यहां तक कि तातील के दिन भी बाबूजी दफ़्तर ही में रहते थे। केवल माताजी उनका क्रोध शांत करना जानती थीं; पर वह दफ़्तर में कैसे आतीं।

बेचारा कज़ाकी उस वक़्त मेरे देखते-देखते निकाल दिया गया। उसका बल्लम, चपरास और साफ़ा छीन लिया गया और उसे डाकखाने से निकल जाने का नादिरी हुक्म सुना दिया। आह! उस वक़्त मेरा ऐसा जी चाहता था कि मेरे पास सोने की लंका होती, तो कज़ाकी को दे देता और बाबूजी को दिखा देता कि आपके निकाल देने से कज़ाकी का बाल भी बांका नहीं हुआ। किसी योद्धा को अपनी तलवार पर जितना घमंड होता है, उतना ही घंमड कज़ाकी को अपनी चपरास पर था। जब वह चपरास खोलने लगा, तो उसके हाथ कांप रहे थे और आंखों से आंसू बह रहे थे। और इस सारे उपद्रव की जड़ वह कोमल वस्तु थी, जो मेरी गोद में मुंह छिपाए ऐसे चैने से बैठी हुई थी, मानों माता की गोद में हो। जब कज़ाकी चला, तो मैं धीरे-धीरे उसके पीछे-पीछे चला। मेरे घर के द्वार पर आकर कज़ाकी ने कहा — भैया, अब घर जाओ; सांझा हो गई।

मैं चुपचाप खड़ा अपने आंसुओं के वेग को सारी शक्ति से दबा रहा था। कज़ाकी फिर बोला — भैया, मैं कहीं बाहर थोड़े ही चला जाऊंगा, फिर आऊंगा और तुम्हें कंधे पर बैठाकर

कुदाऊंगा। बाबूजी ने नौकरी ले ली है, तो क्या इतना भी न करने देंगे! तुमको छोड़कर मैं कही न जाऊंगा, भैया! जाकर अम्मां से कह दो, कज़ाकी जाता है। उसका कहा-सुना माफ़ करें।

मैं दौड़ा हुआ घर आया; लेकिन अम्माजी से कुछ कहने के बदले बिलख-बिलखकर रोने लगा। अम्मांजी रसोई से बाहर निकल पूछने लगीं — क्या हुआ, बेटा? किसने मारा? बाबूजी ने कुछ कहा है? अच्छा, रह तो जाओ, आज घर आते हैं, पूछती हूं। जब देखो, मेरे लड़के को मारा करते हैं। चुप रहो बेटा, अब तुम उनके पास कभी मत जाना।

मैंने बड़ी मुश्किल से आवाज़ संभालकर कहा — कज़ाकी...

अम्मां ने समझा, कज़ाकी ने मारा है; बोली, आने दो कज़ाकी को, देखो, खड़े-खड़े निकलवा देती हूं। हरकारा होकर मेरे राजा बेटा को मारे! आज ही तो साफ़ा, बल्लम सब छिनवाए लेती हूं। वाह!

मैंने जल्दी से कहा — नहीं, कज़ाकी ने नहीं मारा। बाबूजी ने उसे निकाल दिया है; उसका साफ़ा, बल्लम, छीन लिया — चपरास भी ले ली।

अम्मां — यह तुम्हारे बाबूजी ने बहुत बुरा किया। वह बेचारा अपने काम में इतना चौकस रहता है। फिर उसे क्यों निकाला!

मैंने कहा — आज उसे देर हो गई थी।

यह कहकर मैंने हिरण के बच्चे को गोद से उतार दिया। घर में उसके भाग जाने का भय न था। अब तक अम्मा कि निगाह भी उस पर न पड़ी थी। उसे फुदकते देखकर वह सहसा चौंक पड़ीं और लपककर मेरा हाथ पकड़ लिया कि कहीं वह भयंकर जीव मुझे काट न खाय! मैं कहां तो फूट-फूटकर रो रहा था और कहां अम्मा की घबराहट देखकर खिलखिलाकर हंस पड़ा।

अम्मां — अरे, यह तो हिरण का बच्चा है! कहां मिला?

मैंने हिरण के बच्चे का सारा इतिहास और उसका भीषण परिणाम आदि से अंत तक कह सुनाया। अम्मां, यह इतना तेज़ भागता था कि कोई दूसरा होता, तो पकड़ ही न सकता। सन्-सन् हवा की तरह उड़ता चला जाता था। कज़ाकी पांच-छः घंटे तक इसके पीछे दौड़ता रहा, तब कहीं जाकर बच्चा मिला। अम्मांजी, कज़ाकी की तरह कोई दुनिया भर में नहीं दौड़ सकता, इसी से तो देर हो गई। इसलिए बाबूजी ने बेचारे को निकाल दिया — चपरास, साफ़ा, बल्लम सब छीन लिया। अब बेचारा क्या करेगा? भूखों मर जायेगा।

अम्मां ने पूछा — बाहर तो खड़ा है। कहता था, अम्माजी से मेरा कहा-सुना माफ़ करवा देना।

अब तक अम्मांजी मेरी वृत्तांत को दिल्लगी समझ रही थीं। शायद वह समझती थीं कि बाबूजी ने कज़ाकी को डांटा होगा; लेकिन मेरा अंतिम वाक्य सुनकर संशय हुआ कि सचमुच तो कज़ाकी बरखास्त नहीं कर दिया गया? बाहर आकर 'कज़ाकी! कज़ाकी' पुकारने लगीं; पर कज़ाकी का कहीं पता न था। मैंने बार-बार पुकारा; लेकिन कज़ाकी वहां न था!

खाना तो मैंने खा लिया — बच्चे शोक में खाना नहीं छोड़ते, ख़ासकर जब रबड़ी भी सामने हो; मगर बड़ी रात तक पड़े सोचता रहा — मेरे पास रुपये होते, तो एक लाख रुपये कज़ाकी को दे देता और कहता — बाबूजी से कभी मत बोलना। बेचारा भूखों मर जायेगा! देखूं, कल आता है कि नहीं। अब क्या करेगा आकर? मगर आने को कह गया है। मैं कल उसे अपने साथ खाना खिलाऊंगा।

यही हवाई किले बनाते-बनाते मुझे नींद आ गयी।

3

दूसरे दिन मैं दिन भर अपने हिरण के बच्चे के सेवा-सत्कार में व्यस्त रहा। पहले उसका नामकरण-संस्कार हुआ। 'मुन्नू' नाम रखा गया। फिर मैंने उसका अपने सब हमजोलियों और सहपाठियों से परिचय कराया। दिन ही भर में वह मुझसे इतना हिल गया कि मेरे पीछे-पीछे दौड़ने लगा। इतनी ही देर में मैंने उसे अपने जीवन में एक महत्वपूर्ण स्थान दे दिया। अपने भविष्य में बनाने वाले विशाल भवन में उसके लिए अलग कमरा बनाने का भी निश्चय कर लिया; चारपाई, सैर करने की फिटन आदि को भी आयोजन कर ली।

लेकिन संध्या होते ही मैं सब कुछ छोड़-छाड़कर सड़क पर जा खड़ा हुआ और कज़ाकी निकाल दिया गया है, अब उसे यहां जाने की कोई ज़रूरत नहीं रही। फिर भी न-जाने मुझे क्यों यह आशा हो रही थी कि वह आ रहा है। एकाएक मुझे ख़याल आया कि कज़ाकी भूखों मर रहा होगा। मैं तुरन्त घर आया। अम्मां दिया-बत्ती कर रही थीं। मैंने चुपके से एक टोकरी में आटा निकाला, आटा हाथों में लपेटे टोकरी से गिरते आटे की एक लकीर बनाता हुआ भागा। आकर सड़क पर खड़ा हुआ ही था कि कज़ाकी सामने से आता दिखलाई दिया। उसके पास बल्लम भी थी, कमर में चपरास भी थी, सिर पर साफ़ा भी बंधा हुआ था। बल्लम में डाक का थैला भी बंधा हुआ था। मैं दौड़कर उसकी कमर से चिपट गया और विस्मित होकर बोला — तुम्हें चपरास और बल्लम कहां से मिल गया, कज़ाकी?

कज़ाकी ने मुझे कंधे पर बैठाते हुए कहा — वह चपरास किस काम की थी, भैया? वह तो गुलामी की चपरास थी, वह पुरानी खुशी की चपरास है। पहले सरकार का नौकर था, अब तुम्हारा नौकर हूं।

यह कहते-कहते उसकी निग़ाह टोकरी पर पड़ी थी, जो वहीं रखी थी। बोला — यह आटा कैसा है, भैया?

मैंने सकुचाते हुए कहा — तुम्हारे ही लिये तो लाया हूं। तुम भूखे होगे, आज क्या खाया होगा?

कज़ाकी की आंखें तो मैं न देख सका, उसके कंधे पर बैठा हुआ था; हां, उसकी आवाज़ से मालूम हुआ कि उसका गला भर आया है। बोला — भैया, क्या रूखी ही रोटियां खाऊंगा?

दाल, नमक घी — और तो कुछ नहीं है।

मैं अपनी भूल पर लज्जित हुआ। सच तो है, बेचारा रूखी रोटियां कैसे खायगा? लेकिन नमक, दाल, घी कैसे लाऊं? अब तो अम्मां चौके में होगी। आटा लेकर तो किसी तरह भाग आया था (अभी तक मुझे न मालूम था कि मेरी चोरी पकड़ ली गई। आटे की लकीर ने सुराग दे दिया है)। अब ये तीन-तीन चीज़े कैसे लाऊंगा? अम्मां से मांगूगा, तो कभी न देंगी। एक-एक पैसे के लिए तो घंटों रूलाती हैं, इतनी सारी चीज़ें क्यों देने लगीं? एकाएक मुझे एक बात याद आई। मैंने अपनी किताबों के बस्तों में कई आने पैसे रख छोड़े थे। मुझे पैसे ज़मा करके रखने में बड़ा आनन्द आता था। मालूम नहीं, अब वह आदत क्यों बदल गई। अब भी वही हालत होती तो शायद इतना फ़ाकेमस्त न रहता।

बाबूजी मुझे प्यार तो कभी न करते थे; पर पैसे खूब देते थे, शायद अपने काम में व्यस्त रहने के कारण, मुझसे पिंड छुड़ाने के लिए इसी नुस्खे को सबसे आसान समझते थे। इनकार करने में मेरे रोने और मचलने का भय था। इस बाधा को वह दूर ही से टाल देते थे। अम्मांजी का स्वभाव इससे ठीक प्रतिकूल था। उन्हें मेरे रोने और मचलने से किसी काम में बाधा पड़ने का भय न था। आदमी लेटे-लेटे दिन भर रोना सुन सकता है; हिसाब लगाते हुए जोर की आवाज़ से ध्यान बंट जाता है। अम्मां मुझे प्यार तो बहुत करती थीं; पर पैसे का नाम सुनते ही उनकी त्योंरियां बदल जाती थीं। मेरे पास किताबें न थीं। हां, एक बस्ता था, जिसमें डाकखाने के दो-चार फार्म तह करके पुस्तक रूप में रहते हुए थे। मैंने सोचा — आटा, दाल नमक और घी के लिए क्या उतने पैसे काफ़ी न होंगे? मेरी तो मुट्ठी में नहीं आते। यह निश्चय करके मैंने कहा — अच्छा, मुझे उतार दो, तो मैं दाल और नमक ला दूं; मगर रोज़ आया करोगे न?

कज़ाकी — भैया, खाने को दोगे, तो क्यों न आऊंगा।

मैंने कहा — मैं रोज़ खाने को दूंगा।

कज़ाकी बोला — तो मैं रोज़ आऊंगा।

मैं नीचे उतरा और दौड़कर सारी पूंजी उठा लाया। कज़ाकी को रोज़ बुलाने के लिए उस वक़्त मेरे पास कोहिनूर हीरा भी होता; तो उसकी भेंट करने में मुझे पसोपेश न होता।

कज़ाकी ने विस्मित होकर पूछा — ये पैसे कहां पाये, भैया?

मैंने गर्व से कहा — मेरे ही तो हैं।

कज़ाकी — तुम्हारी अम्मांजी तुमको मारेंगी। कहेंगी — कज़ाकी ने फुसलाकर मंगवा लिए होंगे। भैया, इन पैसों की मिठाई ले लेना और आटा मटके में रख देना। मैं भूखों नहीं मरता। मेरे दो हाथ हैं। मैं भला, भूखों मर सकता हूं?

मैंने बहुत कहा कि पैसे मरे हैं, लेकिन कज़ाकी ने न लिये। उसने बड़ी देर तक इधर-उधर की सैर कराई, गीत सुनाए और मुझे घर पहुंचाकर चला गया। मेरे द्वार पर आटे की टोकरी भी रख दी।

मैंने घर में कदम रखा ही था कि अम्मां जी ने डांटकर कहा — क्यों रे चोर; तू आटा

कहां ले गया था? अब चोरी करना सीखता है? बता, किसको आटा दे आया, नहीं तो तेरी खाल उधेड़कर रख दूंगी।

मेरी नानी मर गई। अम्मा क्रोध में सिहनी हो जाती थी। सिटपिटाकर बोला — किसी को तो नहीं दिया।

अम्मां — तूने आटा नहीं निकाला? देख कितना आटा सारे आंगन में बिखरा पड़ा है?

मैं चुप खड़ा था। वह कितना ही धमकाती थीं; पुचकारती थीं, पर मेरी ज़बान न खुलती। आने वाली विपत्ति के भय से प्राण सूख रहे थे। यहां तक कि यह भी कहने की हिम्मत न पड़ती थी कि बिगड़ती क्यों हो, आटा तो द्वार पर रखा हुआ है, और न उठाकर लाते ही बनता था, मानो क्रिया-शक्ति ही लुप्त हो गई हो; मानो पैरों में हिलने की सामर्थ्य ही नहीं।

सहसा कज़ाकी ने पुकारा — बहूजी, आटा द्वार पर रखा हुआ है। भैया मुझे देने को ले गये थे।

यह सुनते ही अम्मा द्वार की ओर चली गई। कज़ाकी से वह परदा न करती थीं। उन्होंने कज़ाकी से कोई बात की या नहीं, यह तो मैं नहीं जानता; लेकिन अम्माजी खाली टोकरी लिए हुए घर में आई। फिर कोठरी में जाकर संदूक से कुछ निकाला और द्वार की ओर गई। मैंने देखा कि उनकी मुट्ठी बंद थी। अब मुझसे वहां खड़े न रहा गया।

अम्माजी के पीछे-पीछे मैं भी गया। अम्मां ने द्वार पर कई बार पुकारा; मगर कज़ाकी चला गया था।

मैंने बड़ी धीरता से कहा — मैं जाकर खोज लाऊं, अम्मांजी? अम्मांजी ने किवाड़ बंद करते हुए कहा — तुम अंधेरे में कहां जाओगे, अभी तो यहीं खड़ा था। मैंने कहा कि यहीं रहना, मैं आती हूं। तब तक न जाने कहां खिसक गया। बड़ा संकोची है! आटा तो लेता ही न था। मैंने ज़बरदस्ती उसके अंगोछे में बांध दिया। मुझे तो बचारे पर बड़ी दया आती है। न-जाने बेचारे के घर में कुछ खाने को है कि नहीं। रुपये लाई थी कि दे दूंगी; पर न-जाने कहां चला गया। अब तो मुझे भी साहस हुआ। मैंने अपनी चोरी की पूरी कथा कह डाली। बच्चों के साथ समझदार बच्चे बनकर मां-बाप उन पर जितना असर डाल सकते हैं, जितनी शिक्षा दे सकते हैं, उतने बूढ़े बनकर नहीं।

अम्मांजी ने कहा — तुमने मुझसे पूछ क्यों न लिया? क्या मैं क़ज़ाकी को थोड़ा-सा आटा न देती?

मैंने उसका उत्तर न दिया। दिल में कहा — इस वक़्त तुम्हें कज़ाकी पर दया आ गई है, जो चाहे दे डालो; लेकिन मैं मांगता, तो मारने दौड़ती। हां, यह सोचकर चित्त प्रसन्न हुआ कि अब कज़ाकी भूखों न मरेगा। अम्मांजी उसे रोज़ खाने को देंगी और वह रोज मुझे कंधे पर बिठाकर सैर कराएगा।

दूसरे दिन मैं दिन भर मुन्नू के साथ खेलता रहा। शाम को सड़क पर जाकर खड़ा हो गया। मगर अंधेरा हो गया और कज़ाकी का कहीं पता नहीं। दिये जल गए, रास्ते में सन्नाटा छा गया; पर कज़ाकी न आया।

मैं रोता हुए घर आया। अम्मांजी ने पूछा — क्यों रोते हो बेटा? क्या कज़ाकी नहीं आया?

मैं और ज़ोर से रोने लगा। अम्मांजी ने मुझे छाती से लगा लिया। मुझे ऐसा मालूम हुआ कि उनका कंठ भी गद्‌गद् हो गया है।

उन्होंने कहा — बेटा, चुप हो जाओ। मैं कल किसी हरकारे को भेजकर कज़ाकी को बुलवाऊंगी।

मैं रोते-ही-रोते सो गया। सवेरे ज्यों ही आंखें खुली, मैंने अम्माजी से कहा — कज़ाकी को बुलवा दो।

अम्मां ने कहा — आदमी गया है, बेटा! कज़ाकी आता होगा। मैं खुश होकर खेलने लगा। मुझे मालूम था कि अम्मांजी जो बात कहती हैं, उसे पूरा ज़रूर करती हैं। उन्होंने सवेरे ही एक हरकारे को भेज दिया था। दस बजे जब मैं मुन्नू को लिए हुए घर आया, तो मालूम हुआ कि कज़ाकी अपने घर पर ही नहीं मिला। वह रात को भी घर न गया था। उसकी स्त्री रो रही थी। कि न-जाने कहां चले गए। उसे भय था कि वह कहीं भाग गया है।

बालकों का हृदय कितना कोमल होता है, इसका अनुमान दूसरा नहीं कर सकता। उनमें अपने भावों को व्यक्त करने के लिए शब्द नहीं होते। उन्हें यह भी ज्ञात नहीं होता कि कौन-सी बात उन्हें विकलकर रही है, कौन-सा कांटा उनके हृदय में खटक रहा है; क्यों बार-बार उन्हें रोना आता है, क्यों वे मन मारे बैठे रहते हैं, खेलने में जी नहीं लगता? मेरी भी यही दशा थी। कभी घर में आता, कभी बाहर जाता, कभी सड़क पर जा पहुंचता। आंखें कज़ाकी को ढूंढ़ रही थीं। वह कहां चला गया? कहीं भाग तो नहीं गया?

तीसरे पहर को मैं खोया हुआ-सा सड़क पर खड़ा था। सहसा मैंने कज़ाकी को एक गली में देखा। हां, वह कज़ाकी ही था। मैं उसकी ओर चिल्लाता हुआ दौड़ा; पर गली में उसका पता न था, न-जाने किधर ग़ायब हो गया। मैंने गली के इस सिरे से उस सिरे तक देखा; मगर कहीं कज़ाकी की गंध तक न मिली।

घर आकर मैंने अम्मांजी से यह बात कही। मुझे ऐसा जान पड़ा कि वह यह बात सुनकर बहुत चिंतित हो गई।

इसके बाद दो-तीन दिन तक कज़ाकी न दिखाई दिया। मैं भी अब उसे कुछ भूलने लगा। बच्चे पहले जितना प्रेम करते हैं, बाद को उतने ही निष्ठुर भी हो जाते हैं। जिस खिलौने पर प्राण देते हैं, उसी को दो-चार दिन के बाद पटककर फोड़ डालते हैं।

दस-बारह दिन और बीत गए। दोपहर का समय था। बाबूजी खाना खा रहे थे। मैं मुन्नू के पैरों में पीनस की पैजनियां बांध रहा था। एक औरत घूंघट निकाले हुए आई और आंगन में खड़ी हो गई। उसके कपड़े फटे हुए और मैले थे, पर गोरी, सुंदर स्त्री थी। उसने मुझसे पूछा — भैया, बहूजी कहां हैं?

मैंने उसके पास जाकर उसका मुंह देखते हुए कहा — तुम कौन हो, क्या बेचती हो?

औरत — कुछ बेचती नहीं हूं, तुम्हारे लिए ये कमल गट्टे लायी हूं। भैया, तुम्हें तो कमल गट्टे बहुत अच्छे लगते हैं न?

मैंने उसके हाथों से लटकती हुई पोटली को उत्सुक नेत्रों से देखकर पूछा — कहां से लायी हो? देखें।

औरत — तुम्हारे हरकारे ने भेजा है, भैया!

मैंने उछलकर पूछा — कज़ाकी ने।

औरत ने सिर हिलाकर 'हां' कहा और पोटली खोलने लगी। इतने में अम्मांजी भी रसोई से निकल आईं। उसने अम्मां के पैरों का स्पर्श किया। अम्मां ने पूछा — तू कज़ाकी की घरवाली है?

औरत ने सिर झुका लिया।

अम्मां — आजकल कज़ाकी क्या करता है?

औरत ने रोकर कहा — बहूजी, जिस दिन से आपके पास से आटा लेकर गये हैं, उसी दिन से बीमार पड़े हैं। बस, भैया-भैया किया करते हैं। भैया ही में उनका मन बसा रहता है। चौंक-चौंककर 'भैया-भैया!' कहते हुए द्वार की ओर दौड़ते हैं। न जाने उन्हें क्या हो गया है, बहूजी! एक दिन मुझसे कुछ कहा। न सुना, घर से चल दिए और एक गली में छिपकर भैया को देखते रहे। जब भैया ने उन्हें देख लिया, तो भागे। तुम्हारे पास आते हुए लजाते हैं।

मैंने कहा — हां-हां, मैंने उस दिन तुमसे जो कहा था, अम्मांजी।

अम्मां — घर में कुछ खाने-पीने को है?

औरत — हां, बाबूजी, तुम्हारे आशीर्वाद से खाने-पीने का दुःख नहीं है। आज सवेरे उठे और तालाब की ओर चले गए। बहुत कहती रही, बाहर मत जाओ, हवा लग जायेगी। मगर न माना! मारे कमज़ोरी के पैर कांपने लगते हैं; मगर तालाब में घुसकर ये कमलगट्टे तोड़ लाए। तब मुझसे कहा — ले जा, भैया को दे आ। उन्हें कमलगट्टे बहुत अच्छे लगते हैं। कुशल-क्षेम पूछती आना।

मैंने पोटली से कमलगट्टे निकाल लिए थे। और मज़े से चख रहा था। अम्मां ने बहुत आंखे दिखाईं, मगर यहां इतना सब्र कहां!

अम्मा ने कहा — कह देना सब कुशल है।

मैंने कहा — यह भी कह देना कि भैया ने बुलाया है। न जाओगे तो फिर तुमसे कभी न बोलेंगे, हां!

बाबूजी खाना खाकर निकल आये। तौलिये से हाथ-मुंह पोंछते हुए बोले — और यह भी कह देना कि साहब ने तुमको बहाल कर दिया है। जल्दी जाओ, नहीं तो कोई दूसरा आदमी रख लिया जायेगा।

औरत ने अपना कपड़ा उठाया और चली गई। अम्मां ने बहुत पुकारा; पर वह न रूकी। शायद अम्मांजी उसे सीधा देना चाहती थी।

अम्मां ने पूछा — सचमुच बहाल हो गया?

बाबूजी — और क्या झूठे ही बुला रहा हूं। मैंने तो पांचवे ही दिन बहाली की रिपोर्ट की थी।

अम्मां — यह तुमने बहुत अच्छा किया।

बाबूजी — उसकी बीमारी की यही दवा है।

4

प्रातःकाल उठा, तो क्या देखता हूं कि काज़ाकी लाठी टेकता हुआ चला आ रहा है। वह बहुत दुबला हो गया था, मालूम होता था, बूढ़ा हो गया है। हरा-भरा पेड़ सूखकर ठूंठ हो गया है। मैं उसकी ओर दौड़ा और उसकी कमर से चिपट गया। कज़ाकी आ गया। कज़ाकी ने मेरे गाल चूमे और मुझे उठाकर कंधे पर बिठाने की चेष्टा करने लगा; पर मैं न उठ सका। तब वह जानवरों की भांति भूमि पर हाथों और घुटनों के बल खड़ा हो गया और मैं उसकी पीठ पर सवार होकर डाकखाने की ओर चला। मैं उस वक़्त फूला न समाता था और शायद कज़ाकी मुझसे भी ज़्यादा खुश था।

बाबूजी ने कहा — कज़ाकी, तुम बहाल हो गए। अब कभी देर न करना।

कज़ाकी रोता हुआ पिताजी के पैरों पर गिर पड़ा; मगर शायद मेरे भाग्य में दोनों सुख भोगना नहीं लिखा था — मुन्नू मिला, तो कज़ाकी छूटा; कज़ाकी आया तो मुन्नू हाथ से गया और ऐसा गया कि आज तक उसके जाने का दुःख है। मुन्नू मेरी ही थाली में खाता था। जब तक मैं खाने न बैठूं, वह भी कुछ न खाता था। उसे भात से भी बहुत रूचि थी; लेकिन जब तक खूब घी न पड़ा हो, उसे संतोष न होता था। वह मेरे ही साथ सोता था और मेरे ही साथ उठता भी था। सफाई तो उसे इतनी पसंद थी कि मल-मूत्र त्याग करने के लिए घर से बाहर मैदान में निकल जाता था। कुत्तों से उसे चिढ़ थी।कुत्ते को घर में न घुसने देता था। कुत्ते को देखते ही थाली से उठ जाता और उसे दौड़कर घर से बाहर निकाल देता था।

कज़ाकी को डाकखाने में छोड़कर जब मैं खाना खाने गया, तो मुन्ने भी आ बैठा। अभी दो-चार ही कौर खाये थे कि एक बड़ा-सा झबरा कुत्ता आंगन में दिखाई दिया। मुन्नू उसे देखते ही दौड़ा। दूसरे घर में जाकर कुत्ता भी चूहा हो जाता है। झबरा कुत्ता उसे देखकर भागा। मुन्नू को अब लौट आना चाहिए था; मगर वह कुत्ता उसके लिए यमराज का दूत था। मुन्नू को उसे घर से निकालकर ही संतोष न हुआ। वह उसे घर के बाहर मैदान में भी दौड़ाने लगा। मुन्नू को शायद ख़याल न रहा कि यहां मेरी अमलदारी नहीं है। वह उस क्षेत्र में पहुंच गया था, जहां झबरे को भी उतना ही अधिकार था, जितना मुन्नू का। मुन्नू कुत्तों को भगाते-भगाते कदाचित् अपने बाहुबल पर घमंड करने लगा था। वह यह न समझता था कि घर में उसकी पीठ पर घर के स्वामी का भय काम किया करता है। झबरे ने इस मैदान में आते ही उलटकर मुन्नू की गर्दन दबा दी। बेचारे मुन्नू के मुंह से आवाज़ तक न निकली। जब पड़ोसियों ने शोर मचाया, तो दौड़ा। देखा, तो मुन्नू मरा पड़ा है। और झबरें का कहीं पता नहीं।

आँसुओं की होली

नामों को बिगाड़ने की प्रथा–न–जाने कब चली और कहां शुरू हुई। कोई इस संसार–व्यापी रोग का पता लगाए तो ऐतिहासिक संसार में अवश्य ही अपना नाम छोड़ जाय। पंडित का नाम तो श्रीविलास था; पर मित्र लोग सिलबिल कहा करते थे। नामों का असर चरित्र पर कुछ–न–कुछ पड़ जाता है। बेचारे सिलबिल सचमुच ही सिलबिल थे। दफ़्तर जा रहे हैं; मगर पाजामे का इज़ारबंद लटक रहा है। सिर पर फेल्ट–कैप है; पर लम्बी–सी चुटिया पीछे झांक रही है, अचकन यों बहुत सुन्दर है। न जाने उन्हें त्योहारों से क्या चिढ़ थी। दिवाली गुज़र जाती, पर वह भलामानस कौड़ी हाथ में न लेता। और होली का दिन तो उनकी भीषण परीक्षा का दिन था। तीन दिन वह घर के बार न निकलते। घर पर भी काले कपड़े पहने बैठे रहते थे। यार लोग टोह में रहते थे कि कहीं बचा फस जायं, मगर घर में घुसकर तो फौजदारी नहीं की जाती। एक आध बार फंसे भी, मगर घिघिया–पुदिया कर बेदाग़ निकल गए।

लेकिन अबकी समस्या बहुत कठिन हो गई थी। शास्त्रों के अनुसार 25 वर्ष तक ब्रह्मचर्य का पालन करने के बाद उन्होंने विवाह किया था। ब्रह्मचर्य के परिपक्व होने में जो थोड़ी–बहुत कसर रही, वह तीन वर्ष के गौने की मुद्दत ने पूरी कर दी। यद्यपि स्त्री से उन्हें कोई शंका न थी, तथापि वह औरतों को सिर चढ़ाने के हामी न थे। इस मामले में उन्हें अपना वही पुराना–धुराना ढंग पंसद था। बीवी को जब कसकर डांट दिया, तो उसकी मज़ाल है कि रंग हाथ से छुए। विपत्ति यह थी कि ससुराल के लोग भी होली मनाने आनेवाले थे। पुरानी मसल है 'बहन अंदर, तो भाई सिकंदर'। इन सिकंदरों को कौन रोक सकता है?

स्त्री ने आंखें फाड़कर कहा — अरे भैया! क्या सचमुच रंग न घर लाओगे? यह कैसी होली है, बाबा?

सिलबिल ने त्योरियां चढ़ाकर कहा — बस, मैंने एक बार कह दिया और बात दोहराना मुझे पसंद नहीं। घर में रंग नहीं आएगा और न कोई छुएगा। मुझे कपड़ों पर लाल छींटे देखकर मचली आने लगती है। हमारे घर में ऐसी ही होली होती है।

स्त्री ने सिर झुकाकर कहा — तो न लाना रंग–संग, मुझे रंग लेकर क्या करना है। जब

तुम्हीं रंग न छुओगे, तो मैं कैसे छू सकती हूं?

सिलबिल ने प्रसन्न होकर कहा — निस्संदेह यही साध्वी स्त्री का धर्म है।

'लेकिन भैया तो आने वाले हैं। वह क्यों मानेंगे?'

'उनके लिए भी मैंने एक उपाय सोच लिया है। उसे सफल करना तुम्हारा काम है। मैं बीमार बन जाऊंगा। एक चाद ओढ़कर लेटा रहूंगा। तुम कहना, इन्हें ज्वर आ गया। बस, चलो छुट्टी हुई।'

'स्त्री ने आंखें नचाकर कहा — ऐ नौज, कैसी बातें मुंह से निकालते हो। ज्वर जाय मुद्दई के घर, यहां आये तो मुंह झुलस दूं निगोड़े का।'

'तो फिर दूसरा उपाय ही क्या है?'

'तुम ऊपरवाली छोटी कोठरी में छिप रहना, मैं कह दूंगी, उन्होंने जुलाब लिया है। बाहर निकलेंगे तो हवा लग जायेगी।'

पंडितजी खिल उठे — बस, बस, यही सबसे अच्छा।

2

होली का दिन है। बाहर हाहाकार मचा हुआ है। पुराने ज़माने में अबीर और गुलाल के सिवा और कोई रंग न खेला जाता था। अब नीले, हरे, काले, सभी रंगो का मेल हो गया है और इस संगठ्न से बचना आदमी के लिए तो संभव नहीं। हां, देवता बचें। सिलबिल के दोनों साले मुहल्ले भर के मर्दों, औरतों, बच्चों और बूढ़ों का निशाना बने हुए थे। बाहर के दीवानखाने के फ़र्श, दीवारें — यहां तक कि तस्वीरें भी रंग उठी थीं। घर में भी यही हाल था। मुहल्ले की ननदें भला कब मानने लगी थीं। परनाला तक रंगीन हो गया था।

बड़े साले ने पूछा — क्यों री चम्पा, क्या सचमुच उनकी तबीयत अच्छी नहीं? खाना खाने भी न आये?

चम्पा ने सिर झुकाकर कहा — हां भैया, रात ही से पेट में कुछ दर्द होने लगा। डॉक्टर ने हवा में निकलने को मना कर दिया है।

ज़रा देर बाद छोटे साले ने कहा — क्यों जीजी जी, क्या भाई साहब नीचे नहीं आएंगे? ऐसी भी क्या बीमारी है! कहो तो ऊपर जाकर देख आऊं।

चम्पा ने उसका हाथ पकड़कर कहा — नहीं-नहीं, ऊपर मत जैयो! वह रंग-बंग न खेलेंगे। डॉक्टर ने हवा में निकलने को मना कर दिया है।

दोनों भाई हाथ मलकर रह गए।

सहसा छोटे भाई को एक बात सूझी — जीजाजी के कपड़ों के साथ क्यों न होली खेलें। वे तो बीमार नहीं हैं।

बड़े भाई के मन में भी यह बात बैठ गई। बहन बेचारी अब क्या करती? सिकंदरों ने

कुंजियां उसके हाथ से लीं और सिलबिल के सारे कपड़े निकाल-निकालकर रंग डाले। रूमाल तक न छोड़ा। जब चम्पा ने उन कपड़ों को आंगन में अलगनी पर सूखने को डाल दिया तो ऐसा जान पड़ा, मानो किसी रंगरेज ने ब्याह के जोड़े रंगे हों। सिलबिल ऊपर बैठे-बैठे यह तमाशा देखे रहे थे; पर ज़बान न खोलते थे। छाती पर सांप-सा लोट रहा था। सारे कपड़े ख़राब हो गए, दफ़्तर जाने को भी कुछ न बचा। इन दुष्टों को मेरे कपड़ों से न जाने क्या बैर था।

घर में नाना प्रकार के स्वादिष्ट व्यंजन बन रहे थे। मुहल्ले की एक ब्राह्मणी के साथ चम्पा जुटी हुई थी। दोनों भाई और कई अन्य सज्जन आंगन में भोजन करने बैठे थे, तो बड़े साले ने चम्पा से पूछा — कुछ उनके लिए भी खिचड़ी-विचड़ी बनाई है! पूरियां तो बेचारे आज खा न सकेंगे!

चम्पा ने कहा — अभी तो नहीं बनाई, अब बना लूंगी।

'वाह री तेरी अक्ल! अभी तक तुझे इतनी फ़िक्र नहीं कि वह बेचारे खाएंगे क्या! तू तो इतनी लापरवाह कभी न थी। जा, निकाल ला जल्दी से चावल और मूंग की दाल।'

लीजिए, खिचड़ी पकने लगी। इधर मित्रों ने भोजन करना शुरू किया। सिलबिल ऊपर बैठे अपनी किस्मत को रो रहे थे। उन्हें इस सारी विपत्ति का एक ही कारण मालूम होता था — विवाह! चम्पा न आती, तो ये साले क्यों आते, कपड़े क्यों ख़राब होते, होली के दिन मूंग की खिचड़ी क्यों खाने को मिलती? मगर अब पछताने से क्या होता है? जितनी देर में लोगों ने भोजन किया, उतनी देर में खिचड़ी तैयार हो गई। बड़े साले ने ख़ुद चम्पा को ऊपर भेजा कि खिचड़ी की थाली ऊपर दे आये।

सिलबिल ने थाली की ओर कुपित नेत्रों से देखकर कहा — इसे मेरे सामने से हटा ले जाओ।

'क्या आज उपवास ही करोगे?'

'तुम्हारी यही इच्छा है, तो यही सही।'

'मैंने क्या किया? सवेरे से जुती हुई हूं। भैया ने ख़ुद खिचड़ी डलवाई और मुझे यहां भेजा।'

'हां, वह तो मैं देख रहा हूं कि मैं घर का स्वामी नहीं। सिकंदरों ने उस पर कब्ज़ा जमा लिया, मगर में यह नहीं मान सकता कि तुम चाहतीं, तो और लोगों के पहले ही मेरे पास थाली न पहुंच जाती। मैं इस पतिव्रत धर्म के विरुद्ध हूं, और क्या कहूं!

'तुम तो देख रहे थे, कि दोनों जने मेरे सिर पर सवार थे।'

'अच्छी दिल्लगी है कि लोग तो समोसे और ख़स्ते उड़ाएं और मुझे मूंग की खिचड़ी दी जाय। वाह रे नसीब!'

'तुम दो-चार कौर खा लो, मुझे ज्यों ही अवसर मिलेगा, दूसरी थाली लाऊंगी।'

'सारे कपड़े रंगवा डाले, दफ़्तर कैसे जाऊंगा? यह दिल्लगी मुझे ज़रा भी नहीं भाती। मैं इसे बदमाशी कहता हूं। तुमने संदूक की कुंजी क्यों दे दी? क्या मैं इतना पूछ सकता हूं?'

'ज़बरदस्ती छीन ली। तुमने सुना नहीं? करती क्या?'

'अच्छा, जो हुआ सो हुआ, यह थाली ले जाओ। धर्म समझना तो दूसरी थाली लाना, नहीं तो आज व्रत ही सही।'

एकाएक पैरों की आहट पाकर सिलबिल ने सामने देखा, तो दोनों साले आ रहे हैं। उन्हें देखते ही बिचारे ने मुंह बना लिया, चादर से शरीक ढंक लिया और कराहने लगे।

बड़े साले ने कहा — कहिए, कैसी तबीयत है? थोड़ी-खिचड़ी खा लीजिए।

सिलबिल ने मुंह बनाकर कहा — अभी तो कुछ खाने की इच्छा नहीं है।

'नहीं, उपवास करना तो हानिकर होगा। खिचड़ी खा लीजिए।'

बेचारे सिलबिल ने मन में इन दोनों शैतानों को खूब कोसा और विष की भांति खिचड़ी कंठ से नीचे उतारी। आज होली के दिन खिचड़ी ही भाग्य में लिखी थी! जब तक सारी खिचड़ी समाप्त न हो गई, दोनों वहां डटे रहे, मानो जेल के अधिकारी किसी अनशन-व्रतधारी क़ैदी को भोजन करा रहे हों। बेचारे तो ठूंस-ठूंसकर खिचड़ी खानी पड़ी। पकवानों के लिए गुंजाइश ही न रही।

3

दस बजे रात को चम्पा उत्तम पदार्थों का थाल लिये पतिदेव के पास पहुंची! महाशय मन-ही-मन झुंझला रहे थे। भाइयों के सामने मेरी परवाह कौन करता है। न जाने कहां से दोनों शैतान फट पड़े। दिन भर उपवास कराया और अभी तक भोजन का कहीं पता नहीं। बारे चम्पा को थाल लाते देखकर कुछ अग्नि शांत हुई। बोले — अब तो बहुत सवेरा है, एक-दो घंटे बाद क्यों न आयीं, चम्पा के सामने थाली रखकर कहा — तुम तो न हारी ही मानते हो, न जीती। अब आख़िरकार ये दो मेहमान आये हुए हैं, इनका सेवा-सत्कार न करूं तो भी तो काम नहीं चलता। तुम्हीं को बुरा लगेगा। कौन रोज़ आयेंगे।

'ईश्वर न करे कि रोज़ आयें, यहां तो एक ही दिन में बधिया बैठ गई।'

थाल की सुगंधमय, तरबतर चीज़ें देखकर सहसा पंडितजी के मुखारबिंद पर मुस्कान की लाली दौड़ गई। एक-एक चीज़ खाते थे और चम्पा को सराहते थे — सच कहता हूं, चम्पा, मैंने चीजें कभी नहीं खाई थीं। हलवाई साला क्या बनाएगा। जी चाहता है, कुछ इनाम दूं।

'तुम मुझे बना रहे हो। क्या करूं? जैसा बनाना आता है, बना लाई।'

'नहीं जी, सच कह रहा हूं। मेरी तो आत्मा तक तृप्त हो गई। आज मुझे ज्ञात हुआ कि भोजन का संबंध उदर से उतना नहीं, जितना आत्मा से है। बतलाओं, क्या इनाम दूं?'

'जो मांगू, वह दोगे?'

'दूंगा — जनेऊ की कसम खाकर कहता हूं!'

'न दो तो मेरी बात जाय।'

'कहता हूं भाई, अब कैसे कहूं। क्या लिखा-पढ़ी कर दूं?'

'अच्छा तो मांगती हूं। मुझे अपने साथ होली खेलने दो।'

पंडितजी का रंग उड़ गया। आंखें फाड़कर बोले — होली खेलने दूं? मैं तो होली खेलता नहीं। कभी नहीं खेला। होली खेलना होता, तो घर में छिपकर क्यों बैठता?

'औरों के साथ मत खेलो; लेकिन मेरे साथ तो खेलना ही पड़ेगा।'

'यह मेरे नियम के विरुद्ध है। जिस चीज़ को अपने घर में उचित समझूं, उसे किस न्याय से घरके बाहर अनुचित समझूं, सोचो।'

चम्पा ने सिर नीचा करके कहा — घर में ऐसी कितनी बातें उचित समझते हो, जो घर के बाहर अनुचित ही नहीं, पाप भी है।

पंडितजी झेंपते हुए बोले — अच्छा भाई, तुम जीतीं, मैं हारा। अब मैं तुमसे यही दान मांगता हूं...

'पहले मेरा पुरस्कार दे दो, पीछे मुझसे दान मांगना' — यह कहते हुए चम्पा ने लोटे का रंग उठा लिया और पंडितजी को सिर से पांव तक नहला दिया। जब तक वह उठकर भागे, उसने मुट्ठी भर गुलाल लेकर सारे मुंह में पोत दिया।

पंडितजी रोनी सूरत बनाकर बोले — अभी और कसर बाक़ी हो, तो वह भी पूरी कर लो। मैं न जानता था कि तुम मेरी आस्तीन का सांप बनोगी। अब और कुछ रंग बाक़ी नहीं रहा?

चम्पा ने पति के मुख की ओर देखा, तो उस पर मनोवेदना का गहरा रंग झलक रहा था। पछ्ताकर बोली — क्या तुम सचमुच बुरा मान गए हो? मैं तो समझती थी कि तुम केवल मुझे चिढ़ा रहे हो।

श्रीविलास ने कांपते हुए स्वर में कहा — 'नहीं चम्पा, मुझे बुरा नहीं लगा। हां, तुमने मुझे उस कर्तव्य की याद दिला दी, जो मैं अपनी कायरता के कारण भुला बैठा था। वह सामने जो चित्र देख रही हो, मेरे परम मित्र, मनहरनाथ का है, जो अब संसार में नहीं है। तुमसे क्या कहूं, कितना सरस, कितना भावुक, कितना साहसी आदमी था! देश की दशा देख-देखकर उसका खून जलता रहता था। 19-20 भी कोई उम्र होती है; पर वह उसी उम्र में अपने जीवन का मार्ग निश्चित कर चुका था। सेवा करने का अवसर पाकर, वह इस तरह उसे पकड़ता था, मानो सम्पत्ति हो। जन्म का विरागी था। वासना तो उसे छू ही न गई थी। हमारे और साथी सैर सपाटे करते थे, पर उसका मार्ग सबसे अलग था। सत्य के लिए प्राण देने को तैयार। कहीं अन्याय देखा और भवें तन गई, कहीं पत्रों में अत्याचार की ख़बर देखी और चेहरा तमतमा उठा। ऐसा तो मैंने आदमी ही नहीं देखा। ईश्वर ने अकाल ही बुला लिया, नहीं तो वह मनुष्यों में रत्न होता। किसी मुसीबत के मारे का उद्धार करने को अपने प्राण हथेली पर लिये फिरता था। स्त्री-जाति का इतना आदर और सम्मान कोई क्या करेगा? स्त्री उसके लिए पूजा और भक्ति की वस्तु थी। पांच वर्ष हुए, यही होली का दिन था। मैंने भंग के नशे में चूर, रंग में सिर से पांव तक नहाया हुआ, उसे गाना सुनने के लिए बुलाने गया, तो देखा कि वह कपड़े पहने कहीं जाने को तैयार है। पूछा — कहां जा रहे हो?'

'उसने मेरा हाथ पकड़कर कहा — तुम अच्छे वक़्त पर आ गए, नहीं तो मुझे जाना पड़ता। एक अनाथ बुढ़िया मर गई है, कोई उसे कंधा देने वाला नहीं मिलता। कोई किसी मित्र से मिलने गया हुआ है, कोई नशे में चूर पड़ा है, कोई मित्रों की दावत कर रहा है, कोई महफ़िल सजाए बैठा है। कोई लाश को उठाने वाला नहीं है। ब्राह्मण-क्षत्री उस चमारिन की लाश कैसे छुएंगे, उनका तो धर्म भ्रष्ट होता है, कोई तैयार नहीं होता! बड़ी मुश्किल से दो कहार मिले हैं। एक मैं हूं, चौथे आदमी की कमी थी, सो ईश्वर ने तुम्हें भेज दिया। चलो, चले।'

'हाय! अगर में जानता कि यह प्यारे मनहर का आदेश है, तो आज मेरी आत्मा को इतनी ग्लानि न होती। मेरे घर कई मित्र आये हुए थे। गाना हो रहा था। उस वक़्त लाश उठाकर नदी जाना मुझे अप्रिय लगा। बोला — इस वक़्त तो भाई, मैं नहीं जा सकूंगा। घर पर मेहमान बैठे हुए हैं। मैं तुम्हें बुलाने आया था।'

'मनहर ने मेरी ओर तिरस्कार के नेत्रों से देखकर कहा — अच्छी बात है, तुम जाओ; मैं और कोई साथी खोज लूंगा। मगर तुमसे मुझे ऐसी आशा नहीं थी। तुमने भी वहीं कहा, जो तुमसे पहले औरों ने कहा था। कोई नई बात नहीं थी। अगर हम लोग अपने कर्तव्य को भूल न गए हो, तो आज यह दशा ही क्यों होती? ऐसी होली को धिक्कार है! त्योहार-तमाशा देखने, अच्छी-अच्छी चीजें खाने और अच्छे-अच्छे कपड़े पहनने का नाम नहीं है। यह व्रत है, तप है। अपने भाइयों से प्रेम और सहानुभूति करना ही त्योहार का खास मतलब है। और कपड़े लाल करने के पहले खून को लाल कर लो। सफ़ेद खून पर यह लाली शोभा नहीं देती।

'यह कहकर वह चला गया। मुझे उस वक़्त यह फटकारें बहुत बुरी मालूम हुई। अगर मुझमें वह सेवा-भाव न था, तो उसे मुझे यों धिक्कारने का कोई अधिकार न था। घर चला आया; पर वे बातें बराबर मेरे कानों में गूंजती रहीं। होली का सारा मज़ा बिगड़ गया।'

'एक महीने तक हम दोनों की मुलाकात न हुई। कॉलेज इम्तहान की तैयारी के लिए बंद हो गया था। इसलिए कॉलेज में भेंट न होती थी। मुझे कुछ ख़बर नहीं, वह कब और कैसे बीमार पड़ा, कब अपने घर गया। सहसा एक दिन मुझे उसका एक पत्र मिला। हाय! उस पत्र को पढ़कर आज भी छाती फटने लगती है।'

श्रीविलास एक क्षण तक गला रुक जाने के कारण बोल न सके। फिर बोले — किसी दिन तुम्हें फिर दिखाऊंगा। लिखा था, 'मुझसे आख़िरी बार मिल जा, अब शायद इस जीवन में भेंट न हो।' ख़त मेरे हाथ से छूटकर गिर पड़ा। उसका घर मेरठ ज़िले में था। दूसरी गाड़ी जाने में आधे घंटे की कसर थी। तुरंत चल पड़ा। चम्पा! उसके बाद मैंने होली नहीं खेली, होली ही नहीं, और सभी त्योहार छोड़ दिए। ईश्वर ने शायद मुझे क्रिया की शक्ति नहीं दी। अब बहुत चाहता हूं कि कोई मुझसे सेवा का काम ले। खुद आगे नहीं बढ़ सकता, लेकिन आज वह रंग डालकर तुमने मुझे उस धिक्कार की याद दिला दी। ईश्वर मुझे ऐसी शक्ति दे कि मैं मन में ही नहीं, कर्म में भी मनहरनाथ बनूं।

यह कहते हुए श्रीनिवास ने तश्तरी से गुलाल निकला और उसे चित्र पर छिड़ककर प्रणाम किया।

अग्नि समाधि

साधु-संतो के सत्संग से बुरे भी अच्छे हो जाते है, किन्तु पयाग का दुर्भाग्य था कि उस पर सत्संग का उलटा ही असर हुआ। उसे गांजे, चरस और भंग का चस्का पड़ गया, जिसका फल यह हुआ कि एक मेहनती, उद्यमशील युवक आलस्य का उपासक बन बैठा। जीवन-संग्राम में यह आनंद कहां! किसी वट-वृक्ष के नीचे धूनी जल रही है, एक जटाधारी महात्मा विराज रहे हैं, भक्तजन उन्हें घेरे बैठे हुए हैं, और तिल-तिल पर चरस के दम लग रहे हैं। बीच-बीच में भजन भी हो जाते हैं। मजूरी-धतूरी में यह स्वर्ग-सुख कहां! चिलम भरना पयाग का काम था। भक्तों को परलोक में पुण्य-फल की आशा थी, पयाग को तत्काल फल मिलता था — चिलमों पर पहला हक उसी का होता था। महात्माओं के श्रीमुख से भगवत् चर्चा सुनते ही वह आनंद से विह्वल हो उठता था, उस पर आत्म-विस्मृति-सी छा जाती थी। वह सौरभ, संगीत और प्रकाश से भरे हुए एक-दूसरे ही संसार में पहुंच जाता था। इसलिए जब उसकी स्त्री रुक्मिनी रात के दस-ग्यारह बज जाने पर उसे बुलाने आती तो पयाग को प्रत्यक्ष का क्रूर अनुभव होता, संसार उसे कांटों से भरा हुआ जंगल-सा दीखता, विशेषतः जब घर आने पर उसे मालूम होता कि अभी चूल्हा नहीं जला और चने-चबैने की कुछ फ़िक्र करनी है। वह जाति का भर था, गांव की चौकीदारी उसकी मीरास थी, दो रुपये और कुछ आने वेतन मिलता था। वरदी और साफ़ा मुफ़्त। काम था सप्ताह में एक दिन थाने जाना, वहां अफसरों के द्वार पर झाड़ू लगाना, अस्तबल साफ करना, लकड़ी चीरना। पयाग रक्त के घूंट पी-पीकर ये काम करता, क्योंकि अवज्ञा शारीरिक और आर्थिक दोनों ही दृष्टि से मंहगी पड़ती थी। आंसू यों पुछ्तें थे कि चौकीदारी में यदि कोई काम था, तो इतना ही, और महीने में चार दिन के लिए दो रुपये और कुछ आने कम न थे। फिर गांव में भी अगर बड़े आदमियों पर नहीं, तो नीचों पर रोब था। वेतन पेंशन थी और जब से महात्माओं का सम्पर्क हुआ, वह पयाग के जेब-खर्च की मद में आ गयी। अतएव जीविका का प्रश्न दिनों दिन चिन्तोत्पादक रूप धारण करने लगा। इन सत्संगों के पहले यह दम्पत्ति गांव में मज़दूरी करता था। रुक्मिन लकड़ियां तोड़कर बाज़ार ले जाती, पयाग कभी आरा चलाता, कभी हल जोतता, कभी पुर हांकता। जो काम सामने

आ जाये, उसमें जुट जाता था। हंसमुंख, श्रमशील, विनोदी, निर्द्वन्द्व आदमी था और ऐसा आदमी कभी भूखों नहीं मरता। उस पर नम्र इतना कि किसी काम के लिए 'नहीं' न करता। किसी ने कुछ कहा और वह 'अच्छा भैया' कहकर दौड़ा। इसलिए उसका गांव में मान था। इसी की बदौलत निरुद्यम होने पर भी दो-तीन साल उसे अधिक कष्ट न हुआ। दोनों जून की तो बात ही क्या, जब महतो को यह ऋद्धि न प्राप्त थी, जिनके द्वार पर बैलों की तीन-तीन जोड़ियां बंधती थी, तो पयाग किस गिनती में था। हां, एक जून की दाल-रोटी में संदेह न था। परन्तु अब यह समस्या दिन-पर-दिन विषमतर होती जाती थी। उस पर विपत्ति यह थी कि रुक्मिन भी अब किसी कारण से उसकी पतिपरायण, उतनी सेवाशील, उतनी तत्पर न थी। वहीं उसकी प्रगल्भता और वाचालता में आश्चर्यजनक विकास होता जाता था। अतएव पयाग को किसी ऐसी सिद्धि की आवश्यकता थी, जो उसे जीविका की चिंता से मुक्त कर दे और वह निश्िंचत होकर भगवद्‌भजन और साधु सेवा में प्रवृत्त हो जाय।

एक दिन रुक्मिन बाज़ार में लकड़ियां बेचकर लौटी, तो पयाग ने कहा — ला, कुछ पैसे मुझे दे दे, दम लगा आऊं।

रुक्मिन ने मुंह फेरकर कहा — दम लगाने की ऐसी चाट है, तो काम क्यों नहीं करते? क्या आजकल कोई बाबा नहीं है, जाकर चिलम भरो?

पयाग ने त्योरी चढ़ाकर कहा — भला चाहती है तो पैसे दे दे; नहीं तो इस तरह तंग करेगी, तो एक दिन कहीं चला जाऊंगा, तब रोयेगी।

रुक्मिन अंगूठा दिखाकर बोली — रोये मेरी बला। तुम रहते ही हो, तो कौन सोने का कौर खिला देते हो? अब भी छाती फाड़ती हूं, तब भी छाती फाड़ूंगी।

'तो अब यही फैसला है?'

'हां-हां, कह तो दिया, मेरे पास पैसे नहीं है।'

'गहने बनवाने के लिए पैसे हैं और मैं चार पैसे मांगता हूं, तो यों जवाब देती है!'

रुक्मिन तिनककर बोली — गहने बनवाती हूं, तो तुम्हारी छाती क्यों फटती है? तुमने तो पीतल का छल्ला भी नहीं बनवाया, या इतना भी नहीं देखा जाता?

पयाग उस दिन घर न आया। रात के नौ बज गये, तब रुक्मिन ने किवाड़ बंद कर लिये। समझी, गांव में कहीं छिपा बैठा होगा। समझता होगा, मुझे मनाने आयेगी, मेरी बला जाती हैं।

जब दूसरे दिन भी पयाग न आया, तो रुक्मिन को चिंता हुई। गांव भर छान आयी। चिड़िया किसी अड्डे पर न मिली। उस दिन उसने रसोई नहीं बनायी। रात को लेटी भी तो बहुत देर तक आंखें न लगी। शंका हो रही थी, पयाग सचमुच तो विरक्त नहीं हो गया। उसने सोचा, प्रातःकाल पत्ता-पत्ता छान डालूंगी, किसी साधु-संत के साथ होगा। जाकर थाने में रपट कर दूंगी।

अभी तड़का ही था कि रुक्मिन थाने में चलने को तैयार हो गयी। किवाड़ बंद करके निकली ही थी कि पयाग आता हुआ दिखाई दिया। पर वह अकेला न था। उसके पीछे-पीछे

एक स्त्री भी थी। उसकी छींट की साड़ी, रंगी हुई चादर, लम्बा घूंघट और शर्मीली चाल देखकर रुक्मिन का कलेजा धक्-से हो गया। वह एक क्षण हतबुद्धि-सी बड़ी रही, तब बढ़कर नयी सौत को दोनों हाथों के बीच में ले लिया और उसे इस भांति धीरे-धीरे घर के अंदर ले चली, जैसे कोई रोगी जीवन से निराश होकर विष-पान कर रहा हो!

जब पड़ोसियों की भीड़ छंट गयी तो रुक्मिन ने पयाग से पूछा — इसे कहां से लाए?

पयाग ने हंसकर कहा — घर से भागी जाती थी, मुझे रास्ते में मिल गयी। घर का काम-धंधा करेगी, पड़ी रहेगी।

'मालूम होता है, मुझसे तुम्हारा जी भर गया।'

पयाग ने तिरछी चितवनों से देखकर कहा — दुत् पगली! इसे तेरी सेवा-टहल करने को लाया हूं।

'नयी के आगे पुरानी को कौन पूछता है?

'चल, मन जिससे मिले वही नयी है, मन जिससे न मिले वही पुरानी है। ला, कुछ पैसा हो तो दे दे, तीन दिन से दम नहीं लगाया, पैर सीधे नहीं पड़ते। हां, देख दो-चार दिन इस बेचारी को खिला-पिला दे, फिर तो आप ही काम करने लगेगी।'

रुक्मिन ने पूरा रुपया लाकर पयाग के हाथ पर रख दिया। दूसरी बार कहने की ज़रूरत ही न पड़ी।

2

पयाग में चाहे और कोई गुण हो या न हो, यह मानना पड़ेगा कि वह शासन के मूल सिद्धांतों से परिचित था। उसने भेद-नीति को अपना लक्ष्य बना लिया था।

एक मास तक किसी प्रकार की विघ्न-बाधा न पड़ी। रुक्मिन अपनी सारी चौकड़ियां भूल गयी थी। बड़े तड़के उठती, कभी लकड़ियां तोड़कर, कभी चारा काटकर, कभी उपले पाथकर बाज़ार ले जाती। वहां जो कुछ मिलता, उसका आधा तो पयाग के हत्थे चढ़ा देती। आधे में घर का काम चलता। वह सौत को कोई काम न करने देती। पड़ोसियों से कहती — बहन, सौत है तो क्या है तो अभी कल की बहुरिया। दो-चार महीने भी आराम से न रहेगी, तो क्या याद करेगी। मैं तो काम करने को हूं ही।

गांव भर में रुक्मिन के शील-स्वभाव का बखान होता था, पर सत्संगी घाघ पयाग सब कुछ समझता था और अपनी नीति की सफलता पर प्रसन्न होता था।

एक दिन बहू ने कहा — दीदी, अब तो घर में बैठे-बैठे जी ऊबता है। मुझे भी कोई काम दिला दो।

रुक्मिन ने स्नेह सिंचित स्वर में कहा — क्या मेरे मुख में कालिख पुतवाने पर लगी हुई है? भीतर का काम किये जा, बाहर के लिए मैं हूं ही।

बहू का नाम कौशल्या था, जो बिगड़कर सिलिया हो गया था। इस वक़्त सिलिया ने कुछ जवाब न दिया। लेकिन वह लौंडियों की दशा अब उसके लिए असह्य हो गयी थी। वह दिन भर घर का काम करते-करते मरे, कोई नहीं पूछता। रूक्मिन बाहर से चार पैसे लाती है, तो घर की मालकिन बनी हुई है। अब सिलिया भी मजूरी करेगी और मालकिन का घमंड तोड़ देगी। पयाग पैसों का यार है, यह बात उससे अब छिपी न थी। जब रुक्मिन चारा लेकर बाज़ार चली गयी, तो उसने घर की टट्टी लगायी और गांव का रंग-ढंग देखने के लिए निकल पड़ी। गांव में ब्राह्मण, ठाकुर, कायस्थ, बनिये सभी थे। सिलिया ने शील और संकोच का कुछ ऐसा स्वांग रचा कि सभी स्त्रियां उस पर मुग्ध हो गयीं। किसी ने चावल दिया, किसी ने दाल, किसी ने कुछ। नयी बहू की आवभगत कौन न करता? पहले ही दौर में सिलिया को मालूम हो गया कि गांव में पिसनहारी का स्थान खाली है और वह इस कमी को पूरा कर सकती है। वह यहां से घर लौटी, तो उसके सिर पर गेहूं से भरी हुई एक टोकरी थी।

पयाग ने पहर रात ही से चक्की की आवाज़ सुनी, तो रुक्मिन से बोला — आज तो सिलिया अभी से पीसने लगी।

रूक्मिन बाज़ार से आटा लायी थी। अनाज और आटे के भाव में विशेष अंतर न था। उसे आश्चर्य हुआ कि सिलिया इतने सबेरे क्या पीस रही है। उठकर कोठरी में आयी, तो देखा कि सिलिया अंधेरे में बैठी कुछ पीस रही है। उसने जाकर उसका हाथ पकड़ लिया और टोकरी को उठाकर बोली — तुझसे किसने पीसने को कहा है? किसका अनाज पीस रही है?

सिलिया ने निश्शंक होकर कहा — तुम जाकर आराम से सोती क्यों नहीं। मैं पीसती हूं, तो तुम्हारा क्या बिगड़ता है! चक्की की घुमर-झुमर भी नहीं सही जाती? लाओ, टोकरी दे दो, बैठे-बैठे कब तक खाऊंगी, दो महीने तो हो गये।

'मैंने तो तुझसे कुछ नहीं कहा!'

'तुम कहो, चाहे न कहो, अपना धरम भी तो कुछ है।'

'तू अभी यहां के आदमियों को नहीं जानती। आटा तो पिसाते सबको अच्छा लगता है। पैसे देते रोते हैं। किसका गेहूं है? मैं सबेरे उसके सिर पर पटक आऊंगी।'

सिलिया ने रूक्मिन के हाथ से टोकरी छीन ली और बोली — पैसे क्यों न देंगे? कुछ बेगार करती हूं?

'तू न मानेगी?'

'तुम्हारी लौंड़ी बनकर न रहूंगी।'

यह तकरार सुनकर पयाग भी आ पहुंचा और रूक्मिन से बोला — काम करती है तो करने क्यों नहीं देती? अब क्या जनम भर बहूरिया ही बनी रहेगी? हो गये दो महीने।

'तुम क्या जानो, नाक तो मेरी कटेगी।'

सिलिया बोल उठी — तो क्या कोई बैठे खिलाता है? चौका-बरतन, झाड़ू-बहारू, रोटी-पानी, पीसना-कूटना यह कौन करता है? पानी खींचते-खींचते मेरे हाथों में घट्ठे पड़ गये। मुझसे अब सारा काम न होगा।

पयाग ने कहा — तो तू ही बाज़ार जाया कर। घर का काम रहने दे! रुक्मिन कर लेगी। रूक्मिन ने आपत्ति की — ऐसी बात मुंह से निकालते लाज नहीं आती? तीन दिन की बहुरिया बाज़ार में घूमेगी, तो संसार क्या कहेगा!

सिलिया ने आग्रह करके कहा — संसार क्या कहेगा, क्या कोई ऐब करने जाती हूं?

सिलिया की डिग्री हो गयी। आधिपत्य रुक्मिन के हाथ से निकल गया।

सिलिया की अमलदारी को गयी। जवान औरत थी। गेहूं पीसकर उठी तो औरों के साथ घास छीलने चली गयी, और इतनी घास छीली कि सब दंग रह गयीं! गट्ठा उठाये न उठता था! जिन पुरुषों को घास छीलने का बड़ा अभ्यास था, उनसे भी उसने बाजी मार ली! यह गट्ठा बारहे आने का बिका। सिलिया ने आटा, चावल, दाल, तेल, नमक, तरकारी, मसाला सब कुछ लिया, और चार आने बचा भी लिये। रूक्मिन ने समझ रखा था कि सिलिया बाज़ार से दो-चार आने पैसे लेकर लौटेगी तो उसे डांटूंगी और दूसरे दिन से फिर बाज़ार जाने लगूंगी। फिर मेरा राज्य हो जायेगा। पर यह सामान देखे, तो आंखे खुल गयीं। पयाग खाने बैठा तो मसालेदार तरकारी का बखान करने लगा। महीनों से ऐसी स्वादिष्ट वस्तु मयस्सर न हुई थी। बहुत प्रसन्न हुआ भोजन करके वह बाहर जाने लगा, तो सिलिया बरोठे में खड़ी मिल गयी। बोला — आज कितने पैसे मिले थे?

'बारह आने मिले थे!'

'सब खर्च कर डाले? कुछ बचे हों तो मुझे दे दे।'

सिलिया ने बचे हुए चार आने पैसे दे दिये। पयाग पैसे खनखनाता हुआ बोला — तूने तो आज मालामाल कर दिया। रुक्मिन तो दो-चार पैसों ही में टाल देती थी।

'मुझे गाड़कर रखना थोड़े ही है। पैसा खाने-पीने के लिए है कि गाड़ने के लिए?'

'अब तू ही बाज़ार जाया कर, रूक्मिन घर का काम करेगी।'

3

रूक्मिन और सिलया में संग्राम छिड़ गया। सिलिया पयाग पर अपना आधिपत्य जमाये रखने के लिए जान तोड़कर परिश्रम करती। पहर रात ही से उसकी चक्की की आवाज़ कानों में आने लगती। दिन निकलते ही लौटकर भी वह बेकार न बैठती, कभी सन कातती, कभी लकड़ियां तोड़ती। रूक्मिन उसके प्रबन्ध में बराबर ऐब निकालती और जब अवसर मिलता तो गोबर को बटोरकर उपले पाथती और गांव में बेचती। पयाग के दोनों हाथों में लड्डू थे। स्त्रियां उसे अधिक-से-अधिक पैसे देने और स्नेह का अधिकांश देकर अपने अधिकार में लाने का प्रयत्न करती रहतीं, पर सिलिया ने कुछ ऐसी दृढ़ता से आसन ज़मा लिया था कि किसी तरह हिलाये न हिलती थी। यहां तक कि एक दिन दोनों प्रतियोगियों में खुल्लमखुल्ला ठन गयी। एक दिन सिलिया घास लेकर लौटी तो पसीने में तर थी। फागुन का महीना था; धूप तेज़

थी। उसने सोचा, नहाकर तब बाज़ार जाऊंगी। घास द्वार पर ही रखकर तालाब में नहाने चली गयी। रुक्मिन ने थोड़ी-सी घास निकालकर पड़ोसिन के घर में छिपा दी और गठ्ठर को ढ़ीला करके बराबर कर दिया।

सिलिया नहाकर लौटी तो घास कम मालूम हुई। रुक्मिन से पूछा। उसने कहा — मैं नहीं जानती। सिलिया ने गालियांदेनी शुरू की — जिसने मेरी घास छुई हो, उसकी देह में कीड़े पड़े, उसके बाप और भाई मर जायं, उसकी आंखें फूट जायं। रुक्मिन कुछ देर तक तो जब्त किये बैठी रही, आख़िर खून में उबाल आ ही गया। झल्लाकर उठी और सिलिया के दो-तीन तमाचे लगा दिये। सिलिया छाती पीट-पीटकर रोने लगी। सारा मुहल्ला ज़मा हो गया। सिलिया की सबुद्धि और कार्यशीलता सभी को आंखों में खटकती थी — वह सबसे अधिक घास क्यों छीलती है, सबसे ज्यादा लकड़ियां क्यों लाती है, इतनी सबेरे क्यों उठती है, इतने पैसे क्यों लाती है, इन कारणों ने उसे पड़ोसियों की सहानुभूति से वंचित कर दिया था। सब उसी को बुरा-भला कहने लगी। मुट्ठी भर घास के लिए इतना ऊधम मचा डाला, इतनी घास तो आदमी झाड़कर फेंक देता है। घास न हुई, सोना हुआ। तुझे तो सोचना चाहिए था कि अगर किसी ने ले ही लिया, तो गांव-घर ही का। बाहर का कोई चोर तो आया नहीं। तूने इतनी गालियां दीं, तो किसको दीं? पड़ोसियों ही को तो?

संयोग से उस दिन पयाग थाने गया हुआ था। शाम को थका-मांदा लौटा तो सिलिया से बोला — ला, कुछ पैसे दे दे, तो दम लगा आऊं। थककर चूर हो गया हूं।

सिलिया उसे देखते ही हाय-हाय करके रोने लगी। पयाग ने घबराकर पूछा — क्या हुआ? क्यों रोती है? कहीं गमी तो नहीं हो गयी? नैहर से कोई आदमी तो नहीं आया?

'अब इस घर मेरा रहना न होगा। अपने घर जाऊंगी।'

'अरे, कुछ मुंह से तो बोल; हुआ क्या? गांव में किसी ने गाली दी है? किसने गाली दी है? घर फूंक दूं, उसका चलान करवा दूं।'

सिलिया ने रो-रोकर सारी कथा कह सुनायी। पयाग पर आज थाने में खूब मार पड़ी थी। झल्लाया हुआ था। वह कथा सुनी, तो देह में आग लग गयी। रुक्मिन पानी भरने गयी थी। वह अभी घड़ा भी न रखने पायी थी कि पयाग उस पर टूट पड़ा और मारते-मारते बेदम कर दिया। वह मार का जवाब गालियों से देती थी और पयाग हर एक गाली पर और झल्ला-झल्लाकर मारता था। यहां तक कि रुक्मिन के घुटने फूट गये, चूडियां टूट गयीं। सिलिया बीच-बची में कहती जाती थीं — वाह रे तेरा दीदा! वाह रे तेरी ज़बान! ऐसी तो औरत ही नहीं देखी। औरत काहे को, डाइन है, जरा भी मुंह में लगाम नहीं! किंतु रुक्मिन उसकी बातों को मानो सुनती ही न थी। उसकी सारी शक्ति पयाग को कोसने में लगी हुई थी — तू मर जा, तेरी मिट्टी निकले, तुझे भवानी खायं, तुझे मिरगी आये। पयाग रह-रहकर क्रोध से तिलमिला उठता और आकर दो-चार लातें ज़मा देता। पर रुक्मिन को अब शायद चोट ही न लगती थी। वह जगह से हिलती न थी। सिर का बाल खोले, जमीन पर बैठी इन्हीं मंत्रों का पाठ कर रही थी। उसके स्वर में अब क्रोध न था, केवल एक उन्मादमय प्रवाह था। उसकी

समस्त आत्मा हिंसा-कामना की अग्नि से प्रज्वलित हो रही थी।

अंधेरा हुआ तो रूक्मिन उठकर एक ओर निकल गयी, जैसे आंखों से आंसू की धार निकल जाती है। सिलिया भोजन बना रही थी। उसने उसे जाते देखा भी, पर कुछ पूछा नहीं। द्वार पर पयाग बैठा चिलम पी रहा था। उसने भी कुछ न कहा।

4

जब फ़सल पकने लगती थी तो डेढ़-दो महीने तक पयाग को हार की देखभाल करनी पड़ती थी। उसे किसानों से दोनों फ़सलों पर हल पीछे कुछ अनाज बंधा हुआ था। माघ ही में वह हार के बीच में थोड़ी-सी ज़मीन साफ़ करके एक मड़ैया डाल लेता था और रात को खा-पीकर आग, चिलम और तमाखू चरस लिये हुए इसी मड़ैया में जाकर पड़ा रहता था। चैत के अंत तक उसका यही नियम रहता था। आजकल वही दिन थे। फ़सल पकी हुई तैयार खड़ी थी। दो-चार दिन में कटाई शुरू होने वाली थी। पयाग ने दस बजे रात तक रूक्मिन की राह देखी। फिर समझकर कि शायद किसी पड़ोसिन के घर सो रही होगी। उसने खा-पीकर अपनी लाठी उठायी और सिलिया से बोला — किवाड़ बंद कर ले, अगर रूक्मिन आये तो खोल देना और मना-जुनाकर थोड़ा-बहुत खिला देना। तेरे पीछे आज इतना तूफ़ान हो गया। मुझे न जाने इतना गुस्सा कैसे आ गया। मैंने उसे कभी फूल की छड़ी से भी न छुआ था। कहीं बूड़-धंस न मरी हो, तो कल आफ़त आ जाय।

सिलिया बोली — न जाने वह आयेगी कि नहीं। मैं अकेली कैसे रहूंगी। मुझे डर लगता है।

'तो घर में कौन रहेगा? सूना घर पाकर कोई लोटा-थाली उठा ले जाये तो? डर किस बात का है? फिर रूक्मिन तो आती ही होगी।'

सिलिया ने अंदर से टट्टी बंद कर ली। पयाग हार की ओर चला। चरस की तरंग में यह भजन गाता जाता था —

ठगिनी! क्या नैना झमकावे।
कद्दू काट मूदंग बनावे, नींबू काट मजीरा;
पांच तरोई मंगल गावैं, नाचे बालम खीरा।
रुपा पहिर के रूप दिखावे, सोना पहिर रिझावे;
गले डाल तुलसी की माला, तीन लोक भरमावे।
ठगनी0!

सहसा सिवाने पर पहुंचते ही उसने देखा कि सामने हार में किसी ने आग जलायी। एक क्षण में ज़्वाला-सी दहक उठी। उसने चिल्लाकर पुकारा — कौन है वहां? अरे, यह कौन आग

जलाता है ?

ऊपर उठती हुई ज्वालाओं ने अपनी अग्नेय जिह्व से उत्तर दिया।

अब पयाग को मालूम हुआ कि उसकी मुड़ैया में आग लगी हुई है। उसकी छाती धड़कने लगी। इस मुड़ैया में आग लगाना रुई के ढेर में आग लगाना था। हवा चल रही थी। मड़ैया के चारों ओर एक हाथ हटकर पकी हुई फ़सल की चादर-सी बिछी हुई थी। रात में भी उनका सुनहरा रंग झलक रहा था। आग की एक लपट, केवल एक ज़रा-सी चिनगारी सारे हार को भस्म कर देगी। सारा गांव तबाह हो जायेगा। इसी हार से मिले हुए दूसरे गांव के भी हार थे। वे भी जल उठेंगे। ओह! लपटें बढ़ती जा रही हैं। अब विलम्ब करने का समय न था। पयाग ने अपना उपला और चिलम वहीं पटक दिया और कंधे पर लोहबंद लाठी रखकर बेहताशा मड़ैया की तरफ़ दौड़ा। मेड़ों से जाने में चक्कर था, इसलिए वह खेतों में से होकर भागा जा रहा था। प्रतिक्षण ज़्वाला प्रचंडतर होती जाती थी और पयाग के पांव और तेजी से उठ रहे थे। कोई तेज घोड़ा भी इस वक़्त उसे पा न सकता था। अपनी तेजी पर उसे स्वयं आश्चर्य हो रहा था। जान पड़ता था, पांव भूमि पर पड़ते ही नहीं। उसकी आंखें मड़ैया पर लगी हुई थीं — दाहिने-बायें से और कुछ न सूझता था। इसी एकाग्रता ने उसके पैरों में पर लगा दिये थे। न दम फूलता था, न पांव थकते थे। तीन-चार फर्लांग उसने दो मिनट में तय कर लिये और मड़ैया के पास जा पहुंचा।

मड़ैया के आस-पास कोई न था। किसने यह कर्म किया है, यह सोचने का मौक़ा न था। उसे खोजने की तो बात ही और थी। पयाग का संदेह रुक्मिन पर हुआ था। पर यह क्रोध का समय न था। ज्वलाएं कुचाली बालकों की भांति ठ्ठ्ठा मारती, धक्कम-धक्का करती, कभी दाहिनी ओर लपकतीं और कभी बायीं तरफ। बस, ऐसा मालूम होता था कि लपट अब खेत तक पहुंची, अब पहुंची। मानो ज्वलाएं आग्रहपूर्वक क्यारियों की ओर बढ़तीं और असफल होकर दूसरी बार फिर दूने वेग से लपकती थीं। आग कैसे बुझे! लाठी से पीटकर बुझाने का गौं न था। वह तो निरी मूर्खता थीं। फिर क्या हो! फ़सल जल गयी, तो फिर वह किसी को मुंह न दिखा सकेगा। आह! गांव में कोहराम मच जायेगा। सर्वनाश हो जायेगा। उसने ज़्यादा नहीं सोचा। गंवारों को सोचना नहीं आता। पयाग ने लाठी संभाली, ज़ोर से एक छलांग मारकर आगे के अंदर मड़ैया के द्वार पर जा पहुंचा। जलती हुई मड़ैया को अपनी लाठी पर उठाया और उसे सिर पर लिए सबसे चौड़ी मेड़ पर गांव की तरफ भागा। ऐसा जान पड़ा, मानो कोई अग्नि-यान में उड़ता चला जा रहा है। फूस की जलती हुई धज्जियां उसके ऊपर गिर रही थीं, पर उसे इसका ज्ञान तक न होता था। एक बार एक मूठा अलग होकर उसके हाथ पर गिर पड़ा। सारा हाथ भुन गया। पर उसके पांव पल भर नहीं रूके, हाथों में ज़रा भी हिचक न हुई। हाथों का हिलना खेती का तबाह होना था। पयाग की ओर से अब कोई शंका न थी। अगर भय था तो यही की मड़ैया का वह केंद्र-भाग जहां लाठी का कुंदा डालकर पयाग ने उसे उठाया था, न जल जाये; क्योंकि छेद के फैलते ही मड़ैया उसके ऊपर आ गिरेगी और अग्नि-समाधि में मग्न कर देगी। पयाग यह जानता था और वह हवा की चाल से उड़ा चला

जाता था। चार फर्लांग की दौड़ है। मृत्यु अग्नि का रूप धारण किये हुए पयाग के सिर पर खेल रही है और गांव की फ़सल पर। उसकी दौड़ में इतना वेग है ज़्वालाओं का मुंह पीछे को फिर गया है उसकी दाहक शक्ति का अधिकांश वायु से लड़ने में लग रहा है। नहीं तो अब तक बीच में आग पहुंच गयी होती और हाहाकर मच गया होगा। एक फर्लांग तो निकल गया, पयाग की हिम्मत ने हार नहीं मानी। वह दूसरा फर्लांग भी पूरा हो गया। देखना पयाग, दो फर्लांग की और कसर है। पांव ज़रा भी सुस्त न हों। ज़्वाला लाठी के कुंदे पर पहुंची और तुम्हारे जीवन का अंत है। मरने के बाद भी तुम्हें गालियां मिलेंगी, तुम अनंत काल तक आहों की आग में जलते रहोगे। बस, एक मिनट और! अब केवल दो खेत और रह गये हैं। सर्वनाश! लाठी का कुंदा निकल गया। मड़ैया नीचे खिसक रही है अब कोई आशा नहीं। पयाग प्राण छोड़कर दौड़ रहा है वह किनारे का खेत आ पहुंचा। अक केवल दो सेकंड का और मामला है। विजय का द्वार सामने बीस हाथ पर खड़ा स्वागत कर रहा है। उधर स्वर्ग है, इधर नरक। मगर वह मड़ैया खिसकती हुई पयाग के सिर पर आ पहुंची। वह अब भी उसे फेंककर अपनी जान बचा सकता है। पर उसे प्राणों का मोह नहीं। वह उस जलती हुई आग को सिर पर लिये भागा जा रहा है! वहां उसके पांव लड़खड़ाये! अब यह क्रूर अग्नि-लीला नहीं देखी जाती।

एकाएक एक स्त्री सामने के वृक्ष के नीचे से दौड़ती हुई पयाग के पास पहुंची। यह रुक्मिन थी। उसने तुरन्त पयाग के सामने आकर गरदन झुकायी और जलती हुई मड़ैया के नीचे पहुंचकर उसे दोनों हाथों पर ले लिया। उसी दम पयाग मूर्च्छित होकर गिर पड़ा। उसका सारा मुंह झुलस गया था।

रुक्मिन उसके अलाव को लिये एक सेकंड में खेत के डांडे पर आ पहुंची, मगर इतनी दूर में उसके हाथ जल गये, मुंह जल गया और कपड़ों में आग लग गयी। उसे अब इतनी सुधि भी न थी कि मड़ैया के बाहर निकल आये। वह मड़ैया को लिये हुए गिर पड़ी। इसके बाद कुछ देर तक मड़ैया हिलती रही। रुक्मिन हाथ-पांव फेंकती रही, फिर अग्नि ने उसे निगल लिया। रुक्मिन ने अग्नि-समाधि ले ली।

कुछ देर बाद पयाग को होश आया। सारी देह जल रही थी। उसने देखा, वृक्ष के नीचे फूस की लाल आग चमक रही है। उठकर दौड़ा और पैर से आग को हटा दिया — नीचे रुक्मिन की अधजली लाश पड़ी हुई थी। उसने बैठकर दोनों हाथों से मुंह ढांप लिया और रोने लगा।

प्रातःकाल गांव के लोग पयाग को उठाकर उसके घर ले गये। एक सप्ताह तक उसका इलाज होता रहा, पर बचा नहीं। कुछ तो आग ने जलाया था, जो कछ कसर थी, वह शोकाग्नि ने पूरी कर दी।

❑❑❑

सुजान भगत

सीधे-सादे किसान धन हाथ आते ही धर्म और कीर्ति की ओर झुकते हैं। दिव्य समाज की भांति वे पहले अपने भोग-विलास की ओर नहीं दौड़ते। सुजान की खेती में कई साल से कंचन बरस रहा था। मेहनत तो गांव के सभी किसान करते है, पर सुजान के चंद्रमा बली थे, ऊसर में भी दाना छींट आता तो कुछ-न-कुछ पैदा हो जाता था। तीन वर्ष लगातार ऊख लगती गयी। उधर गुड़ का भाव तेज़ था। कोई दो-ढ़ाई हज़ार हाथ में आ गये। बस चित्त की वृत्ति धर्म की ओर झुक पड़ी। साधु-संतों का आदर-सत्कार होने लगा, कानूनगो इलाके में आते, तो सुजान महतो के चौपाल में ठहरते। हलके के हेड कांस्टेबल, थानेदार, शिक्षा-विभाग के अफ़सर, एक-न-एक उस चौपाल में ही पड़ा रहता। महतो मारे ख़ुशी के फूले न समाते। धन्यभाग! उसके द्वार पर अब इतने बड़े-बड़े हाकिम आकर ठहरते हैं। जिन हाक़िमों के सामने उसका मुंह न खुलता था, उन्हीं की अब 'महतो-महतो' करते ज़बान सूखती थी। कभी-कभी भजन भाव हो जाता। एक महात्मा ने डौल अच्छा देखा तो गांव में आसन जमा दिया। गांजें और चरस की बहार उड़ने लगी। एक ढोलक आयी, मजीरे मंगाये गये, सत्संग होने लगा। यह सब सुजान के दम का जलूस था। घर में सेरों दूध होता, मगर सुजान ने कंठ तले एक बूंद भी जाने की कसम ली थी। कभी हाकिम लोग चखते, कभी महात्मा लोग। किसान को दूध-घी से क्या मतलब, उसे रोटी और साग चाहिए। सुजान की नम्रता का अब वारापार न था। सबके सामने सिर झुकाये रहता, कहीं लोग यह न कहने लगें कि धन पाकर इसे घंमड हो गया है। गांव में कुल तीन कुएं थे, बहुत से खेतों में पानी न पहुंचता था, खेती मारी जाती थी। सुजान ने एक पक्का कुआं बनवा दिया। कुएं का विवाह हुआ, यज्ञ हुआ। ब्रह्मभोज हुआ। जिस दिन पहली बार पुर चला, सुजान को मानो चारों पदार्थ मिल गये। जो काम गांव में किसी ने न किया था, वह बाप-दादा के पुण्य-प्रताप से सुजान ने कर दिखाया।

एक दिन गांव में गया के यात्री आकर ठहरे। सुजान ही के द्वार पर उनका भोजन बना। सुजान के मन में भी गया करने की बहुत दिनों से इच्छा थी। यह अच्छा अवसर देखकर वह भी चलने को तैयार हो गया।

उसकी स्त्री बुलाकी ने कहा — अभी रहने दो, अगले साल चलेंगे।

सुजान ने गंभीर भाव से कहा — अगले साल क्या होगा, कौन जानता है। धर्म के काम में मीन-मेष निकालना अच्छा नहीं। ज़िंदगानी का क्या भरोसा?

बुलाकी — हाथ खाली हो जायेगा।

सुजान — भगवान् की इच्छा होगी, तो फिर रुपये हो जायेंगे। उनके यहां किस बात की कमी है।

बुलाकी इसका क्या ज़वाब देती? सत्कार्य में बाधा डालकर अपनी मुक्ति क्यों बिगड़ती? प्रातःकाल स्त्री और पुरुष गया करने चले। वहां से लौटे तो, यज्ञ और ब्रह्मभोज की ठहरी। सारी बिरादरी निमंत्रित हुई, ग्यारह गांवों में सुपारी बंटी। इस धूमधाम से कार्य हुआ कि चारों और वाह-वाह मच गयी। सब यही कहते थे कि भगवान् धन दे, तो दिल भी ऐसा दे। घमंड तो छू नहीं गया, अपने हाथ से पत्तल उठाता फिरता था, कुल का नाम जगा दिया। बेटा हो, तो ऐसा हो। बाप मरा, तो घर में भूनी-भांग भी नहीं थी। अब लक्ष्मी घुटने तोड़कर आ बैठी हैं।

एक द्वेषी ने कहा — कहीं गड़ा हुआ धन पा गया है। इस पर चारों ओर से उस पर बौछारें पड़ने लगीं — हां, तुम्हारे बाप-दादा जो ख़जाना छोड़ गये थे, यही उसके हाथ लग गया है। अरे भैया, यह धर्म की कमाई है। तुम भी तो छाती फाड़कर काम करते हो, क्यों ऐसी ऊख नहीं लगती? क्यों ऐसी फ़सल नहीं होती? भगवान् आदमी का दिल देखते हैं। जो खर्च करता है, उसी को देते हैं।

2

सुजान महतो सुजान भगत हो गये। भगतों के आचार-विचार कुछ और होते हैं। वह बिना स्नान किये कुछ नहीं खाता। गंगाजी अगर घर से दूर हों और वह रोज़ स्नान करके दोपहर तक घर न लौट सकता हो, तो पर्वों के दिन तो उसे अवश्य ही नहाना चाहिए। भजन-भाव उसके घर अवश्य होना चाहिए। पूजा-अर्चना उसके लिए अनिवार्य है। खान-पान में भी उसे बहुत विचार रखना पड़ता है। सबसे बड़ी बात यह है कि झूठ का त्याग करना पड़ता है। भगत झूठ नहीं बोल सकता। साधारण मनुष्य को अगर झूठ का दंड एक मिले, तो भगत को एक लाख से कम नहीं मिल सकता। अज्ञान की अवस्था में कितने ही अपराध क्षम्य हो जाते हैं। ज्ञानी के लिए क्षमा नहीं है, प्रायश्चित्त नहीं है, यदि है तो बहुत कठिन। सुजान को भी अब भगतों की मर्यादा को निभाना पड़ा। अब तक उसका जीवन मजूर का जीवन था। उसका कोई आदर्श, कोई मर्यादा उसके सामने न थी। अब उसके जीवन में विचार का उदय हुआ, जहां का मार्ग कांटों से भरा हुआ है। स्वार्थ-सेवा ही पहले उसके जीवन का लक्ष्य था, इसी कांटे से वह परिस्थितियों को तौलता था, वह अब उन्हें औचित्य के कांटों पर तौलने लगा। यों कहों

कि जड़्-जगत् से निकलकर उसने चेतना-जगत् में प्रवेश किया। उसने कुछ लेन-देन करना शुरू किया था पर अब उसे ब्याज लेते हुए आत्मग्लानि-सी होती थी। यहां तक कि गउओं को दुहाते समय उसे बछड़ों का ध्यान बना रहता था — कहीं बछड़ा भूखा न रह जाये, नहीं तो उसका रोंआ दुखी होगा। वह गांव का मुखिया था, कितने ही मुकद्दमों में उसने झूठी शहादतें बनवायी थीं, कितनों से डांड़ लेकर मामले को रफा-दफा करा दिया था। अब इन व्यापारों से उसे घृणा होती थी। झूठ और प्रपंच से कोसों दूर भागता था। पहले उसकी यह चेष्टा होती थी कि मजूरों से जितना काम लिया जा सके, लो और मजूरी जितनी कम दी जा सके दो; पर अब उसे मजूर के काम की कम, मजूरी की अधिक चिंता रहती थी — कहीं बेचारे मजूर का रोंआ न दुःखी हो जाय। वह उसका वाक्यांश-सा हो गया था — किसी का रोंआ न दुःखी हो जाय। उसके दोनों बेटे बात-बात में उस पर फब्तियां कसते, यहां तक कि बुलाकी भी अब उसे कोरा भगत समझने लगी थी, जिसे घर के भले-बुरे से कोई प्रयोजन न था। चेतन-भगत् में आकर सुजान भगत कोरे भगत रह गये।

सुजान के हाथों से धीरे-धीरे अधिकार छीने जाने लगे। किस खेत में क्या बोना है, किसको क्या देना है, किसको क्या लेना है, किस भाव क्या चीज़ बिक्री, ऐसी-ऐसी महत्वपूर्ण बातों में भी भगतजी की सलाह न ली जाती थी। भगत के पास कोई जाने ही न पाता। दोनों लड़के या स्वयं बुलाकी दूर ही से मामला तय कर लिया करतीं। गांव भर में सुजान का मान-सम्मान बढ़ता था, अपने घर में घटता था। लड़के उसका सत्कार अब बहुत करते। हाथ से चारपाई उठाते देख लपककर खुद उठा लाते, चिलम न भरने देते, यहां तक कि उनकी धोती छांटने के लिए भी आग्रह करते थे। मगर अधिकार उसके हाथ में न था। वह अब घर का स्वामी नहीं, मंदिर का देवता था।

3

एक दिन बुलाकी ओखली में दाल छांट रही थी। एक भिखमंगा द्वार पर आकर चिल्लाने लगा। बुलाकी ने सोचा, दाल छांट लूं, तो उसे कुछ दे दूं। इतने में बड़ा लड़का भोला आकर बोला — अम्मां, एक महात्मा द्वार पर खड़े गला फाड़ रहे हैं? कुछ दे दो। नहीं तो उनका रोंआ दुःखी हो जायेगा।

बुलाकी ने उपेक्षा के भाव से कहा — भगत के पांव में क्या मेहंदी लगी है। क्यों कुछ ले जाकर नहीं देते? क्या मेरे चार हाथ हैं? किस-किसका रोंआ सुखी करूं? दिन भर तो तांता लगा रहता है।

भोला — चौपट करने पर लगे हुए हैं, और क्या? अभी महंगू बेंग देने आया था। हिसाब से 7 मन हुए। तौला तो पौने सात मन ही निकले। मैंने कहा — दस सेर और ला, तो आप बैठे-बैठे कहते हैं, अब इतनी दूर कहां जायेगा। भरपाई लिख दो, नहीं तो उसका रोंआ दुःखी

होगा। मैंने भरपाई नहीं लिखी। दस सेर बाक़ी लिख दी।

बुलाकी — बहुत अच्छा किया तुमने, बकने दिया करो। दस-पांच दफ़े मुंह की खा जायेंगे, तो आप ही बोलना छोड़ देंगे।

भोला — दिन भर एक-न-एक खुचड़ निकालते रहते हैं। सौ दफे कह दिया कि तुम घर-गृहस्थी के मामले में न बोला करो, पर इनसे बिना बोले रहा ही नहीं जाता।

बुलाकी — मैं जानती हूं कि इनका यह हाल होगा, तो गुरुमंत्र न लेने देती।

भोला — भगत क्या हुए दीन-दुनिया, दोनों से गये। सारा दिन पूजा-पाठ में ही उड़ जाता है। अभी ऐसे बूढ़े नहीं हो गये कि कोई काम ही न कर सकें।

बुलाकी ने आपत्ति की — भोला, यह तुम्हारा कुन्याय है। फावड़ा, कुदाल अब उनसे नहीं हो सकता, लेकिन कुछ-न-कुछ तो करते ही रहते हैं। बैलों को सानी-पानी देते हैं, गाये दुहाते हैं, और जो कुछ हो सकता है, करते हैं।

भिक्षुक अभी तक खड़ा चिल्ला रहा था। सुजान ने जब घर में से किसी को कुछ लाते न देखा, तो उठकर अंदर गया और कठोर स्वर में बोला -- तुम लोगों को कुछ सुनायी नहीं देता कि द्वार पर कौन घंटे भर से खड़ा भीख मांग रहा है। अपना काम तो दिन भर करना ही है, एक छन भगवान् का काम भी तो किया करो।

बुलाकी — तुम तो भगवान् का काम करने को बैठे ही हो, क्या घर भर भगवान् ही का काम करेगा?

सुजान — कहां आटा रखा है, लाओ, मैं ही निकालकर दे आऊं। तुम रानी बनकर बैठो।

बुलाकी — आटा मैंने मर-मर कर पीसा है, अनाज दे दो। ऐसे मुड़चिरों के लिए पहर रात से उठकर चक्की नहीं चलाती हूं।

सुजान भंडार घर में गये और एक छोटी-सी छबड़ी को जौ से भरे हुए निकले। जौ सेर से कम न था। सुजान ने जान-बूझकर, केवल बुलाकी, भोला को चिढ़ाने के लिए भिक्षा परम्परा का उल्लंघन किया था। जिस पर भी यह दिखाने के लिए कि छबड़ी में बहुत ज्यादा जौ नहीं है, वह उसे चुटकी से पकड़े हुए थे। चुटकी इतनी बोझ न संभाल सकती थी। हाथ कांप रहा था। एक क्षण विलम्ब होने से छबड़ी के हाथ से छूटकर गिर पड़ने की सम्भावना थी। इसलिए वह जल्दी से बाहर निकल जाना चाहते थे। सहसा भोला ने छबड़ी उनके हाथ से छीन ली और त्योरियां बदलकर बोला — सेंत का माल नहीं है, जो लुटाने चले हो। छाती फाड़-फाड़कर काम करते हैं, तब दाना घर में आता है।

भोला — भीख, भीख की तरह दी जाती है, लुटायी नहीं जाती। हम तो एक बेला खाकर दिन काटते हैं कि पति-पानी बने रहे, और तुम्हें लुटाने की सूझी है। तुम्हें क्या मालूम कि घर में क्या हो रहा है।

सुजान ने इसका कोई जवाब न दिया। बाहर आकर भिखारी से कह दिया — बाबा, इस समय जाओ, किसी का हाथ खाली नहीं है, और पेड़ के नीचे बैठकर विचारों में मग्न हो गया। अपने ही घर में उसका यह अनादर! अभी यह अपाहिज नहीं; हाथ-पांव थके नहीं हैं; घर का

कुछ-न-कुछ काम करता ही रहता है। उस पर यह अनादर! उसी ने घर बनाया, यह सारी विभूति उसी के श्रम का फल है, पर अब इस घर का उसका कोई अधिकार नहीं रहा। अब वह द्वार का कुत्ता है, पड़ा रहे और घरवाले जो रूखा-सूखा दे दें, वह खाकर पेट भर लिया करे। ऐसे जीवन को धिक्कार है। सुजान ऐसे घर में नहीं रह सकता।

संध्या हो गयी थी। भोला का छोटा भाई शंकर नारियल भरकर लाया। सुजान ने नारियल दीवार से टिकाकर रख दिया। धीरे-धीरे तम्बाकू जल गया। ज़रा देर में भोला ने द्वार पर चारपाई डाल दी। सुजान पेड़ के नीचे से न उठा।

कुछ देर और गुजारी। भोजन तैयार हुआ। भोला बुलाने आया। सुजान ने कहा — भूख नहीं है। बहुत मनावन करने पर भी न उठा। तब बुलाकी ने आकर कहा — खाना खाने क्यों नहीं चलते? जी तो अच्छा है?

सुजान का सबसे अधिक क्रोध बुलाकी ही पर था। यह भी लड़कों के साथ है! यह बैठी देखती रही और भोला ने मेरे हाथ से अनाज छीन लिया। इसके मुंह से इतना भी न निकला कि ले जाते हैं, तो ले जाने दो। लड़कों को न मालूम हो कि मैंने कितने श्रम से यह गृहस्थी जोड़ी है, पर यह तो जानती है। दिन-को-दिन और रात-को-रात नहीं समझा। भादों की अंधेरी रात में मड़ैया लगा के जुआर की रखवाली करता था। जेठ-बैसाख की दोपहरी में भी दम न लेता था, और अब मेरा घर पर इतना भी अधिकार नहीं है कि भीख तक दे सकूं। माना कि भीख इतनी नहीं दी जाती लेकिन इनको तो चुप रहना चाहिए था, चाहे मैं घर में आग ही क्यों न लगा देता। कानून से भी मेरा कुछ होता है। मैं अपना हिस्सा नहीं खाता, दूसरों को खिला देता हूं; इसमें किसी के बाप का क्या साझा? अब इस वक़्त मनाने आयी है! इसे मैंने फूल की छड़ी से भी नहीं छुआ, नहीं तो गांव में ऐसी कौन औरत है, जिसने खसम की लातें न खायी हों, कभी कड़ी निग़ाह से देखा तक नहीं। रुपये-पैसे, लेना-देना, सब इसी के हाथ में दे रखा था। अब रुपये ज़मा कर लिये हैं, तो मुझी से घमंड करती है। अब इसे बेटे प्यारे हैं, मैं तो निखट्टू, लुटाऊ, घर-फूंकू घोंघा हूं। मेरी इसे क्या परवाह? तब लड़के न थे, जब बीमार पड़ी थी, और मैं गोद में उठाकर बैद्य के घर ले गया था। आज इसके बेटे हैं और यह उसकी मां है। मैं तो बाहर का आदमी।

मुझसे घर से मतलब ही क्या। बोला — अब खा-पीकर क्या करूंगा? हल जोतने से रहा, फावड़ा चलाने से रहा। मुझे खिलाकर दाने को क्यों खराब करेगी? रख दो, बेटे दूसरी बार खायेंगे।

बुलाकी — तुम तो ज़रा-ज़रा सी बात पर तिनक जाते हो। सच कहा है, बुढ़ापे में आदमी की बुद्धि मारी जाती है। भोला ने इतना तो कहा था, कि इतनी भीख मत ले जाओ, या और कुछ?

सुजान — हां, बेचारा इतना कहकर रह गया। तुम्हें तो मज़ा तब आता, जब वह ऊपर से दो-चार डंडे लगा देता। क्यों? अगर यही अभिलाषा है, तो पूरी कर लो। भोला खा चुका होगा, बुला लाओ। नहीं, भोला को क्यों बुलाती हो, तुम्हीं न ज़मा दो, दो-चार हाथ। इतनी

कसर है, वह भी पूरी हो जाय।

बुलाकी — हां, और क्या? यही तो नारी का धरम ही है। अपने भाग सराहो कि मुझ-जैसी सीधी औरत पा ली। जिस बल चाहते हो, बिठाते हो। ऐसी मुंहजोर होती, तो तुम्हारे घर में एक दिन भी निबाह न होता।

सुजान — हां, भाई, वह तो मैं ही कह रहा हूं कि देवी थी और हो। मैं तब भी राक्षस था और अब भी दैत्य हो गया हूं! बेटे कमाऊ हैं, उनकी-सी न कहोगी, तो क्या मेरी-सी कहोगी, मुझसे अब क्या लेना-देना है?

बुलाकी — तुम झगड़ा करने पर तुले बैठे हो और मैं झगड़ा बचाती हूं कि चार आदमी हंसेगे। चलकर खाना खा लो सीधे से, नहीं तो मैं जाकर सो रहूंगी।

सुजान — तुम भूखी क्यों सो रहोगी? तुम्हारे बेटों की तो कमाई है। हां, मैं बाहरी आदमी हूं?

बुलाकी — बेटे तुम्हारे भी तो हैं।

सुजान — नहीं, मैं ऐसे बेटों से बाज़ आया। किसी और के बेटे होंगे। मेरे बेटे होते, तो क्या मेरी दुर्गति होती।

बुलाकी — गालियां दोगे तो मैं कुछ कह बैठूंगी। सुनती थी, मर्द बड़े समझदार होते हैं, पर तुम सबसे न्यारे हो। आदमी को चाहिए कि जैसा समय देखे वैसा काम करे। अब हमारा और तुम्हारा निबाह इसी में है कि नाम के मालिक बने रहें और वही करें तो लड़कों को अच्छा लगे। मैं यह बात समझ गयी, तुम क्यों नहीं समझ पाते? जो कमाता है, उसी का घर में राज होता है, यही दुनिया का दस्तूर है। मैं बिना लड़कों से पूछे कोई काम नहीं करती; तुम क्यों अपने मन की करते हो? इतने दिनों तक तो राज कर लिया, अब क्यों इस माया में पड़े हो? आधी रोटी खाओ, भगवान् का भजन करो और पड़े रहो। चलो, खाना खा लो।

सुजान — तो अब मैं द्वार का कुत्ता हूं?

बुलाकी — बात जो थी, वह मैंने कह दी। अब अपने को जो चाहो समझो। सुजान न उठे। बुलाकी हारकर चली गयी।

4

सुजान के सामने अब एक नयी समस्या खड़ी हो गयी थी। वह बहुत दिनों से घर का स्वामी था और अब भी ऐसा ही समझता रहा। परिस्थिति में कितना उलटफेर हो गया था, इसकी उसे ख़बर न थी। लड़के उसका सेवा-सम्मान करते हैं, यह बात उसे भ्रम में डाले हुए थी। लड़के उसके सामने चिलम नहीं पीते, खाट पर नहीं बैठते, क्या यह सब उसके गृह-स्वामी होने का प्रमाण न था? पर आज उसे यह ज्ञात हुआ कि यह केवल श्रद्धा थी, उसके स्वामित्व का प्रमाण नहीं। अब तक जिस घर में राज्य किया, उसी घर में पराधीन बनकर वह नहीं रह

सकता। उसको श्रद्धा की चाह नहीं, सेवा की भूख नहीं। उसे अधिकार चाहिए। वह इस घर पर दूसरों का अधिकार नहीं देख सकता। मंदिर का पुजारी बनकर वह नहीं रह सकता।

न-जाने कितनी रात बाक़ी थी। सुजान ने उठकर गंड़ासे से बैलों का चारा काटना शुरू किया। सारा गांव सोता था, पर सुजान करवी काट रहे थे। इतना श्रम उन्होंने अपने जीवन में कभी न किया था। जब से उन्होंने काम करना छोड़ा था, बराबर चारे के लिए हाय-हाय पड़ी रहती थी। शंकर भी काटता था, भोला भी काटता था पर चारा पूरा न पड़ता था आज वह इन लौंड़ों को दिखा देंगे, चारा कैसे काटना चाहिए। उनके सामने कटिया का पहाड़ खड़ा हो गया। और टुकड़े कितने महीन और सुडौल थे, मानो सांचे में ढाले गये हों।

मुंह-अंधेरे बुलाकी उठी तो कटिया का ढेर देखकर दंग रह गयी। बोली — क्या भोला आज रात भर कटिया ही काटता रह गया? कितना कहा कि बेटा जी है जहान है, पर मानता ही नहीं। रात को सोया ही नहीं।

सुजान भगत ने ताने से कहा — वह सोता ही कब है? जब देखता हूं, काम ही करता रहता है। ऐसा कमाऊ संसार में और कौन होगा?

इतने में भोला आंखें मलता हुआ बाहर निकला। उसे भी यह ढेर देखकर आश्चर्य हुआ। मां से बोला — क्या यह शंकर आज बड़ी रात को उठा था, अम्मां?

बुलाकी — वह तो पड़ा सो रहा है। मैंने तो समझा तुमने काटी होगी।

भोला — मैं तो सबेरे उठ ही नहीं पाता। दिन भर चाहे जितना काम कर लूं, पर रात को मुझसे नहीं उठा जाता।

बुलाकी — तो क्या तुम्हारे दादा ने काटी है?

भोला — हां, मालूम तो होता है। रात भर सोये नहीं। मुझसे कल बड़ी भूल गई। अरे, वह तो हल लेकर जा रहे हैं! जान देने पर उतारू हो गये हैं क्या?

बुलाकी — क्रोधी तो सदा के हैं। अब किसी की सुनेंगे थोड़े ही।

भोला — शंकर को जगा दो, मैं भी जल्दी से मुंह-हाथ धोकर हल ले जाऊं।

जब और किसानों के साथ भोला हल लेकर खेत में पहुंचा, तो सुजान आधा खेत जोत चुके थे। भोला ने चुपके से काम करना शुरू किया। सुजान से कुछ बोलने की उसकी हिम्मत न पड़ी।

दोपहर हुआ। सभी किसानों ने हल छोड़ दिये। पर सुजान भगत अपने काम में मग्न हैं। भोला थक गया है। उसकी बार-बार इच्छा होती है कि बैलों को खोल दे। मगर डर के मारे कुछ कह नहीं सकता। सबको आश्चर्य हो रहा है कि दादा कैसे इतनी मेहनत कर रहे हैं।

आखिर डरते-डरते बोला — दादा, अब तो दोपहर हो गया। हल खोल दें न?

सुजान — हां, खोल दो। तुम बैलों को लेकर चलो, मैं डांड़ फेंक कर आता हूं।

भोला — मैं संझा को डांड़ फेंक दूंगा।

सुजान — तुम क्या फेंक दोगे। देखे नहीं हो, खेत कटारे की तरह गहरा हो गया। तभी तो बीच में पानी जम जाता है। इस गोइंड़ के खेत में बीस मन का बीघा होता था। तुम लोगों

ने इसका सत्यानाश कर दिया।

बैल खोल दिये गये। भोला बैलों को लेकर घर चला, पर सुजान डांड़ फेंकते रहे। आध घंटे के बाद डांड़ फेंककर वह घर आये। मगर थकान का नाम न था। नहा-खाकर आराम करने के बदले उन्होंने बैलों को सहलाना शुरू किया। उनकी पीठ पर हाथ फेरा, उनके पैर मले, पूंछ सहलायी। बैलों की पूंछे खड़ी थीं। सुजान की गोद में सिर रखे उन्हें अकथनीय सुख मिल रहा था। बहुत दिनों के बाद आज उन्हें यह आनंद प्राप्त हुआ था। उनकी आंखों में कृतज्ञता भरी हुई थी। मानो वे कह रहे थे, हम तुम्हारे साथ रात-दिन काम करने को तैयार हैं।

अन्य कृषकों की भांति भोला अभी कमर सीधी कर रहा था कि सुजान ने फिर हल उठाया और खेत की ओर चले। दोनों बैल उमंग से भरे दौड़े चले जाते थे, मानो उन्हें स्वयं खेत में पहुंचने की जल्दी थी।

भोला ने मड़ैया में लेटे-लेटे पिता को हल लिये जाते देखा, पर उठ न सका। उसकी हिम्मत छूट गयी। उसने कभी इतना परिश्रम न किया था। उसे बनी-बनायी गिरस्ती मिल गयी थी। उसे ज्यो-त्यों चला रहा था। इन दामों में वह घर का स्वामी बनने का इच्छुक न था। जवान आदमी को बीस धंधे होते हैं। हंसने-बोलने के लिए, गाने-बजाने के लिए भी तो उसे कुछ समय चाहिए। पड़ोस के गांव में दंगल हो रहा है। जवान आदमी कैसे अपने को वहां जाने से रोकेगा? किसी गांव में बारात आयी है, नाच-गाना हो रहा है। जवान आदमी क्यों उसके आनंद से वंचित रह सकता है, वृद्धजनों के लिए ये बाधाएं नहीं। उन्हें न नाच-गाने से मतलब, न खेल-तमाशे से गरज़, केवल अपने काम से काम है।

बुलाकी ने कहा — भोला, तुम्हारे दादा हल लेकर गये।

भोला — जाने दो अम्मा, मुझसे यह नहीं हो सकता।

5

सुजान भगत के इस नवीन उत्साह पर गांव की टीकाएं हुई — निकल गयी सारी भगती। बना हुआ था। माया में फंसा हुआ है। आदमी काहे को, भूत है।

मगर भगतजी के द्वारे पर अब फिर साधु-संत आसन जमाये देखे जाते हैं। उनका आदर-सम्मान होता है। अबकी उसकी खेती ने सोना उगल दिया है। बखारी में अनाज रखने की जगह नहीं मिलती। जिस खेत में पांच मन मुश्किल से होता था, उसी खेते में अबकी दस मन की उपज हुई है।

चैत का महीना था। खलिहानों में सतयुग का राज था। जगह-जगह अनाज के ढेर लगे हुए थे। यही समय है, जब कृषकों को भी थोड़ी देर के लिए अपना जीवन सफल मालूम होता है, जब गर्व से उनका हृदय उछलने लगता है। सुजान भगत टोकरे में अनाज-भर भरकर देते थे और दोनों लड़के टोकरे लेकर घर में अनाज रख आते थे। कितने ही भाट और भिक्षुक

भगतजी को घेरे हुए थे। उनमें वह भिक्षुक भी था, जो आज से आठ महीने पहले भगत के द्वार से निराश होकर लौट गया था।

सहसा भगत ने उस भिक्षुक से पूछा — क्यों बाबा, आज कहां-कहां चक्कर लगा आये?

भिक्षुक — अभी तो कहीं नहीं गया भगत जी, पहले तुम्हारे ही पास आया हूं।

भगत — अच्छा, तुम्हारे सामने यह ढेर है। इसमें से जितना अनाज उठाकर ले जा सको, ले जाओ।

भिक्षुक के पास एक चादर थी। उसने कोई दस सेर अनाज उसमें भरा और उठाने लगा। संकोच के मारे और अधिक भरने का उसे साहस न हुआ।

भगत उसके मन का भाव समझकर आश्वासन देते हुए बोले बस! इतना तो एक बच्चा उठा ले जायेगा।

भिक्षुक ने भोला की ओर संदिग्ध नेत्रों से देखकर कहा — मेरे लिए इतना ही बहुत है।

भगत — नहीं, तुम सकुचाते हो। अभी और भरो।

भिक्षुक ने एक पसेरी अनाज और भरा, और फिर भोला की ओर सशंक दृष्टि से देखने लगा।

भगत — उसकी ओर क्यों देखते हो, बाबाजी? मैं जो कहता हूं, वह करो। तुमसे जितना उठाया जा सके, उठा लो।

भिक्षुक डर रहा था कि कहीं उसने अनाज भर लिया और भोला ने गठरी न उठाने दी, तो कितनी भद्द होगी। और भिक्षुकों को हंसने का अवसर मिल जायेगा। सब यही कहेंगे कि भिक्षुक कितना लोभी है। उसे और अनाज भरने की हिम्मत नहीं पड़ी।

तब सुजान भगत ने चादर लेकर उसमें अनाज भरा और गठरी बांध कर बोले — इसे उठा ले जाओ।

भिक्षुक — बाबा, इतना मुझसे उ० न सकेगा।

भगत — अरे! इतना भी न उठ सकेगा! बहुत होगा तो मन भर। भला ज़ोर तो लगाओ, देखूं उठा सकते हो या नहीं। भिक्षुक ने गठरी को आजमाया। भारी थी। जगह से हिली भी नहीं। बोला — भगत जी, यह मुझसे न उठ सकेगी!

भगत — अच्छा, बताओ किस गांव में रहते हो?

भिक्षुक — बड़ी दूर है भगतजी, अमोला का नाम तो सुना होगा!

भगत — अच्छा, आगे-आगे चलो, मैं पहुंचा दूंगा।

यह कहकर भगत ने ज़ोर लगाकर गठरी उठायी और सिर पर रखकर भिक्षुक के पीछे हो लिये। देखनेवाले भगत का यह पौरुष देखकर चकित हो गये। उन्हें क्या मालूम था कि भगत पर इस समय कौन-सा नशा था। आठ महीने के निरंतर अविरल परिश्रम का आज उन्हें फल मिला था। आज उन्होंने अपना खोया हुआ अधिकार फिर पाया था। वही तलवार, जो केले को भी नहीं काट सकती, सान पर चढ़कर लोहे को काट देती है। मानव-जीवन में लाग बड़े

महत्त्व की वस्तु है। जिसमें लाग है, वह बूढ़ा भी हो तो जवान है। जिसमें लाग नहीं, गैरत नहीं, वह जवान भी मृतक है। सुजान भगत में लाग थी और उसी ने उन्हें अमानुषीय बल प्रदान कर दिया था। चलते समय उन्होंने भोला की ओर सगर्व नेत्रों से देखा और बोले — ये भाट और भिक्षुक खड़े हैं, कोई खाली हाथ न लौटने पाये।

भोला सिर झुकाये खड़ा था, उसे कुछ बोलने का हौसला न हुआ। वृद्ध पिता ने उसे परास्त कर दिया था।

❑❑❑

पिसनहारी का कुआँ

गोमती ने मृत्यु-शय्या पर पड़े हुए चौधरी विनायकसिंह से कहा — चौधरी, मरे जीवन की यही लालसा थी।

चौधरी ने गम्भीर होकर कहा — इसकी कुछ चिंता न करो काकी; तुम्हारी लालसा भगवान् पूरी करेंगे। मैं आज ही से मज़ूरों को बुलाकर काम पर लगाये देता हूं। दैव ने चाहा, तो तुम अपने कुएं का पानी पियोगी। तुमने तो गिना होगा, कितने रुपये हैं?

गोमती ने एक क्षण आंखें बंद करके, बिखरी हुई स्मृति को एकत्र करके कहा — भैया मैं क्या जानूं, कितने रुपये हैं? जो कुछ हैं, वह इसी हांड़ी में हैं। इतना करना कि इतने ही में काम चल जाय। किसके सामने हाथ फैलाते फिरोगे?

चौधरी ने बंद हांड़ी को उठाकर हाथों से तोलते हुए कहा — ऐसा तो करेंगे ही काकी; कौन देने वाला है। एक चुटकी भीख तो किसी के घर से निकलती नहीं, कुआं बनवाने को कौन देता है? धन्य हो तुम कि अपनी उम्र भर की कमाई इस धर्म-काज के लिए दे दी।

गोमती ने गर्व से कहा — भैया, तुम तो तब बहुत छोटे थे। तुम्हारे काका मरे तो हाथ में एक कौड़ी भी न थी। दिन-दिन भर भूखी पड़ी रहती। जो कुछ उनके पास था, वह सब उनकी बीमारी में उठ गया। वह भगवान् के बड़े भक्त थे। इसीलिए भगवान् ने उन्हें जल्दी से बुला लिया। उस दिन से आज तक तुम देख रहे हो कि किस तरह दिन काट रही हूं। मैंने एक-एक रात में मन-मन भर अनाज पीसा है; बेटा! देखने वाले अचरज मानते थे। न-जाने इतनी ताकत मुझमें कहां से आ जाती थी। बस, यही लालसा रही कि उसके नाम का एक छोटा-सा कुआं गांव में बन जाय। नाम तो चलना चाहिए। इसलिए तो आदमी बेटे-बेटी को रोता है।

इस तरह चौधरी विनायकसिंह को वसीयत करके, उसी रात को बुढ़िया गोमती परलोक सिधारी। मरते समय अंतिम शब्द, जो उसके मुख से निकले, वे यही थे — कुआं बनवाने में देर न करना। उसके पास धन है, यह तो लोगों का अनुमान था; लेकिन दो हज़ार है, इसका किसी को अनुमान न था। बुढ़िया अपने धन को ऐब की तरह छिपाती थी। चौधरी गांव का

मुखिया और नीयत का साफ़ आदमी था। इसलिए बुढ़िया ने उससे यह अंतिम आदेश किया था।

2

चौधरी ने गोमती के क्रिया-कर्म में बहुत रुपये खर्च न किये। ज्योंही इन संस्कारों से छुट्टी मिली, वह अपने बेटे हरनाथसिंह को बुलाकर ईंट, चूना, पत्थर का तखमीना करने लगे। हरनाथ अनाज का व्यापार करता था। कुछ देर तक तो वह बैठा सुनता रहा, फिर बोला —अभी दो-चार महीने कुआं न बने तो कोइ बड़ा हरज़ है?

चौधरी ने 'हुँह!' करके कहा — हरज़ तो कुछ नहीं, लेकिन देर करने का काम ही क्या है। रुपये उसने दे ही दिये हैं, हमें तो सेंत में यश मिलेगा। गोमती ने मरते-मरते जल्द कुआं बनवाने को कहा था!

हरनाथ — हां, कहां तो था, लेकिन आजकल बाज़ार अच्छा है। दो-तीन हज़ार का अनाज भर लिया जाय; तो अगहन-पूस तक सवाया हो जायेगा। मैं आपको कुछ सूद दे दूंगा। चौधरी का मन शंका और भय से दुविधा में पड़ गया। दो हज़ार के कहीं ढाई हज़ार हो गये, तो क्या कहना। जगमोहन में कुछ बेल-बूटे बनवा दूंगा। लेकिन भय था कि कहीं घाटा हो गया तो? इस शंका को वह छिपा न सके, बोले — जो कहीं घाटा हो गया तो?

हरनाथ ने तड़पकर कहा — घाटा क्या हो जायेगा, कोई बात है?

'मान लो, घाटा हो गया तो?'

हरनाथ ने उत्तेजित होकर कहा — यह कहो कि तुम रुपये नहीं देना चाहते, बड़े धर्मात्मा बने हो!

अन्य वृद्धजनों की भांति चौधरी भी बेटे से दबते थे। कातर स्वर में बोले — मैं यह कब कहता हूं कि रुपये न दूंगा। लेकिन पराया धन है, सोच-समझकर ही तो उसमें हाथ लगाना चाहिए। बजि-व्यापार का हाल कौन जानता है? कहीं भाव और गिर जाय तो? अनाज में घुन ही लग जाय, कोई मुद्दई घर में आग लगा दे। सब बातें सोच लो अच्छी तरह।

हरनाथ ने व्यंग्य से कहा — इस तरह सोचना है, तो यह क्यों नहीं सोचते कि कोई चोर ही उठा ले जाय; या बनी-बनायी दीवार बैठ जाय? ये बातें भी तो होती ही हैं।

चौधरी के पास अब और कोई दलील न थी, कमज़ोर सिपाही ने ताल तो ठोंकी, अखाड़े में उतर पड़ा; पर तलवार की चमक देखते ही हाथ-पांव फूल गये। बगलें झांककर चौधरी ने कहा — तो कितना लोगे?

हरनाथ कुशल योद्धा की भांति, शत्रु को पीछे हटता देखकर, बफरकर बोला — सब-का-सब दीजिए, सौ-पचास रुपये देते किसी ने न देखा था। लोक-निंदा की संभावना भी न थी। हरनाथ ने अनाज भरा। अनाजों के बोरों का ढेर लग गया। आराम की मीठी नींद

सोनेवाले चौधरी अब सारी रात बोरों की रखवाली करते थे, मज़ाल न थी कि कोई चुहिया बोरों में घुस जाय। चौधरी इस तरह झपटते थे कि बिल्ली भी हार मान लेती। इस तरह छः महीने बीत गये। पौष में अनाज बिका, पूरे 500 रु. का लाभ हुआ।

हरनाथ ने कहा — इसमें से 50 रु. आप ले लें।

चौधरी ने झल्लाकर कहा — 50 रु. क्या ख़ैरात ले लूं? किसी महाजन से इतने रुपये लिये होते तो कम-से-कम 200 रु. सूद के होते; मुझे तुम दो-चार रुपये कम दे दो, और क्या करोगे?

हरनाथ ने बतबढ़ाव न किया। 150 रु. चौधरी को दे दिया। चौधरी की आत्मा इतनी प्रसन्न कभी न हुई थी। रात को वह अपनी कोठरी में सोने गया, तो कलेजा धक्-धक् करने लगा। वह नींद में न था। कोई नशा न खाया था। गोमती सामने खड़ी मुस्कुरा रही थी। हां, उस मुरझाये हुए मुख पर एक विचित्र स्फूर्ति थी।

3

कई साल बीत गये! चौधरी बराबर इस फ़िक्र में रहते कि हरनाथ से रुपये निकाल लूं लेकिन हरनाथ हमेशा ही हीले-हवाले करता रहता था। वह साल में थोड़ा-सा ब्याज दे देता, पर मूल के लिए हज़ार बातें बनाता था। कभी लेहने का रोना था, कभी चुकते का। हां, कारोबार बढ़ता जाता था। आखिर एक दिन चौधरी ने उससे साफ़-साफ़ कह दिया कि तुम्हारा काम चले या डूबे। मुझे परवा नहीं, इस महीने में तुम्हें अवश्य रुपये चुकाने पड़ेंगे। हरनाथ ने बहुत उड़नघाइयां बतायीं, पर चौधरी अपने इरादे पर जमे रहे।

हरनाथ ने झुंझलाकर कहा — कहता हूं कि दो महीने और ठहरिए। माल बिकते ही मैं रुपये दे दूंगा।

चौधरी ने दृढ़ता से कहा — तुम्हारा माल कभी न बिकेगा, और न तुम्हारे दो महीने कभी पूरे होंगे। मैं आज रुपये लूंगा।

हरनाथ उसी वक़्त क्रोध में भरा हुआ उठा और दो हज़ार रुपये लाकर चौधरी के सामने ज़ोर से पटक दिये।

चौधरी ने कुछ झेंपकर कहा — रुपये तो तुम्हारे पास थे।

'और क्या बातों से रोजगार होता है?'

'तो मुझे इस समय 500रु. दे दो, बाक़ी दो महीने में देना। सब आज ही तो ख़र्च न हो जायेंगे।'

हरनाथ ने ताव दिखाकर कहा — आप चाहे ख़र्चा कीजिए, चाहे ज़मा कीजिए, मुझे रुपयों का काम नहीं। दुनिया में क्या महाजन मर गये हैं, जो आपकी धौंस सहूं?

चौधरी ने रुपये उठाकर एक ताक पर रख दिये। कुएं की दागबेल डालने का सारा उत्साह

ठंडा पड़ गया।

हरनाथ ने रुपये लौटा तो दिये थे, पर मन में कुछ और मनसूबा बांध रखा था। आधी रात को जब घर में सन्नाटा छा गया, तो हरनाथ चौधरी के कोठरी की चूल खिसकाकर अंदर घुसा। चौधरी बेखबर सोये थे। हरनाथ ने चाहा कि दोनों थैलियां उठाकर बाहर निकल जाऊं, लेकिन ज्यों ही हाथ बढ़ाया, उसे अपने सामने गोमती खड़ी दिखायी दी। वह दोनों थैलियों को दोनों हाथों से पकड़े हुए थी। हरनाथ भयभीत होकर पीछे हट गया।

फिर यह सोचकर कि शायद मुझे धोखा हो रहा हो, उसने फिर हाथ बढ़ाया, पर अबकी वह मूर्ति इतनी भयंकर हो गयी कि हरनाथ एक क्षण भी वहां खड़ा न रह सका। भागा, पर बरामदे ही में अचेत होकर गिर पड़ा।

4

हरनाथ ने चारों तरफ़ से अपने रुपये वसूल करके व्यापारियों को देने के लिए ज़मा कर रखे थे। चौधरी ने आंखें दिखायीं, तो वही रुपये लाकर पटक दिया। दिल में उसी वक़्त सोच लिया था कि रात को रुपये उड़ा लाऊंगा। झूठ-मूठ चोर का गुल मचा दूंगा, तो मेरी ओर संदेह भी न होगा। पर जब यह पेश बंदी ठीक न उतरी, तो उस पर व्यापारियों के तगादे होने लगे। वादों पर लोगों को कहां तक टालता, जितने बहाने हो सकते थे, सब किये। आखिर वह नौबत आ गयी कि लोग नालिश करने की धमकियां देने लगे। एक ने 300रु. की नालिश कर भी दी। बेचारे चौधरी बड़ी मुश्क़िल में फंसे। दूकान पर हरनाथ बैठता था, चौधरी को उससे कोई वास्ता न था, पर उसकी जो साख थी वह चौधरी के कारण। लोग चौधरी को खरा और लेन-देन का साफ़ आदमी समझते थे। अब भी यद्यपि कोई उनसे तकाज़ा न करता था, पर वह सबसे मुंह छिपाते फिरते थे। लेकिन उन्होंने यह निश्चय कर लिया था, कुएं के रुपये न छुऊंगा चाहे जो कुछ आ पड़े।

रात को एक व्यापारी के मुसलमान चपरासी ने चौधरी के द्वार पर आकर हज़ारों गालियां सुनायीं। चौधरी को बार-बार क्रोध आता था कि चलकर मूछें उखाड़ लूं, पर मन को समझाया, 'हमसे मतलब ही क्या है, बेटे का कर्ज़ चुकाना बाप का धर्म नहीं है।'

जब भोजन करने गये, तो पत्नी ने कहा — यह सब क्या उपद्रव मचा रखा है।

'और किसने मचा रखा है? बच्चा कसम खाते हैं कि मेरे पास केवल थोड़ा-सा माल है, रुपये तो सब तुमने मांग लिये।'

चौधरी — मांग न लेता तो क्या करता, हलवाई की दूकान पर दादा का फ़ातेहा पढ़ना मुझे पसंद नहीं।

स्त्री — यह नाक-कटाई अच्छी लगती है?

चौधरी — तो मेरा क्या बस है भाई, कभी कुआं बनेगा कि नहीं? पांच साल हो गये।

स्त्री — इस वक़्त उसने कुछ नहीं खाया। पहली जून भी मुंह जूठा करके उठ गया था।

चौधरी — तुमने समझाकर खिलाया नहीं, दाना-पानी छोड़ देने से तो रुपये न मिलेंगे।

स्त्री — तुम क्यों नहीं जाकर समझा देते?

चौधरी — मुझे तो इस वक़्त बैरी समझ रहा होगा!

स्त्री — मैं रुपये ले जाकर बच्चा को दिये आती हूं, हाथ में जब रुपये आ जायं, तो कुआं बनवा देना।

चौधरी — नहीं, नहीं, ऐसा ग़जब न करना, मैं इतना बड़ा विश्वासघात न करूंगा, चाहे घर मिट्टी ही में मिल जाय।

लेकिन स्त्री ने इन बातों की ओर ध्यान न दिया। वह लपककर भीतर गयी और थैलियों पर हाथ डालना चाहती थी कि एक चीख मारकर हट गयी। उसकी सारी देह सितार के तार की भांति कांपने लगी।

चौधरी ने घबराकर पूछा — क्या हुआ, क्या? तुम्हें चक्कर तो नहीं आ गया? स्त्री ने ताक की ओर भयातुर नेत्रों से देखकर कहा — चुड़ैल वहां खड़ी है?

चौधरी ने ताक की ओर देखकर कहा — कौन चुड़ैल? मुझे तो कोई नहीं दिखता।

स्त्री — मेरा तो कलेजा धक्‌धक्‌ कर रहा है। ऐसा मालूम हुआ, जैसे उस बुढ़िया ने मेरा हाथ पकड़ लिया है।

चौधरी — यह सब भ्रम है। बुढ़िया को मरे पांच साल हो गये, अब तक यहां बैठी है?

स्त्री — मैंने साफ़ देखा, वही थी। बच्चा भी कहते थे कि उन्होंने रात को थैलियों पर हाथ रखे देखा था!

चौधरी — वह रात को मेरी कोठरी में कब आया?

स्त्री — तुमसे कुछ रुपयों के विषय ही में कहने आया था। उसे देखते ही भागा।

चौधरी — अच्छा; फिर तो अंदर जाओ, मैं देख रहा हूं।

स्त्री ने कमर पर हाथ रखकर कहा — न बाबा, अब मैं उस कमरे में कदम न रखूंगी।

चौधरी — अच्छा, मैं जाकर देखता हूं।

चौधरी ने कोठरी में जाकर दोनों थैलियां ताक पर से उठा लीं। किसी प्रकार की शंका न हुई। गोमती की छाया का कहीं नाम भी न था। स्त्री द्वार पर खड़ी झांक रही थी। चौधरी ने आकर गर्व से कहा — मुझे तो कहीं कुछ न दिखाई दिया। वहां होती, तो कहां चली जाती?

स्त्री — क्या जाने, तुम्हें क्यों नहीं दिखाई दी? तुमने उसे स्नेह था, इसी से हट गयी होगी।

चौधरी — तुम्हें भ्रम था; और कुछ नहीं।

स्त्री — बच्चा को बुलाकर पुछाये देती हूं।

चौधरी — खड़ा तो हूं, आकर देख क्यों नहीं लेती?

स्त्री को कुछ आश्वासन हुआ। उसने ताक के पास जाकर डरते-डरते हाथ बढ़ाया — ज़ोर से चिल्ला कर भागी और आंगन में आकर दम लिया।

चौधरी भी उसके साथ आंगन में आ गया और विस्मय से बोला — क्या था, क्या? व्यर्थ में भागी चली आयी। मुझे तो कुछ न दिखाई दिया।

स्त्री ने हांफते हुए तिरस्कारपूर्ण स्वर में कहा — चलो हटो, अब तक तो तुमने मेरी जान ही ले ली थी। न-जाने तुम्हारी आंखों को क्या हो गया है। खड़ी तो है वह डायन!

इतने में हरनाथ भी वहां आ गया। माता को आंगन में पड़े देखकर बोला — क्या है अम्मां, कैसा जी है?

स्त्री — वह चुड़ैल आज दो बाद दिखाई दी, बेटा। मैंने कहा — लाओ तुम्हें रुपये दे दूं। फिर जब हाथ में आ जायेंगे, तो कुआं बनवा दिया जायेगा। लेकिन ज्यों ही थैलियों पर हाथ रखा, उस चुड़ैल ने मेरा हाथ पकड़ लिया। प्राण-से निकल गये।

हरनाथ ने कहा — किसी अच्छे ओझा को बुलाना चाहिए, जो इसे मार भगाये।

चौधरी — क्या रात को तुम्हें भी दिखाई दी थी?

हरनाथ — हां, मैं तुम्हारे पास एक मामले में सलाह करने आया था। ज्यों ही अंदर कदम रखा, वह चुड़ैल ताक के पास खड़ी दिखाई दी, मैं बदहवास होकर भागा।

चौधरी — अच्छा, फिर तो जाओ।

स्त्री — कौन, अब तो मैं न जाने दूं, चाहे कोई लाख रुपये ही क्यों न दे।

हरनाथ — मैं अब न जाऊंगा।

चौधरी — मगर मुझे कुछ दिखाई नहीं देता। यह बात क्या है?

हरनाथ — क्या जाने, आपसे डरती होगी। आज किसी ओझा को बुलाना चाहिए।

चौधरी — कुछ समझ में नहीं आता, क्या माजरा है। क्या हुआ बैजू पांड़े की डिग्री का?

हरनाथ इन दिनों चौधरी से इतना जलता था कि अपनी दूकान के विषय की कोई बात उनसे न कहता था। आंगन की तरफ़ ताकता हुआ मानो हवा से बोला — जो होना होगा, वह होगा, मेरी जान के सिवा और कोई क्या ले लेगा? जो खा गया हूं, वह तो उगल नहीं सकता।

चौधरी — कहीं उसने डिग्री ज़ारी कर दी तो?

हरनाथ — तो क्या? दूकान में चार-पांच सौ का माल है, वह नीलाम हो जायेगा।

चौधरी — कारोबार तो सब चौपट हो जायेगा?

हरनाथ — अब कारोबार के नाम को कहां तक रोऊं। अगर पहले से मालूम होता कि कुआं बनवाने की इतनी जल्दी है, तो यह काम छेड़ता ही क्यों? रोटी-दाल तो पहले भी मिल जाती थी। बहुत होगा, दो-चार महीने हवालात में रहना पड़ेगा। इसके सिवा और क्या हो सकता है?

माता ने कहा — जो तुम्हें हवालात में ले जाय, उसका मुंह झुलस दूं! हमारे जीते-जी तुम हवालात में जाओगे!

हरनाथ ने दार्शनिक बनकर कहा — मां बाप जन्म के साथी होते हैं, किसी के कर्म के साथी नहीं होते।

चौधरी को पुत्र से प्रगाढ़ प्रेम था। उन्हें शंका हो गयी थी कि हरनाथ रुपये हज़म करने के लिए टाल–मटोल कर रहा है। इसलिए उन्होंने आग्रह करके रुपये वसूल कर लिये थे। अब उन्हें अनुभव हुआ कि हरनाथ के प्राण सचमुच संकट में हैं। सोचा — अगर लड़के को हवालात हो गयी; तो कुल–मर्यादा धूल में मिल जायेगी। क्या हरज़ है, अगर गोमती के रुपये दे दूं। आखिर दूकान चलती ही है, कभी–न–कभी तो रुपये हाथ में आ ही जायेंगे।

एकाएक किसी ने बाहर से पुकारा — 'हरनाथसिंह!' हरनाथ के मुख पर हवाइयां उड़ने लगी। चौधरी ने पूछा — कौन है?

'कुर्क अमीन।'

'क्या दूकान कुर्क कराने आया है?'

'हां, मालूम तो होता है।'

'कितने रुपयों की डिग्री है।'

'1200 रु. की।'

'कुर्क–अमीन कुछ लेने–देने से न ट्लेगा?'

'ट्ल तो जाता पर महाजन भी तो उसके साथ होगा। उसे जो कुछ लेना है, उधर से ले चुका होगा।'

'न हो, 1200 रु. गोमती के रुपयों में से दे दो।'

'उसके रुपये कौन छुएगा। न–जाने घर पर क्या आफ़त आये।'

'उसके रुपये कोई हज़म थोड़ी ही किये लेता है; चलो मैं दे दूं!'

चौधरी को इस समय भय हुआ, कहीं मुझे भी वह न दिखाई दे। लेकिन उनकी शंका निर्मूल थी। उन्होंने एक थैली से 220 रु. निकाले और दूसरी थैली में रखकर हरनाम को दे दिये। संध्या तक इन 2000 रु. में एक रुपया भी न बचा।

5

बारह साल गुज़र गये। न चौधरी अब इस संसार में हैं, न हरनाथ। चौधरी जब तक जिये, उन्हें कुएं की चिंता बनी रही; यहां तक कि मरते दम भी उनकी ज़बान पर कुएं की रट लगी हुई थी। लेकिन दूकान में सदैव रुपयों का तोड़ा रहा। चौधरी के मरते ही सारा कारोबार चौपट हो गया। हरनाथ ने आने रुपये लाभ से संतुष्ट न होकर दूने–तिगुने लाभ पर हाथ मारा — जुआ खेलना शुरु किया। साल भी न गुज़रने पाया था कि दूकान बंद हो गयी। गहने–पाते, बरतन भाड़े, सब मिट्टी में मिल गये। चौधरी की मृत्यु के ठीक साल भर बाद, हरनाथ ने भी इस हानि–लाभ के संसार से पयान किया। माता के जीवन का अब कोई सहारा न रहा। बीमार पड़ी, पर दवा–दर्पन न हो सकी। तीन–चार महीने तक नाना प्रकार के कष्ट झेलकर वह भी चल बसी। अब केवल बहू थी, वह भी गर्भिणी। उस बेचारी के लिए अब कोई आधार न था।

इस दशा में मज़दूरी भी न कर सकती थी। पड़ोसियों के कपड़े सी-सीकर उसने किसी भांति पांच-छः महीने काटे। तेरे लड़का होगा। सारे लक्षण बालक के से थे। यही एक जीवन का आधार था। जब कन्या हुई तो यह आधार भी जाता रहा। माता ने अपना हृदय इतना कठोर कर लिया कि नवजात शिशु को छाती भी न लगाती। पड़ोसियों के बहुत समझाने-बुझाने पर छाती से लगाया, पर उसकी छाती में दूध की एक बूंद भी न थी। उस समय अभागिनी माता के हृदय के करूणा, वात्सल्य और मोह का एक भूकम्प-सा आ गया। अगर किसी उपाय से स्तन की अंतिम बूंद दूध बन जाती, तो वह अपने को धन्य मानती।

बालिका की वह भोली, दीन, याचनामय, सतृष्ण छवि देखकर उसका मातृ-हृदय मानो सहस्र नेत्रों में रुदन करने लगा। उसके हृदय की सारी शुभेच्छाएं, सारा आशीर्वाद, सारी विभूति, सारा अनुराग मानो उसकी आंखों से निकलकर उस बालिका को उसी भांति रंजित कर देता था जैसे इंदु का शीतल प्रकाश पुष्प को रंजित कर देता है; पर उस बालिका के भाग्य में मातृ-प्रेम के सुख न बदे थे! माता ने कुछ अपना रक्त, कुछ ऊपर का दूध पिलाकर उसे जिलाया, पर उसकी दशा दिनोंदिन जीर्ण होती जाती थी।

एक दिन लोगों ने जाकर देखा, तो वह भूमि पर पड़ी हुई थी और बालिका उसकी छाती से चिपटी उसके स्तनों को चूस रही थी। शोक और दरिद्रता से आहत शरीर में रक्त कहां जिससे दूध बनता।

वही बालिका पड़ोसियों की दया-भिक्षा से पलकर एक दिन घास खोदती हुई उस स्थान पर जा पहुंची, जहां बुढ़िया गोमती का घर था। छप्पर कब के पंचभूतों में मिल चुके थे। केवल जहां-तहां दीवारों के चिह्न बाक़ी थे। कहीं-कहीं आधी-आधी दीवारें खड़ी थीं। बालिका ने न-जाने क्या सोचकर खुरपी से गड्ढ़ा खोदना शुरू किया। दोपहर से सांझ तक वह गड्ढ़ा खोदती रही। न खाने की सुध थी, न पीने की। न कोई शंका थी, न भय। अंधेरा हो गया; पर वह ज्यों-की-त्यों बैठी गड्ढ़ा खोद रही थी। उस समय किसान लोग भूलकर भी उधर से न निकलते थे, पर बालिका निःशंक बैठी भूमि से मिट्‌टी निकाल रही थी। जब अंधेरा हो गया तो वह चली गयी।

दूसरे दिन वह बड़े सबेरे उठी और इतनी घास खोदी, जितनी वह कभी दिन भर में न खोदती थी। दोपहर के बाद वह अपनी खांची और खुरपी लिए फिर उसी स्थान पर पहुंची, पर वह आज अकेली न थी, उसके साथ दो बालक और भी थे। तीनों वहां सांझ तक 'कुआं-कुआं' खोदते रहे। बालिका गड्ढ़े के अंदर खोदती थी और दोनों बालक मिट्‌टी निकाल-निकालकर फेंकते थे।

तीसरे दिन दो लड़के और भी उस खेल में मिल गये। शाम तक खेल होता रहा। आज गड्ढ़ा दो हाथ गहरा हो गया था। गांव के बालक-बालिकाओं मे इस विलक्षण खेल ने अभूतपूर्व उत्साह भर दिया था।

चौथे दिन और भी कई बालक आ मिले। सलाह हुई, कौन अंदर जाय, कौन मिट्‌टी उठाये, कौन झौआ खींचे। गड्ढ़ा अब चार हाथ गहरा हो गया था, पर अभी तक बालकों के सिवा

और किसी को उसकी खबर न थी।

एक दिन रात को एक किसान अपनी खोयी हुई भैंस ढूंढ़ता हुआ उस खंड़हर में जा निकला। अंदर मिट्टी का ऊंचा ढेर, एक बड़ा-सा गड्ढ़ा और एक टिमटिमाता हुआ दीपक देखा, तो डरकर भागा। औरों ने भी आकर देखा, कई आदमी थे। कोई शंका न थी। समीप जाकर देखा, तो बालिका बैठी थी। एक आदमी ने पूछा — अरे, क्या तूने यह गड्ढ़ा खोदा है?

बालिका ने कहा — हां।

'गड्ढ़ा खोदकर क्या करेगी'

'यहां कुआं बनाऊंगी।'

'कुआं कैसे बनायेगी?'

'जैसे इतना खोदा है वैसे ही इतना और खोद लूंगी। गांव के सब लड़के खेलने आते हैं।'

'मालूम होता है, तू अपनी जान देगी और अपने साथ और लड़कों को भी मारेगी। खबरदार, जो कल से गड्ढा खोदा!'

दूसरे दिन और लड़के न आये, बालिका भी दिन भर मजूरी करती रही। लेकिन संध्या-समय वहां फिर दीपक जला और फिर वह खुरपी हाथ में लिये वहां बैठी दिखाई दी।

गांव वालों ने उसे मारा-पीटा, कोठरी में बंद किया, पर वह अवकाश पाते ही वहां जा पहुंचती।

गांव के लोग प्रायः श्रद्धालु होते हैं, बालिका के इस अलौकिक अनुराग ने आखिर उनमें भी अनुराग उत्पन्न किया। कुआं खुदने लगा।

इधर कुआं खुद रहा था उधर बालिका मिट्टी से ईंटें बनाती थी। इस खेल में सारे गांव के लड़के शरीक होते थे। उजाली रातों में जब सब लोग सो जाते, तब भी वह ईंटें थापती दिखाई देती। न-जाने इतनी लगन उसमें कहां से आ गयी थी। सात वर्ष की उम्र क्या होती है? लेकिन सात वर्ष की वह लड़की बुद्धि और बातचीत में अपनी तिगुनी उम्रवालों के कान काटती थी।

आखिर एक दिन वह भी आया कि कुआ बंध गया और उसकी पक्की जगत तैयार हो गयी। उस दिन बालिका जगत पर सोयी। आज उसके हर्ष की सीमा न थी। गाती थी, चहकती थी।

प्रातःकाल उस जगत पर केवल उसकी लाश मिली। उस दिन से लोगों ने कहना शुरू किया, यह वही बुढ़िया गोमती थी! इस कुएं का नाम 'पिसनहारी का कुआं' पड़ा।

□□□

सोहाग का शव

मध्यप्रदेश के एक पहाड़ी गांव में एक छोटे-से घर की छत पर एक युवक मानो संध्या की निस्तब्धता में लीन बैठा था। सामने चन्द्रमा के मलिन प्रकाश में ऊंची पर्वतमालाएं अनन्त के स्वप्न की भांति गम्भीर, रहस्यमय, संगीतमय, मनोहर मालूम होती थीं, उन पहाड़ियों के नीचे जलधारा की रौप्य रेखा ऐसी मालूम होती थी, मानो उन पर्वतों का समस्त संगीत, समस्त गाम्भीर्य, सम्पूर्ण रहस्य इसी उज्जवल प्रवाह में लीन हो गया हो। युवक की वेषभूषा से प्रकट होता था कि उसकी दशा बहुत सम्पन्न नहीं है। हां. उसके मुख से तेज़ और मनस्विता झलक रही थी। उसकी आंखों पर ऐनक न थी, न मूंछें मुड़ी हुई थीं, न बाल संवारे हुए थे, कलाई पर घड़ी न थी; यहां तक कि कोट की जेब में फाउण्डेशन भी न था। या तो वह सिद्धान्तों का प्रेमी था, या आडम्बरों का शत्रु।

युवक विचारों में मौन उसी पर्वतमाला की ओर देख रहा था कि सहसा बादल की गरज़ से भी भयंकर ध्वनि सुनाई दी। नदी का मधुर गान उस भीषण नाद में डूब गया। ऐसा मालूम हुआ, मानो, उस भयंकर नाद ने पर्वतों को भी हिला दिया है, मानों पर्वतों में कोई घोर संग्राम छिड़ गया है। यह रेलगाड़ी थी, जो नदी पर बने हुए पुल से चली आ रही थी।

एक युवती कमरे से निकलकर छत पर आयी और बोली — आज अभी से गाड़ी आ गयी। इसे भी आज ही बैर निभाना था।

युवक ने युवती का हाथ पकड़कर कहा — प्रिये! मेरा जी चाहता है; कहीं न जाऊं; मैंने निश्चय कर लिया है। मैंने तुम्हारी ख़ातिर से हामी भर ली थी, पर अब जाने की इच्छा नहीं होती। तीन साल कैसे कटेंगे?

युवती ने कातर स्वर में कहा — तीन साल के वियोग के बाद फिर तो जीवन-पर्यन्त कोई बाधा न खड़ी होगी। एक बार जो निश्चय कर लिया है, उसे पूरा ही कर डालो, अनंत सुख की आशा में मैं सारे कष्ट झेल लूंगी।

यह कहते हुए युवती जलपान लाने के बहाने से फिर भीतर चली गयी। आंसुओं का आवेग उसके काबू से बाहर हो गया। इन दोनों प्राणियों के वैवाहिक जीवन की यह पहली ही वर्षगांठ

थी। युवक बम्बई-विश्वविद्यालय से एम0 ए0 की उपाधि लेकर नागपुर के एक कॉलेज में अध्यापक था। नवीन युग की नयी-नयी वैवाहिक और समाजिक क्रांतियों ने उसे लेशमात्र भी विचलित न किया था। पुरानी प्रथाओं से ऐसी प्रगाढ़ ममता कदाचित् वृद्धजनों को भी कम होगी। प्रोफ़ेसर हो जाने के बाद उसके माता-पिता ने इस बालिका से उसका विवाह कर दिया था। प्रथानुसार ही उस आंख-मिचौनी के खेल में उन्हें प्रेम का रत्न मिल जाता। ये दो-चार दिन मीठे स्वप्न के सामन कट जाते थे। दोनों बालकों की भांति रो-रोकर विदा होते। इसी कोठे पर खड़ी होकर वह उसको देखा करती, जब तक निर्दयी पहाड़ियां उसे आड़ में न कर लेतीं। पर अभी साल भी न गुज़रने पाया था कि वियोग ने अपना षड्यन्त्र रचना शुरू कर दिया। केशव को विदेश जाकर शिक्षा पूरी करने के लिए एक वृत्ति मिल गयी। मित्रों ने बधाइयां दीं। किसके ऐसे भाग्य हैं, जिसे बिना मांगे स्वभाग्य निर्माण का ऐसा अवसर आया। माता-पिता और अन्य सम्बन्धियों ने इस यात्रा का घोर विरोध किया। नगर में जितनी बधाइयां मिली थीं, यहां उससे कहीं अधिक बाधाएं मिलीं। किन्तु सुभद्रा की उच्चाकांक्षाओं की सीमा न थी। वह कदाचित केशव को इन्द्रासन पर बैठ हुआ देखना चाहती थी। उसके सामने तब भी वही पति-सेवा का आदर्श होता था। वह तब भी उसके सिर में तेल डालेगी, उसकी धोती छांटेगी, उसके पांव दबायेगी और उसको पंखा झलेगी। उपासक की महत्वाकांक्षा उपास्य ही के प्रति होती है। वह उसको सोने का मंदिर बनवायेगा, उसके सिंहासन को रत्नों से सजायेगा, स्वर्ग से पुष्प लाकर भेंट करेगा; पर वह स्वयं वहीं उपासक रहेगा। जटा के स्थान पर मुकुट या कोपीन की जगह पीताम्बर की लालसा उसे कभी नहीं सताती। सुभद्रा ने उस वक़्त तक दम न लिया जब तक केशव ने विलायत जाने का वादा न कर लिया। माता-पिता ने उसे कलंकिनी और न जाने क्या-क्या कहा, पर अंत में सहमत हो गये। सब तैयारियां हो गयीं। स्टेशनो के समीपस्थ गांव के निवासियों के लिए गाड़ी का आना शत्रु का धावा नहीं, मित्र का पदार्पण है। गाड़ी आ गयी। सुभद्रा जलपान बनाकर पति को हाथ धुलाने आयी थी। इस समय केशव की प्रेम-कातर आपत्ति ने उसे एक क्षण के लिए विचलित कर दिया। हा! कौन जानता है तीन साल में क्या हो जाय! मन में एक आवेश उठा कह दूं, प्यारे मत जाओ। थोड़ा ही खायेंगे, मोटा ही पहनेंगे, रो-रोकर दिन तो न कटेंगे। कभी केशव के आने में एक-आध महीना लग जाता था, तब वह विकल हो जाया करती थी। यही जी चाहता था, उड़कर उनके पास पहुंच जाऊं। फिर ये निर्दयी तीन वर्ष कैसे कटेंगे! लेकिन उसने बड़ी कठोरता से इन निराशाजनक भावों को ठुकरा दिया और कांपते कंठ से बोली — जी तो मेरा भी यही चाहता है। जब तीन साल का अनुमान करती हूं, तो एक कल्प-सा मालूम होता है। लेकिन जब विलायत में तुम्हारे सम्मान और आदर का ध्यान करती हूं, तो ये तीन साल तीन दिन से मालूम होते हैं। तुम तो जहाज पर पहुंचते ही मुझे भूल जाओगे। नये-नये दृश्य तुम्हारे मनोरंजन के लिए आ खड़े होंगे। यूरोप पहुंचकर विद्वानों के सत्संग में तुम्हें घर की याद भी न आयेगी। मुझे तो रोने के सिवा और कोई धंधा नहीं है। यही स्मृतियां ही मेरे जीवन का आधार होंगी। लेकिन क्या करूं, जीवन की भोग-लालसा तो नहीं मानती। फिर जिस वियोग का अंत जीवन की सारी विभूतियां अपने साथ

लायेगा, वह वास्तव में तपस्या है। तपस्या के बिना तो वरदान नहीं मिलता।

केशव को भी अब ज्ञात हुआ कि क्षणिक मोह के आशे में स्वभाग्य निर्माण का ऐसा अच्छा अवसर त्याग देना मूर्खता है। खड़े होकर बोले — रोना-धोना मत, नहीं तो मेरा जी न लगेगा।

सुभद्रा ने उसका हाथ पकड़कर हृदय से लगाते हुए उसके मुंह की ओर सजल नेत्रों से देखा और बोली — पत्र बराबर भेजते रहना।

सुभद्रा ने फिर आंखों में आंसू भरे हुए मुस्कुराकर कहा — देखना, विलायती मिसों के जाल में न फंस जाना।

केशव फिर चारपाई पर बैठ गया और बोला — अगर तुम्हें यह संदेह है, तो लो, मैं जाऊंगा ही नहीं।

सुभद्रा ने उसके गले में बाहें डालकर विश्वास -पूर्ण दृष्टि से देखा और बोली — मैं दिल्लगी कर रही थी।

'अगर इंद्रलोक की अप्सरा भी आ जाय, तो आंख उठाकर न देखूं। ब्रह्म ने ऐसी दूसरी सृष्टि की ही नहीं।'

'बीच में कोई छुट्टी मिले, तो एक बार चले आना।'

'नहीं, प्रिये, बीच में शायद छुट्टी न मिलेगी। मगर जो मैंने सुना कि तुम रो-रोकर घुली जाती हो, दाना-पीना छोड़ दिया है, तो मैं अवश्य चला जाऊंगा। ये फूल जरा भी कुम्हलाने न पायें।'

दोनों गले मिलकर विदा हो गये। बाहर सम्बन्धियों और मित्रों का एक समूह खड़ा था। केशव ने बड़ों के चरण छुए, छोटों को गले लगाया और स्टेशन की ओर चले। मित्रगण स्टेशन तक पहुंचाने गये। एक क्षण में गाड़ी यात्री को लेकर चल दी।

उधर केशव गाड़ी में बैठा हुआ पहाड़ियों की बहार देख रहा था; उधर सुभद्रा भूमि पर पड़ी सिसकियां भर रही थी।

2

दिन गुजरने लगे। उसी तरह, जैसे बीमारी के दिन कटते हैं दिन पहाड़, रात, काली बला। रात भर मनाते गुज़रती थी कि किसी तरह भोर हो। भोर होता, तो मनाने लगती कि जल्दी शाम हो। मैके गयी कि वहां जी बहलेगा। दस-पांच दिन परिवर्तन का कुछ असर हुआ, फिर उससे भी बुरी दशा हुई, भागकर ससुराल चली आयी। रोगी करवट बदलकर आराम का अनुभव करता है।

पहले पांच-छह महीनों तक तो केशव के पत्र पंद्रहवें दिन बराबर मिलते रहे। उसमें वियोग के दुःख कम, नये-नये दृश्यों का वर्णन अधिक होता था। पर सुभद्रा संतुष्ट थी। पत्र आते हैं,

तो वह प्रसन्न हैं, कुशल से हैं, उसके लिए काफी था। प्रतिकूल वह पत्र लिखती, तो विरह-व्यथा के सिवा उसके कुछ सूझता ही न था। कभी-कभी जी बैचेन हो जाता, तो पछताती कि व्यर्थ जाने दिया। कहीं एक दिन मर जाऊं, तो उनके दर्शन भी न हों।

लेकिन छठे महीने से पत्रों में भी विलम्ब होने लगा। कई महीने तक तो महीने में एक पत्र आता रहा, फिर वह भी बंद हो गया। सुभद्रा के चार-छह पत्र पहुंच जाते, तो एक पत्र आ जाता, वह भी बेदिली से लिखा हुआ — काम की अधिकता और समय के अभाव के रोने से भरा हुआ। एक वाक्य भी ऐसा नहीं, जिससे हृदय को शांति हो जो टपकते हुए दिल पर मरहम रखे। हा! आदि से अंत तक 'प्रिये' शब्द का नाम नहीं। सुभद्रा अधीर हो उठी। उसने यूरोप-यात्रा का निश्चय कर लिया। वह सारे कष्ट सह लेगी, सिर पर जो कुछ पड़ेगी, सह लेगी; केशव को आंखों से देखती तो रहेगी। वह इस बात को उनसे गुप्त रखेगी, उनकी कठिनाइयों को और न बढ़ायेगी, उनसे बोलेगी भी नहीं! केवल उन्हें कभी-कभी आंख भरकर देख लेगी। यही उसकी शांति के लिए काफी होगा। उसे क्या मालूम था कि उसका केशव अब उसका नहीं रहा। वह अब एक दूसरी ही कामिनी के प्रेम का भिखारी है।

सुभद्रा कई दिनों तक इस प्रस्ताव को मन में रखे हुए सेती रही। उसे किसी प्रकार की शंका न होती थी। समाचार-पत्रों के पढ़ते रहने से उसे समुद्री यात्रा का हाल मालूम होता रहता था। एक दिन उसने अपने सास-ससुर के सामने अपना निश्चय प्रकट किया। उन लोगों ने उसे बहुत समझाया; रोकने की बहुत चेष्टा की; लेकिन सुभद्रा ने अपना हठ न छोड़ा। आखिर जब लोगों ने देखा कि यह किसी तरह नहीं मानती, तो राजी हो गये। मैकेवाले भी समझाकर हार गये। कुछ रुपये उसने स्वयं जमा कर रखे थे, कुछ ससुराल में मिले। मां-बाप ने भी मदद की। रास्ते के खर्च की चिंता न रही। इंग्लैंड में पहुंचकर वह क्या करेगी, इसका अभी उसने कुछ निश्चय न किया। इतना जानती थी कि परिश्रम करने वाले को रोटियों की कहीं कमीं नहीं रहती।

विदा होते समय सास और ससुर दोनों स्टेशन तक आये। जब गाड़ी ने सीटी दी, तो सुभद्रा ने हाथ जोड़कर कहा — मेरे जाने का समाचार वहां न लिखिएगा। नहीं तो उन्हें चिंता होगी और पढ़ने में उनका जी न लगेगा।

सुसुर ने आश्वासन दिया। गाड़ी चल दी।

3

लंदन के उस हिस्से में, जहां, इस समृद्धि के समय में भी दरिद्रता का राज्य है, ऊपर के एक छोटे से कमरे में सुभद्रा एक कुर्सी पर बैठी है। उसे यहां आये आज एक महीना हो गया है। यात्रा के पहले उसके मन में जितनी शंकाएं थीं, सभी शांत होती जा रही हैं। बम्बई-बंदर में ज़हाज़ पर जगह पाने का प्रश्न बड़ी आसानी से हल हो गया। वह अकेली औरत

न थी जो यूरोप जा रही हो। पांच-छह स्त्रियां और भी उसी जहाज़ से जा रही थीं। सुभद्रा को न जगह मिलने में कोई कठिनाई हुई, न मार्ग में। यहां पहुंचकर और स्त्रियों से संग छूट गया। कोई किसी विद्यालय में चली गयी; दो-तीन अपने पतियों के पास चली गयीं, जो यहां पहले आ गये थे। सुभद्रा ने इस मुहल्ले में एक कमरा ले लिया। जीवन का प्रश्न उसने लिए बहुत कठिन न रहा। जिन महिलाओं के साथ वह घर आयी थी, उनमें कई उच्च-अधिकारियों की पत्नियां थीं। कई अच्छे-अच्छे अंग्रेज घराने से उनका परिचय था। सुभद्रा को दो महिलाओं को भारतीय संगीत और हिन्दी-भाषा सिखाने का काम मिल गया। शेष समय में वह कई भारतीय महिलाओं के कपड़े सीने का काम कर लेती है। केशव का निवास-स्थान यहां से निकट है, इसलिए सुभद्रा ने इस मुहल्ले को पसंद किया है। कल केशव उसे दिखाई दिया था। ओह! 'उन्हें' बस से उतरते देखकर उसका चित कितना आतुर हो उठा था। बस यही मन में आता था कि दौड़कर उनके गले से लिपट जाय और पूछे —क्यों जी, तुम यहां आते ही बदल गये। याद है, तुमने चलते समय क्या-क्या वादे किये थे? उसने बड़ी मुश्किल से अपने को रोका था। तब से इस वक़्त तक उसे मानो नशा-छाया हुआ है, वह उनके इतने समीप है! चाहे रोज़ उन्हें देख सकती है, उनकी बातें सुन सकती है; हां उन्हें स्पर्श तक कर सकती है। अब यह उससे भागकर कहां जायेंगें? उनके पत्रों की अब उसे क्या चिंता है? कुछ दिनों के बाद संभव है वह उनके होटल के नौकरों से जो चाहे, पूछ सकती है।

संध्या हो गयी थी। धुएं में बिजली की लालटेनें रोती आंखों की भांति ज्योतिहीन-सी हो रही थीं। गली में स्त्री-पुरुष सैर करने जा रहे थे। सुभद्रा सोचने लगी — इन लोगों को आमोद से कितना प्रेम है, मानो किसी को चिंता ही नहीं, मानो सभी सम्पन्न हैं; जभी ये लोग इतने एकाग्र होकर सब काम कर सकते हैं। जिस समय जो काम करते हैं, जी-जान से करते हैं, भोजन करने की फुरसत भी नहीं मिलती, पर वास्तव में चौथाई समय भी काम में नहीं लगाते। केवल काम करने का बहाना करते हैं। मालूम होता है, जाति प्राण-शून्य हो गयी है।

सहसा उसने केशव को जाते देखा। हां केशव ही था। कुर्सी से उठकर बरामदे में चली आयी। प्रबल इच्छा हुई कि जाकर उसके गले से लिपट जाय। उसने अगर अपराध किया है, तो उन्हीं के कारण तो। यदि वह बराबर पत्र लिखते जाते, तो वह क्यों आती?

लेकिन केशव के साथ यह युवती कौन है? अरे! केशव उसका हाथ पकड़े हुए है। दोनों मुस्कुरा-मुस्कुराकर बातें चले जाते हैं। यह युवती कौन है?

सुभद्रा ने ध्यान से देखा। युवती का रंग सांवला था। वह भारतीय बालिका थी। उसका पहनावा भारतीय था। इससे ज्यादा सुभद्रा को और कुछ न दिखाई दिया। उसने तुरंत जूते पहने, द्वार बन्द किये और एक क्षण में गली में आ पहुंची! केशव अब दिखाई न देता था, पर वह जिधर गया था, उधर ही बड़ी तेजी से लपकी चली जाती थी। यह युवती कौन है? वह उन दोनों की बातें सुनना चाहती थी। उस युवती को देखना चाहती थी, उसके पांव इतनी तेजी से उठ रहे थे मानो दौड़ रही हो। पर इतनी जल्द दोनों कहां अदृश्य हो गये? अब तक उसे उन लोगों के समीप पहुंच जाना चाहिए था। शायद दोनों किसी 'बस' पर जा बैठे।

अब वह गली समाप्त करके एक चौड़ी सड़क पर आ पहुंची थी। दोनों तरफ़ बड़ी-बड़ी जगमगाती हुई दुकानें थीं, जिनमें संसार की विभूतियां गर्व से फूली बैठी थीं। कदम-कदम पर होटल और रेस्ट्रां थे। सुभद्रा दोनों ओर नेत्रों से ताकती, पग-पग पर भ्रांति के कारण मचलती कितनी दूर निकल गयी, कुछ ख़बर नहीं।

फिर उसने सोचा — यों कहां तक चली जाऊंगी? कौन जाने, किधर गये? चलकर फिर अपने बरामदे से देखूं। आखिर इधर से गये हैं, तो इधर ही से लौटेंगे भी। यह ख्याल आते ही वह घूम पड़ी और उसी तरह दौड़ती हुई अपने स्थान की ओर चली। जब वहां पहुंची तो बारह बंज गये थे और इतनी देर उसे चलते ही गुजरे! एक क्षण भी उसने कहीं विश्राम नहीं किया!

वह ऊपर पहुंची, तो गृहस्वामिनी ने कहा — तुम्हारें लिए बड़ी देर से भोजन रखा हुआ है।

सुभद्रा ने भोजन अपने कमरे में मंगा लिया पर खाने की सुधि किसे थी? वह उसी बरामदें में, उसी तरफ़ टकटकी लगाये खड़ी थी, जिधर से केशव गया था।

एक बज गया, दो बजा, फिर भी केशव नहीं लौटा। उसने मन में कहा — वह किसी दूसरे मार्ग से चले गये। मेरा यहां खड़ा रहना व्यर्थ है। चलूं सो रहूं। लेकिन फिर खयाल आ गया, कहीं आ न रहे हो।

4

दूसरे दिन प्रातःकाल सुभद्रा अपने काम पर जाने को तैयार हो रही थी कि एक युवती रेशमी साड़ी पहने आकर खड़ी हो गयी और मुस्कुराकर बोली — क्षमा कीजिएगा, मैंने बहुत सबेरे आपको कष्ट दिया। आप तो कहीं जाने को तैयार मालूम होती हैं।

सुभद्रा ने एक कुर्सी बढ़ाते हुए कहा — हां, एक काम से बाहर जा रही थी। मैं आपकी क्या सेवा कर सकती हूं?

यह कहते हुए सुभद्रा ने युवती को सिर से पांव तक उसी आलोचनात्मक दृष्टि से देखा, जिससे स्त्रियां ही देख सकती हैं। सौंदर्य की किसी परिभाषा से भी उसे सुन्दरी न कहा जा सकता था। उसका रंग सांवला, मुंह कुछ चौड़ा, नाक कुछ चिपटी, कद भी छोटा और शरीर भी कुछ स्थूल था। आंखों पर ऐनक लगी हुई थी। लेकिन इन सब कारणों के होते हुए भी उसमें कुछ ऐसी बात थी, जो आंखों को अपनी ओर खींच लेती थी। उसकी वाणी इतनी मधुर, इतनी संयमित, इतनी विनम्र थी कि जान पड़ता था, किसी देवी के वरदान हों। एक-एक अंग से प्रतिभा विकीर्ण हो रही थी। सुभद्रा उसकें सामने हलकी एवं तुच्छ मालूम होती थी। युवती ने कुर्सी पर बैठते हुए कहा —

'अगर मैं भूलती हूं, तो मुझे क्षमा कीजिएगा। मैंने सुना है कि आप कुछ कपड़े भी सीती

हैं, जिसका प्रमाण यह है कि यहां सीविंग मशीन मौजूद है।'

सुभद्रा — मैं दो लेडियों को भाषा पढ़ाने जाया करती हूं, शेष समय मैं कुछ सिलाई भी कर लेती हूं। आप कपड़े लायी हैं।

युवती — नहीं, अभी कपड़े नहीं लायी। यह कहते हुए उसने लज्जा से सिर झुकाकर मुस्कुराते हुए कहा — बात यह है कि मेरी शादी होने जा रही है। मैं वस्त्राभूषण सब हिंदुस्तानी रखना चाहती हूं। विवाह भी वैदिक रीति से ही होगा। ऐसे कपड़े यहां आप ही तैयार कर सकती हैं।

सुभद्रा ने हंसकर कहा — मैं ऐसे अवसर पर आपके जोड़े तैयार करके अपने को धन्य समझूंगी। वह शुभ तिथि कब है?

युवती ने सकुचाते हुए कहा — वह तो कहते हैं, इसी सप्ताह में हो जाय; पर मैं उन्हें टालती आती हूं। मैंने तो चाहा था कि भारत लौटने पर विवाह होता, पर वह इतने उतावले हो रहे हैं कि कुछ कहते नहीं बनता। अभी तो मैंने यही कहकर टाला है कि मेरे कपड़े सिल रहे हैं।

सुभद्रा — तो मैं आपके जोड़े बहुत जल्द दे दूंगी।

युवती ने हंसकर कहा — मैं तो चाहती थी कि आप महीनों लगा देतीं।

सुभद्रा — वाह, मैं इस शुभ कार्य में क्यों विघ्न डालने लगी? मैं इसी सप्ताह में आपके कपड़े दे दूंगी, और उनसे इसका पुरस्कार लूंगी।

युवती खिलखिलाकर हंसी। कमरे में प्रकाश की लहरें-सी उठ गयीं। बोली — इसके लिए तो पुरस्कार वह देंगे और तुम्हारे कृतज्ञ होंगे। मैंने प्रतिज्ञा की थी कि विवाह के बंधन में पड़ूंगी ही नहीं; पर उन्होंने मेरी प्रतिज्ञा तोड़ दी। अब मुझे मालूम हो रहा है कि प्रेम की बेड़ियां कितनी आनंदमय होती हैं। तुम तो अभी हाल ही में आयी हो। तुम्हारे पति भी साथ होंगे?

सुभद्रा ने बहाना किया। बोली — वह इस समय जर्मनी में हैं। संगीत से उन्हें बहुत प्रेम है। संगीत ही का अध्ययन करने के लिए वहां गये हैं।

'तुम भी संगीत से बड़ा प्रेम है।'

'बहुत थोड़ा।'

'केशव को संगीत से बड़ा प्रेम है।'

केशव का नाम सुनकर सुभद्रा को ऐसा मालूम हुआ, जैसे बिच्छू ने काट लिया हो। वह चौंक पड़ी।

युवती ने पूछा — आप चौंक कैसे गयीं? क्या केशव को जानती हो?

सुभद्रा ने बात बनाकर कहा — नहीं, मैंने यह नाम कभी नहीं सुना। वह यहां क्या करते हैं।

सुभद्रा को खयाल आया, क्या केशव किसी दूसरे आदमी का नाम नहीं हो सकता। इसलिए उसने यह प्रश्न किया था। उसी जवाब पर उसकी जिंदगी का फैसला था।

युवती ने कहा — यहां विद्यालय में पढ़ते हैं। भारत सरकार ने उन्हें भेजा है। अभी साल

भर भी तो आये नहीं हुआ। तुम देखकर प्रसन्न होगी। तेज़ और बुद्धि की मूर्ति समझ लो। यहां के अच्छे-अच्छे प्रोफ़ेसर उनका आदर करते हैं। ऐसा सुन्दर भाषण तो मैंने किसी के मुंह से सुना ही नहीं। जीवन आदर्श है। मुझसे उन्हें क्यों प्रेम हो गया है, मुझे इसका आश्चर्य है। मुझमें न रूप है, न लावण्य। यह मेरा सौभाग्य है। तो मैं शाम को कपड़े लेकर आऊंगी।

सुभद्रा ने मन में उठते हुए वेग को संभालकर कहा — अच्छी बात है।

जब युवती चली गयी, तो सुभद्रा फूट-फूटकर रोने लगी। ऐसा जान पड़ता था, मानो देह में रक्त ही नहीं, मानों प्राण निकल गये हैं। वह कितनी निःसहाय, कितनी दुर्बल है, इसका आज अनुभव हुआ। ऐसा मालूम हुआ, मानो संसार में उसका कोई नहीं है। अब उसका जीवन व्यर्थ है। उसके लिए अब जीवन में रोने के सिवा और क्या है! उसकी सारी ज्ञानेंद्रियां शिथिल-सी हो गयी थीं मानो वह किसी ऊंचे वृक्ष से गिर पड़ी हो। हा! यह उसके प्रेम और भक्ति का पुरस्कार है। उसने कितना आग्रह करके केशव को यहां भेजा था? इसलिए कि यहां आते ही उसका सर्वनाश कर दें?

पुरानी बातें याद आने लगी। केशव की वह प्रेमातुर आंखें सामने आ गयीं। वह सरल, सहज मूर्ति आंखों के सामने नाचने लगी। उसका ज़रा सिर धमकता था, तो केशव कितना व्याकुल हो जाता था। एक बार जब उसे फ़सली बुख़ार आ गया था, और उसके सिरहाने बैठा रात भर पंखा झलता रहा था। वही केशव अब इतनी जल्द उससे ऊब उठा! उसके लिए सुभद्रा ने कौन-सी बात उठा रखी। वह तो उसी को अपना प्राणाधार, अपना जीवन-भर, अपना सर्वस्व समझती थी। नहीं-नहीं, केशव का दोष नहीं, सारा दोष इसी का है। इसी ने अपनी मधुर बातों से उन्हें वशीभूत कर लिया है। इसकी विद्या, बुद्धि और वाक्पटुता ही ने उनके हृदय पर विजय पायी। हाय! उसने कितनी बार केशव से कहा था, मुझे भी पढ़ाया करो, लेकिन उन्होंने हमेशा यही जवाब दिया, तुम जैसी हो, मुझे वैसी ही पसन्द हो। मैं तुम्हारी स्वाभाविक सरलता को पढ़ा-पढ़ाकर मिटाना नहीं चाहता। केशव ने उसके साथ कितना बड़ा अन्याय किया है! लेकिन यह उसका दोष नहीं, पर यह इसी यौवन-मतवाली छोकरी की माया है।

सुभद्रा को इस ईर्ष्या और दुःख के आवेश में अपने काम पर जाने की सुध न रही। वह कमरे में इस तरह टहलने लगी जैसे किसी ने जबरदस्ती उसे बंद कर दिया हो। कभी दोनों मुट्ठियां बंध जाती, कभी दांत पीसने लगती, कभी ओंठ काटती। उन्माद की-सी दशा को गयी। आंखों में भी एक तीव्र ज्वाला चमक उठी। ज्यों-ज्यों केशव के इस निष्ठुर आघात को सोचती, उन कष्टों को याद करती, जो उसने उसके लिए झेले थे, उसका चित्त प्रतिकार के लिए विकल होता जाता था। अगर कोई बात हुई होती, आपस में कुछ मालूम होता था। कि मानो कोई हंसते-हंसते अचानक गले पर चढ़ बैठे। अगर वह उनके योग्य नहीं थी, तो उन्होंने विवाह ही क्यों किया था? विवाह करने के बाद भी उसे क्यों न ठुकरा दिया था? क्यों प्रेम का बीज बोया था? और आज जब वह बीज पल्लवों से लहराने लगा, उसकी जड़ें उसके अंतस्तल के एक-एक अणु में प्रविष्ट हो गयीं, उसका रक्त, उसका सारा उत्सर्ग वृक्ष को सींचने और पालने में प्रवृत्त हो गया, तो वह आज उसे उखाड़कर फेंक देना चाहते हैं। क्या हृदय के टुकड़े-टुकड़े

हुए बिना, वृक्ष उखड़ जायेगा?

सहसा उसे एक बात याद आ गयी। हिंसात्मक संतोष से उसका उत्तेजित मुख-मंडल और भी कठोर हो गया। केशव ने अपने पहले विवाह की बात इस युवती से गुप्त रखी होगी! सुभद्रा इसका भंडाफोड़ करके केशव के सारे मंसूबों को धूल में मिला देगी। उसे अपने ऊपर क्रोध आया कि युवती का पता क्यों न पूछ लिया। उसे एक पत्र लिखकर केशव की नीचता, स्वार्थपरता और कायरता की कलई खोल देती — उसके पांडित्य, प्रतिभा और प्रतिष्ठा को धूल में मिला देती। ख़ैर, संध्या-समय तो वह कपड़े लेकर आयेगी ही। उस समय सारा कच्चा चिट्ठा बयान कर दूंगी।

5

सुभद्रा दिन-भर युवती का इंतज़ार करती रही। कभी बरामदे में आकर इधर-उधर निग़ाह दौड़ाती, कभी सड़क पर देखती, पर उसका कहीं पता न था। मन में झुंझलाती थी कि उसने क्यों उसी वक़्त सारा वृत्तांत न कह सुनाया!

केशव का पता उसे मालूम था। उस मकान और गली का नम्बर तक याद था, जहां से वह उसे पत्र लिखा करता था। ज्यों-ज्यों दिन ढलने लगा और युवती के आने में विलम्ब होने लगा, उसके मन में एक तरंग-सी उठने लगी कि जाकर केशव को फटकारे, उसका सारा नशा उतार दे, कहे — तुम इतने भयंकर हिंसक हो, इतने महान् धूर्त हो, यह मुझे मालूम न था। तुम यही विद्या सीखने यहां आये थे। तुम्हारे पांडित्य का यही फल है! तुम एक अबला को जिसने तुम्हारे ऊपर अपना सर्वस्व अर्पण कर दिया, यों छल सकते हो। तुमने क्या मनुष्यता नाम को भी नहीं रह गयी? आखिर तुमने मेरे लिए क्या सोचा है? मैं सारी जिंदगी तुम्हारे नाम को रोती रहूं! लेकिन अभिमान हर बार उसके पैरों को रोक लेता। नहीं, जिसने उसके साथ ऐसा कपट किया है, उसका इतना अपमान किया है, उसके पास वह न जायेगी। वह उसे देखकर अपने आसुंओं को रोक सकेगी या नहीं, इसमें उसे संदेह था और केशव के सामने वह रोना नहीं चाहती थी। अगर केशव उससे घृणा करता है, तो वह भी केशव से घृणा करेगी। संध्या भी हो गयी, पर युवती न आयी। बत्तियां भी जली, पर उसका पता नहीं।

एकाएक उसे अपने कमरे के द्वार पर किसी के आने की आहट मालूम हुई। वह कूदकर बाहर निकल आयी। युवती कपड़ों का एक पुलिंदा लिये सामने खड़ी थी। सुभद्रा को देखते ही बोली — क्षमा करना, मुझे आने में देर हो गयी। बात यह है कि केशव को किसी बड़े ज़रूरी काम से जर्मनी जाना है। वहां उन्हें एक महीने से ज़्यादा लग जायेगा। वह चाहते हैं कि मैं भी उनके साथ चलूं। मुझसे उन्हें अपनी थीसिस लिखने में बड़ी सहायता मिलेगी। बर्लिन के पुस्तकालयों को छानना पड़ेगा। मैंने भी स्वीकार कर लिया है। केशव की इच्छा है कि जर्मनी जाने के पहले हमारा विवाह हो जाय। कल संध्या समय संस्कार हो जायेगा। अब ये कपड़े मुझे

आप जर्मनी से लौटने पर दीजिएगा। विवाह के अवसर पर हम मामूली कपड़े पहन लेंगे। और क्या करती? इसके सिवा कोई उपाय न था, केशव का जर्मनी जाना अनिवार्य है।

सुभद्रा ने कपड़ों को मेज पर रखकर कहा — आपको धोखा दिया गया है।

युवती ने घबराकर पूछा — धोखा? कैसा धोखा? मैं बिलकुल नहीं समझती। तुम्हारा मतलब क्या हैं?

सुभद्रा ने संकोच के आवरण को हटाने की चेष्टा करते हुए कहा — केशव तुम्हें धोखा देकर तुमसे विवाह करना चाहता है।

'केशव ने तुमसे अपने विषय में सब-कुछ कह दिया है।'

'सब कुछ।'

'कोई भी बात नहीं छिपाया?'

'मेरा तो यही विचार है कि उन्होंने एक बात भी नहीं छिपायी!'

'तुम्हें मालूम है कि उसका विवाह हो चुका है?'

युवती की मुख-ज्योति कुछ मलिन पड़ गयी, उसकी गर्दन लज्जा से झुक गयी। अटक-अटककर बोली — हां, उसने मुझसे...यह बात कही थी।

सुभद्रा परास्त हो गयी। घृणा-सूचक नेत्रों से देखती हुई बोली — यह जानते हुए भी तुम केशव से विवाह करने पर तैयार हो?

युवती ने अभिमान से देखकर कहा — तुमने केशव को देखा है?

'नहीं, मैंने उन्हें कभी नहीं देखा है।'

'फिर, तुम उन्हें कैसे जानती हो?'

'मेरे एक मित्र ने मुझसे यह बात कही है, यह केशव को जानता है।'

'अगर तुम एक बार केशव को देख लेती, एक बार उससे बातें कर लेती, तो मुझसे यह प्रश्न न करती। एक नहीं, अगर उन्होंने एक सौ विवाह किये होते, तो मैं इनकार न करती। उन्हे देखकर मैं अपने को भूल जाती हूं। अगर उनसे विवाह न करूं, तो फिर मुझे जीवन भर अविवाहित ही रहना पड़ेगा। जिस समय वह मुझसे बातें करने लगते हैं, मुझे ऐसा अनुभव होता किं मेरी आत्मा पुष्प की भांति खिली जा रही है। मैं उसमें प्रकाश और विकास के प्रत्यक्ष अनुभव करती हूं। दुनिया चाहे जितना हंसे, चाहे जितनी निंदा करे, मैं केशव को अब नहीं छोड़ सकती। उनका विवाह हो चुका है, यह सत्य है; पर उस स्त्री से उनका मन कभी न मिला। यथार्थ में उनका विवाह अभी नहीं हुआ है। वह कोई साधारण, अर्द्धशिक्षिता बालिका है। तुम्हीं सोचो, केशव जैसा विद्वान, उदारचेता, मनस्वी पुरुष ऐसी बालिका के साथ कैसे प्रसन्न रह सकता है? तुम्हें कल मेरे विवाह में चलना पड़ेगा।'

सुभद्रा का चेहरा तमतमाया जा रहा था। केशव ने उसे इतने काले रंगों में रंगा है, यह सोचकर उसका रक्त खौल रहा था। जी में आता था, इसी क्षण इसको दुत्कार दूं, लेकिन उसके मन में कुछ और ही मंसूबे पैदा होने लगे थे। उसने गंभीर, पर उदासीनता के भाव से पूछा — केशव ने उस स्त्री के विषय में नहीं कहा?

युवती ने तत्परता से कहा घर पहुंचने पर वह उससे केवल यही कह देंगे कि हम और तुम अब स्त्री और पुरुष नहीं रह सकते। उसके भरण-पोषण का वह उसके इच्छानुसार प्रबंध कर देंगे, इसके सिवा वह और क्या कर सकते हैं। हिन्दू-नीति में पति-पत्नी में विच्छेद नहीं हो सकता। पर केवल स्त्री को पूर्ण रीति से स्वाधीन कर देने के विचार से वह ईसाई या मुसलमान होने पर भी तैयार हैं। वह तो अभी उसे इसी आशय का एकपत्र लिखने जा रहे थे, पर मैंने ही रोक लिया। मुझे उस अभागिनी पर बड़ी दया आती है, मैं तो यहा तक तैयार हूं कि अगर उसकी इच्छा हो तो वह भी हमारे साथ रहे। मैं उसे अपनी बहन समझूंगी। किन्तु केशव इससे सहमत नहीं होते।

सुभद्रा ने व्यंग्य से कहा — रोटी कपड़ा देने को तैयार ही हैं, स्त्री को इसके सिवा और क्या चाहिए?

युवती ने व्यंग्य की कुछ परवा न करके कहा तो मुझे लौटने पर कपड़े तैयार मिलेंगे न?

सुभद्रा — हां, मिल जायेंगे।

युवती — कल तुम संध्या समय आओगी?

सुभद्रा — नहीं, खेद है, अवकाश नहीं है।

युवती ने कुछ न कहा। चली गयी।

6

सुभद्रा कितनी चाहती थी कि इस समस्या पर शांतिचित्त होकर विचार करे, पर हृदय में मानो ज्वाला-सी दहक रही थी! केशव के लिए वह अपने प्राणों का कोई मूल्य नहीं समझती थी। वही केशव उसे पैरों से ठुकरा रहा है। यह आघात इतना आकस्मिक, इतना कठोर था कि उसकी चेतना की सारी कोमलता मूर्च्छित हो गयी! उसका एक-एक अणु प्रतिकार के लिए तड़पने लगा। अगर यही समस्या इसके विपरीत होती, तो क्या सुभद्रा की गरदन पर छुरी न फिर गयी होती? केशव उसके खून का प्यासा न हो जाता? क्या पुरुष हो जाने से ही सभी बातें क्षम्य और स्त्री हो जाने से सभी बातें अक्षम्य हो जाती हैं? नहीं, इस निर्णय को सुभद्रा की विद्रोही आत्मा इस समय स्वीकार नहीं कर सकती। उसे नारियों के ऊंचे आदर्शों की परवा नहीं है। उन स्त्रियों में आत्माभिमान न होगा? वे पुरुषों के पैरों की जूतियां बनकर रहने ही में अपना सौभाग्य समझती होंगी। सभुद्रा इतनी आत्मभिमान-शून्य नहीं है। वह अपने जीते-जी यह नहीं देख सकती कि उसका पति उसके जीवन का सर्वनाश करके चैन की बंशी बजाये। दुनिया उसे हत्यारिनी, पिशाचिनी कहेगी, कहे — उसको परवाह नहीं। रह-रहकर उसके मनमें भयंकर प्रेरणा होती थी कि इसी समय उसके पास चली जाय और इसके पहले कि वह उस युवती के प्रेम का आनंद उठाये, उसके जीवन का अंत कर दे। यह केशव की निष्ठुरता को याद करके अपने मन को उत्तेजित करती थी। अपने को धिक्कार-धिक्कारकर नारी सुलभ

शंकाओं को दूर करती थी। क्या वह इतनी दुर्बल है? क्या उसमें इतना साहस भी नहीं है? इस वक़्त यदि कोई दुष्ट उसके कमरे में घुस आये और उसके सतीत्व की अपहरण करना चाहे, तो क्या वह उसका प्रतिकार न करेगी? आखिर आत्मरक्षा ही के लिए तो उसने यह पिस्तौल ले रखी है। केशव ने उसके सत्य का अपहरण ही तो किया है। उसक प्रेम-दर्शन केवल प्रवंचना थी। वह केवल अपनी वासनाओं की तृप्ति के लिए सुभद्रा के साथ प्रेम-स्वांग भरता था। फिर उसका वध करना क्या सुभद्रा का कर्तव्य नहीं?

इस अंतिम कल्पना से सुभद्रा को वह उत्तेजना मिल गयी, जो उसके भयंकर संकल्प को पूरा करने के लिए आवश्यक थी। यही वह अवस्था है जब स्त्री पुरुष के खून की प्यासी हो जाती है।

उसमें खूंटी पर लटकती हुई पिस्तौल उतार ली और ध्यान से देखने लगी, मानो उसे कभी देखा न हो। कल संध्या-समय जब आर्य-मंदिर में केशव और उसकी प्रेमिका एक-दूसरे के सम्मुख बैठे हुए होंगे, उसी समय वह इस गोली से केशव की प्रेम-लीलाओं का अंत कर देगी। दूसरी गोली अपनी छाती में मार लेगी। क्या वह रो-रोकर अपना अधम जीवन काटेगी?

7

संध्या का समय था। आर्य-मंदिर के आंगन में वर और वधू इष्ट-मित्रों के साथ बैठे हुए थे। विवाह का संस्कार हो रहा था। उसी समय सुभद्रा पहुंची और बरामदे में आकर एक खम्भे की आड़ में इस भांति खड़ी हो गयी कि केशव का मुंह उसके सामने था। उसकी आंखों में वह दृश्य खिंच गया, जब आज से तीन साल पहले उसने इसी भांति केशव को मंडप में बैठे हुए आड़ से देखा था। तब उसका हृदय कितना उछ्वसित हो रहा था। अंतस्तल में गुदगुदी-सी हो रही थी, कितना अपार अनुराग था, कितनी असीम अभिलाषाएं थीं, मानो जीवन-प्रभात का उदय हो रहा हो। जीवन मधुर संगीत की भांति सुखद था, भविष्य उषा-स्वप्न की भांति सुन्दर। क्या यह वही केशव है? सुभद्रा को ऐसा भ्रम हुआ, मानो यह केशव नहीं है। हां, यह वह केशव नहीं था। यह उसी रूप और उसी नाम का कोई दूसरा मनुष्य था। अब उसकी मुस्कुराहट में, उसके नेत्रों में, उसे देखकर वह उसी भांति निःस्पंद, निश्चल खड़ी है, मानो कोई अपरिचित व्यक्ति हो। अब तक केशव का-सा रूपवान, तेजस्वी सौम्य, शीलवान् पुरुष संसार में न था; पर अब सुभद्रा को ऐसा जान पड़ा कि वहां बैठे युवकों में और उसमें कोई अंतर नहीं है। वह ईर्ष्याग्नि, जिसमें वह जली जा रही थी, वह हिंसा-कल्पना, जो उसे वहां तक लायी थी, मानो एकदम शांत हो गयी। विरक्ति हिंसा से भी अधिक हिंसात्मक होती है — उसका केशव, उसका प्राण-वल्लभ, उसका जीवन-सर्वस्व और किसी का नहीं हो सकता। पर अब वह ममत्व नहीं है। वह उसका नहीं है, उसका नहीं है, उसे अब परवा नहीं, उस पर किसका अधिकार होता है।

विवाह-संस्कार समाप्त हो गया, मित्रों ने बधाइयां दीं, सहेलियों ने मंगलगान किया, फिर

लोग मेज़ों पर जा बैठे, दावत होने लगी, रात के बारह बज गये पर सुभद्रा वही पाषाण-मूर्ति की भांति खड़ी रही, मानो कोई विचित्र स्वप्न देख रही हो। हां, जैसे कोई बस्ती उजड़ गयी हो, जैसे कोई संगीत बंद हो गया हो, जैस कोई दीपक बुझ गया है।

जब लोग मंदिर से निकले, तो वह भी निकल आयी, पर उसे कोई मार्ग न सूझता था। परिचित सड़कें उसे भूली हुई-सी जान पड़ने लगी। सारा संसार ही बदल गया था। वह सारी रात सड़कों पर भटकती फिरी। घर का कहीं पता नहीं। सारी दुकानें बंद हो गयीं, सड़कों पर भटकती फिरी। घर का कहीं पता नहीं। सारी दूकानें बंद हो गयीं, सड़कों पर सन्नाटा छा गया, फिर भी वह अपना घर ढूंढ़ती हुई चली जा रही थी। हाय! क्या इसी भांति उसे जीवन-पथ में भी भटकना पड़ेगा?

सहसा एक पुलिसमैन ने पुकारा — मैडम, तुम कहां जा रही हो?

सुभद्रा ने ठिठकर कहा — कहीं नहीं।

'तुम्हारा स्थान कहां है?'

'मेरा स्थान?'

'हां, तुम्हारा स्थान कहां है? मैं तुम्हें बड़ी देर से इधर-उधर भटकते देख रहा हूं। किस स्ट्रीट में रहती हो?'

सुभद्रा को उस स्ट्रीट का नाम तक न याद था।

'तुम्हें अपने स्ट्रीट का नाम तक याद नहीं?'

'भूल गयी, याद नहीं आता।'

सहसा उसकी दृष्टि सामने के एक साईन बोर्ड की तरफ़ उठी, ओह! यही तो उसकी स्ट्रीट है। उसने सिर उठाकर इधर-उधर देखा। सामने ही उसका डेरा था। और इसी गली में, अपने ही घर के सामने, न-जाने कितनी देर से वह चक्कर लगा रही थी।

8

अभी प्रातःकाल ही था कि युवती सुभद्रा के कमरे में पहुंची। वह उसके कपड़े सी रही थी। उसका सारा तन-मन कपड़ों में लगा हुआ था। कोई युवती इतनी एकाग्रचित होकर अपना शृंगार भी न करती होगी। न-जाने उससे कौन-सा पुरस्कार लेना चाहती थी। उसे युवती के आने की ख़बर न हुई।

युवती ने पूछा — तुम कल मंदिर में नहीं आयी?

सुभद्रा ने सिर उठाकर देखा, तो ऐसा जान पड़ा, मानो किसी कवि की कोमल कल्पना मूर्तिमयी हो गयी है। उसकी उप छवि अनिंद्य थी। प्रेम की विभूति रोम-रोम से प्रदर्शित हो रही थी। सुभद्रा दौड़कर उसके गले से लिपट गयी, जैसे उसकी छोटी बहन आ गयी हो, और बोली — हां गयी तो थी।

'मैंने तुम्हें नहीं देखा।'

'हां, मैं अलग थी।'

'केशव को देखा?'

'हां देखा।'

'धीरे से क्यों बोली? मैंने कुछ झूठ कहा था?'

सुभद्रा ने सहृदयता से मुस्कुराकर कहा — मैंने तुम्हारी आंखों से नहीं, अपनी आंखों से देखा। मुझे तो वह तुम्हारे योग्य नहीं जंचे। तुम्हें ठग लिया।

युवती खिलखिलाकर हंसी और बोली — वाह! मैं समझती हूं, मैंने उन्हें ठगा है।

सुभद्रा ने गम्भीर होकर कहा — एक बार वस्त्राभूषणों से सजकर अपनी छवि आइने में देखों तो मालूम हो।

'तब क्या मैं कुछ और हो जाऊंगी।'

'अपने कमरे से फ़र्श, तस्वीरें, हांड़ियां, गमले आदि निकालकर देख लो, कमरे की शोभा वहीं रहती है!'

युवती ने सिर हिलाकर कहा — ठीक कहती हो। लेकिन आभूषण कहां से लाऊं। न जाने अभी कितने दिनों में बनने की नौबत आये।

'मैं तुम्हें अपने गहने पहना दूंगी।'

'तुम्हारे पास गहने हैं?'

'बहुत। देखो, मैं अभी लाकर तुम्हें पहनाती हूं।'

युवती ने मुंह से तो बहुत 'नहीं-नहीं' किया, पर मन में प्रसन्न हो रही थी। सुभद्रा ने अपने सारे गहने पहना दिये। अपने पास एक छल्ला भी न रखा। युवती को यह नया अनुभव था। उसे इस रूप में निकलते शर्म तो आती थी; पर उसका रूप चमक उठा था। इसमें संदेह न था। उसने आईने में अपनी सूरत देखी तो उसकी सूरत जगमगा उठी, मानो किसी वियोगिनी को अपने प्रियतम का संवाद मिला हो। मन में गुदगुदी होने लगी। वह इतनी रूपवती है, उसे उसकी कल्पना भी न थी।

कहीं केशव इस रूप में उसे देख लेते; यह आकांक्षा उसके मन में उदय हुई, पर कहे कैसे। कुछ देर के बाद लज्जा से सिर झुकाकर बोली — केशव मुझे इस रूप में देखकर बहुत हंसेंगे।

सुभद्रा हंसेंगे नहीं, बलैया लेंगे, आंखें खुल जायेंगी। तुम आज इसी रूप में उनके पास जाना।

युवती ने चकित होकर कहा — सच! आपकी इसकी अनुमति देती है।

सुभद्रा ने कहा — बड़े हर्ष से।

'तुम्हें संदेह न होगा?'

'बिल्कुल नहीं।'

'और जो मैं दो-चार दिन पहने रहूं।'

'तुम दो-चा महीने पहने रहो। आखिर, यहां पड़े ही तो हैं!'

'तुम भी मेरे साथ चलो।'

'नहीं, मुझे अवकाश नहीं है।'

'अच्छा, लो मेरे घर का पता नोट कर लो।'

'हां, लिख दो शायद कभी आऊं।'

एक क्षण में युवती यहां से चली गयी। सुभद्रा अपनी खिड़की पर उसे इस भांति प्रसन्न-मुख देख रही थी, मानो उसकी छोटी बहन हो, ईर्ष्या या द्वेष का लेश भी उसके मन में न था।

मुश्किल से, एक घंटा गुज़रा होगा कि युवती लौटकर बोली — सुभद्रा क्षमा करना, मैं तुम्हारा समय बहुत खराब कर रही हूं। केशव बाहर खड़े हैं। बुला लूं?

एक क्षण, केवल एक क्षण के लिए, सुभद्रा कुछ घबड़ा गयी। उसने जल्दी से उठकर मेज पर पड़ी हुई चीजें इधर-उधर हटा दीं, कपड़े करीने से रख दिये, अपने उलझे बाल संभाल लिये, फिर उदासीन भाव से मुस्कुराकर बोली — उन्हें तुमने क्यों कष्ट दिया। जाओ बुला लो।

एक मिनट में केशव ने कमरे में कदम रखा और चौंककर पीछे हट गये, मानो पांव जल गया हो। मुंह से एक चीख निकल गयी। सुभद्रा गम्भीर, शांत, निश्चल अपनी जगह पर खड़ी रही। फिर हाथ बढ़ाकर बोली मानो किसी अपरिचित व्यक्ति से बोल रही हो — आइए मिस्टर, केशव, मैं आपको ऐसी सुशील, ऐसी सुन्दर, ऐसी विदुषी रमणी पाने पर बधाई देती हूं।

केशव के मुंह से हवाइयां उड़ रही थीं। वह पथ-भ्रष्ट-सा बना खड़ा था। लज्जा और ग्लानि से उसके चेहरे पर एक रंग आता था, एक रंग जाता था। यह बात एक दिन होने वाली थी अवश्य, पर इस तरह अचानक उसकी सुभद्रा से भेंट होगी, इसका उसे स्वप्न में भी गुमान न था। सुभद्रा से वह बात कैसे कहेगा, इसको उसने खूब सोच लिया था। उसके आक्षेपों का उत्तर सोच लिया था, पत्र के शब्द तक मन में अंकित कर लिये थे। ये सारी तैयारियां धरी रह गयीं और सुभद्रा से साक्षात् हो गया। सुभद्रा उसे देखकर जरा भी नहीं चौंकी, उसके मुख पर आश्चर्य, घबराहट या दुःख का एक चिह्न भी न दिखाई दिया। उसने उसी भांति उससे बात की; मानो वह कोई अजनबी हो। यहां कब आयी, कैसे आयी, कैसे गुज़र करती है; यह और इस तरह के असंख्य प्रश्न पूछने के लिए केशव का चित्त चंचल हो उठा। उसने सोचा था, सुभद्रा उसे धिक्कारेगी; विष खाने की धमकी देगी — निष्ठुर; निर्दय और न जाने क्या-क्या कहेगी। इन सब आपदाओं के लिए वह तैयार था; पर इस आकस्मिक मिलन, इस गर्वयुक्त उपेक्षा के लिए वह तैयार न था। वह प्रेम-व्रतधारिणी सुभद्रा इतनी कठोर, इतनी हृदय-शून्य हो गयी है! अवश्य ही इसे सारी बातें पहले ही मालूम हो चुकी हैं। सबसे तीव्र आघात यह था कि इसने अपने सारे आभूषण इतनी उदारता से दे डाले, और कौन जाने वापस भी न लेना चाहती हो। वह परास्त और अप्रतिभ होकर एक कुर्सी पर बैठ गया। उत्तर में एक शब्द भी उसके मुख से न निकला।

युवती ने कृतज्ञता का भाव प्रकट करके कहा — इनके पति इस समय जर्मनी में है।

केशव ने आंखें फाड़कर देखा, पर कुछ बोल न सका।

युवती ने फिर कहा — बेचारी संगीत के पाठ पढ़ाकर और कुछ कपड़े सीकर अपना निर्वाह करती हैं। वह महाशय यहां आ जाते, तो उन्हें उनके सौभाग्य पर बधाई देती।

केशव इस पर भी कुछ न बोल सका, पर सुभद्रा ने मुस्कुराकर कहा — वह मुझसे रूठे हुए हैं, बधाई पाकर और भी झल्लाते। युवती ने आश्चर्य से कहा — तुम उन्हीं के प्रेम से यहां आयी, अपना घरबार छोड़ा, यहां मेहनत-मजूरी करके निर्वाह कर रही हो, फिर भी वह तुमसे रूठे हुए हैं। आश्चर्य!

सुभद्रा ने उसी भांति प्रसन्नमुख से कहा — पुरुष-प्रकृति ही आश्चर्य का विषय है, चाहे मि0 केशव इसे स्वीकार न करें।

युवती ने फिर केशव की ओर प्रेरणापूर्ण दृष्टि से देखा, लेकिन केशव उसी भांति अप्रतिभ बैठा रहा। उसके हृदय पर यह नया आघात था। युवती ने उसे चुप देखकर उसकी तरफ़ से सफाई दी — केशव, स्त्री, पुरुष, दोनों ही को समान अधिकार देना चाहते हैं।

केशव डूब रहा था, तिनके का सहारा पाकर उसकी हिम्मत बंध गयी। बोला — विवाह एक प्रकार का समझौता है। दोनों पक्षों को अधिकार है, जब चाहें उसे तोड़ दें।

युवती ने हामी भरी सभ्य-समाज में यह आंदोलन बड़े ज़ोरों पर है।

सुभद्रा ने शंका की — किसी समझौते को तोड़ने के लिए कारण भी तो होना चाहिए?

केशव ने भावों की लाठी का सहारा लेकर कहा — जब इसका अनुभव हो जाय कि हम इस बंधन से मुक्त होकर अधिक सुखी हो सकते हैं, तो यही कारण काफी है, स्त्री को यदि मालूम हो जाय कि वह दूसरे पुरुष के साथ...

सुभद्रा ने बात काटकर कहा — क्षमा कीजिए मि0 केशव, मुझे इतनी बुद्धि नहीं कि इस विषय पर आपसे बहस कर सकूं। आदर्श समझौता वहीं है, जो जीवन-पर्यंन्त रहे। मैं भारत की नहीं कहती। वहां तो स्त्री पुरुष की लौंडी है, मैं इंग्लैण्ड की कहती हूं। यहां भी कितनी ही औरतों से मेरी बातचीत हुई है। वे तलाकों की बढ़ती हुई संख्या को देखकर खुश नहीं होतीं। विवाह का सबसे ऊंचा आदर्श उसकी पवित्रता और स्थिरता है। पुरुषों ने सदैव इस आदर्श को तोड़ा है, स्त्रियों ने निबाहा है। अब पुरुषों का अन्याय स्त्रियों को किस ओर ले जायेगा, नहीं कह सकती।

इस गम्भीर और संयत कथन ने विवाद का अंत कर दिया। सुभद्रा ने चाय मंगवायी। तीनों आदमियों ने पी। केशव पूछना चाहता था, अभी आप यहां कितने दिनों रहेंगी। लेकिन न पूछ सका। वह यहां पन्द्रह मिनट और रहा, लेकिन विचारों में डूबा हुआ। चलते समय उससे न रहा गया। पूछ ही बैठा — अभी आप यहां कितने दिन और रहेंगी?

सुभद्रा ने जमीन को ओर ताकते हुए कहा — कह नहीं सकती।

'कोई जरूरत हो, तो मुझे याद कीजिएगा।'

'इस आश्वासन के लिए आपको धन्यवाद।'

केशव सारे दिन बेचैन रहा। सुभद्रा उसकी आंखों में फिरती रही! सुभद्रा की बातें उसके कानों में गूंजती रहीं। अब उसे इसमें कोई संदेह न था कि उसी प्रेम में सुभद्रा यहां आयी थी।

सारी परिस्थिति उसकी समझ में आ गयी थी। उस भीषण त्याग का अनुमान करके उसके रोयें खड़े, हो गये। यहां सुभद्रा ने क्या-क्या कष्ट झेले होंगे, कैसी-कैसी यातनाएं सही होंगी, सब उसी के कारण? वह उस पर भार न बनना चाहती थी, इसलिए तो उसने अपने आने की सूचना तक उसे न दी। अगर उसे पहले मालूम होता कि सुभद्रा यहां आ गयी है, तो कदाचित् उसे उस युवती की ओर इतना आकर्षण ही न होता। चौकीदार के सामने चोर को घर में घुसने का साहस नहीं होता। सुभद्रा को देखकर उसकी कर्तव्य-चेतना जागृत हो गयी। उसके पैरों पर गिरकर उससे क्षमा मांगने के लिए उसका मन अधीर हो उठा। वह उसके मुंह से सारा वृत्तांत सुनेगा। यह मौन उपेक्षा उसके लिए असह्य थी। दिन तो केशव ने किसी तरह काटा, लेकिन ज्यों ही रात के दस बजे, वह सुभद्रा से मिलने चला। युवती ने पूछा कहां जाते हो?

केशव ने बूट का लेस बांधते हुए कहा — जरा एक प्रोफेसर से मिलना है, इस वक़्त आने का वादा कर चुका हूं?

'जल्द आना।'

'बहुत जल्द आऊंगा।'

केशव घर से निकला, तो उसके मन में कितनी ही विचार-तरंगे उठने लगीं। कहीं सुभद्रा मिलने से इनकार कर दे, तो? नहीं, ऐसा नहीं हो सकता। वह इतनी अनुदार नहीं है। हां, यह हो सकता है कि वह अपने विषय में कुछ न कहे। उसे शांत करने के लिए उसने एक कृपा की कल्पना कर डाली ऐसा बीमार था कि बचने की आशा न थी। उर्मिला ने ऐसा तन्मय होकर उसकी सेवा-सुश्रूषा की कि उससे प्रेम हो गया। कथा का सुभद्रा पर जो असर पड़ेगा, उसके विषय में केशव को कोई संदेह न था। परिस्थिति का बोध होने पर वह से क्षमा कर देगी। लेकिन इसका फल क्या होगा? क्या वह दोनों के साथ एक-सा प्रेम कर सकता है? सुभद्रा को देख लेने के बाद उर्मिला को शायद उसके साथ-साथ रहने में आपत्ति हो ही कैसे सकती है! उससे यह बात छिपी नहीं है। हां, यह देखना है कि सुभद्रा भी इसे स्वीकार करती है कि नहीं। उसने जिस उपेक्षा का परिचय दिया है, उसे देखते हुए उसके मानने में संदेह ही जान पड़ता है। मगर वह उसे मनोयगा, उसकी विनती करेगा, उसके पैरों पड़ेगा और अंत में उसे मनाकर ही छोड़ेगा। सुभद्रा से प्रेम और अनुराग का नया प्रमाण पाकर वह मानो एक कठोर निद्रा से जाग उठा था। उसे अब अनुभव हो रहा था कि सुभद्रा के लिए उसके हृदय में जो स्थान था, वह खाली पड़ा हुआ है। उर्मिला उस स्थान पर अपना आधिपत्य नहीं जमा सकती। अब उसे ज्ञात हुआ कि उर्मिला के प्रति उसका प्रेम केवल वह तृष्णा थी, जो स्वादयुक्त पदार्थों को देखकर ही उत्पन्न होती है। वह सच्ची क्षुधा न थी। अब फिर उसे सरल सामान्य भोजन की इच्छा हो रही थी। विलासिली उर्मिला भी इतना त्याग कर सकती है, उसमें उसे संदेह था।

सुभद्रा के घर के निकट पहुंचकर केशव का मन कुछ कातर होने लगा। लेकिन उसने जी कड़ा करके जीने पर कदम रखा और एक क्षण में सुभद्रा के द्वार पर पहुंचा, लेकिन कमरे का द्वार बंद था। अंदर भी प्रकाश न था। अवश्य ही वह कहीं गयी है, आती ही होगी। तब तक उसके बरामदे में टहलने का निश्चय किया।

सहसा मालकिन आती हुई दिखाई दी। केशव ने बढ़कर पूछा — आप बता सकती हैं कि यह महिला कहां गयी हैं?

मालकिन ने उसी सिर से पांव तक देखकर कहा — वह तो आज यहां से चली गयीं।

केशव ने हकबकाकर पूछा — चली गयीं! कहां चली गयीं?

'यह तो मुझसे कुछ नहीं बताया।'

'कब गयीं?'

'वह तो दोपहर को ही चली गयी।'

'अपना असबाब लेकर गयीं?'

'असबाब किसके लिए छोड़ जातीं? हां, एक छोटा-सा पैकेट अपनी एक सहेली के लिए छोड़ गयी हैं। इस पर मिसेज केशव लिखा हुआ है। मुझसे कहा था कि यदि वह आ जाएं, तो उन्हें दे देना, नहीं तो डाक से भेज देना।'

'आप मुझे वह पैकेट दिखा सकती हैं? केशव मेरा ही नाम है।'

मालकिन ने मुस्कुराकर कहा — मिसेज केशव को कोई आपत्ति तो न होगी?

'तो फिर मैं उन्हें बुला लाऊं?'

'हां उचित तो यही है!'

'बहुत दूर जाना पड़ेगा।'

केशव कुछ ठिठकता हुआ जीने की ओर चला, तो मालकिन ने फिर कहा — मैं समझती हूं, आप इसे लिये ही जाइए, व्यर्थ आपको क्या दौड़ाऊं। मगर कल मेरे पास एक रसीद भेज दीजिएगा। शायद उसकी ज़रूरत पड़े!

यह कहते हुए उसने एक छोटा-सा पैकेट लाकर केशव को दे दिया। केशव पैकेट लेकर इस तरह भागा, मानो कोई चोर भागा जा रहा हो। इस पैकेट में क्या है, यह जानने के लिए उसका हृदय व्याकुल हो गया था। उसे इतना विलम्ब असह्य था कि अपने स्थान पर जाकर उसे खोले। समीप ही एक पार्क था। वहां जाकर उसने बिजली के प्रकाश में उस पैकेट को खोल डाला। उस समय उसके हाथ कांप रहे थे और हृदय इतने वेग से धड़क रहा था, मानो किसी बंधु की बीमारी के समाचार के बाद तार मिला हो।

पैकेट का खुलना था कि केशव की आंखों से आंसुओं की झड़ी लग गयी। उसमें एक पीले रंग की साड़ी थी, एक छोटी-सी सिंदूर की डिबिया और एक केशव का फोटो-चित्र के साथ ही एक लिफ़ाफ़ा भी था। केशव ने उसे खोलकर पढ़ा। उसमें लिखा था —

'बहन, मैं जाती हूं। यह मेरे सोहाग का शव है। इसे टेम्स नदी में विसर्जित कर देना। तुम्हीं लोगों के हाथों यह संस्कार भी हो जाय, तो अच्छा।'

तुम्हारी,

सुभद्रा

केशव मर्माहत-सा पत्र हाथ में लिए वहीं घास पर लेट गया और फूट-फूटकर रोने लगा।

आत्मसंगीत

आधी रात थी। नदी का किनारा था। आकाश के तारे स्थिर थे और नदी में उनका प्रतिबिम्ब लहरों के साथ चंचल। एक स्वर्गीय संगीत की मनोहर और जीवनदायिनी, प्राणपोषिणी ध्वनि इस निस्तब्ध और तमोमय दृश्य पर इस प्रकार छा रही थी, जैसे हृदय आशांए छायी रहती हैं, या मुख-मंडल पर शोक।

रानी मनोरमा ने आज गुरु-दीक्षा ली थी। दिन भर दान और व्रत में व्यस्त रहने के बाद मीठी नींद की गोद में सो रही थीं। अकस्मात् उसकी आंखें खुलीं और ये मनोहर ध्वनियां कानों में पहुंची। वह व्याकुल हो गई — जैसे दीपक को देखकर पतंग; वह अधीर हो उठी, जैसे खांड़ की गंध पाकर चींटी। वह उठीं और द्वार पालों एवं चौकीदारों की दृष्टियां बचाती हुई राजमहल से बाहर निकल आयीं जैसे वेदनापूर्ण क्रंदन सुनकर आंखों से आंसू निकल आते हैं।

सरिता-तट पर कंटीली झाड़ियां थी। ऊंचे कगारे थे। भयानक जंतु थे और उनकी डरावनी आवाज़ें। शव थे और उनसे भी अधिक भयंकर उनकी कल्पना। मनोरमा कोमलता और सुकुमारता की मूर्ति थी। परंतु उस मधुर संगीत का आकर्षण उसे तन्मयता की अवस्था में खींचे लिये जाता था। उसे आपदाओं का ध्यान न था।

वह घंटों चलती रही, यहां तक कि मार्ग में नदी ने उसका गतिरोध किया।

2

मनोरमा ने विवश होकर इधर-उधर दृष्टि दौड़ायी। किनारे पर एक नौका दिखाई दी। निकट जाकर बोली — मांझी,मैं उसपार जाऊंगी, इस मनोहर राग ने मुझे व्याकुल कर दिया है।

मांझी — रात को नाव नहीं खोल सकता। हवा तेज़ है और लहरें डरावनी। जान-जोखिम है।

मनोरमा — मैं रानी मनोरमा हूं। नाव खोल दे, मुंहमांगी मज़दूरी दूंगी।

मांझी — तब तो नाव किसी तरह नहीं खोल सकता। रानियों का इस नदी में निबाह नहीं।

मनोरमा — चौधरी, तेरे पांव पड़ती हूं। शीघ्र नाव खोल दे। मेरे प्राण उस ओर खिंचे चले जाते हैं।

माझी — क्या इनाम मिलेगा?

मनोरमा — जो तू मांगे।

माझी — आप ही कह दें, मैं गंवार क्या जानूं कि रानियों से क्या चीज़ मांगनी चाहिए। कहीं कोई ऐसी चीज़ न मांग बैठूं, जो आपकी प्रतिष्ठा के विरुद्ध हो।

मनोरमा — मेरा यह हार अत्यंत मूल्यवान् है। मैं इसे खेवे में देती हूं। मनोरमा ने गले से हार निकाला; उसकी चमक से मांझी का मुख-मंडल प्रकाशित हो गया — वह कठोर और काला मुख, जिस पर झुर्रिया पड़ी हुई थी।

अचानक मनोरमा को ऐसा प्रतीत हुआ, मानों संगीत की ध्वनि और निकट हो गई हो। कदाचित् कोई पूर्ण ज्ञानी पुरुष आत्मानंद के आवेश में उस सरिता-तट पर बैठा हुआ उस निस्तब्ध निशा को संगीतपूर्ण कर रहा है। रानी का हृदय उछलने लगा! आह! कितना मनोमुग्धकर राग था! उसने अधीर होकर कहा — मांझी, अब देर न कर, नाव खोल; मैं एक क्षण भी धीरज नहीं रख सकती।

माझी — इस हार को लेकर मैं क्या करूंगा?

मनोरमा — सच्चे मोती हैं।

माझी — यह और भी विपत्ति है। मांझिन गले में पहनकर पड़ोसियों को दिखाएगी, वह सब डाह से जलेंगी, उसे गालियां देंगी। कोई चोर देखेगा, तो उसकी छाती पर सांप लोटने लगेगा। मेरी सुनसान झोपड़ी पर दिन-दहाड़े डाका पड़ जायेगा। लोग चोरी का अपराध लगाएंगे। नहीं, मुझे यह हार न चाहिए।

मनोरमा — तो जो कुछ तू मांग, वहीं दूंगी लेकिन देर न कर। मुझे अब धैर्य नहीं है। प्रतीक्षा करने की तनिक भी शक्ति नहीं है। इस राग की एक-एक तान मेरी आत्मा को तड़पा देती है।

मांझी — इससे भी अच्छी कोई चीज़ दीजिए।

मनोरमा — अरे निर्दयी! तू मुझे बातों में लगाए रखना चाहता है। मैं जो देती हूं, वह लेता नहीं, स्वयं कुछ मांगता नहीं। तुझे क्या मालूम, मेरे हृदय की इस समय क्या दशा हो रही है। मैं इस आत्मिक पदार्थ पर अपना सर्वस्व न्योछावर कर सकती हूं।

मांझी — और क्या दीजिएगा?

मनोरमा मेरे पास इससे बहुमूल्य और कोई वस्तु नहीं है, लेकिन तू अभी नाव खोल दें, तो प्रतिज्ञा करती हूं कि तुझे अपना महल दे दूंगी, जिसे देखने के लिए कदाचित् तू भी कभी गया हो। विशुद्ध श्वेत पत्थर से बना है, भारत में इसकी तुलना नहीं। अब एक क्षण की भी देर न कर।

मांझी — (हंसकर) उस महल में रहकर मुझे क्या आनंद मिलेगा? उलटे मेरे भाई-बंधु शत्रु हो जायंगे। इस नौका पर अंधेरी रात में भी मुझे भय नहीं लगता। आंधी चलती रहती है, और मैं इस पर पड़ा रहता हूं। किंतु वह महल तो दिन ही में फाड़ खायगा। मेरे घर के आदमी तो उसके एक कोने में समा जायेंगे। और आदमी कहां से लाऊंगा; मेरे नौकर-चाकर कहां? इतना माल असबाब कहां? उसकी सफाई और मरम्मत कहां से कराऊंगा? उसकी फुलवारियां सूख जायंगी, उसकी क्यारियों में गीदड़ बोलेंगे और अटारियों पर कबूतर और अबाबीलें घोंसले बनाएंगी?

मनोरमा अचानक एक तन्मय अवस्था में उछल पड़ी। उसे प्रतीत हुआ कि संगीत निकटतर आ गया है। उसकी सुन्दरता और आनंद अधिक प्रखर हो गया था — जैसे बत्ती उकसा देने से दीपक अधिक प्रकाशमान हो जाता है। पहले चित्ताकर्षक था, तो अब आवेशजनक हो गया था। मनोरमा ने व्याकुल होकर कहा! तू फिर अपने मुंह से क्यों कुछ नहीं मांगता? अहा! कितना विरागजनक राग है, कितना विह्वल करने वाला! मैं अब तनिक भी धीरज नहीं धर सकती। पानी उतार में जाने के लिए जितना व्याकुल होता है, श्वास हवा के लिए जितनी विकल होती है, गंध उड़ जाने के लिए जितना व्याकुल होता है, मैं उस स्वर्गीय संगीत के लिए उतनी व्याकुल हूं। उस संगीत में कोयल की-सी मस्ती है, पपीहे की-सी वेदना है, श्यामा की-सी विह्वलता है; इसमें झरनों का-सा ज़ोर है, और आंधी का-सा बल! इसमें वह सब कुछ है, जिससे विवेकाग्नि प्रज्वलित होती, जिससे आत्मा समाहित होती है और अंतःकरण पवित्र होता है। मांझी अब एक क्षण का भी विलम्ब मेरे लिए मृत्यु की यंत्रणा है। शीघ्र नौका खोल। जिस सुमन की यह सुगंध है, जिस दीपक की यह दीप्ति है, उस तक मुझे पहुंचा दे। मैं देख नहीं सकती, इस संगीत का रचयिता कहीं निकट ही बैठा हुआ है, बहुत निकट।

मांझी — आपका महल मेरे काम का नहीं है, मेरी झोपड़ी उससे कहीं सुहावनी है।

मनोरमा — हाय! तो अब तुझे क्या दूं? यह संगीत नहीं है, यह इस सुविशाल क्षेत्र की पवित्रता है, यह समस्त सुमन-समूह का सौरभ है, समस्त मधुरताओं की माधुरी है, समस्त अवस्थाओं का सार है। नौका खोल। मैं जब तक जीऊंगी तब तक तेरी सेवा करूंगी, तेरे लिए पानी भरूंगी, तेरी झोपड़ी बुहारूंगी, तेरी मांझिन के पैर मलूंगी। प्यारे मांझी, यदि मेरे पास सौ जानें होती, तो मैं इस संगीत के लिए अर्पण करती। ईश्वर के लिए मुझे निराश न कर। मेरे धैर्य का अंतिम बिन्दु शुष्क हो गया है। अब इस चाह में दाह है, अब यह सिर तेरे चरणों में है।

यह कहते-कहते मनोरमा एक विक्षिप्त की अवस्था में मांझी के निकट जाकर उसके पैरों पर गिर पड़ी। उसे ऐसा प्रतीत हुआ, मानों वह संगीत आत्मा पर किसी प्रज्वलित प्रदीप की तरह ज्योति बरसाता हुआ मेरी ओर आ रहा है। उसे रोमांच हो आया। वह मस्त होकर झूमने लगी। ऐसा ज्ञात हुआ कि मैं हवा में उड़ी जाती हूं। उसे अपने पार्श्व-देश में तारे झिलमिलाते हुए दिखाई देते थे। उस पर आत्मविस्मृत का भावावेश छा गया और अब वही मस्ताना संगीत, वही मनोहर राग उसके मुंह से निकलने लगा। वही अमृत की बूंदे, उसके अधरों से टपकने

लगीं। वह स्वयं इस संगीत की स्त्रोत थी। नदी के पार से आनेवाली ध्वनियां, प्रतिपोषिणी ध्वनियां उसी के मुंह से निकल रही थीं।

मनोरमा का मुख-मंडल चंद्रमा की तरह प्रकाशमान हो गया था और आंखों से प्रेम की किरणें निकल रही थी।

❑❑❑

ऐक्ट्रेस

रंगमंच का परदा गिर गया। तारादेवी शकुंतला का पार्ट खेलकर दुष्यंत के सम्मुख खड़ी, ग्लानि, वेदना और तिरस्कार से उत्तेजित भावों को आग्नेय शब्दों में प्रकट कर रही थी, दर्शक-वृन्द शिष्टता के नियमों की उपेक्षा करके मंच की ओर उन्मत्तों की भांति दौड़ पड़े थे और तारादेवी के चरणों पर गिर पड़े। सारा स्टेज फूलों से पट गया, आभूषणों की वर्षा होने लगी। यदि उसी क्षण मेनका का विमान नीचे आकर उसे उड़ा न ले जाता, तो कदाचित् उस धक्कम-धक्के में दस-पांच आदमियों की जान पर बन जाती। मैनेजर ने तुरन्त आकर दर्शकों को गुण-ग्राहकता का धन्यवाद दिया और वादा भी किया कि दूसरे दिन फिर यही तमाशा होगा। तब लोगों का मोहोन्माद शांत हुआ। मगर एक युवक उस वक़्त भी मच पर खड़ा रहा। लम्बे क़द का था, तेजस्वी मुद्रा, कुंदन का-सा रंग, देवताओं का-सा स्वरूप, गठी हुई देह, मुख से एक ज्योति-सी प्रस्फुटित हो रही थी। कोई राजकुमार मालूम होता था।

जब सारे दर्शकगण बाहर निकल गए, उसने मैंनेजर से पूछा — क्या मैं तारादेवी से एक क्षण के लिए मिल सकता हूं?

मैंनेजर ने उसी उपेक्षा के भाव से कहा — जी नहीं। क्षमा कीजिएगा। यह नियमों के विरुद्ध है।

युवक ने और कुछ न कहा, निराश होकर स्टेज के नीचे उतर पड़ा और बाहर जाना ही चाहता था कि मैंनेजर ने पूछा — ज़रा ठहर जाइए, आपका कार्ड?

युवक ने जेब से काग़ज का एक टुकड़ा निकालकर कुछ लिखा और दे दिया। मैंनेजर ने पुर्जे को उड़ती हुई निग़ाह से देखा — कुंवर निर्मलकांत चौधरी, ओ0 बी0 ई0। मैंनेजर की कठोर मुद्रा कोमल हो गई। कुंवर निर्मलकांत —शहर के सबसे बड़े रईस और ताल्लुकेदार, साहित्य के उज्जवल रत्न, संगीत के सिद्धहस्त आचार्य, उच्चकोटि के विद्वान, आठ-दस लाख सालाना के नफ़ेदार, जिनके दान से देश की कितनी ही संस्थाएं चलती थीं — इस समय एक क्षुद्र प्रार्थी के रूप में खड़े थे। मैंनेजर अपने उपेक्षा-भाव पर लज्जित हो गया। विनम्र शब्दों में बोला, क्षमा कीजिएगा, मुझसे बड़ा अपराध हुआ। मैं अभी तारादेवी के पास हुज़ूर का कार्ड

लिए जाता हूं।

कुंवर साहब ने उससे रुकने का इशारा करके कहा — नहीं, अब रहने ही दीजिए, मैं कल पांच बजे आऊंगा। इस वक़्त तारादेवी को कष्ट होगा। यह उनके विश्राम का समय है।

मैनेजर — मुझे विश्वास है कि वह आपकी ख़ातिर इतना कष्ट सहर्ष सह लेंगी, मैं एक मिनट में आता हूं।

किंतु कुंवर साहब अपना परिचय देने के बाद अब अपनी आतुरता पर संयम का परदा डालने के लिए विवश थे। मैंनेजर को सज्जनता का धन्यवाद दिया और कल आने का वादा करके चले गए।

2

तारा एक साफ़-सुथरे और सजे हुए कमरे में मेज़ के सामने किसी विचार में मग्न बैठी थी। रात का वह दृश्य उसकी आंखों के सामने नाच रहा था। ऐसे दिन जीवन में क्या बार-बार आते हैं? कितने मनुष्य उसके दर्शनों के लिए विकल हो रहे थे; बस, एक दूसरे पर फटे पड़ते थे। कितनों को उसने पैरों ने ठुकरा दिया था — हां, ठुकरा दिया था। मगर उस समूह में केवल एक दिव्यमूर्ति अविचलित रूप से खड़ी थी। उसकी आंखों में कितना गंभीर अनुराग था, कितना दृढ़ संकल्प! ऐसा जान पड़ता था मानो, उसके दोनों नेत्र उसके हृदय में चुभे जा रहे हों। आज फिर उस पुरुष के दर्शन होंगे या नहीं, कौन जानता है? लेकिन यदि आज उनके दर्शन हुए, तो तारा उनसे एक बार बातचीत किए बिना न जाने लगी।

यह सोचते हुए उसने आईने की ओर देखा, चेहरा कमल के फूल-सा खिला था। कौन कह सकता था कि यह नव-विकसित पुष्प पैंतीस बंसतों की बहार देख चुका है। वह कांति, वह कोमलता, वह चपलता, वह माधुर्य किसी नवयौवन को लज्जित कर सकता था। तारा एक बार फिर हृदय में प्रेम का दीपक जला बैठी। आज से बीस साल पहले एक बार उसको प्रेम का कटु अनुभव हुआ था। तब से वह एक प्रकार का वैधव्य-जीवन व्यतीत करती रही। कितने प्रेमियों ने अपना हृदय उसकी भेट करना चाहा था; पर उसने किसी की ओर आंख उठाकर भी न देखा था। उसे उनके प्रेम में कपट की गंध आती थी। मगर आह! आज उसका संयम उसके हाथ से निकल गया। एक बार फिर उसे हृदय में उसी मधुर वेदना का अनुभव हुआ, जो बीस साल पहले हुआ था। एक पुरुष का सौम्य स्वरूप उसकी आंखों में बस गया, हृदय-पट पर खिंच गया। उसे वह किसी तरह भूल न सकती थी। उसी पुरुष को उसने मोटर पर जाते देखा होता, तो कदाचित् उधर ध्यान भी न करती। पर उसे अपने सम्मुख प्रेम का उपहार हाथ में लिये देखकर वह स्थिर न रह सकी।

सहसा दाई ने आकर कहा — बाईजी, रात की सब चीज़ें रखी हुई हैं, कहिए तो लाऊं?

तारा ने कहा — नहीं, मेरे पास चीज़ लाने की ज़रूरत नहीं; मगर ठहरो, क्या-क्या चीज़ें हैं?

'एक ढ़ेर-का-ढ़ेर तो लगा है बाईजी, कहां तक गिनाऊं — अशर्फ़ियां हैं, ब्रूचेज, बाल के पिन, बटन, लाकेट अंगूठियां-सभी तो हैं। एक छोटे-से डिब्बे में एक सुंदर हार है। मैंने आज तक वैसा हार नहीं देखा। सब संदूक में रख दिया है।'

'अच्छा, वह संदूक मेरे पास ला।' दाई के संदूक लाकर मेज़ पर रख दिया। उधर एक लड़के ने एक पत्र लाकर तारा को दिया। तारा ने पत्र को उत्सुक नेत्रों से देखा — कुंवर निर्मलकांत, ओ0 बी0 ई0। लड़के से पूछा — यह पत्र किसने दिया। वह तो नहीं, जो रेशमी साफ़ा बांधे हुए थे?

लड़के ने केवल इतना कहा — मैंनेजर साहब ने दिया है। और लपका हुआ बाहर चला गया।

संदूक में सबसे पहले डिब्बा नज़र आया। तारा ने उसे खोला तो सच्चे मोतियों का सुंदर हार था। डिब्बे में एक तरफ़ एक कार्ड भी था। तारा ने लपककर उसे निकाल लिया और पढ़ा — कुंवर निर्मलकांत...! कार्ड उसके हाथ से छूटकर गिर पड़ा। वह झपटकर कुरसी से उठी और बड़े वेग से कई कमरों और बरामदों को पार करती मैंनेजर के सामने आकर खड़ी हो गई। मैंनेजर ने खड़े होकर उसका स्वागत किया और बोला — मैं रात की सफलता पर आपको बधाई देता हूं।

तारा ने खड़े-खड़े पूछा — कुंवर निर्मलकांत क्या बाहर हैं? लड़का पत्र देकर भाग गया। मैं उससे कुछ पूछ न सकी।

'कुंवर साहब का रूक्का तो रात ही तुम्हारे चले आने के बाद मिला था।'

'तो आपने उसी वक़्त मेरे पास क्यों ने भेज दिया?'

मैंनेजर ने दबी ज़बान से कहा — मैंने समझा, तुम आरामकर रही होगी, कष्ट देना उचित न समझा। और भाई, साफ़ बात यह है कि मैं डर रहा था, कहीं कुंवर साहब को तुमसे मिलाकर तुम्हें खो न बैठूं। अगर मैं औरत होता, तो उसी वक़्त उनके पीछे हो लेता। ऐसा देवरूप पुरुष मैंने आज तक नहीं देखा। वह तो रेशमी साफ़ा बांधे खड़े थे तुम्हारे सामने। तुमने भी तो देखा था।

तारा ने मानो अर्धनिद्रा की दशा में कहा — हां, देखा तो था — क्या वह फिर आएंगे?

'हां, आज पांच बजे शाम को। बड़े विद्वान आदमी हैं, और इस शहर के सबसे बड़े रईस।'

'आज मैं रिहर्सल में न आऊंगी।'

3

कुंवर साहब आ रहे होंगे। तारा आईने के सामने बैठी है और दाई उसका श्रृंगार कर रही है। श्रृंगार किया जाता था। कवियों, चित्रकारों और रसिकों ने श्रृंगार की मर्यादा-सी बांध दी थी। आंखों के लिए काजल लाज़मी था, हाथों के लिए मेंहदी, पांवों के लिए महावर। एक-एक

अंग एक-एक आभूषण के लिए निर्दिष्ट था। आज वह परिपाटी नहीं रही। आज प्रत्येक रमणी अपनी सुरुचि, सुबुद्धि और तुलनात्मक भाव से शृंगार करती है। उसका सौन्दर्य किसी उपाय से आकर्षकता की सीमा पर पहुंच सकता है, यही उसका आदर्श होता है। तारा इस कला में निपुण थी। वह पंद्रह साल से इस कम्पनी में थी और यह समस्त जीवन उसने पुरुषों के हृदय से खेलने ही में व्यतीत किया था। किस चित्तवन से, किस मुस्कान से, किस अंगड़ाई से, किस तरह केशों के बिखेर देने से दिलों का क़त्लेआम हो जाता है, इस कला में कौन उससे बढ़कर हो सकता था! आज उसने चुन-चुनकर आजमाए हुए तीर तरकस से निकले, और जब अपने अस्त्रों से सजकर वह दीवानखाने में आयी तो जान पड़ा, मानो संसार का सारा माधुर्य उसको बलाएं ले रहा है। वह मेज़ के पास खड़ी होकर कुंवर साहब का कार्ड देख रही थी, पर उसके कान मोटर की आवाज़ की ओर लगे हुए थे। वह चाहती थी कि कुंवर साहब इसी वक़्त आ जायं ओर उसे इसी अंदाज़ से खड़े देखें। इसी अंदाज से वह इसके अंग-प्रत्यंगों की पूर्ण छवि देख सकते थे। उसने अपनी शृंगार-कला से काल पर विजय पा ली थी। कौन कह सकता था कि यह चंचल नवयौवन उस अवस्था को पहुंच चुकी है, जब हृदय को शांति की इच्छा होती है, वह किसी आश्रम के लिए आतुर हो उठता है, और उसका अभिमान नम्रता के आगे सिर झुका देता है?

तारादेवी को बहुत इंतजार न करना पड़ा। कुंवर साहब शायद मिलने के लिए उससे भी उत्सुक थे। दस ही मिनट के बाद उनकी मोटर की आवाज़ आयी। तारा संभल गई। एक क्षण में कुंवर साहब ने कमरे में प्रवेश किया। तारा शिष्टाचार के लिए हाथ मिलाना भी भूल गई। प्रौढ़ावस्था में भी प्रेम की उद्विग्नता और असावधानी कुछ कम नहीं होती। वह किसी सलज्जा युवती की भांति सिर झुकाए खड़ी रही।

कुंवर साहब की निग़ाह आते ही उसकी गर्दन पर पड़ी। वह मोतियों का हार, जो उन्होंने रात को भेंट किया था, चमक रहा था। कुंवर साहब को इतना आनंद और कभी न हुआ था। उन्हें एक क्षण के लिए ऐसा जान पड़ा मानो उनके जीवन की सारी अभिलाषा पूरी हो गई। बोले — मैंने आपको आज इतने सवेरे कष्ट दिया, क्षमा कीजिएगा। यह तो आपके आराम का समय होगा?

तारा ने सिर से खिसकती हुई साड़ी को संभालकर कहा — इससे ज़्यादा आराम और क्या हो सकता था कि आपके दर्शन हुए। मैं इस उपहार के लिए और क्या आपको मानों धन्यवाद देती हूं। अब तो कभी-कभी मुलाक़ात होती रहेगी?

निर्मलकांत ने मुस्कुराकर कहा — कभी-कभी नहीं रोज़। आप चाहे मुझसे मिलना पसंद न करें, पर एक बार इस ड्योढ़ी पर सिर को झुका ही जाऊंगा।

तारा ने भी मुस्कुराकर उत्तर दिया — उसी वक़्त तक जब तक कि मनोरंजन की कोई नई वस्तु नज़र न आ जाय? क्यों?

'मेरे लिए यह मनोरजंन का विषय नहीं, जिंदगी और मौत का सवाल है। हां, तुम इसे विनोद समझ सकती हो; मगर कोई परवा नही। तुम्हारे मनोरंजन के लिए यदि मेरे प्राण भी

निकल जायं, तो मैं अपना जीवन सफल समझूंगा।'

दोनों तरफ़ से इस प्रीत को निभाने के वादे हुए, फिर दोनों ने नाश्ता किया और कल भोजन का न्योता देकर कुंवर साहब विदा हुए।

4

एक महीना गुज़र गया। कुंवर साहब दिन में कई-कई बार आते। उन्हें एक क्षण का वियोग भी असह्य था। कभी दोनों बजरे पर दरिया की सैर करते, कभी हरी-हरी घास पर पार्कों में बैठे बातें करते, कभी गाना-बजाना होता, नित्य नए प्रोग्राम बनते थे। सारे शहर में मशहूर था कि ताराबाई ने कुंवर साहब को फांस लिया और दोनों हाथों से सम्पत्ति लूट रही है। पर तारा के लिए कुंवर साहब का प्रेम ही एक ऐसी सम्पत्ति थी, जिसके सामने दुनिया भर की दौलत हेय थी। उन्हें अपने सामने देखकर उसें किसी वस्तु की इच्छा न होती थी।

मगर एक महीने तक इस प्रेम के बाज़ार में घूमने पर भी तारा को वह वस्तु न मिली, जिसके लिए उसकी आत्मा लोलुप हो रही थी। वह कुंवर साहबसे प्रेम की, आपार और अतुल प्रेम की, सच्चे और निष्कपट प्रेम की बातें रोज़ सुनती थी, पर उसमें 'विवाह का शब्द न आने पाता था, मानो प्यासे को बाज़ार में पानी छोड़कर और सब कुछ मिलता हो। ऐसे प्यासे को पानी के सिवा और किसी चीज़ से तृप्ति हो सकती है? प्यास बुझाने के बाद, सम्भव है, और चीज़ों की तरफ उसकी रूचि हो; पर प्यासे के लिए तो पानी सबसे मूल्यवान पदार्थ है। वह जानती थी कि कुंवर साहब उसके इशारे पर प्राण तक दे देंगे, लेकिन विवाह की बातें क्यों उनकी ज़बान से नहीं। निकलती? क्या इस विषय का कोई पत्र लिखकर अपना आशय कह देना सम्भव था? फिर क्या वह उसको केवल विनोद की वस्तु बनाकर रखना चाहते हैं? यह अपमान उससे न सहा जायेगा। कुंवर के एक इशारे पर वह आग में कूद सकती थी, पर यह अपमान उसके लिए असह्य था। किसी शौक़ीन रईस के साथ वह इससे कुछ दिन पहले शायद एक-दो महीने रह जाती और उसे नोच-खसोट कर अपनी राह लेती। किन्तु प्रेम का बदला प्रेम है, कुंवर साहब के साथ वह यह निर्लज्ज जीवन न व्यतीत कर सकती थी।

कुंवर साहब के भाई-बन्धु भी गाफ़िल न थे, वे किसी भांति उन्हें ताराबाई के पंजे से छुड़ाना चाहते थे। कहीं कुंवर साहब का विवाह ठीक कर देना ही एक ऐसा उपाय था, जिससे सफल होने की आशा थी और यही उन लोगों ने किया। उन्हें यह भय तो न था कि कुंवर साहब इस ऐक्ट्रस से विवाह करेंगे। हां, यह अवश्य था कि कहीं रियासत का कोई हिस्सा उसके नाम कर दें, या उसके आनेवाले बच्चों को रियासत का मालिक बना दें। कुंवर साहब पर चारों ओर से दबाव पड़ने लगे। यहां तक कि यूरोपियन अधिकारियों ने भी उन्हें विवाह कर लेने की सलाह दी।

उस दिन संध्या समय कुंवर साहब ने ताराबाई के पास जाकर कहा — तारा; तुमसे एक

बात कहता हूं, इन्कार न करना।

तारा का हृदय उछलने लगा। बोली — कहिए, क्या बात है? ऐसी कौन वस्तु है, जिसे आपकी भेंट करके मैं अपने को धन्य समझूं?

बात मुंह से निकलने की देर थी। तारा ने स्वीकार कर लिया और हर्षोन्माद की दशा में रोती हुई कुंवर साहब के पैरों पर गिर पड़ी।

5

एक क्षण के बाद तारा ने कहा — मैं तो निराश हो चली थी। आपने बड़ी लम्बी परीक्षा ली।

कुंवर साहब ने ज़बान दांतों-तले दबायी, मानों कोई अनुचित बात सुन ली हो।

'यह बात नहीं है तारा! अगर मुझे विश्वास होता कि तुम मेरी याचना स्वीकार कर लोगी, तो कदाचित् पहले ही दिन मैंने भिक्षा के लिए हाथ फैलाया होता, पर मैं अपने को तुम्हारे योग्य नहीं पाता था। तुम सद्गुणों की खान हो, और मैं...मैं जो कुछ हूं, वह तुम जानती ही हो। मैंने निश्चय कर लिया था कि उम्र भर तुम्हारी उपासना करता रहूंगा। शायद कभी प्रसन्न होकर तुम मुझे बिना मांगे ही वरदान दे दो। बस, यही मेरी अभिलाषा थी। मुझमें अगर कोई गुण है तो यही कि मैं तुमसे प्रेम करता हूं। जब तक साहित्य या संगीत या धर्म पर अपने विचार प्रकट करने लगती हो, तो मैं दंग रह जाता हूं। मुझे आश्चर्य यही है कि इस समय मैं मारे खुशी के पागल क्यों नहीं हो जाता।'

कुंवर साहब देर तक अपने दिल की बातें कहते रहे। उनकी वाणी कभी इतनी प्रगल्भ न हुई थी!

तारा सिर झुकाए सुनती थी, पर आनंद की जगह उसके मुख पर एक प्रकार का क्षोभ — लज्जा से मिला — अंकित हो रहा था। यह पुरुष इतना सरल हृदय, इतना निष्कपट है। इतना विनीत, उदार!

सहसा कुंवर साहब ने पूछा — तो मेरे भाग्य किस दिन उदय होंगे, तारा? दया करके बहुत दिनों के लिए न टालना।

तारा ने कुंवर साहब की सरलता से परास्त होकर चिंतित स्वर में कहा — कानून का क्या कीजिएगा?

कुंवर साहब ने तत्परता से उत्तर दिया — इस विषय में तुम निश्चिंत रहो, तारा मैंने वकीलों से पूछ लिया है। एक कानून ऐसा है, जिसके अनुसार हम और तुम एक प्रेम-सूत्र में बंध सकते हैं। उसे सिविल-मैरिज कहते हैं। बस, आज ही के दिन वह शुभ मुहूर्त आएगा, क्यों?

तारा सिर झुकाए रही। बोल न सकी।

'मैं प्रातःकाल आ जाऊंगा। तैयार रहना।'

कुंवर साहब चले गए, पर तारा वहीं मूर्ति की भांति बैठी रही। पुरुषों के हृदय से क्रीड़ा करने वाली चतुर नारी क्यों इतनी विमूढ़ हो गई है।

6

विवाह का एक दिन और बाक़ी है। तारा को चारों ओर से बधाइयां मिल रही हैं। थिएटर के सभी स्त्री-पुरुषों ने अपने सामर्थ्य के अनुसार उसे अच्छे-अच्छे उपहार दिये हैं। कुंवर साहब ने भी आभूषणों से सजा हुआ एक सिंगारदान भेट किया है। उनके दो-चार अंतरंग मित्रों ने भांति-भांति के सौगात भेजे हैं; पर तारा के सुन्दर मुख पर हर्ष की रेखा भी नहीं नजर आती। वह क्षुब्ध और उदास है। उसके मन में चार दिनों से निरंतर यही प्रश्न उठ रहा है — क्या कुंवर के साथ वह विश्वासघात करे? जिस प्रेम के देवता ने उसके लिए अपने कुल-मर्यादा को तिलांजलि दे दी, अपने बंधुजनों से नाता तोड़ा, जिसका हृदय हिमकरण के सामान निष्कलंक है, पर्वत के समान विशाल, उसी से कपट, करे! नहीं, वह इतनी नीचता नहीं कर सकती। अपने जीवन में उसने कितने ही युवकों से प्रेम का अभिनय किया था, कितने ही प्रेम के मतवालों को वह सब्ज़-बाग़ दिखा चुकी थी; पर कभी उसके मन में ऐसी दुविधा न हई थी, कभी उसके हृदय ने उसका तिरस्कार न किया था। क्या इसका कारण इसके सिवा कुछ और था कि ऐसा अनुराग उसे और कहीं न मिला था!

क्या वह कुंवर साहब का जीवन सुखी बना सकती है? हां, अवश्य। इस विषय में उसे लेश मात्र भी संदेह नहीं था। भक्ति के लिए ऐसी कौन-सी वस्तु है, जो असाध्य हो; पर क्या वह प्रकृति को धोखा दे सकती है? ढलते हुए सूर्य में मध्याह का-सा प्रकाश हो सकता है? असम्भव। वह स्फूर्ति, वह चपलता, वह विनोद, वह सरल छवि, वह तल्लीनता, वह त्याग, वह नहीं, वह कितना ही चाहे, पर कुंवर साहब के जीवन को सुखी नहीं बना सकती। बूढ़ा बैल कभी जवान बछड़े के साथ नहीं चल सकता।

आह! उसने यह नौबत ही क्यों आने दी? उसने क्यों कृत्रिम साधनों से, बनावटी सिंगार से कुंवर को धोखे में डाला? अब इतना सब कुछ हो जाने पर वह किस मुंह से कहेगी कि मैं रंगी हुई गुड़ियां हूं, जवानी मुझसे कब की विदा हो चुकी, अब केवल उसका पद-चिह्न रह गया है।

रात के बारह बज गए थे। तारा मेज़ के सामने इन्हीं चिंताओं में मग्न बैठी हुई थी। मेज़ पर उपहारों के ढेर लगे हुए थे; पर वह किसी चीज़ की ओर आंख उठाकर भी न देखती थी। अभी चार दिन पहले वह इन्हीं चीज़ों पर प्राण देती थी, उसे हमेशा ऐसी चीज़ों की तलाश रहती थी, जो काल के चिह्नों को मिटा सकें, पर अब उन्हीं चीज़ों से उसे घृणा हो रही है। प्रेम सत्य है — और सत्य और मिथ्या, दोनों एक साथ नहीं रह सकते।

तारा ने सोचा क्यों न यहां से कहीं भाग जाए? किसी ऐसी जगह चली जाए, जहां कोई जानता भी न हो। कुछ दिनों के बाद जब कुंवर का विवाह हो जाए, तो वह फिर आकर उनसे मिले और यह सारा वृत्तांत उनसे कह सुनाए। इस समय कुंवर पर वज्रपात-सा होगा — हाय! न-जाने उनकी क्या दशा होगी; पर उसके लिए इसके सिवा और कोई मार्ग नहीं है। अब उसके दिन रो-रोककर कटेंगे, लेकिन उसे कितना ही दुःख क्यों न हो, वह अपने प्रियतम के साथ छल नहीं कर सकती। उसके लिए इस स्वर्गीय प्रेम की स्मृति, इसकी वेदना ही बहुत है। इससे अधिक उसका अधिकार नहीं।

दाई ने आकर कहा — बाईजी, चलिए, कुछ थोड़ा-सा भोजन कर लीजिए। अब तो बारह बज गए।

तारा ने कहा — नहीं, ज़रा भी भूख नहीं है। तुम जाकर खा लो।

दाई — देखिए, मुझे भूल न जाइयेगा। मैं भी आपके साथ चलूंगी।

तारा — अच्छे कपड़े बनवा रखे हैं न?

दाई — अरे बाई जी, मुझे अच्छे कपड़े लेकर क्या करना है? आप अपना कोई उतारा दे दीजिएगा।

दाई चली गई। तारा ने घड़ी की ओर देखा। सचमुच बारह बज गए थे। केवल एक घंटे और है। प्रातःकाल कुंवर साहब उसे विवाह-मंदिर में ले जाने के लिए आ जाएंगे। हाय! भगवान जिस पदार्थ से तुमने इतने दिनों तक उसे वंचित रखा, वह आज क्यों सामने लाए? यह भी तुम्हारी क्रीड़ा है?

तारा ने एक सफ़ेद साड़ी पहन ली। सारे आभूषण उतारकर रख दिए। गर्म पानी मौजूद था। साबुन और पानी से मुंह धोया और आईने के सम्मुख जाकर खड़ी हो गई — कहां थी वह छवि, वह ज्योति, जो आंखों को लुभा लेती थी! रूप वही था, पर कांति कहां? अब भी वह यौवन का स्वांग भर सकती है?

तारा को अब वहां एक क्षण भी और रहना कठिन हो गया। मेज़ पर फैले आभूषण और विलास की सामग्रियां मानों उसे काटने लगीं। यह कृत्रिम जीवन असह्य हो उठा, खस की टट्टियों और बिजली के पंखों से सजा हुआ शीतल भवन उसे भट्टी के समान तपाने लगा।

उसने सोचा — कहां भागकर जाऊं। रेल में भागती हूं, तो भागने न पाऊंगी। सेवरे ही कुंवर साहब के आदमी छूटेंगे और चारों तरफ़ मेरी तलाश होने लगेगी। वह ऐसे रास्ते से जायगी, जिधर किसी का ख़याल भी न जाय।

तारा का हृदय इस समय गर्व से छलका पड़ता था। वह दुःखी न थी, निराश न थी। वह फिर कुंवर साहब से मिलेगी, किन्तु वह निःस्वार्थ संयोग होगा। प्रेम के बनाए हुए कर्त्तव्य-मार्ग पर चल रही है, फिर दुःख क्यों हो और निराशा क्यों हो?

सहसा उसे ख़याल आया — ऐसा न हो, कुंवर साहब उसे वहां न पाकर शोक-विह्वलता की दशा में कोई अनर्थ कर बैठें। इस कल्पना से उसके रोंगटे खड़े हो गए। एक क्षण के लिए उसका मन कातर हो उठा। फिर वह मेज़ पर जा बैठी, और यह पत्र लिखने लगी —

'प्रियतम, मुझे क्षमा करना। मैं अपने को तुम्हारी दासी बनने के योग्य नहीं पाती। तुमने मुझे प्रेम का वह स्वरूप दिखा दिया, जिसकी इस जीवन में मैं आशा न कर सकती थी। मेरे लिए इतना ही बहुत है। मैं जब तक जीऊंगी, तुम्हारे प्रेम में मग्न रहूंगी। मुझे ऐसा जान पड़ रहा है। मैं फिर आऊंगी, फिर तुम्हारे दर्शन करूंगी; लेकिन उसी दशा में, जब तुम विवाह कर लोगे। यही मेरे लौटने की शर्त है। मेरे प्राणों के प्राण, मुझसे नाराज़ न होना। ये आभूषण, जो तुमने मेरे लिए भेजे थे, अपनी ओर से नववधू के लिए छोड़ जाती हूं। केवल यह मोतियों का हार, जो तुम्हारे प्रेम का पहला उपहार है, अपने साथ लिये जाती हूं। तुमसे हाथ जोड़कर कहती हूं, मेरी तलाश न करना। मैं तुम्हारी हूं, और सदा तुम्हारी रहूंगी...'

तुम्हारी,
तारा

यह पत्र लिखकर तारा ने मेज़ पर रख दिया, मोतियों का हार गले में डाला और बाहर निकल आई। थिएटर हाल से संगीत की ध्वनि आ रही थी। एक क्षण के लिए उसके पैर बंध गए। पंद्रह वर्षों का पुराना संबंध आज टूटा जा रहा था। सहसा उसने मैनेजर को आते देखा। उसका कलेजा धक् से हो गया। वह बड़ी तेज़ी से लपककर दीवार की आड़ में खड़ी हो गई। ज्यों ही मैनेजर निकल आया, वह अहाते के बाहर आयी और कुछ दूर गलियों में चलने के बाद उसने गंगा का रास्ता पकड़ा।

गंगा-तट पर सन्नाटा छाया हुआ था। दस-पांच साधु-बैरागी धूनियों के सामने लेटे थे। दस-पांच यात्री कम्बल ज़मीन पर बिछाए सो रहे थे। गंगा किसी विशाल सर्प की भांति रेंगती चली जाती थी। एक छोटी-सी नौका किनारे पर लगी हुई थी। मल्लाह नौका में बैठा हुआ था।

तारा ने मल्लाह को पुकारा — ओ मांझी, उस पर नाव ले चलेगा?

मांझी ने जवाब दिया — इतनी रात गए नाव न जाई।

मगर दूनी मजदूरी की बात सुनकर उसने डांड़ उठाया और नाव को खोलता हुआ बोला — सरकार उस पार कहां जैहैं?

'उस पार एक गांव में जाना है।'

'मुदा इतनी रात गए कौनो सवारी-सिकारी न मिली।'

'कोई हर्ज़ नहीं, तुम मुझे उस पार पहुंचा दो।'

मांझी ने नाव खोल दी। तारा उस पर जा बैठी, और नौका मंद गति से चलने लगी, मानो जीवन स्वप्न-साम्राज्य में विचर रहा हो।

इसी समद एकादशी का चांद, पृथ्वी से उस पार, अपनी उज्जवल नौका खेता हुए निकला और व्योम-सागर को पार करने लगा।

❑❑❑

ईश्वरीय न्याय

कानुपर जिले में पंडित भृगुदत्त नामक एक बड़े ज़मींदार थे। मुंशी सत्यनारायण उनके कारिंदा थे। वह बड़े स्वामिभक्त और सच्चरित्र मनुष्य थे। लाखों रुपये की तहसील और हज़ारों मन अनाज का लेन-देन उनके हाथों में था; पर कभी उनकी नीयत डावांडोल न होती। उनके सुप्रबन्ध से रियासत दिनों-दिन उन्नति करती जाती थी। ऐसे कर्तव्यपरायण सेवक का जितना सम्मान होना चाहिए, उससे अधिक ही होता था। दुःख-सुख के प्रत्येक अवसर पर पंडितजी उनके साथ बड़ी उदारता से पेश आते। धीरे-धीरे मुंशीजी का विश्वास इतना बढ़ा कि पंडितजी ने हिसाब-किताब का समझना भी छोड़ दिया। सम्भव है, उनसे आजीवन इसी तरह निभ जाती, पर भावी प्रबल है। प्रयाग में कुम्भ लगा, तो पंडितजी भी स्नान करने गये। वहां से लौटकर फिर वे न आये। मालूम नहीं, किसी गढ्ढ़े में फिसले पड़े या जल-जंतु उन्हें खींच ले गया, उनका फिर कुछ पता ही न चला। अब मुंशी सत्यनारायण के अधिकार और भी बढ़े। एक हतभागिनी विधवा और दो छोटे-छोटे बच्चों के सिवा पंडितजी के घर में और कोई न था। अंत्येष्टि-क्रिया से निवृत्त होकर एक दिन शोकातुर पंडिताइन ने उन्हें बुलाया और रोकर कहा — लाला, पंडितजी हमें मझधार में छोड़कर सुरपुर को सिधार गए, अब यह नैया तुम्हीं पार लगाओगे तो लग सकती है। यह सब खेती तुम्हारी लगाई हुई है, इसे तुम्हारे ही ऊपर छोड़ती हूं। ये तुम्हारे बच्चे हैं, इन्हें अपनाओ। जब तक मालिक जिए, तुम्हें अपना भाई समझते रहो। मुझे विश्वास है कि तुम उसी तरह इस भार को संभाले रहोगे।

सत्यनारायण ने रोते हुए जवाब दिया — भाभी, भैया क्या उठ गए, मेरे तो भाग्य ही फूट गए, नहीं तो मुझे आदमी बना देते। मैं उन्हीं का नामक खाकर जिया हूं और उन्हीं की चाकरी में मरूंगा भी। आप धीरज रखें। किसी प्रकार का चिंता न करें। मैं जीते-जी आपकी सेवा से मुंह न मोड़ूंगा। आप केवल इतना कीजिएगा कि मैं जिस किसी की शिकायत करूं, उसे डांट दीजिएगा, नहीं तो ये लोग सिर चढ़ जायेंगे।

2

इस घटना के बाद वर्षों तक मुंशीजी ने रियासत को संभाला। वह अपने काम में बड़े कुशल थे। कभी एक कौड़ी का भी बल नहीं पड़ा। सारे ज़िले में उनका सम्मान होने लगा। लोग पंडितजी को भूल-से गए। दरबारों और कमेटियों में वे सम्मिलित होते, ज़िले के अधिकारी उन्हीं को ज़मींदार समझते। अन्य रईसों में भी उनका आदर था; पर मान-वृद्धि महंगी वस्तु है। और भानुकुंवरि, अन्य स्त्रियों के सृदश पैसे को खूब पकड़तीं। वह मनुष्य की मनोवृत्तियों से परिचित न थी। पंडितजी हमेशा लालाजी को इनाम-इकराम देते रहते थे। वे जानते थे कि ज्ञान के बाद ईमान का दूसरा स्तम्भ अपनी सुदशा है। इसके सिवा वे खुद भी काग़ज़ों की जांच कर लिया करते थे। नाम-मात्र ही को सही, पर इस निग़रानी का डर ज़रूर बना रहता था, क्योंकि ईमान का सबसे बड़ा शत्रु अवसर है। भानुकुंवरि इन बातों को जानती न थी। अतएव अवसर तथा धनाभाव-जैसे प्रबल शत्रुओं के पंजे में पड़कर मुंशीजी का ईमान कैसे बेदाग़ बचता ?

कानपुर शहर से मिला हुआ, ठीक गंगा के किनारे, एक बहुत आबाद और उपजाऊ गांव था। पंडितजी इस गांव को लेकर नदी-किनारे पक्का घाट, मंदिर, बाग़, मकान आदि बनवाना चाहते थे; पर उनकी यह कामना सफल न हो सकी। संयोग से अब यह गांव बिकने लगा। उसके ज़मींदार एक ठाकुर साहब थे। किसी फौज़दारी के मामले में फंसे हुए थे। मुक़द्दमा लड़ने के लिए रुपये की चाह थी। मुंशीजी ने कचहरी में यह समाचार सुना। चटपट मोल-तोल हुआ। दोनों तरफ़ गरज़ थी। सौदा पटाने में देर न लगी; बैनामा लिखा गया। रजिस्ट्री हुई। रुपये मंगवाए गए और ठाकुर साहब को नज़र किये गए है। हां, काम-काज की आसानी के ख़याल से यह सब लिखा-पढ़ी मुंशीजी ने अपने ही नाम की; क्योंकि मालिक के लड़के अभी नाबालिग थे। उनके नाम से लेने में बहुत झंझट होती और विलम्ब होने से शिकार हाथ से निकल जाता। मुंशीजी बैनामा लिए असीम आनंद में मग्न भानुकुंवरि के पास आये। पर्दा कराया और यह शुभ-समाचार सुनाया। भानुकुंवरि ने सजल नेत्रों से उनको धन्यवाद दिया। पंडितजी के नाम पर मंदिर और घाट बनाने का इरादा पक्का हो गया।

मुंशीजी दूसरे ही दिन उस गांव में आये। आसामी नज़राने लेकर गए स्वामी के स्वागत को हाज़िर हुए। शहर के रईसों की दावत हुई। लोगों ने नावों पर बैठकर गंगा की खूब सैर की। मंदिर आदि बनवाने के लिए आबादी से हटकर एक रमणीक स्थान चुना गया।

3

यद्यपि इस गांव को अपने नाम लेते समय मुंशीजी के मन में कपट का भाव न था,

तथापि दो-चार दिन में ही उसका अंकुर जम गया और धीरे-धीरे बढ़ने लगा। मुंशीजी इस गांव के आय-व्यय का हिसाब अलग रखते और अपनी स्वामिनी को उसका ब्योरा समझाने की ज़रूरत न समझते। भानुकुंवरि इन बातों में दखल देना उचित न समझती थीं; पर दूसरे कारिंदों से सब बातें सुन-सुनकर उन्हें शंका होती थी कि कहीं मुंशजी दग़ा तो न देंगे। अपने मन का भाव मुंशीजी से छिपाती थीं, इस ख़याल से कि कहीं कारिंदों ने उन्हें हानि पहुंचाने के लिए यह षडयंत्र न रचा हो।

इस तरह कई साल गुज़र गए। अब उस कपट के अंकुर ने वृक्ष का रूप धारण किया। भानुकुंवरि को मुंशीजी के उस मार्ग के लक्षण दिखाई देने लगे। उधर मुंशीजी के मन ने कानून से नीति पर विजय पायी, उन्हांने अपने मन में फैसला किया कि गांव मेरा है। हां, मैं भानुकुंवरि का तीस हज़ार का ऋणी अवश्य हूं। वे बहुत करेंगी तो अपने रुपये ले लेंगी, और क्या कर सकती हैं? मगर दोनों तरफ़ यह आग अंदर-ही-अंदर सुलगती रही। मुंशीजी शस्त्र-सज्जित होकर आक्रमण के इंतज़ार में थे और भानुकुंवरि इसके लिए अवसर ढूंढ रही थीं। एक दिन उसने साहस करके मुंशीजी को अंदर बुलाया और कहा — लाला जी 'बरगदा' के मंदिर का काम कब से लगवाइएगा? उसे लिये आठ साल हो गए, अब काम लग जाय तो अच्छा हो। ज़िंदगी का कौन ठिकाना है, जो काम करना है, उसे कर डालना चाहिए।

इस ढंग से इस विषय को उठाकर भानुकुंवरि ने अपनी चतुराई का अच्छा परिचय दिया। मुंशीजी भी दिल में इसके कायल हो गए। ज़रा सोचकर बोले इरादा तो मेरा कई बार हुआ, पर मौके की ज़मीन नहीं मिलती। गंगा-तट की ज़मीन असामियों के जोत में है और वे किसी तरह छोड़ने पर राजी नहीं।

भानुकुंवरि — यह बात तो आज मुझे मालूम हुई। आठ साल हुए, इस गांव के विषय में आपने कभी भूलकर भी तो चर्चा नहीं की। मालूम नही, कितनी तहसील है, क्या मुनाफ़ा है, कैसा गांव है, कुछ सीर होती है या नहीं। जो कुछ करते हैं, आप ही करते है और करेंगे। पर मुझे भी तो मालूम होना चाहिए।

मुंशीजी संभल बैठे। उन्हें मालूम हो गया कि इस चतुर स्त्री से बाज़ी ले जाना मुश्किल है। गांव लेना ही है तो अब क्या डर? खुलकर बोले — आपको इससे कोई सरोकार न था, इसलिए मैंने व्यर्थ कष्ट देना मुनासिब न समझा।

भानुकुंवरि के हृदय में कुठार-सा लगा। पर्दे से निकल आयीं और मुंशीजी की तरफ़ तेज़ आंखों से देखकर बोलीं — आप क्या कहतें हैं! आपने गांव मेरे लिए लिया था अपने लिए? रुपये मैंने दिए या आपने? उस पर जो खर्च पड़ा, वह मेरा था या आपका? मेरी समझ में नहीं आता कि आप कैसी बातें करते हैं?

मुंशीजी ने सावधानी से जवाब दिया यह तो आप जानती हैं कि गांव हमारे नाम से बय हुआ है। रूपया ज़रूर आपका लगा; पर मैं इसका देनदार हूं। रहा तहसील-वसूल का ख़र्च; यह सब मैंने अपने पास से दिया है। उसका हिसाब-किताब, आय-व्यय सब रखता गया हूं।

भानुकुंवरि ने क्रोध से कांपते हुए कहा — इस कपट का फल आपको अवश्य मिलेगा। आप इस निर्दयता से मेरे बच्चों का गला नहीं काट सकते। मुझे नहीं मालूम था कि आपने हृदय में छुरी छिपा रखी है, नहीं तो यह नौबत ही क्यों आती? खैर, अब से मेरी रोकड़ और बही खाता आप कुछ न छुएं। मेरा जो कुछ होगा, ले लूंगी। जाइए, एकांत में बैठकर सोचिए। पाप से किसी का भला नहीं होता। तुम समझते होगे कि बालक अनाथ हैं, इनकी सम्पत्ति हज़म कर लूंगा। इस भूल में न रहना, मैं तुम्हारे घर की ईंट तक बिकवा लूंगी।

यह कहकर भानुकुंवरि फिर पर्दे की आड़ में आ बैठीं और रोने लगीं। स्त्रियां क्रोध के बाद किसी-न-किसी बहाने रोया करती हैं। लाला साहब को कोई जवाब न सूझा। वहां से उठ गये और दफ़्तर जाकर काग़ज उलट-पलट करने लगे, पर भानुकुंवरि भी उनके पीछे-पीछे दफ़्तर में पहुंची और डांटकर बोली — मेरा कोई काग़ज़ मत छूना, नहीं तो बुरा होगा। तुम विषैले सांप हो, मैं तुम्हारा मुंह नहीं देखना चाहती।

मुंशीजी काग़ज़ों में कुछ काट-छांट करना चाहते थे; पर विवश हो गए। खज़ाने की कुंजी निकालकर फेंक दी, बही-खाते पटक दिए, किवाड़ धड़ाके-से बंद किए और हवा की तरह सन्न से निकल गए। कपट में हाथ तो डाला, पर कपट-मंत्र न जाना।

दूसरे दिन कारिंदों ने यह कैफ़ियत सुनी, तो फूले न समाए। मुंशीजी के सामने उनकी दाल न गलने पाती थी। भानुकुंवरि के पास आकर वे आग पर तेल छिड़कने लगे। सब लोग इस विषय में सहमत थे कि मुंशी सत्यनारायण ने विश्वासघात किया है। मालिक का नमक उनकी हड्डियों से फूट-फूटकर निकलेगा।

दोनों ओर से मुक़द्दमेबाज़ी की तैयारियां होने लगी! एक तरफ़ न्याय का शरीर था, दूसरी ओर न्याय की आत्मा। प्रकृति का पुरुष से लड़ने का साहस हुआ।

भानुकुंवरि ने लाला छक्कनलाल से पूछा — हमारा वकील कौन है?

छक्कनलाल ने इधर-उधर झांककर कहा — वकील तो सेठजी हैं; पर सत्यनारायण ने उन्हें पहले गांठ रखा होगा। इस मुक़द्दमें के लिए बड़े होशियार वकील की ज़रूरत है। मेहरा बाबू की आजकल खूब चल रही है। हाकिम की कलम पकड़ लेते हैं। बोलते हैं तो जैसे मोटरकार छूट जाती है। सरकार! और क्या कहें, कई आदमियों को फांसी से उतार लिया है, उसके सामने कोई वकील ज़बान तो खोल नहीं सकता। सराकर कहें तो वहीं कर लिये जाय?

छक्कनलाल की अत्युक्ति ने संदेह पैदा कर दिया। भानुकुंवरि ने कहा — नहीं, पहले सेठजी से पूछ लिया जाय। उसके बाद देखा जायगा। आप जाइए, उन्हें बुला लाइए।

छक्कनलाल अपनी तक़दीर को ठोंकते हुए सेठजी के पास गये। सेठजी पंडित भृगुदत्त के जीवन-काल से ही उनका कानून-सम्बन्धी सब काम किया करते थे। मुकद्दमें का हाल सुना तो सन्नाटे में आ गए। सत्यनारायण को वह बड़ा नेकीयत आदमी समझते थे। उनके पतन से बड़ा खेद हुआ। उसी वक़्त आये। भानुकुंवरि ने रोकर उनसे अपनी विपत्ति की कथा कहीं और अपने दोनों लड़कों को उनके सामने खड़ा करके बोली — आप इन अनाथों की रक्षा कीजिए! इन्हें मैं आपको सौंपती हूं।

सेठजी ने समझौते की बात छेड़ी। बोले — आपस की लड़ाई अच्छी नहीं।

भानुकुंवरि — अन्यायी के साथ लड़ना ही अच्छा है।

सेठजी — पर हमारा पक्ष निर्बल है।

भानुकुंवरि फिर पर्दे से निकल आई और विस्मित होकर बोलीं — क्या हमारा पक्ष निर्बल है? दुनिया जानती है कि गांव हमारा है। उसे हमसे कौन ले सकता है? नहीं, मैं सुलह कभी न करूंगी। आप काग़जों को देखें। मेरे बच्चों की ख़ातिर यह कष्ट उठाएं। आपका परिश्रम निष्फल न जायगा। सत्यनारायण की नीयत पहले ख़राब न थी। देखिए, जिस मिती में गांव लिया गया है, उस मिती में 30 हज़ार का खर्च दिखाया गया है। अगर उसने अपने नाम उधार लिखा हो, तो देखिए, वार्षिक सूद चुकाया गया या नहीं? ऐसे नर-पिशाच से मैं कभी सुलह न करूंगी।

सेठजी ने समझ लिया कि इस समझाने-बुझाने से कुछ काम न चलेगा। काग़ज़ात देखे, अभियोग चलाने की तैयारियां होने लगी।

4

मुंशी सत्यनारायण लाल खिसियाए हुए मकान पहुंचे। लड़के ने मिठाई मांगी। उसे पीटा। स्त्री पर इसलिए बरस पड़े कि उसने क्यों लड़के को उनके पास जाने दिया। अपनी वृद्धा माता को डांटकर कहा — तुमने इतना भी नहीं हो सकता कि ज़रा लड़के को बहलाओ? एक तो मैं दिन भर का थका-मांदा घर आऊं और फिर लड़के को खिलाऊं? मुझे दुनिया में न और कोई काम है, न धंधा। इस तरह घर में बवेला मचाकर बाहर आये, सोचने लगे — मुझसे बड़ी भूल हुई। मैं कैसा मूर्ख हू! और इतने दिन तक सारे काग़ज़-पत्र अपने हाथ में थे। जो चाहता, कर सकता था; पर हाथ-पर-हाथ धरे बैठा रहा। आज सिर पर आ पड़ी तो सूझी। मैं चाहता तो बही-खाते सब नए बना सकता था, जिसमें इस गांव का और रुपये का ज़िक्र ही न होता, पर मेरी मूर्खता के कारण घर में आई हुई लक्ष्मी रूठी जाती है। मुझे क्या मालूम था कि वह चुड़ैल मुझसे इस तरह पेश आएगी, काग़जों में हाथ तक न लगाने देगी।

इसी उधेडबुन में मुंशीजी एकाएक उछल पड़े। एक उपाय सूझ गया — क्यों न कार्यकर्त्ताओं को मिला लूं? यद्यपि मेरी सख्ती के कारण वे सब मुझसे नाराज़ थे और इस समय सीधे बात भी न करेंगे, तथापि उनमें ऐसा कोई भी नहीं, जो प्रलोभन से मुट्ठी में न आ जाय। हां, इसमें रुपये पानी की तरह बहाना पड़ेगा, पर इतना रुपया आएगा कहां से? हाय दुर्भाग्य! दो-चार दिन पहले चेत गया होता, तो कोई कठिनाई न पड़ती। क्या जानता था कि वह डाइन इस तरह वज्र-प्रहार करेगी? बस, अब एक ही उपाय है; किसी तरह काग़ज़ात गुम कर दूं। बड़ी खामोशी का काम है, पर करना ही पड़ेगा।

दुष्कामनाओं के सामने एक बार सिर झुकाने पर फिर संभलना कठिन हो जाता है। पाप

की अथाह दलदल में जहां एक बार पड़े कि फिर प्रतिक्षण नीचे ही चले जाते हैं। मुंशी सत्यनारायण-सा विचारशील मनुष्य इस समय इस फ़िक्र में था कि सेंध कैसे लगा पाऊं!

मुंशीजी ने सोचा — क्या सेंध लगाना आसान है? इसके वास्ते कितनी चतुरता, कितना साहस, कितनी बुद्धि, कितनी वीरता चाहिए! कौन कहता है कि चोरी करना आसान काम है? मैं जो कहीं पकड़ा गया, तो मरने के सिवा और कोई मार्ग न रहेगा।

बहुत सोचने-विचारने पर भी मुंशीजी को अपने ऊपर ऐसा दुस्साहस कर सकने का विश्वास न हो सका। हां, इससे सुगम एक दूसरी तदबीर नज़र आई — क्यों न दफ़्तर में आग लगा दूं? एक बोतल मिट्टी का तेल और दियासलाई की ज़रूरत है। किसी बदमाश को मिला लूं; मगर यह क्या मालूम कि बही उसी कमरे में रखी है या नहीं। चुड़ैल ने उसे जरूर अपने पास रख लिया होगा। नहीं; आग लगाने का गुनाह बेलज्ज़त होगा।

बहुत देर मुंशीजी करवटें बदलते रहे। नए-नए मनसूबे सोचते;पर फिर अपने ही तर्कों से काट देते। वर्षाकाल में बादलों की नई-नई सूरतें बनती और फिर हवा के वेग से बिगड़ जाती हैं; वही दशा इस समय उनके मनसूबों की हो रही थी।

पर इस मानसिक अशांति में भी एक विचार पूर्णरूप से स्थिर था — किसी तरह इन काग़ज़ातों को अपने हाथ में लाना चाहिए। काम कठिन है — मान! पर हिम्मत न थी, तो रार क्यों मोल ली? क्या 30 हज़ार की जायदाद दाल-भात का कौर है! — चाहे जिस तरह हो, चोर बने बिना काम नहीं चल सकता। आखिर, जो लोग चोरियां करते हैं, वे भी तो मनुष्य ही होते हैं। बस, एक छलांग का काम है। अगर पार हो गए, तो राज करेंगे; गिर पड़े, तो जान से हाथ धोएंगे।

5

रात के दस बज गए। मुंशी सत्यनारायण कुंजियों का एक गुच्छा कमर में दबाए घर से बाहर निकले। द्वार पर थोड़ा-सा पुआल रखा हुआ था। उसे देखते ही वे चौंक पड़े। मारे डर के छाती धड़कने लगी। जान पड़ा कि कोई छिपा बैठा है। कदम रुक गए। पुआल की तरफ़ ध्यान से देखा। उसमें बिल्कुल हरकत न हुई। तब हिम्मत बांधी; आगे बढ़े और मन को समझाने लगे — मैं कैसा बौखल हूं!

अपने द्वार पर किसका डर और सड़क पर भी मुझे किसका डर है? मैं अपनी राह जाता हूं! कोई मेरी तरफ तिरछी आंख से नहीं देख सकता। हां, जब मुझे सेंध लगाते देख ले — नहीं, पकड़ ले — तब अलबत्ते डरने की बात है। जिस पर भी बचाव की युक्ति निकल सकती है।

अकस्मात् उन्होंने भनुकुंवरि के एक चपरासी को आते हुए देखा। कलेजा धड़क उठा। लपककर एक अंधेरी गली में घुस गए। बड़ी देर तक वहां खड़े रहे। जब वह सिपाही आंखों से ओझल हो गया, तब फिर सड़क पर आये। वह सिपाही आज सुबह तक इनका गुलाम था,

उसे उन्होंने कितनी ही बार गालियां दी थीं, लातें भी मारी थीं; पर आज उसे देखकर उनके प्राण सूख गए।

उन्होंने फिर तर्क की शरण ली। मैं मानो भंग खाकर आया हूं। इस चपरासी से इतना डरा, मानो कि वह मुझे देख लेता, पर मेरा कर क्या सकता था? हज़ारों आदमी रास्ता चल रहे हैं। उन्हीं में मैं भी एक हूं। क्या वह अंतर्यामी है। सबके हृदय का हाल जानता है? मुझे देखकर वह अदब से सलाम करता और वहां का कुछ हाल भी कहता; पर मैं उससे ऐसा डरा कि सूरत तक न दिखाई। इस तरह मन को समझाकर वे आगे बढ़े। सच है, पाप के पंजों में फंसा हुआ मन पतझड़ का पत्ता है, जो हवा के ज़रा-से झोंके से गिर पड़ता है।

मुंशीजी बाज़ार पहुंचे। अधिकतर दूकानें बंद हो चुकी थीं। उनमें सांड और गायें बैठी हुई जुगाली कर रही थीं। केवल हलवाइयों की दूकानें खुली थीं और कहीं-कहीं गजरेवाले हार की हांक लगाते फिरते थे। सब हलवाई मुंशीजी को पहचानते थे; अतएव मुंशीजी ने सिर झुका लिया। कुछ चाल बदली और लपकते हुए चले। एकाएक उन्हें एक बग्घी आती दिखाई दी। यह सेठ बल्लभदास वकील की बग्धी थी। इसमें बैठकर हज़ारों बार सेठजी के साथ कचहरी गए थे पर आज वह बग्घी कालदेव के समान भयंकर मालूम हुई। फौरन एक खाली दूकान पर चढ़ गए। वहां विश्राम करने वाले सांड ने समझा, वे मुझे पदच्युत करने आये है! माथा झुकाए फुंकारता हुआ उठ बैठा; पर इसी बीच में बग्घी निकल गई और मुंशीजी की जान-में-जान आई। अबकी उन्होंने तर्क का आश्रय न लिया। समझ गए कि इस समय इससे कोई लाभ नहीं, खैरियत यह हुई कि वकील ने देखा नहीं। वह एक घाघ है। मेरे चेहरे से ताड़ जाता।

कुछ विद्वानों का कथन है कि मनुष्य की स्वाभाविक प्रवृत्ति पाप की ओर होती है, पर वह कोरा अनुमान-ही-अनुमान है, अनुभव-सिद्ध बात नहीं। सच बात तो यह है कि मनुष्य स्वभावतः पाप-भीरु होता है और हम प्रत्यक्ष देख रहे हैं कि पाप से उसे कैसी घृणा होती है।

एक फर्लांग आगे चलकर मुंशीजी को एक गली मिली। यह भानुकुंवरि के घर का एक रास्ता था। धुंधली-सी लालटेन जल रही थी। जैसा मुंशीजी ने अनुमान किया था, पहरेदार का पता न था। अस्तबल में चमारों के यहां नाच हो रहा था। कई चमारिनें बनाव-सिंगार करके नाच रही थी। चमार मृदंग बजा-बजाकर गाते थे —

'नाही घरे श्याम, घेरि आए बदरा।
सोवत रहेउं सपन एक देखेउं रामा।
खुलि गई नींद, ढरक गए कजरा।
नहीं घरे श्याम, घेरि आए बदरा।'

दोनों पहरेदार वहीं तमाशा देख रहे थे। मुंशीजी दबे-पांव लालटेन के पास गये और जिस तरह बिल्ली चूहे पर झपटती है, उसी तरह उन्होंने झपटकर लालटेन को बुझा दिया। एक पड़ाव पूरा हो गया, पर वह उस कार्य को जितना दुष्कर समझते थे, उतना न जान पड़ा। हृदय कुछ

मज़बूत हुआ। दफ़्तर के बरामदे में पहुंचे और खूब कान लगाकर आहट ली। चारों और सन्नाटा छाया हुआ था। केवल चमारों का कोलाहल सुनाई देता था। इस समय मुंशीजी के दिल में धड़कन थी; पर सिर धमधम कर रहा था, हाथ-पांव कांप रहे थे, सांस बड़े वेग से चल रही थी। शरीर का एक-एक रोम आंख और कान बना हुआ था — वे सजीवता की मूर्ति हो रहे थे। उनमें जितना पौरुष, जितनी चपलता जितना साहस, जितनी चेतना, जितनी बुद्धि, जितना औसान था, वे सब इस वक़्त सजग और सचेत होकर इच्छा-शक्ति की सहायता कर रहे थे।

दफ़्तर के दरवाज़े पर वही पुराना ताला लगा हुआ था। इसकी कुंजी आज बहुत तलाश करके वे बाज़ार से लाए थे। ताला खुल गया, किवाड़ों ने बहुत दबी ज़बान से प्रतिरोध किया। इस पर किसी ने ध्यान न दिया। मुंशीजी दफ़्तर में दाखिल हुए। भीतर चिराग़ जल रहा था। मुंशीजी को देखकर उसने एक दफे सिर हिलाया, मानों उन्हें भीतर जाने से रोका।

मुंशीजी ने पैर थर-थर कांप रहे थे। एड़ियां ज़मीन से उछली पड़ती थीं। पाप का बोझ उन्हें असह्य था।

पल भर में मुंशीजी ने बहियों को उलटा-पुलटा, लिखावट उनकी आंखों में तैर रही थी। इतना अवकाश कहां था कि ज़रूरी काग़जात छांट लेते। उन्होंने सारी बहियों को समेटकर एक गट्ठर बनाया और सिर पर रखकर तीर के समान कमरे के बाहर निकल आए। उस पाप की गठरी को लादे हुए वह अंधेरी गली से ग़ायब हो गए।

तंग, अंधेरी, दुर्गंधपूर्ण कीचड़ से भरी हुई गालियों में वे नंगे पांव, स्वार्थ लोभ और कपट का बोझ लिये चले जाते थे। मानो पापमय आत्मा नरक की नालियों में बही चली जाती थी।

बहुत दूर तक भटकने के बाद वे गंगा के किनारे पहुंचे। जिस तरह कलुषित हृदय में कहीं-कहीं धर्म का धुंधला प्रकाश रहता है, उसी तरह नदी की काली सतह पर तारे झिलमिला रहे थे। तट पर कई साधु धूनी जमाए पड़े थे। ज्ञान की ज्वाला मन की जगह बाहर दहक रही थी। मुंशीजी ने अपना गट्ठर उतारा और चादर से खूब मज़बूत बांधकर बलपूर्वक नदी में फेंक दिया। सोती हुई लहरों में कुछ हलचल हई और फिर सन्नाटा हो गया।

6

मुंशी सत्यानारायण लाल के घर में दो स्त्रियां थी — माता और पत्नी। वे दोनों अशिक्षित थीं। जिस पर भी मुंशीजी को गंगा में डूब मरने या कहीं भाग जाने की जरूरत न होती थी! न वे बॉडी पहनती थीं, न मोजे-जूते, न हारमोनियम पर गा सकती थी। यहां तक कि उन्हें साबुन लगाना भी न आता था। हेयरपिन, ब्रूचेव, जाकेट आदि परमावश्यक चीज़ों का तो उन्होंने नाम ही नहीं सुना था। बहू में आत्म-सम्मान ज़रा भी नहीं था; न सास में आत्म-गौरव का जोश। बहू अब तक सास की घुड़कियां भीगी बिल्ली की तरह सह लेती थी — हा मूर्खे! सास को नहलाने-धुलाने, यहां तक कि घर में झाड़ू देने से घृणा न थी। हां ज्ञानांधे! बहू स्त्री क्या

थी, मिट्टी का लोंदा थी। एक पैसे की ज़रूरत होती तो सास से मांगती। सारांश यह है कि दोनों स्त्रियां अपने अधिकारों से बेखबर, अंधकार में पड़ी हुई पशुवत जीवन व्यतीत करती थीं। ऐसी फूहड़ थीं कि रोटियां भी अपने हाथों से बना लेती थीं। कंजूसी के मारे दालमोट, समोसे कभी बाज़ार से न मांगती। आगरेवाले की दूकान की चीज़ें खायी होतीं तो उनका मज़ा जानतीं। बुढ़िया खूसट दवा-दरपन भी जानती थी। बैठी-बैठी घास-पात कूटा करती।

मुंशीजी ने मां के पास जाकर कहा — अम्मां! अब क्या होगा? भानूकुंवरि ने मुझे जवाब दे दिया।

माता ने घबराकर पूछा — जवाब दे दिया?

मुंशी — हां, बिल्कुल बेकसूर!

माता — क्या बात हुई? भानुकुंवरि का मिज़ाज़ तो ऐसा न था।

मुंशी — बात कुछ न थी। मैंने अपने नाम से जो गांव लिया था, उसे मैंने अपने अधिकार में कर लिया। कल मुझसे और उनसे साफ़-साफ़ बातें हुई। मैंने कह दिया कि गांव मेरा है। मैंने अपने नाम से लिया है, उसमें तुम्हारा कोई इजारा नहीं। बस, बिगड़ गई, जो मुंह में आया, बकती रही। उसी वक़्त मुझे निकाल दिया और धमकाकर कहा — मैं तुमसे लड़कर अपना गांव ले लूंगी। अब आज ही उनकी तरफ़ से मेरे ऊपर दायर होगा; मगर इससे होता क्या है? गांव मेरा है उस पर मेरा कब्ज़ा है। एक नहीं, हज़ार मुकद्दमें चलाएं, डिगरी मेरी होगी।

माता ने बहू की तरफ़ मर्मान्तक दृष्टि से देखा और बोलीं — क्यों भैया, वह गांव लिया तो था तुमने उन्हीं के रुपये से और उन्हीं के वास्ते?

मुंशी लिया था, तब लिया था। अब मुझसे आबाद और मालदार गांव नहीं छोड़ा जाता। वह मेरा कुछ नहीं कर सकती। मुझसे अपना रूपया भी नहीं ले सकती। डेढ़ सौ गांव तो है। तब भी हवस नहीं मानती।

माता —बेटा, किसी के धन ज़्यादा होता है, तो वह उसे फेंक थोड़े ही देता है? तुमने अपनी नियत बिगाड़ी, यह अच्छा काम नहीं किया। दुनिया तुम्हें क्या कहेगी? और दुनिया चाहे कहे-न-कहे, तुमको भला ऐसा चाहिए कि जिसकी गोद में इतने दिन पले, जिसका इतने दिनों तक नमक खाया, अब उसी से दगा करो? नारायण ने तुम्हें क्या नहीं दिया? मज़े से खाते हो, पहनते हो, घर में नारायण का दिया चार पैसा है, बाल-बच्चे हैं, और क्या चाहिए? मेरा कहना मानो, इस कलंक का टीका अपने माथे न लगाओ। यह अपजस मत लो। बरक्क़त अपनी कमाई में होती है; हराम की कौड़ी कभी नहीं फलती।

मुंशी — ऊंह! ऐसी बातें बहुत सुन चुका हूं। दुनिया उन पर चलने लगे, तो सारे काम बंद हो जायं। मैंने इतने दिनों इनकी सेवा की, मेरी ही बदौलत ऐसे-ऐसे चार-पांच गांव बढ़ गए। जब तक पंडितजी थे, मेरी नियत का मान था। मुझे आंख में धूल डालने की ज़रूरत न थी, वे आप ही मेरी ख़ातिर कर दिया करते थे। उन्हें मरे आठ साल हो गए, मगर मुसम्मात के एक बीड़े पान की कसम खाता हूं; मेरी जात से उनकी हज़ारों रुपये मासिक की बचत

होती थी। क्या उनको इतनी भी समझ न थी कि यह बेचारा, जो इतनी ईमानदारी से काम करता है, इस नफ़े में कछ उसे भी मिलना चाहिए? यह कहकर न दो, इनाम क़हकर दो, किसी तरह दो तो, मगर वे तो समझती थीं कि मैंने इसे बीस रुपये महीने पर मोल ले लिया है। मैंने आठ साल तक सब्र किया, अब क्या इसी बीस रुपये में गुलामी करता रहूं और अपने बच्चों को दूसरों का मुंह ताकने के लिए छोड़ जाऊं? अब मुझे यह अवसर मिला है। इसे क्यों छोड़ूं? ज़मीदारों की लालसा लिये हुए क्यों मरूं? जब तक जीऊंगा, खुद खाऊंगा, मेरे पीछे मेरे बच्चे चैन उड़ाएंगे।

माता की आंखों में आंसू भर आए। बोली — बेटा, मैंने तुम्हारे मुंह से ऐसी बातें कभी नहीं सुनी थीं, तुम्हें क्या हो गया है? तुम्हारे आगे बाल-बच्चे हैं। आग में हाथ न डालो।

बहू ने सास की ओर देखकर कहा — हमको ऐसा धन न चाहिए, हम अपनी दाल-रोटी में मग्न हैं।

मुंशी — अच्छी बात है, तुम लोग रोटी-दाल खाना, गाढ़ा पहनना। मुझे अब हलवे-पूरी की इच्छा है।

माता — यह अधर्म मुझसे न देखा जायेगा। मैं गंगा में डूब मरूंगी।

पत्नी — तुम्हें यह सब कांटा बोना है, तो मुझे मायके पहुंचा दो, मैं अपने बच्चों को लेकर इस घर में न रहूंगी।

मुंशी ने झुंझलाकर कहा — तुम लोगों की बुद्धि तो भांग खा गई है। लाखों सरकारी नौकर रात-दिन दूसरों का गला दबा-दबाकर रिश्वतें लेते हैं और चैन करते हैं। न उनके बाल-बच्चों ही को कुछ होता है, न उन्हीं को हैज़ा पकड़ता है। अधर्म उनको क्यों नहीं खा जाता, जो मुझी को खा जायेगा? मैंने तो सत्यवादियों को सदा दुःख झेलते ही देखा है। मैंने जो कुछ किया है, उसका सूख लूटूंगा। तुम्हारे मन जो आए करो।

प्रातःकाल दफ़्तर खुला तो काग़ज़ात सब ग़ायब थे। मुंशी छक्कनलाल बौखलाए से घर में गए और मालकिन से पूछा — काग़ज़ात आपने उठवा लिए हैं?

भानुकुंवरि — मुझे क्या ख़बर, जहां आपने रखे होंगे, वहीं होंगे।

फिर सारे घर में खलबली पड़ गई। पहरेदारों पर मार पड़ने लगी। भानुकुंवरि को तुरंत मुंशी सत्यानारायण पर संदेह हुआ, मगर उनकी समझ में छक्कनलाल की सहायता के बिना यह काम होना असम्भव था। पुलिस में रपट हुई। एक ओझा नाम निकालने के लिए बुलाया गया है। मौलवी साहब ने कुर्रा फेंका। ओझा ने बताया, यह किसी पुराने बैरी का काम है। मौलवी साहब ने फ़र्माया, किसी घर के भेदिये ने यह हरक़त की है। शाम तक यह दौड़-धूप रही। फिर सलाह होने लगी कि इन काग़ज़ात के बग़ैर मुकद्दमा कैसे चले। पक्ष तो पहले ही से निर्बल था। जो कुछ बल था, वह इसी बही-खाते का था। अब तो सबूत भी हाथ से गए। दावे में कुछ जान ही न रही; मगर भानुकुंवरि ने कहा — बला से हार जायेंगे। हमारी चीज़ कोई छीन ले, तो हमारा धर्म है कि उससे यथाशक्ति लड़ें, हारकर बैठ रहना कायरों का काम है। सेठजी (वकील) को इस दुर्घटना का समाचार मिला, तो उन्होंने भी यही कहा कि अब दावे

में ज़रा भी जान नहीं है। केवल अनुमान और तर्क का भरोसा है। अदालत ने माना तो माना, नहीं तो हार माननी पड़ेगी। पर भानुकुंवरि ने एक न मानी। लखनऊ और इलाहाबाद से दो होशियार बैरिस्टर बुलाए। मुकद्दमा शुरू हो गया।

सारे शहर में इस मुकद्दमा शुरू होने के समय हज़ारों आदमियों की भीड़ हो जाती थी। लोगों के इस खिंचाव का मुख्य कारण यह था कि भानुकुंवरि एक पर्दे की आड़ में बैठी हुई अदालत में कार्रवाई देखा करती थीं; क्योंकि उसे अब अपने नौकरों पर ज़रा भी विश्वास न था।

वादी बैरिस्टर ने एक बड़ी मार्मिक वक्तृता दी। उसने सत्यनारायण की पूर्वावस्था का खूब अच्छा चित्र खींचा। उसने दिखलाया कि वे कैसे स्वामिभक्त, कैसे कार्यकुशल, कैसे कर्मशील थे; और स्वर्गवासी पंडित भृगुदत्त का उन पर पूर्ण विश्वास हो जाना किस तरह स्वाभाविक था। इसके बाद उसने सिद्ध किया कि मुंशी सत्यनारायण की आर्थिक व्यवस्था कभी ऐसी न थी कि वे इतना धन-संचय करते। अन्त में उसने मुंशीजी की स्वार्थपरता, कूटनीति, निर्दयता और विश्वास-घातकता का ऐसा घृणोत्पादक चित्र खींचा कि लोग मुंशीजी को गालियां देने लगे। इसके साथ ही उसने पंडित के अनाथ बालकों की दशा का बड़ा ही करुणोत्पादक वर्णन किया — कैसे शोक और लज्जा की बात है कि ऐसा चरित्रवान, ऐसा नीतिकुशल मनुष्य इतना गिर जाय कि अपने स्वामी के अनाथ बालकों की गर्दन पर छुरी चलाने में संकोच न करे। मानव-पतन का ऐसा करुण, ऐसा हृदयविदारक उदाहरण मिलना कठिन है। इस कुटिल कार्य के परिणाम की दृष्टि से इस मनुष्य के पूर्व परिचित सद्गुणों का गौरव लुप्त हो जाता है। क्योंकि वे असली मोती नहीं, नकली कांच के दाने थे, जो केवल विश्वास जमाने के निमित्त दर्शाए गए थे। वह केवल सुन्दर जाल था, जो एक सरल हृदय और छल-छंद से दूर रहनेवाले रईस को फंसाने के लिए फैलाया गया था। इस नर-पशु का अंतःकरण कितना अंधकारमय, कितना कपटपूर्ण, कितना कठोर है; और इसकी धृष्टता कितनी घोर और कितनी अपावन है। अपने शत्रु के साथ दया करना एक बार तो क्षम्य है; मगर इस मलिन हृदय मनुष्य ने उन बेकसों के साथ दग़ा किया है, जिन पर मानव-स्वभाव के अनुसार दया करना उचित है! यदि आज हमारे पास बही-खाते मौजूद होते, अदालत पर सत्यनारायण पर सत्यता स्पष्ट रूप से प्रकट हो जाती; पर मुंशीज के बरखास्त होते ही दफ़्तर से उनका लुपत हो जाना भी अदालत के लिए एक बड़ा सबूत है।

शहर के कई बड़े रईसों ने गवाही दी; पर सुनी-सुनाई बातें जिरह में उखड़ गई।

दूसरे दिन फिर मुकद्दमा पेश हुआ।

प्रतिवादी के वकील ने अपनी वक्तृता शुरू की। उसमें गम्भीर विचारों की अपेक्षा हास्य का आधिक्य था — 'यह एक विलक्षण न्याय-सिद्धांत है कि किसी धनाढ्य मनुष्य का नौकर जो कुछ खरीदे, वह उसके स्वामी की चीज़ समझी जाय। इस सिद्धांत के अनुसार हमारी गवर्मेंट को अपने कर्मचारियों की सारी सम्पत्ति पर कब्जा कर लेना चाहिए! यह स्वीकार करने में हमें कोई आपत्ति नहीं कि हम इतने रुपयों का प्रबन्ध न कर सकते थे और यह धन हमने स्वामी

ही से ऋण लिया; पर हमसे ऋण चुकाने का कोई तुकाज़ा न करके वह जायदाद ही मांगी जाती है। यदि हिसाब के काग़ज़ात दिखाए जाय, तो वे साफ़ बता देंगे कि मैं सारा ऋण दे चुका! हमारे मित्र ने कहा कि ऐसी अवस्था में बहियों का गुम हो जाना भी अदालत के लिए एक सबूत होना चाहिए। मैं भी उनकी युक्ति का समर्थन करता हूं।यदि मैं ऋण लेकर अपना विवाह करूं तो क्या आप मुझसे मेरी नव-विवाहित वधू को छीन लेगे?'

'हमारे सुयोग्य मित्र ने हमारे ऊपर अनाथों के साथ दग़ा करने का दोष लगाया है। अगर मुंशी सत्यनारायण की नीयत खराब होती, तो उनके लिए सबसे अच्छा अवसर वह था, जब पंडित भृगुदत्त का स्वर्गवास हुआ था। इतने विलम्ब की क्या जरूरत थी? यदि आप शेर को फंसाकर उसके बच्चे को उसी वक़्त नहीं पकड़ लेते, उसे बढ़ने और सबल होने का अवसर देते हैं, तो मैं आपको बुद्धिमान न कहूंगा। यथार्थ बात यह है कि मुंशी सत्यनारायण ने नमक का जो कुछ हक था, वह पूरा कर दिया। आठ वर्ष तक तन-मन से स्वामी की संतान की सेवा की। आज उन्हें अपनी साधुता का ज़ो फल मिल रहा है, वह बहुत ही दुःखजनक और हृदय-विदारक है। इसमें भानुकुंवरि का दोष नहीं। वे एक गुण-सम्पन्न महिला हैं; मगर अपनी जाति के अवगुण उनमें भी विद्यमान हैं! ईमानदार मनुष्य स्वभावतः स्पष्टभाषी होता है; उसे अपनी बातों में नमक-मिर्च लगाने की ज़रूरत नहीं होती। यही कारण है कि मुंशीजी के मृदुभाषी मातहतों को उन पर आक्षेप करने का मौका मिल गया। इस दावे की जड़ केवल इतनी ही है, और कुछ नहीं। भानुकुंवरि यहां उपस्थित हैं। क्यों वे कह सकती हैं कि इन आठ वर्षों की मुद्दत में कभी इस गांव का ज़िक्र उनके सामने आया? कभी उसकी हानि-लाभ, आय-व्यय, लेन-देन की चर्चा उनसे की गई? मान लीजिए कि मैं गर्वमेंट का मुलाजिम हूं। यदि मैं आज दफ़्तर में आकर अपनी पत्नी के आय-व्यय और अपने टहलुओं के टैक्सों का पचड़ा गाने लगूं, तो शायद मुझे शीघ्र ही अपने पद से पृथक होना पड़े, और सम्भव है, कुछ दिनों तक बरेली की विशाल, अतिथिशाला में भी रखा जाऊं। जिस गांव से भानुकुंवरि का सरोकार न था, उसकी चर्चा उनसे क्यों की जाती?'

इसके बाद बहुत-से गवाह पेश हुए, जिनमें अधिकांश आस-पास के देहातों के ज़मींदार थे। उन्होंने बयान किया कि हमने मुंशी सत्यनारायण को असामियों को अपनी दस्तखती रसीदें देते हुए अपने नाम से खजाने में रुपया दाखिल करते देखा है।

इतने में संध्या हो गई। अदालत ने एक सप्ताह में फैसला सुनाने का हुक्म दिया।

7

सत्यनारायण को अब अपनी जीत में कोई संदेह न था। वादी-पक्ष के गवाह भी उखड़ गए थे और बहस भी सबूत से खाली थी। अब इनकी गिनती भी ज़मींदारों में होगी और संभव है, वह कुछ दिनों में रईस कहलाने लगेंगे। पर किसी-न-किसी कारण से अब शहर के

गण-मान्य पुरुषों से आंखें मिलाते शर्माते थे। उन्हें देखते ही उनका सिर नीचा हो जाता था। वह मन में डरते थे कि वे लोग कहीं इस विषय पर कुछ पूछ-ताछ न कर बैठें। वह बाज़ार में निकलते तो दूकानदारों में कुछ कानाफूसी होने लगती और लोग उन्हें तिरछी दृष्टि से देखने लगते। अब तक लोग उन्हें विवेकशील और सच्चरित्र मनुष्य समझते थे, शहर के धनी-मनी उन्हें इज़्जत की निग़ाह से देखते और उनका बड़ा आदर करते थे। यद्यपि मुंशीजी को अब तक टेढ़ी-तिरछी सुनने का संयोग न पड़ा था, तथापि उनका मन कहता था कि सच्ची बात किसी से छिपी नहीं है। चाहे अदालत से उनकी जीत हो जाय; पर उनकी साख अब जाती रही। अब उन्हें लोग स्वार्थी, कपटी, और दग़ाबाज़ समझेंगे। दूसरों की बात तो अलग रही, स्वयं उनके घरवालें उनकी उपेक्षा करते थे। बूढ़ी माता ने तीन दिन से मुंह में पानी में पानी नहीं डाला था! स्त्री बार-बार हाथ जोड़कर कहती थी कि अपने प्यारे बालकों पर दया करो। बुरे काम का फल कभी अच्छा नहीं होता! नहीं तो पहले मुझी को विष खिला दो।

जिस दिन फ़ैसला सुनाया जानेवाला था, प्रातःकाल एक कुंजड़िन तरकारियां लेकर आयी, मुंशियाइन से बोली —

'बहूजी! हमने बाज़ार में एक बात सुनी है। बुरा न मानो तो कहूं? जिसको देखा, उसके मुंह से यही बात निकलती है कि लाला बाबू ने जालासाजी से पंडिताइन का कोई हलका ले लिया। हमें तो इस पर यक़ीन नहीं आता। लाला बाबू ने न संभाला होता, तो अब तक पंडिताइन का कहीं पता न लगता! एक अंगुल ज़मीन न बचती। यही ऐसा सरदार था कि सबको संभाल लिया। तो क्या अब उन्हीं के साथ वदी करेंगे? अरे बहू! कोई कुछ साथ लाया है कि ले जायगा? यही नेकी-बदी रह जाती है। बुरे का फल बुरा होता है। आदमी न देखे, पर अल्लाह सब कुछ देखता है।'

बहूजी पर घड़ों पानी पड़ गया। जी चाहता था कि धरती फट जाती, तो उसमें समा जाती। स्त्रियां स्वभावतः लज्जावती होती हैं। उनमें आत्माभिमान की मात्रा अधिक होती है। निंदा-अपमान उनसे सहन नहीं हो सकता है। सिर झुकाए हुए बोली — बुआ! मैं इन बातों को क्या जानूं? मैंने तो आज ही तुम्हारे मुंह से सुनी है। कौन-सी तरकारियां हैं?

मुंशी सत्यनारायण अपने कमरे में लेटे हुए कुंजड़िन की बातें सुन रहे थे। उसके चले जाने के बाद आकर स्त्री से पूछने लगे — यह शैतान की खाला क्या कह रही थी।

स्त्री ने पति की ओर से मुंह फेर लिया और ज़मीन की ओर ताकते हुए बोली — क्या तुमने नहीं सुना? तुम्हारा गुन-गान कर रही थी। तुम्हारे पीछे देखो, किस-किस के मुंह से ये बातें सुननी पड़ती हैं और किस-किस से मुंह छिपाना पड़ता है।

मुंशीजी अपने कमरे में लौट आए। स्त्री को कुछ उत्तर नहीं दिया। उनकी आत्मा लज्जा से परासत हो गई। जो मनुष्य सदैव सर्व-सम्मानित रहा हो, जो सदा आत्माभिमान से सिर उठाकर चलता रहा हो, जिसकी सुकृति की सारे शहर में चर्चा होती रही हो, वह कभी सर्वथा लज्जाशून्य नहीं हो सकता; लज्जा कुपथ की सबसे बड़ी शत्रु है। कुवासनाओं के भ्रम में पड़कर मुंशीजी ने समझा था, मैं इस काम को ऐसी गुप्त-रीति से पूरा कर ले जाऊंगा कि किसी

को कानों-कान ख़बर न होगी, पर उनका यह मनोरथ सिद्ध न हुआ। बाधाएं आ खड़ी हुई। उनके हटाने में उन्हें बड़े दुस्साहस से काम लेना पड़ा; पर यह भी उन्होंने लज्जा से बचने के निमित्त किया, जिसमें यह कोई न कहे कि स्वामिनी को धोखा दिया। इतना यत्न करने पर भी वह निंदा से न बच सके। बाज़ार का सौदा बेचनेवालियां भी अब उनका अपमान करती हैं। कुवासनाओं से दबी हुई लज्जा-शक्ति इस कड़ी चोट को सहन न कर सकी। मुंशीजी सोचने लगे, अब मुझे धन-सम्पत्ति मिल जायगी, ऐश्वर्यवान हो जाऊंगा, परन्तु निंदा से मेरा पीछा न छूटेगा। अदालत का फैसला मुझे लोक-निंदा से न बचा सकेगा। ऐश्वर्य का फल क्या है? — मान और मर्यादा। उससे हाथ धो बैठा, तो ऐश्वर्य को लेकर क्या करूंगा? चित्त की शक्ति खोकर, लोक-लज्जा सहकर, जन-समुदाय में नीच बनकर और अपने घर में कलह का बीज बोकर यह सम्पत्ति मेरे किस काम आएगी? और यदि वास्तव में कोई न्याय-शक्ति हो और वह मुझे इस कुकृत्य का दंड दे, तो मेरे लिए सिवा मुख में कालिख लगाकर निकल जाने के सिवा और कोई मार्ग न रहेगा। सत्यवादी मनुष्य पर कोई विपत्ति पड़ती है, तो लोग उसके साथ सहानुभूति करते हैं। दुष्टों की विपत्ति लोगों के लिए व्यंग्य की सामग्री बन जाती है। उस अवस्था में ईश्वर अन्यायी ठहराया जाता है; मगर दुष्टों की विपत्ति ईश्वर के न्याय को सिद्ध करती है। परमात्मन्! इस दुर्दशा से किसी तरह मेरा उद्धार करो! क्यों न जाकर मैं भानुकुंवरि के पैरों पर गिर पड़ूं और विनय करूं कि यह मुकद्दमा उठा लो? शोक! पहले यह बात मुझे क्यों न सूझी? अगर कल तक मैं उनके पास चला गया होता, तो बात बन जाती; पर अब क्या हो सकता है? आज तो फैसला सुनाया जायगा।

मुंशीजी देर तक इसी विचार में पड़े रहे, पर कुछ निश्चय न कर सके कि क्या करें।

भानुकुंवरि को भी विश्वास हो गया कि अब गांव हाथ से गया। बेचारी हाथ मलकर रह गई। रात भर उसे नींद न आयी, रह-रहकर मुंशी सत्यनारायण पर क्रोध आता था। हाय पापी! ढोल बजाकर मेरा पचास हज़ार का माल लिये जाता है और मैं कुछ नहीं कर सकती। आजकल के न्याय करने वाले बिलकुल आंख के अंधे हैं। जिस बात को सारी दुनिया जानती है, उसमें भी उनकी दृष्टि नहीं पहुंचती। बस, दूसरों की आंखों से देखते हैं। कोरे काग़ज़ों के गुलाम हैं। न्याय वह है, जो कि दूध-का-दूध, पानी-का-पानी कर दे; यह नहीं कि खुद ही काग़ज़ों के धोखे में आ जाय, खुद ही पाखंडियो के जाल में फंस जाय। इसी से तो ऐसे छली, कपटी, दग़ाबाज और दुरात्माओं का साहस बढ़ गया है। खैर, गांव जाता है, तो जाय; लेकिन सत्यनारायण, तुम तो शहर में कहीं मुंह दिखाने लायक भी न रहे।

इस ख़याल से भानुकुंवरि को कुछ शांति हुई। शत्रु की हानि मनुष्य को अपने लाभ से अधिक प्रिय होती है, मानव-स्वभाव ही कुछ ऐसा है। तुम हमारा एक गांव ले गए, नारायण चाहेंगे, तो तुम भी इससे सुख न पाओगे। तुम आप नरक की आग में जलोगे, तुम्हारे घर में कोई दिया जलाने वाला न रह जायगा।

फ़ैसले का दिन आ गया। आज इज़लास में बड़ी भीड़ थी। ऐसे-ऐसे महानुभाव उपस्थित थे, जो बगुलों की तरह अफ़सरों की बधाई और विदाई के अवसरों ही में नज़र आया करते

हैं। वकीलों और मुख़्तारों की पलटन भी जमा थी। नियत समय पर जज साहब ने इजलास सुशोभित किया। विस्तृत न्याय-भवन में सन्नाटा छा गया। अहलमद ने संदूक से तज़बीज़ निकाली। लोग उत्सुक होकर एक-एक कदम और आगे खिसक गए।

जज ने फैसला सुनाया — मुदई का दावा खारिज़। दोनों पक्ष अपना-अपना ख़र्च सह लें।

यद्यपि फ़ैसला लोगों के अनुमान के अनुसार ही था, तथापि जज के मुंह से उसे सुनकर लोगों में हलचल-सी मच गई। उदासीन भाव से फैसले पर आलोचनाएं करते हुए लोग धीरे-धीरे कमरे से निकलने लगे।

एकाएक भानुकुंवरि घंघूट निकाले इजलास पर आकर खड़ा हो गई। जानेवाले लौट पड़े। जो बाहर निकल गए थे, दौड़कर आ गए और कौतूहलपूर्वक भानुकुंवरि की तरफ़ ताकने लगे।

भानुकुंवरि ने कंपित स्वर में जज से कहा सरकार, यदि हुक्म दें, तो मैं मुंशीजी से कुछ पूछूं।

यद्यपि यह बात नियम के विरुद्ध थी, तथापि जज ने दयापूर्वक आज्ञा दे दी।

तब भानुकुंवरि ने सत्यनारायण की तरफ़ देखकर कहा — लालाजी, सरकार ने तुम्हारी डिग्री तो कह ही दी। गांव तुम्हें मुबारक रहे; मगर ईमान आदमी का सब कुछ है। ईमान से कह दो, गांव किसका है?

हज़ारों आदमी यह प्रश्न सुनकर कौतूहल से सत्यनारायण की तरफ़ देखने लगे। मुंशीजी विचार-सागर में डूब गए। हृदय में संकल्प और विकल्प में घोर संग्राम होने लगा। हज़ारों मनुष्यों की आंखे उनकी तरफ़ ज़मी हुई थीं। यथार्थ बात अब किसी से छिपनी न थी। इतने आदमियों के सामने असत्य बात मुंह से निकल न सकी। लज्जा से ज़बान बंद कर ली — 'मेरा' कहने में काम बनता था। कोई बात न थी; किंतु घोरतम पाप का दंड समाज दे सकता है, उसके मिलने का पूरा भय था। 'आपका' कहने से काम बिगड़ता था। जीती-जितायी बाज़ी हाथ से निकली जाती थी; सर्वोत्कृष्ट काम के लिए समाज से जो इनाम मिल सकता है, इसके मिलने की पूरी आशा थी। आशा ने भय को जीत लिया। उन्हें ऐसा प्रतीत हुआ, जैसे ईश्वर ने मुझे अपना मुख उज्जवल करने का यह अंतिम अवसर दिया है। मैं अब भी मानव-सम्मान का पात्र बन सकता हूं। अब अपनी आत्मा की रक्षा कर सकता हूं। उन्होंने आगे बढ़कर भानुकुंवरि को प्रणाम किया और कांपते हुए स्वर में बोले — आपका!

हज़ारों मनुष्यों के मुंह से एक गगनस्पर्शी ध्वनि निकली — 'सत्य की जय!'

जज ने खड़े होकर कहा — यह कानून का न्याय नहीं

है। इसे कथा न समझिएगा; यह सच्ची घटना है। भानुकुंवरि और सत्यनारायण अब भी जीवित हैं। मुंशीजी के इस नैतिक साहस पर लोग मुग्ध हो गए।

मानवीय न्याय पर ईश्वरीय न्याय ने जो विलक्षण विजय पायी, उसकी चर्चा शहर भर में

महीनों रही। भानुकुंवरि मुंशीजी के घर गई; उन्हें मना कर लायीं। फिर अपना सारा कारोबार उन्हें सौंपा और कुछ दिनों के उपरांत उस गांव को उन्हीं के नाम हिब्बा कर दिया। मुंशीजी ने भी उसे अपने अधिकार में रखना उचित न समझा, कृष्णार्पण कर दिया। अब इसकी आमदनी दीन-दुखियों और विद्यार्थियों की सहायता में खर्च होती है।

❑❑❑

ममता

बाबू रामरक्षादास दिल्ली के एक ऐश्वर्यशाली खत्री थे, बहुत ही ठाठ-बाट से रहनेवाले। बड़े-बड़े अमीर उनके यहां नित्य आते-जाते थे। वे आए हुओं का आदर-सत्कार ऐसे अच्छे ढंग से करते थे कि इस बात की धूम सारे मुहल्ले में थी। नित्य उनके दरवाज़े पर किसी-न-किसी बहाने से इष्ट-मित्र एकत्र हो जाते। टेनिस खेलते, ताश उड़ाते, हारमोनियम के मधुर स्वरों से जी बहलाते, चाय-पानी से हृदय प्रफुल्लित करते, अधिक और क्या चाहिए? जाति की ऐसी अमूल्य सेवा कोई छोटी बात नहीं है। नीची जातियों के सुधार के लिए दिल्ली में एक सोसाइटी थी। बाबू साहब उसके सेक्रेटरी थे, और इस कार्य को असाधारण उत्साह से पूर्ण करते थे। जब उनका बूढ़ा कहार बीमार हुआ और क्रिश्चियन मिशन के डॉक्टरों ने उसकी शुश्रुषा की, जब उसकी विधवा स्त्री ने निर्वाह की कोई आशा न देखकर क्रिश्चियन-समाज का आश्रय लिया, तब इन दोनों अवसरों पर बाबू साहब ने शोक के रेजल्यूशन्स पास किए। संसार जानता है कि सेक्रेटरी का काम सभाएं करना और रेजल्यूशन बनाना है। इससे अधिक वह कुछ नहीं कर सकता।

मिस्टर रामरक्षा का जातीय उत्साह यहां तक सीमाबद्ध न था। वे सामाजिक कुप्रथाओं तथा अंधविश्वास के प्रबल शत्रु थे। होली के दिनों में, जब कि मुहल्ले में चमार और कहार शराब से मतवाले होकर फाग गाते और डफ़ बजाते हुए निकलते, तो उन्हें बड़ा शोक होता। जाति की इस मूर्खता पर उनकी आंखों में आंसू भर आते और वे प्रायः इस कुरीति का निवारण अपने हंटर से किया करते। उनके हंटर में जाति-हितैषिता की उमंग उनकी वक्तृता से भी अधिक थी। यह उन्हीं के प्रशंसनीय प्रयत्न थे, जिन्होने मुख्य होली के दिन दिल्ली में हलचल मचा दी, फाग गाने के अपराध में हज़ारों आदमी पुलिस के पंजे में आ गए। सैकड़ों घरों में मुख्य होली के दिन मुहर्रम का-सा शोक फैल गया। इधर उनके दरवाज़े पर हज़ारों पुरुष-स्त्रियां अपना दुखड़ा रो रही थी, उधर बाबू साहब के हितैषी मित्रगण अपने उदारशील मित्र के सद्व्यवहार की प्रशंसा करते। बाबू साहब दिन-भर में इतने रंग बदलते थे कि उस पर 'पेरिस' की पारियों को भी ईर्ष्या हो सकती थी। कई बैंको में उनके हिस्से थे, कई दुकानें थी; किंतु

बाबू साहब को इतना अवकाश न था कि उनकी कुछ देख-भाल करते। अतिंथि-सत्कार एक पवित्र धर्म है। वे सच्ची देश-हितैषिता की उमंग से कहा करते थे — अतिथि-सत्कार आदिकाल से भारतवर्ष के निवासियों का एक प्रधान और सराहनीय गुण है। अभ्यागतों का आदर-सम्मान करने में हम अद्वितीय हैं। हम इससे संसार में मनुष्य कहलाने योग्य हैं! हम सब कुछ खो बैठे हैं, किंतु जिस दिन हममें यह गुण शेष न रहेगा, वह दिन हिंदु जाति के लिए लज्जा, अपमान और मृत्यु का दिन होगा।

मिस्टर रामरक्षा जातीय आवश्यकताओं से भी बेपरवाह न थे। वे सामाजिक और राजनीतिक कार्यों में पूर्णरूप से योग देते थे। यहां तक कि प्रतिवर्ष दो बल्कि कभी-कभी तीऩ वक्तृताएं अवश्य तैयार कर लेते। भाषणों की भाषा अत्यंत उपयुक्त, ओजस्वी और सर्वांग-सुन्दर होती थी। उपस्थित जन और इष्ट-मित्र उनके एक-एक शब्द पर प्रशंसासूचक शब्दों की ध्वनि प्रकट करते तालियां बजाते, यहां तक कि बाबू साहब को व्याख्यान का क्रम स्थिर रखना कठिन हो जाता। व्याख्यान समाप्त होने पर उनके मित्र उन्हें गोद में उठा लेते और आश्चर्य-चकित होकर कहते — तेरी भाषा में जादू है! सारांश यह कि बाबू साहब का यह जातीय प्रेम और उद्योग केवल बनावटी सहायता शून्य तथा फैशनेबिल था। यदि उन्होंने किसी सदुद्योग में भाग लिया था, तो वह सम्मिलित कुटुम्ब का विरोध था। अपने पिता के पश्चात् वे अपनी विधवा मां से अलग हो गए थे। इस जातीय सेवा में उनकी स्त्री विशेष सहायक थी। विधवा मां अपने बेटे और बहू के साथ नहीं रह सकती थी। इससे बहू की स्वाधीनता में विघ्न पड़ने में मन दुर्बल और मस्तिष्क शक्तिहीन हो जाता है। बहू को जलाना और कुढ़ाना सास की आदत है। इसलिए बाबू रामरक्षा अपनी मां से अलग हो गए थे। इसमें संदेह नहीं कि उन्होंने मात-ऋण का विचार करके दस हज़ार रूपये अपनी मां के नाम जमा कर दिए थे, कि उसके ब्याज से उनका निर्वाह होता रहे; किंतु अपने बेटे के इस उत्तम आचरण पर मां का दिल ऐसा टूटा कि वह दिल्ली ही छोड़कर अयोध्या जा रहीं। तब से वहीं रहती हैं। बाबू साहब कभी-कभी मिसेज रामरक्षा से छिपककर उनसे मिलने अयोध्या जाया करते थे, किन्तु वह दिल्ली आने का कभी नाम न लेतीं। हां, यदि कुशल-क्षेम की चिट्ठी पहुंचने में कुछ देर हो जाती, तो विवश होकर समाचार पूछ लेती थीं।

2

उसी मुहल्ले में एक सेठ गिरधारीलाल रहते थे। उनका लाखों का लेन-देन था। वे हीरे और रत्नों का व्यापार करते थे। बाबू रामरक्षा के दूर के नाते में साढू होते थे। पुराने ढंग के आदमी थे — प्रातःकाल यमुना-स्नान करनेवाले तथा गाय को अपने हाथों से झाड़ने-पोछनेवाले! उनसे मिस्टर रामरक्षा का स्वभाव न मिलता था; परन्तु जब कभी रुपयों की आवश्यकता होती, तो वे सेठ गिरधारीलाल के यहां से बेखटके मंगा लिया करते थे। आपस का मामला था, केवल

चार अंगुल के पत्र पर रुपया मिल जाता था, न कोई दस्तावेज़, न स्टाम्प, न साक्षियों की आवश्यकता। मोटरकार के लिए दस हज़ार की आवश्यकता हुई, वह वहां से आया। घुड़दौड़ के लिए एक आस्ट्रेलियन घोड़ा। डेढ़ हज़ार में लिया गया। उसके लिए भी रुपया सेठजी के यहां से आया। धीरे-धीरे बीस हज़ार का मामला हो गया। सेठजी सरल हृदय के आदमी थे। समझते थे कि उसके पास दूकाने हैं, बैंकों में रुपया है। जब जी चाहेगा, रुपया वसूल कर लेंगे; किन्तु जब दो-तीन वर्ष व्यतीत हो गए और सेठजी के तकाज़े की अपेक्षा मिस्टर रामरक्षा की मांग ही का आधिक्य रहा तो गिरधारीलाल को संदेह हुआ। वह एक दिन रामरक्षा के मकान पर आए और सभ्य-भाव से बोले — भाई साहब, मुझे एक हुंडी का रुपया देना है, यदि आप मेरा हिसाब कर दें तो बहुत अच्छा हो। यह कहकर हिसाब के कागज़ात और उनके पत्र दिखलाए।

मिस्टर रामरक्षा किसी गार्डन-पार्टी में सम्मिलित होने के लिए तैयार थे। बोले — इस समय क्षमा कीजिए; फिर देख लूंगा, जल्दी क्या है?

गिरधारीलाल को बाबू साहब की रुखाई पर क्रोध आ गया। वे रुष्ट होकर बोले — आपको जल्दी नहीं है, मुझे तो है! दो सौ रुपये मासिक की मेरी हानि हो रही है? मिस्टर रामरक्षा ने अंसतोष प्रकट करते हुए घड़ी देखी। पार्टी का समय बहुत क़रीब था। वे बहुत विनीत भाव से बोले — भाई साहब, मैं बड़ी जल्दी में हूं। इस समय मेरे ऊपर कृपा कीजिए। मैं कल स्वयं उपस्थित होऊंगा।

सेठजी एक माननीय और धन-सम्पन्न आदमी थे। वे रामरक्षा के इस कुरुचिपूर्ण व्यवहार पर जल गए। मैं इनका महाजन हूं — इनसे धन में, मान में, ऐश्वर्य में बढ़ा हुआ, चाहूं तो ऐसों को नौकर रख लूं। इनके दरवाज़े पर आऊं, और आदर-सत्कार की जगह उलटे ऐसा रुखा बर्ताव! वह हाथ बांधे मेरे सामने न खड़ा रहे; किन्तु क्यों मैं पान, इलायची, इत्र आदि से भी सम्मान करने के योग्य नहीं? वे तिनकर बोले — अच्छा, तो कल हिसाब साफ़ हो जाय।

रामरक्षा ने उत्तर दिया — हो जायगा।

रामरक्षा ने गौरवशील हृदय पर सेठजी के इस बर्ताव के प्रभाव का कुछ खेदजनक असर न हुआ। इस काठ के कुंदे ने आज मेरी प्रतिष्ठा धूल में मिला दी। वह मेरा अपमान कर गया। अच्छा, तुम भी इसी दिल्ली में रहते हो और हम भी यहीं हैं। निदान दोनों में गांठ पड़ गई। बाबू साहब की तबीयत ऐसी गिरी और हृदय में ऐसी चिंता उत्पन्न हुई कि पार्टी में जाने का ध्यान जाता रहा। वे देर तक इसी उलझन में पड़े रहे। फिर सूट उतार दिया और सेवक से बोले — जा, मुनीमजी को बुला ला? मुनीमजी आये, उनका हिसाब देखा गया, फिर बैंकों का एकाउंट देखा; किन्तु ज्यों-ज्यों इस घाटी में उतरते गए, त्यों-त्यों अंधेरा बढ़ता गया। बहुत कुछ टटोला, कुछ हाथ न आया। अंत में निराश होकर वे आराम-कुर्सी पर पड़ गए और उन्होंने एक ठंडी सांस ले ली। दूकानों का माल बिका; किन्तु रुपया बकाया में पड़ा हुआ था। कई ग्राहकों की दूकानों टूट गई और उन पर जो नकद रुपया बकाया था, वह डूब गया। कलकत्ते

के आढ़तियों से जो माल मंगाया था, रुपये चुकाने की तिथि सिर पर आ पहुंची और यहां रुपया वसूल न हुआ। दूकान का यह हाल, बैंकों का इससे भी बुरा। रात भर वे इन्हीं चिन्ताओं में करवटें बदलते रहे। अब क्या करना चाहिए? गिरधारीलाल सज्जन पुरुष हैं। यदि सारा कच्चा हाल उसे सुना दूं, तो अवश्य मान जायगा; किन्तु यह कष्टप्रद कार्य होगा कैसे? ज्यों-ज्यों प्रातःकाल समीप आता था, त्यों-त्यों उनका दिल बैठा जाता था। कच्चे विद्यार्थी की जो दशा परीक्षा के सन्निकट आने पर होती है, वही हाल इस समय रामरक्षा का था। वे पलंग से न उठे। मुंह-हाथ भी न धोया, खाने की कौन कहे। इतना जानते थे कि दुःख पड़ने पर कोई किसी का साथी नहीं होता। इसलिए एक आपत्ति से बचने के लिए कई आपत्तियों का बोझा न उठाना पड़े, इस ख़याल से मित्रों को इन मामलों की ख़बर तक न दी। जब दोपहर हो गया और उनकी दशा ज्यों-की-त्यों रही, तो उनका छोटा लड़का बुलाने आया। उसने बाप का हाथ पकड़कर कहा — लालाजी, आज दाने क्यों नहीं तलते?

रामरक्षा — भूख नहीं है।

'क्या काया है?'

'मन की मिठाई।'

'और क्या काया है?'

'मार।'

'किसने मारा?'

'गिरधारीलाल ने।'

लड़का रोता हुआ घर में गया और इस मार की चोट से देर तक रोता रहा। अंत में तश्तरी में रखी हुई दूध को मलाई ने उसकी इस चोट पर मरहम का काम दिया।

3

रोगी को जब जीने की आशा नहीं रहती, तो औषधि छोड़ देता हे। मिस्टर रामरक्षा जब इस गुत्थी को न सुलझा सके, तो चादर तान ली और मुंह लपेटकर सो रहे। शाम को एकाएक उठकर सेठजी के यहां पहुंचे और कुछ असावधानी से बोले — महाशय, मैं आपका हिसाब नहीं कर सकता।

सेठजी घबराकर बोले — क्यों?

रामरक्षा — इसलिए कि मैं इस समय दरिद्र-निहंग हूं। मेरे पास एक कौड़ी भी नहीं है। आप अपना रुपया जैसे चाहें, वसूल कर लें।

सेठ — यह आप कैसी बातें कहते हैं?

रामरक्षा — बहुत सच्ची।

सेठ — दूकानें नहीं हैं?

रामरक्षा — दूकानें आप मुफ़्त ले जाइए।

सेठ — बैंक के हिस्से?

रामरक्षा — वह कब के उड़ गए।

सेठ — जब यह हाल था, तो आपको उचित नहीं था कि मेरे गले पर छुरी फेरते?

रामरक्षा — (अभिमान से) मैं आपके यहां उपदेश सुनने के लिए नहीं आया हूं।

यह कहकर मिस्टर रामरक्षा वहां से चल दिए। सेठजी ने तुरन्त नालिश कर दी। बीस हज़ार मूल, पांच हज़ार ब्याज। डिगरी हो गई। मकान नीलाम पर चढ़ा। पन्द्रह हज़ार की जायदाद पांच हज़ार में निकल गयी। दस हज़ार की मोटर चार हज़ार में बिकी। सारी सम्पत्ति उड़ जाने पर कुल मिलाकर सोलह हज़ार से अधिक रकम न खड़ी हो सकी। सारी गृहस्थी नष्ट हो गई, तब भी दस हज़ार के ऋणी रह गए। मान-बड़ाई, धन-दौलत सभी मिट्टी में मिल गए। बहुत तेज़ दौड़नेवाला मनुष्य प्रायः मुंह के बल गिर पड़ता है।

4

इस घटना के कुछ दिनों पश्चात् दिल्ली म्युनिसिपैलिटी के मेम्बरों का चुनाव आरम्भ हुआ। इस पद के अभिलाषी वोटरों की पूजाएं करने लगे। दलालों के भाग्य उदय हुए। सम्मतियां मोतियों की तोल बिकने लगीं। उम्मीदवार मेम्बरों के सहायक अपने-अपने मुवक्किल के गुण-गान करने लगे। चारों ओर चहल-पहल मच गई। एक वकील महाशय ने भरी सभा में मुवक्किल साहब के विषय में कहा —

'मैं जिस बुर्जुग का पैरोकार हूं, वह कोई मामूली आदमी नहीं है। यह वह शख्स है, जिसने फ़रजंद अकबर की शादी में पच्चीस हज़ार रुपया सिर्फ़ रक्स व सरूर में सर्फ़ कर दिया था।'

उपस्थित जनों में प्रशंसा की उच्च-ध्वनि हुई।

एक दूसरे महाशय ने अपने मुहाल के वोटरों के सम्मुख मुवक्किल की प्रशंसा यों की —

'मैं यह नहीं कह सकता कि आप सेठ गिरधारीलाल को अपना मेम्बर बनाइए। आप अपना भला-बुरा स्वयं समझते हैं, और यह भी नहीं कि सेठजी मेरे द्वारा अपनी प्रशंसा के भूखे हों। मेरा निवेदन केवल यही है कि आप जिसे मेम्बर बनाएं, पहले उसके गुण-दोषों का भली-भांति परिचय ले लें। दिल्ली में केवल एक मनुष्य है, जो गत 10 वर्षों से आपकी सेवा कर रहा है। केवल एक आदमी है, जिसने पानी पहुंचाने और स्वच्छता-प्रबंधों में हार्दिक धर्म-भाव से सहायता दी है। केवल एक पुरुष है, जिसको श्रीमान् वायसराय के दरबार में कुर्सी पर बैठने का अधिकार प्राप्त है, और आप सब महाशय उसे जानते भी हैं।'

उपस्थित जनों ने तालियां बजायीं। सेठ गिरधारीलाल के मुहल्ले में उनके एक प्रतिवादी थे। नाम था मुंशी फैजुलरहमान खां। बड़े ज़मींदार और प्रसिद्ध वकील थे। बाबू रामरक्षा ने अपनी

दृढ़ता, साहस, बुद्धिमत्ता और मृदु भाषण से मुंशीजी साहब की सेवा करनी आरम्भ की। सेठजी को परास्त करने का यह अपूर्व अवसर हाथ आया था। वे रात और दिन इसी धुन में लगे रहते। उनकी मीठी और रोचक बातों का प्रभाव उपस्थित जनों पर बहुत पड़ता। एक बार आपने असाधरण श्रद्धा-उमंग में आकर कहा — मैं डंके की चोट पर कहता हूं कि मुंशी फैजुलरहमान से अधिक योग्य आदमी दिल्ली में न मिल सकेगा। यह वह आदमी हैं, जिसकी ग़जलों पर कविजनों में 'वाह-वाह' मच जाती है। ऐसे श्रेष्ठ आदमी की सहायता करना मैं अपना जातीय और सामाजिक धर्म समझता हूं। अत्यंत शोक का विषय है कि बहुत-से लोग इस जातीय और पवित्र काम को व्यक्तिगत लाभ का साधन बनाते हैं। धन और वस्तु है, श्रीमान् वायसराय के दरबार में प्रतिष्ठत होना और वस्तु, किंतु सामाजिक सेवा तथा जातीय चाकरी और ही चीज़ है। यह मनुष्य, जिसका जीवन ब्याज-प्राप्ति, बेईमानी, कठोरता तथा निर्दयता और सुख-विलास में व्यतीत होता हो, इस सेवा के योग्य कदापि नहीं है।

5

सेठ गिरधारीलाल इस अन्योक्ति-पूर्ण भाषण का हाल सुनकर क्रोध से आग हो गए। मैं बेईमान हूं! ब्याज का धन खानेवाला हं! विषयी हूं? कुशल हुई, जो तुमने मेरा नाम नहीं लिया; किंतु अब भी तुम मेरे हाथ में हो। मैं अब भी तुम्हें जिस तरह चाहूं, नचा सकता हूं। खुशामदियों ने आग पर तेल डाला। इधर रामरक्षा अपने काम में तत्पर रहे। यहां तक कि 'वोटिंग-डे' आ पहुंचा। मिस्टर रामरक्षा को उद्योग में बहुत कुछ सफलता प्राप्त हुई थी। आज वे प्रसन्न थे। आज गिरधारीलाल को नीचा दिखाऊंगा, आज उसको जान पड़ेगा कि धन संसार के सभी पदार्थों को इकट्ठा नहीं कर सकता। जिस समय फैजुलरहमान के वोट अधिक निकलेंगे और मैं तालियां बजाऊंगा, उस समय गिरधारीलाल का चेहरा देखने योग्य होगा, मुंह का रंग बदल जायगा, हवाइयां उड़ने लगेंगी, आंखें न मिला सकेगा। शायद फिर मुझे मुंह न दिखा सके। इन्हीं विचारों में मग्न रामरक्षा शाम को टॉउनहाल में पहुंचे। उपस्थित जनों ने बड़ी उमंग के साथ उनका स्वागत किया। थोड़ी देर बाद 'वोटिंग' आरम्भ हुआ। मेम्बरी मिलने की आशा रखनेवाले महानुभाव अपने भाग्य का अंतिम फल सुनने के लिए आतुर हो रहे थे। छह बजे चेयरमैन ने फ़ैसला सुनाया। सेठ्जी की हार हो गई। फैजुलरहमान ने मैदान मार लिया। रामरक्षा ने हर्ष के आवेग में टोपी उछाल दी और स्वयं भी कई बार उछल पड़े। मुहल्लेवालों को अचम्भा हुआ। चांदनी-चौक से सेठ्जी हो हटाना मेरू को स्थान से उखाड़ना था। सेठ्जी के चेहरे से रामरक्षा को जितनी आशाएं थी, वे सब पूरी हो गई। उनका रंग फीका पड़ गया था। खेद और लज्जा की मूर्ति बने हुए थे। एक वकील साहब ने उनसे सहानुभूति प्रकट करते हुए कहा — सेठ्जी, मुझे आपकी हार का बहुत बड़ा शोक है। मैं जानता कि खुशी के बदले रंज होगा, तो कभी यहां न आता। मैं तो केवल आपके ख़याल से यहां आया था। सेठ जी ने बहुत

रोकना चाहा, परंतु आंखों में आंसू डबडबा ही गए। वे निस्पृह बनने का व्यर्थ प्रयत्न करके बोले — वकील सहीब, मुझे इसकी कुछ चिंता नहीं, कौन रियासत निकल गई? व्यर्थ उलझन, चिंता तथा झंझट रहती थी। चलो, अच्छा हुआ। गला छूटा। अपने काम में हरज़ होता था। सत्य कहता हूं, मुझे तो हृदय से प्रसन्नता ही हुई। यह काम तो बेकामवालों के लिए है, घर न बैठे रहे, यही बेगार की। मेरी मूर्खता थी कि मैं इतने दिनो तक आंखें बंद किए बैठा रहा। परंतु सेठजी की मुखाकृति ने इन विचारों का प्रमाण न दिया। मुखमंडल हृदय का दर्पण है, इसका निश्चय अलबत्ता हो गया।

किंतु बाबू रामरक्षा बहुत देर तक इस आंनद का मज़ा लूट न पाए और न सेठजी को बदला लेने के लिए बहुत देर तक प्रतीक्षा करनी पड़ी। सभा विसर्जित होते ही जब बाबू रामरक्षा सफलता की उमंग में ऐंठते, मोंछपर ताव देते और चारों ओर गर्व की दृष्टि डालते हुए बाहर आए, तो दीवानी के तीन सिपाहियों ने आगे बढ़कर उन्हें गिरफ़्तारी का वारंट दिखा दिया। अबकी बाबू रामरक्षा के चेहरे का रंग उतर जाने की, और सेठजी के इस मनोवांछित दृश्य से आनंद उठाने की बारी थी। गिरधारीलाल ने आनंद की उमंग में तालियां तो न बजायी; परंतु मुस्कुराकर मुंह फेर लिया। रंग में भंग पड़ गया।

आज इस विषय के उपलक्ष्य में मुंशी फैजुलरहमान ने पहले ही से एक बड़े समारोह के साथ गार्डन पार्क की तैयारियां की थीं। मिस्टर रामरक्षा इसके प्रबंधकर्ता थे। आज की 'आफ्टर डिनर स्पीच' उन्होंने बड़े परिश्रम से तैयार की थी; किंतु इस वारंट ने सारी कामनाओं का सत्यानाश कर दिया। यों तो बाबू साहब के मित्रों में ऐसा कोई भी न था, जो दस हज़ार रूपये जमानत दे देता। अदा कर देने का तो ज़िक्र ही क्या; किंतु कदाचित् ऐसा होता भी तो सेठजी अपने को भाग्यहीन समझते। दस हज़ार रुपये और म्युनिसिपैलिटी की प्रतिष्ठित मेम्बरी खोकर इन्हें इस समय यह हर्ष प्राप्त हुआ था।

मिस्टर रामरक्षा के घर पर ज्यों ही ख़बर पहुंची, कुहराम मच गया। उनकी स्त्री पछाड़ खाकर पृथ्वी पर गिर पड़ी। जब कुछ होश में आयी तो रोने लगी और रोने से छुट्टी मिली तो उसने गिरधारीलाल को कोसना आरम्भ किया। देवी-देवता मनाने लगी। उन्हें रिश्वतें देने पर तैयार हुई कि ये गिरधारीलाल को किसी प्रकार निगल जायं। इस बड़े भारी काम की खुशामदें कर रही थी कि ये दोनों मिलकर उस गिरधारीलाल को हड़प ले जायें! किंतु गिरधारी का कोई दोष नहीं। दोष तुम्हारा है। बहुत अच्छा हुआ! तुम इसी पूजा के देवता थे। क्या अब दावतें न खिलाओगे? मैंने तुम्हें कितना समझाया, रोयी, रूठी, बिगडी; किंतु तुमने एक न सुनी। गिरधारीलाल ने बहुत अच्छा किया। तुम्हें शिक्षा तो मिल गई; किंतु तुम्हारा भी दोष नहीं। यह सब आग मैंने ही लगाई है। मखमली स्लीपरों के बिना मेरे पांव ही नहीं उठते थे। बिना जड़ाऊं कड़ों के मुझे नींद न आती थी। सेजगाड़ी मेरे ही लिए मंगवाई थी। अंग्रेजी पढ़ने के लिए मेम साहब को मैंने ही रखा। ये सब कांटे मैंने ही बोए हैं।

मिसेज़ रामरक्षा बहुत देर तक इन्हीं विचारो में डूबी रहीं। जब रात भर करवटें बदलने के बाद वह सवेरे उठीं, तो उनके विचार चारों ओर से ठोकरें खाकर केवल एक केन्द्र पर जम गए।

गिरधारीलाल बड़ा बदमाश और घमंडी है। मेरा सब कुछ लेकर भी उसे संतोष नहीं हुआ। इतना भी इस निर्दयी कसाई से न देखा गया। भिन्न-भिन्न प्रकार के विचारों ने मिलकर एक रूप धारण किया और किरणें एक होती है, तब अग्नि प्रकट हो जाती है। इसी स्त्री के हृदय में रह-रहकर क्रोध की एक असाधारण लहर उत्पन्न होती थी। बच्चे ने मिठाई के लिए हठ किया, उस पर बरस पड़ी; महरी ने चौका-बरतन करके चूल्हे में आग जला दी, उसके पीछे पड़ गई — मैं तो अपने दुःखों को रो रही हूं, इस चुड़ैल को रोटियों की धुन सवार है। निदान, नौ बजे उससे न रहा गया उसने यह पत्र लिखकर अपने हृदय की ज्वाला ठंडी की —

'सेठजी, तुम्हें अब अपने धन के घमंड ने अंधा कर दिया है, किंतु किसी का घमंड इसी तरह सदा नहीं रह सकता। कभी-न-कभी सिर अवश्य नीचा होता है। अफ़सोस कि कल शाम को, जब तुमने मेरे प्यारे पति को पकड़वाया है, मैं वहां मौजूद न थी; नहीं तो अपना और तुम्हारा रक्त एक कर देती। तुम धन के मद में भूले हुए हो। मैं उसी दम तुम्हारा नशा उतार देती। एक स्त्री के हाथों अपमानित होकर तुम फिर किसी को मुंह दिखाने लायक न रहते। अच्छा, इसका बदला तुम्हें किसी-न-किसी तरह ज़रूर मिल जायगा। मेरा कलेजा उस दिन ठंडा होगा, जब तुम निर्वंश हो जाओगे और तुम्हारे कुल का नाम मिट जायगा।'

सेठजी पर यह फटकार पड़ी, तो वे क्रोध से आग हो गए। यद्यपि क्षुद्र हृदय के मनुष्य न थे, परंतु क्रोध के आवेग में सौजन्य का चिह्न भी शेष नहीं रहता। यह ध्यान न रहा कि यह एक दुःखिनी की क्रंदन-ध्वनि है, एक सतायी हुई स्त्री की मानसिक दुर्बलता का विचार है। उसकी धनहीनता और विवशता पर उन्हें तनिक भी दया न आयी। मरे हुए को मारने का उपाय सोचने लगे।

6

इसके तीसरे दिन सेठ गिरधारीलाल पूजा के आसन पर बैठे हुए थे, महरी ने आकर कहा — सरकार, कोई स्त्री आपसे मिलने आयी है। सेठजी ने पूछा — कौन स्त्री है? महरी ने कहा — सरकार, मुझे क्या मालूम? लेकिन है कोई भलीमानुष! रेशमी साड़ी पहने हुए। हाथ में सोने के कड़े हैं। पैरों में टाट के स्लीपर हैं। बड़े घर की स्त्री की स्त्री जान पड़ती है।

यों साधारणतः सेठजी पूजा के समय किसी से नहीं मिलते थे। चाहे कैसा ही आवश्यक काम क्यों न हो, ईश्वरोपासना में सामाजिक बाधाओं को घुसने नहीं देते थे। किंतु ऐसी दशा में, जब कि किसी बड़े घर की स्त्री मिलने के लिए आए, तो थोड़ीदेर के लिए पूजा में विलम्ब करना निंदनीय नहीं कहा जा सकता, ऐसा विचार करके वे नौकर से बोले — उन्हें बुला लाओ

जब वह स्त्री आयी तो सेठजी स्वागत के लिए उठकर खड़े हो गए। तत्पश्चात् अत्यंत कोमल वचनों से कारुणिक शब्दों में बोले — माता, कहां से आना हुआ? और जब यह उत्तर

मिला कि वह अयोध्या से आयी हैं, तो आप ने उसे फिर से दंडवत् किया और चीनी तथा मिश्री से भी अधिक मधुर और नवनीत से भी अधिक चिकने शब्दों में कहा — अच्छा, आप श्री आयोध्याजी से आ रही हैं? उस नगरी का क्या कहना! देवताओं की पुरी है। बड़े भाग्य थे कि आपके दर्शन हुए। यहां आपका आगमन कैसे हुआ? स्त्री ने उत्तर दिया — घर तो मेरा यहीं है। सेठजी का मुख पुनः मधुरता का चित्र बना। वे बोले — अच्छा, तो मकान आपका इसी शहर में है? तो आपने माया-जंजाल को त्याग दिया। यह तो मैं पहले ही समझ गया था। ऐसी पवित्र आत्माएं संसार में बहुत थोड़ी है। ऐसी देवियों के दर्शन दुर्लभ होते हैं। आपने मुझे दर्शन दिया, बड़ी कृपा की। मैं इस योग्य नहीं, जो आप-जैसी विदुषियों की कुछ सेवा कर सकूं? किंतु जो काम मेरे योग्य हो — जो कुछ मेरे किए हो सकता है — उसके करने के लिए मैं सब भांति से तैयार हूं। यहां सेठ-साहूकारों ने मुझे बहुत बदनाम कर रखा है, मैं सबकी आंखों में खटकता हूं। उसका कारण सिवा इसके और कुछ नहीं कि जहां वे लोग लाभ का ध्यान रखते हैं, वहां मैं भलाई पर रखता हूं। यदि कोई बड़ी अवस्था का वृद्ध मनुष्य मुझसे कुछ कहने-सुनने के लिए आता है, तो विश्वास मानो, मुझसे उसका वचन टाला नहीं जाता। कुछ बुढ़ापे का विचार; कुछ उसके दिल टूट जाने का डर; कुछ यह खयाल कि कहीं यह विश्वासघातियों के फंदे में न फंस जाय, मुझे उसकी इच्छाओं की पूर्ति के लिए विवश कर देता है। मेरा यह सिद्धांत है कि अच्छी जायदाद और कम ब्याज। किन्तु इस प्रकार की बातें आपके सामने करना व्यर्थ है। आपसे तो घर का मामला है। मेरे योग्य जो कुछ काम हो, उसके लिए मैं सिर-आंखों से तैयार हूं।

वृद्ध स्त्री — मेरा काम आप ही से हो सकता है।

सेठजी — (प्रसन्न होकर) बहुत अच्छा; आज्ञा दो।

स्त्री — मैं आपके सामने भिखारिन बनकर आयी हूं। आपको छोड़कर कोई मेरा सवाल पूरा नहीं कर सकता।

सेठजी — कहिए, कहिए।

स्त्री — आप रामरक्षा को छोड़ दीजिए।

सेठजी के मुख का रंग उतर गया। सारे हवाई क़िले जो अभी-अभी तैयार हुए थे, गिर पड़े। वे बोले — उसने मेरी बहुत हानि की है। उसका घमंड तोड़ डालूंगा, तब छोडूंगा।

स्त्री — तो क्या कुछ मेरे बुढ़ापे का, मेरे हाथ फैलाने का, कुछ अपनी बड़ाई का विचार न करोगे बेटा, ममता बुरी होती है। संसार से नाता टूट जाय; धन जाय; धर्म जाय; किंतु लड़के का स्नेह हृदय से नहीं निकल सकता। इस पर हाकिम का, राज का, यहां तक कि ईश्वर का भी बस नहीं है। तुम मुझ पर तरस खाओ। मेरे लड़के की जान छोड़ दो, तुम्हें बड़ा यश मिलेगा। मैं जब तक जीऊंगी, तुम्हें आशीर्वाद देती रहूंगी।

सेठजी का हृदय कुछ पसीजा। पत्थर की तह में पानी रहता है; किंतु तत्काल ही उन्हें मिसेज रामरक्षा के पत्र का ध्यान आ गया। वे बोले — मुझे रामरक्षा से कोई उतनी शत्रुता नहीं थी, यदि उन्होंने मुझे न छेड़ा होता, तो मैं न बोलता। आपके कहने से मैं अब भी उसका

अपराध क्षमा कर सकता हूं! परन्तु उसकी बीवी साहबा ने जो पत्र मेरे पास भेजा है, उसे देखकर शरीर में आग लग जाती है। दिखाऊं आपको? रामरक्षा की मां ने पत्र लेकर पढ़ा तो उसकी आंखों में आंसू भर आए। वे बोली — बेटा, उस स्त्री ने मुझे बहुत दुःख दिया है। उसने मुझे देश से निकाल दिया। उसका मिज़ाज़ और ज़बान उसके वश में नहीं; किंतु इस समय उसने जो गर्व दिखाया है, उसका तुम्हें ख़याल नहीं करना चाहिए। तुम इसे भुला दो। तुम्हारा देश-देश में नाम है। यह नेकी तुम्हारे नाम को और फैला देगी। मैं तुमसे प्रण करती हूं कि सारा समाचार रामरक्षा से लिखवाकर किसी अच्छे समाचार-पत्र में छपवा दूंगी। रामरक्षा मेरा कहना नहीं टालेगा। तुम्हारें इस उपकार को वह कभी न भूलेगा। जिस समय ये समाचार संवाद पत्रों में छपेंगे, उस समय हज़ारों मनुष्यों को तुम्हारे दर्शन की अभिलाषा होगी। सरकार में तुम्हारी बड़ाई होगी और मैं सच्चे हृदय से कहती हूं कि शीघ्र ही तुम्हें कोई-न-कोई पदवी मिल जायगी। रामरक्षा की अंगरेज़ों से बहुत मित्रता है, वे उसकी बात कभी न टालेंगे।

सेठजी के हृदय में गुदगुदी पैदा हो गई। यदि इस व्यवहार से वह पवित्र और माननीय स्थान प्राप्त हो जाय — जिसके लिए हज़ारों खर्च किए, हज़ारों डालियां दीं, हज़ारों अनुनय-विनय की, हज़ारों खानसामों की झिड़कियां सहीं, बंगलो के चक्कर लगाए — तो इस सफलता के लिए कोई ऐसे कई हज़ार मैं खर्च कर सकता हूं। निःसंदेह मुझे इस काम में रामरक्षा से बहुत कुछ सहायता मिल सकती है; किन्तु इन विचारों को प्रकट करने से क्या लाभ? उन्होंने कहा — माता मुझे नाम-नमूद की बहुत चाह नहीं है। बड़ों ने कहा है, नेकी कर दरिया में डाल। मुझे तो आपकी बात का ख़याल है। पदवी मिले तो लेने से इन्कार नहीं, न मिले तो तृष्णा नहीं; परन्तु यह तो बताइए कि मेरे रुपयों का क्या प्रबन्ध होगा? आपको मालूम होगा कि मेरे दस हज़ार रुपये आते हैं।

रामरक्षा की मां ने कहा — तुम्हारे रुपये की जमानत मैं करती हूं। यह देखो, बंगाल-बैंक की पास-बुक है। उसमें मेरा दस हज़ार रुपया ज़मा है। उस रुपये से तुम रामरक्षा का कोई व्यवसाय करा दो। तुम उस दूकान के मालिक रहोगे, रामरक्षा को उसका मैंनेजर बना देना। जब तक वह तुम्हारे कहे पर चले, निभाना; नहीं तो दूकान तुम्हारी है। मुझे उसमें से कुछ नहीं चाहिए। मेरी खोज़-खबर लेने वाला ईश्वर है। रामरक्षा अच्छी तरह रहे, इससे अधिक मुझे और न चाहिए। यह कहकर पास-बुक सेठजी को दे दी। मां के इस अथाह प्रेम ने सेठजी को विह्वल कर दिया। पानी उबल पड़ा और पत्थर के नीचे ढंक गया। ऐसे पवित्र दृश्य देखने के लिए जीवन में कम अवसर मिलते हैं। सेठजी के हृदय में परोपकार की एक लहर-सी उठी; उनकी आंखें डबडबा आई। जिस प्रकार पानी के बहाब से कभी-कभी बांध टूट जाता है, उसी प्रकार परोपकार की इस उमंग ने स्वार्थ और माया के बांध को तोड़ दिया। वे पास-बुक वृद्धा स्त्री को वापस देकर बोले — माता, यह अपनी किताब लो। मुझे अब अधिक लज्जित न करो। यह देखो, रामरक्षा का नाम बही से उड़ा देता हूं। मुझे कुछ नहीं चाहिए। मैंने अपना सब कुछ पा लिया। आज तुम्हारा रामरक्षा तुमको मिल जायगा।

इस घटना के दो वर्ष उपरांत टॉउनहाल में फिर एक बड़ा जलसा हुआ। बैंड बज रहा था,

झड़ियां और ध्वजाएं वायु-मंडल में लहरा रही थीं। नगर के सभी माननीय पुरुष उपस्थित थे। लैंडो, फिटन और मोटरों से सारा हाता भरा हुआ था। एकाएक मुश्क़ी घोड़ों की एक फिटन ने हाते में प्रवेश किया। सेठ गिरधारीलाल बहुमूल्य वस्त्रों से सजे हुए उसमें से उतरे। उनके साथ एक फैशनेबुल नवयुवक अंग्रेजी सूट पहने मुस्कुराता हुआ उतरा। ये मिस्टर रामरक्षा थे। वे सब सेठजी की एक खास दूकान के मैनेजर हैं। केवल मैनेजर ही नहीं, बिल्कुल उन्हें प्रोप्राइटर समझना चाहिए। दिल्ली-दरबार में सेठजी को रायबहादुर का पद मिला है। आज डिस्ट्रिक मैजिस्ट्रेट नियमानुसार इसकी घोषणा करेंगे और सूचित करेंगे कि नगर में माननीय पुरुषों की ओर से सेठजी को धन्यवाद देने के लिए यह बैठक हुई है। सेठजी की ओर से धन्यवाद का वक्तव्य मिस्टर रामरक्षा करेंगे। जिन लोगों ने उनकी वक्तृतांए सुनी हैं, वे बहुत उत्सुकता से उस अवसर की प्रतीक्षा कर रहे हैं।

बैठक समाप्त होने पर सेठजी रामरक्षा के साथ अपने भवन पर पहुंचे, तो मालूम हुआ कि आज वही वृद्धा स्त्री उनसे फिर मिलने आयी है। सेठजी दौड़कर रामरक्षा की मां के चरणों से लिपट गए। उनका हृदय इस समय नदी की भांति उमड़ा हुआ था।

'रामरक्षा ऐंड फ्रेंड्स' नामक चीनी बनाने का कारखाना बहुत उन्नति पर है। रामरक्षा अब भी उसी ठाट-बाट से जीवन व्यतीत कर रहे हैं; किंतु पार्टियां कम देते हैं और दिन भर में तीन से अधिक सूट नहीं बदलते।वे अब उस पत्र को, जो उनकी स्त्री ने सेठजी को लिखा था, संसार की एक बहुत अमूल्य वस्तु समझते हैं और मिसेज रामरक्षा को भी अब सेठजी के नाम को मिटाने की अधिक चाह नहीं है। क्योंकि अभी हाल में जब लड़का पैदा हुआ था, मिसेज रामरक्षा ने अपना सुवर्ण-कंकण धाय को उपहार दिया था और मनों मिठाई बांटी थी।

यह सब हो गया; किंतु वह बात, जो अब होनी चाहिए थी न हुई। रामरक्षा की मां अब भी अयोध्या में रहती हैं और अपनी पुत्र-वधू की सूरत नहीं देखना चाहती।

❑❑❑

मंत्र - 2

संध्या का समय था। डॉक्टर चड्ढा गोल्फ खेलने के लिए तैयार हो रहे थे। मोटर द्वार के सामने खड़ी थी कि दो कहार एक डोली लिये आते दिखाई दिए। डोली के पीछे एक बूढ़ा लाठी टेकता चला आता था। डोली औषधालय के सामने आकर रूक गई। बूढ़े ने धीरे-धीरे आकर द्वार पर पड़ी हुई चिक से झांका। ऐसी साफ़-सुथरी ज़मीन पर पैर रखते हुए भय हो रहा था कि कोई घुड़क न बैठे। डॉक्टर साहब को मेज़ के सामने खड़े देखकर भी उसे कुछ कहने का साहस न हुआ।

डॉक्टर साहब ने चिक के अंदर से गरज़कर कहा — कौन है? क्या चाहता है?

बूढ़े ने हाथ जोड़कर कहा — हुजूर, बड़ा गरीब आदमी हूं। मेरा लड़का कई दिन से...

डॉक्टर साहब ने सिगार जलाकर कहा — कल सवेरे आओ, कल सवेरे; हम इस वक़्त मरीजों को नहीं देखते

बूढ़े ने घुटने टेककर ज़मीन पर सिर रख दिया और बोला — दुहाई है सरकार की, लड़का मर जायगा। हुजूर, चार दिन से आंखें नहीं...

डॉक्टर चड्ढ़ा ने कलाई पर नज़र डाली। केवल दस मिनट समय और बाक़ी था। गोल्फ-स्टिक खूंटी से उतारते हुए बोले — कल सवेरे आओ, कल सवेरे; यह हमारे खेलने क़ा समय है।

बूढ़े ने पगड़ी उतारकर चौखट पर रख दी और रोकर बोला — हुजूर, एक निग़ाह देख ले। बस, एक निगाह! लड़का हाथ से चला जायगा हुजूर। सात लड़कों में यही एक बचा है, हुजूर। हम दोनों आदमी रो-रोकर मर जायगे, सरकार! आपकी बढ़ती होय, दीनबंधु!

ऐसे उजड्ड देहाती यहां प्रायः रोज़ आया करते थे। डॉक्टर साहब उनके स्वभाव से खूब परिचित थे। कोई कितना ही कुछ कहे; पर वे अपनी ही रट लगाते जाएगें। किसी की सुनेंगें नहीं। धीरे से चिक उठायी और बाहर निकलकर मोटर की तरफ़ चले। बूढ़ा यह कहता हुआ उनके पीछे दौड़ा — सरकार, बड़ा धरम होगा। हुजूर दया कीजिए, बड़ा दीन-दुखी हूं, संसार में कोई और नहीं है, बाबूजी!

मगर डॉक्टर साहब ने उसकी ओर मुंह फेरकर देखा तक नहीं। मोटर पर बैठकर बोले — कल सवेरे आना।

मोटर चली गई। बूढ़ा कई मिनट तक मूर्ति की भांति निश्चल खड़ा रहा। संसार में ऐसे मनुष्य भी होते हैं, जो अपने आमोद-प्रमोद के आगे किसी की जान की भी परवा नहीं करते, शायद इसका उसे अब भी विश्वास न आता था। सभ्य संसार इतना निर्मम, इतना कठोर है, इसका ऐसा मर्मभेदी अनुभव अब तक न हुआ था। वह उन पुराने ज़माने के जीवों में था, जो लगी हुई आग को बुझाने, मुर्दे को कंधा देने, किसी के छप्पर को उठाने और किसी कलह को शान्त करने के लिए सदैव तैयार रहते थे। जब तक बूढ़े की मोटर दिखाई दी, वह खड़ा टकटकी लगाए उस ओर ताकता रहा। शायद उसे अब भी डॉक्टर साहब के लौट आने की आशा थी। फिर उसने कहारों से डोली उठाने को कहा। डोली जिधर से आयी थी, उधर ही चली गई। चारों ओर से निराश होकर वह डॉक्टर चड्ढा के पास आया था। इनकी बड़ी तारीफ़ सुनी थी। यहां से निराश होकर फिर वह किसी दूसरे डॉक्टर के पास न गया। किस्मत ठोक ली।

उसी रात को उसका हंसता-खेलता सात साल का बालक अपनी बाल-लीला समाप्त करके इस संसार से सिधार गया। बूढ़े मां-बाप के जीवन का यही एक आधार था। इसी का मुंह देखकर जीते थे। इस दीपक के बुझते ही जीवन की अंधेरी रात भांय-भांय करने लगी। बुढ़ापे की विशाल ममता टूटे हुए हृदय से निकलकर उस अंधकार में आर्त-स्वर से रोने लगी।

2

कई साल गुज़र गए। डॉक्टर चड्ढा ने खूब यश और धन कमाया; लेकिन इसके साथ ही अपने स्वास्थ्य की रक्षा भी की, जो एक असाधारण बात थी। यह उनके नियमित जीवन का आशीर्वाद था कि 50 वर्ष की अवस्था में उनकी चुस्ती और फुर्ती युवकों को भी लज्जित करती थी। उनके हर एक काम का समय नियत था, इस नियत से वह जौ-भर भी न टलते थे। बहुधा लोग स्वास्थ्य के नियमों का पालन उस समय करते हैं, जब रोगी हो जाते हैं। डॉक्टर चड्ढा उपचार और संयम का रहस्य खूब समझते थे। उनकी संतान-संख्या भी इसी नियम के अधीन थी। उनके केवल दो बच्चे हुए — एक लड़का और एक लड़की तीसरी संतान न हुई, इसलिए श्रीमती चड्ढा भी अभी जवान मालूम होती थीं। लड़की का तो विवाह हो चुका था। लड़का कॉलेज में पढ़ता था। वही माता-पिता के जीवन का आधार था। शील और विनय का पुतला, बड़ा ही रसिक, बड़ा ही उदार, विद्यालय का गौरव, युवक-समाज की शोभा। मुख-मंडल से तेज की छटा-सी निकलती थी। आज उसी की बीसवीं सालगिरह थी।

संध्या का समय था। हरी-भरी घास पर कुर्सियां बिछी हुई थीं। शहर के रईस और हुक्काम एक तरफ, कालेज के छात्र दूसरी तरफ बैठे भोजन कर रहे थे। बिजली के प्रकाश से सारा मैदान जगमगा रहा था। आमोद-प्रमोद का सामान भी ज़मा था। छोटा-सा प्रहसन खेलने की

तैयारी थी। प्रहसन स्वयं कैलाशनाथ ने लिखा था। वही मुख्य ऐक्टर भी था। इस समय वह एक रेशमी कमीज़ पहने; नंगे सिर, नंगे पांव, इधर-से-उधर मित्रों की आव-भगत में लगा हुआ था। कोई पुकारता — कैलाश, ज़रा इधर आना; कोई उधर से बुलाता — कैलाश, क्या उधर ही रहोगे? सभी उसे छेड़ते थे, चुहलें करते थे। बेचारे को ज़रा दम मारने का भी अवकाश न मिलता था। सहसा एक रमणी ने उनके पास आकर कहा — क्यों कैलाश, तुम्हारे सांप कहां हैं? ज़रा मुझे दिखा दो।

कैलाश ने उससे हाथ मिलाकर कहा — मृणालिनी, इस वक़्त क्षमा करो, कल दिखा दूंगा।

मृणालिनी ने आग्रह किया — जी नहीं, तुम्हें दिखाना पड़ेगा। मैं आज नहीं मानने की! तुम रोज़ 'कल-कल' करते हो।

मृणालिनी और कैलाश दोनों सहपाठी थे और एक दूसरे के प्रेम में पगे हुए। कैलाश को सांपों के पालने, खेलाने और नचाने का शौक़ था। तरह-तरह के सांप पाल रखे थे। उनके स्वभाव और चरित्र की परीक्षा करता रहता था। थोड़े दिन हुए, उसने विद्यालय में 'सांपों; पर एक मार्के का व्याख्यान दिया था। सांपों को नचाकर दिखाया भी था। प्राणि-शास्त्र के बड़े-बड़े पंडित भी यह व्याख्यान सुनकर दंग रह गए थे! वह विद्या उसने एक बूढ़े संपेरे से सीखी थी। सांपों की जड़ी-बूटियां ज़मा करने का उसे मरज़ था। इतना पता भर मिल जाय कि किसी व्यक्ति के पास अच्छी जड़ी है, फिर उसे चैन न आता था। उसे लेकर ही छोड़ता था। यही व्यसन था। इस पर हज़ारों रुपये फूंक चुका था। मृणालिनी कई बार आ चुकी थी; पर कभी सांपों को देखने के लिए इतनी उत्सुक न हुई थी। कह नहीं सकते, आज उसकी उत्सुकता सचमुच जाग गई थी, या वह कैलाश पर अपने अधिकारो का प्रदर्शन करना चाहती थी; पर उसका आग्रह बेमौक़ा था। उस पर कोठरी में कितनी भीड़ लग जायगी, भीड़ को देखकर सांप कितने चौंकेंगे और रात के समय उन्हें छेड़ा जाना कितना बुरा लगेगा, इन बातों का उसे ज़रा भी ध्यान न आया।

कैलाश ने कहा — नहीं, कल ज़रूर दिखा दूंगा। इस वक़्त अच्छी तरह दिखा भी तो न सकूंगा, कमरे में तिल रखने को भी जगह न मिलेगी।

एक महाशय ने छेड़कर कहा — दिखा क्यों नहीं देता, ज़रा-सी बात के लिए इतना टाल-मटोल कर रहे हो? मिस गोविंद हर्गिज़ न मानना। देखें, कैसे नहीं दिखाते?

दूसरे महाशय ने और रद्दा चढ़ाया — मिस गोविंद इतनी सीधी और भोली हैं, तभी आपका दावा है कि मृणालिनी के लिए जान हाज़िर है।

मृणालिनी ने देखा कि ये शोहदे उसे रंग पर चढ़ा रहे हैं, तो बोली — आप लोग मेरी वकालत न करें, मैं खुद अपनी वकालत कर लूंगी। मैं इस वक़्त सांपों का तमाशा नहीं देखना चाहती। चलो छुट्टी हुई।

इस पर मित्रों ने ठहाका लगाया। एक साहब बोले — देखना तो आप सब कुछ चाहें, पर कोई दिखाए भी तो?

कैलाश को मृणालिनी की झेंपी हुई सूरत देखकर मालूम हुआ कि इस वक़्त उसका इनकार वास्तव में उसे बुरा लगा है। ज्यों ही प्रीतिभोज समाप्त हुआ और गाना शुरू हुआ, उसे मृणालिनी और अन्य मित्रों को सांपों के दरबे के सामने ले जाकर महुअर बजाना शुरू किया। फिर एक-एक खाना खोलकर एक-एक सांप को निकालने लगा। वाह! क्या कमाल था! ऐसा जान पड़ता था कि वे कीड़े उसकी एक-एक बात, उसके मन का एक-एक भाव समझते हैं। किसी को उठा लिया, किसी को गर्दन में डाल लिया, किसी को हाथ में लपेट लिया। मृणालिनी बार-बार मना करती कि इन्हें गर्दन में न डालो, दूर ही से दिखा दो। बस, ज़रा नचा दो। कैलाश की गर्दन में सांपों को लिपटते देखकर उसकी जान निकल जाती थी। पछ्ता रही थी कि मैंने व्यर्थ ही उनसे सांप दिखाने को कहा; मगर कैलाश एक न सुनता था। प्रेमिका के सम्मुख अपने सर्प-कला प्रदर्शन का ऐसा अवसर पाकर वह कब चूकता! एक मित्र ने टीका की — दांत तोड़ डाले होंगे?

कैलाश हंसकर बोला — दांत तोड़ना मदारियों का काम है। किसी के दांत नहीं तोड़े गए हैं। कहिए तो दिखा दूं? कहकर उसने एक काले सांप को पकड़ लिया और बोला — मेरे पास इससे बड़ा और ज़हरीला सांप दूसरा नहीं है। अगर किसी को काट ले, तो आदमी आनन-फानन में मर जाय। लहर भी न आये। इसके काटे का मंत्र नहीं। इसके दांत दिखा दूं?

मृणालिनी ने उसका हाथ पकड़कर कहा — नहीं-नहीं, कैलाश, ईश्वर के लिए इसे छोड़ दो। तुम्हारे पैरों पड़ती हूं।

इस पर एक दूसरे मित्र बोले — मुझे तो विश्वास नहीं आता, लेकिन तुम कहते हो, तो मान लूंगा।

कैलाश ने सर्प की गर्दन पकड़कर कहा — नहीं साहब, आप आंखों से देखकर मानिए। दांत तोड़कर वश में किया, तो क्या किया। सांप बड़ा समझदार होता है। अगर उसे विश्वास हो जाय कि इस आदमी से मुझे कोई हानि नहीं पहुंचेगी, तो वह उसे हर्गिज न काटेगा।

मृणालिनी ने जब देखा कि कैलाश पर इस वक़्त भूत सवार है, तो उसने यह तमाशा न करने के विचार से कहा — अच्छा भाई, अब यहां से चलो। देखो, गाना शुरू हो गया है। आज मैं भी कोई चीज़ सुनाऊंगी! यह कहते हुए उसने कैलाश का कंधा पकड़कर चलने का इशारा किया और कमरे से निकल गयी; मगर कैलाश विरोधियों का शंका-समाधान करके ही दम लेना चाहता था। उसने सांप की गर्दन पकड़कर ज़ोर से दबायी, इतनी ज़ोर से दबायी कि उसका मुंह लाल हो गया,देह की सारे नसें तन गई। सांप ने अब तक उसके हाथों ऐसा व्यवहार न देखा था। उसकी समझ में न आता था कि यह मुझसे क्या चाहते हैं। उसे शायद भ्रम हुआ कि यह मुझे मार डालना चाहते है; अतएव वह आत्म-रक्षा के लिए तैयार हो गया।

कैलाश ने उसकी गर्दन खूब दबाकर मुंह खोल दिया और उसके ज़हरीले दांत दिखाते हुए बोला — जिन सज्ज़नों को शक हो, आकर देख लें। आया विश्वास या अब भी कुछ शक है? मित्रों ने आकर उसके दांत देखा और चकित हो गए। प्रत्यक्ष प्रमाण के सामने संदेह का

स्थान कहां? मित्रों की शंका-निवारण करके कैलाश ने सांप की गर्दन ढीली कर दी और उसे ज़मीन पर रखना चाहा; पर वह काला गेहुंवन क्रोध से पागल हो रहा था। गर्दन नरम पड़ते ही उसने सिर उठा कैलाश की उंगली में ज़ोर से काटा और वहां से भागा। कैलाश की उंगली से टप-टप खून टपकने लगा। उसने ज़ोर से उंगली दबा ली और अपने कमरे की तरफ़ दौड़ा। वहां मेज़ की दराज में एक जड़ी रखी हुई थी, जिसे पीसकर लगा देने से घातक विष भी रफ़ू हो जाता था।

मित्रों में हलचल पड़ गई। बाहर महफ़िल में भी ख़बर हुई। डॉक्टर साहब घबराकर दौड़े। फौरन उंगली को जड़ कसकर बांधी गई और जड़ी पीसने के लिए दी गई। डॉक्टर साहब जड़ी के कायल न थे। वह उंगली का डसा भाग नश्तर से काट देना चाहते थे, मगर कैलाश को जड़ी पर पूर्ण विश्वास था। मृणालिनी प्यानों पर बैठी हुई थी। यह ख़बर सुनते ही दौड़ी और कैलाश की उंगली से टपकते हुए खून को रूमाल से पोंछने लगी। जड़ी पीसी जाने लगी; पर उसी एक मिनट में कैलाश की आंखों झपकने लगीं, ओठों पर पीलापन दौड़ने लगा। यहां तक कि वह खड़ा न रह सका। फ़र्श पर बैठ गया।

सारे मेहमान कमरे में ज़मा हो गए। कोई कुछ कहता था, कोई कुछ, इतने में जड़ी पीसकर आ गई। मृणालिनी ने उंगली पर लेप किया। एक मिनट और बीता। कैलाश की आंखें बंद हो गई। वह लेट गया और हाथ से पंखा झलने का इशारा किया। मां ने दौड़कर उसका सिर गोद में रख लिया और बिजली का टेबुल-फैन लगा दिया।

डॉक्टर साहब ने झुककर पूछा — कैलाश, कैसी तबीयत है?

कैलाश ने धीरे से हाथ उठा दिया; पर कुछ बोल न सका। मृणालिनी ने करुण स्वर में कहा — क्या जड़ी कुछ असर न करेगी? डॉक्टर साहब ने सिर पकड़कर कहा — क्या बतलाऊं, मैं इसकी बातों में आ गया। अब तो नश्तर से भी कुछ फायदा न होगा।

आध घंटे तक यही हाल रहा। कैलाश की दशा प्रतिक्षण बिगड़ती जाती थी। यहां तक कि उसकी आंखें पथरा गई, हाथ-पांव ठंडे हो गए, मुख की कांति मलिन पड़ गई, नाड़ी का कहीं पता नहीं, मौत के सारे लक्षण दिखाई देने लगे। घर में कुहराम मच गया। मृणालिनी एक ओर सिर पीटने लगी, मां अलग पछाड़े खाने लगी। डॉक्टर चड्ढा को मित्रों ने पकड़ लिया, नहीं तो वह नश्तर अपनी गर्दन पर मार लेते।

एक महाशय बोले — कोई मंत्र झाड़नेवाला मिले, तो सम्भव है, अब भी जान बच जाय।

एक मुसलमान सज्जन ने इसका समर्थन किया — अरे साहब, क़ब्र में पड़ी हुई लाशें जिंदा हो गई है। ऐसे-ऐसे बाकमाल पड़े हुए हैं।

डॉक्टर चड्ढा बोले — मेरी अक्ल पर पत्थर पड़ गया था कि इसकी बातों में आ गया। नश्तर लगा देता, तो यह नौबत क्यों आती? बार-बार समझाता रहा कि बेटा, सांप न पालो, मगर कौन सुनता था! बुलाइए, किसी झाड़फूंक करने वाले ही को बुलाइए। मेरा सब कुछ ले ले, मैं अपनी सारी जायदाद उसके पैरों पर रख दूंगा। लंगोटी बांधकर घर से निकल जाऊंगा; मगर मेरा कैलाश, मेरा प्यारा कैलाश उठ बैठे। ईश्वर के लिए किसी को बुलवाइए।

एक महाशय का किसी झाड़नेवाले से परिचय था। वह दौड़कर उसे बुला लाये; मगर कैलाश की सूरत देखकर उसे मंत्र चलाने की हिम्मत न पड़ी। बोला — अब क्या हो सकता है, सरकार, जो कुछ होना था, हो चुका।

अरे मूर्ख, यह क्यों नहीं कहता कि जो कुछ न होना था, हो चुका। जो कुछ होना था, वह कहां हुआ? मां-बाप ने बेटे का सेहरा कहां देखा। मृणालिनी का कामना-तरू क्या पल्लव और पुष्प से रंजित हो उठा? मन के वह स्वर्ण-स्वप्न जिनसे जीवन-आंनन्द का स्त्रोत बना हुआ था, क्या पूरे हो गए? जीवन के नृत्यमय तारिका-मंडित सागर में आमोद की बहार लूट्ते हुए क्या उनकी नौका जलमग्न नहीं हो गई? जो न होना था, वह हो गया।

वही हरा-भरा मैदान था, वही सुनहरी चांदनी एक निःशब्द संगीत की भांति प्रकृति पर छायी हुई थी; वही मित्र-समाज था; वही मनोरंजन के सामान थे। मगर जहां हास्य की ध्वनि थी, वहां अब करुण क्रंदन और अश्रु-प्रवाह था।

3

शहर से कई मील दूर एक छोटे-से घर में एक बूढ़ा और बुढ़िया अंगीठी के सामने बैठे जाड़े की रात काट रहे थे। बूढ़ा नारियल पीता था और बीच-बीच में खांसता था। बुढ़िया दोनों घुटनियों में सिर डाले आग की ओर ताक रही थी। एक मिट्‌टी के तेल की कुप्पी ताक पर जल रही थी। घर में न चारपाई थी, न बिछौना। एक किनारे थोड़ी-सी पुआल पड़ी हुई थी। इसी कोठरी में एक चूल्हा था। बुढ़िया दिन-भर उपले और सूखी लकड़ियां बटोरती थी। बूढ़ा रस्सी बट्कर बाज़ार में बेच आता था। यही उनकी जीविका थी। उन्हें न किसी ने रोते देखा, न हंसते। उनका सारा समय जीवित रहने में कट जाता था। मौत द्वार पर खड़ी थी, रोने या हंसने की कहां फुर्सत! बुढ़िया ने पूछा — कल के लिए सन तो है नहीं, काम क्या करोगे?

'जाकर झगडू साह से दस सेर सन उधार लाऊंगा।'

'उसके पहले के पैसे तो दिये ही नहीं, और उधार कैसे देगा?'

'न देगा, न सही। घास तो कहीं नहीं गई है। दोपहर तक क्या दो आने की भी न काटूंगा।?'

इतने में एक आदमी ने द्वार पर आवाज़ दी — भगत, भगत, क्या सो गए? ज़रा किवाड़ खोलो।

भगत ने उठ्कर किवाड़ खोल दिए। एक आदमी ने अन्दर आकर कहा — कुछ सुना, डॉक्टर चड्ढा बाबू के लड़के को सांप ने काट लिया।

भगत ने चौंककर कहा — चड्ढा बाबू के लड़के को! वही चड्ढा बाबू हैं, न, जो छावनी में बंगले में रहते हैं?

'हां-हां वही। शहर में हल्ला मचा हुआ है। जाते हो तो जाओ, आदमी बन जाओगे?'

बूढ़े ने कठोर भाव से सिर हिलाकर कहा — मैं नहीं जाता! मेरी बला जाय! वही चड्ढा है। खूब जानता हूं। भैया को लेकर उन्हीं के पास गया था। खेलने जा रहे थे। पैरों पर गिर पड़ा कि एक नज़र देख लीजिए; मगर सीधे मुंह से बात तक न की। भगवान बैठे सुन रहे थे। अब जान पड़ेगा कि बेटे का ग़म कैसा होता है। कई लड़के हैं?

'नहीं जी, यही तो एक लड़का था। सुना है, सबने जवाब दे दिया है'

'भगवान बड़ा कारसाज है। उस बखत मेरी आंखों से आंसू निकल पड़े थे पर उन्हें तनिक भी दया न आयी थी। मैं तो उनके द्वार पर होता, तो भी बात न पूछता।'

'तो न जाओगे? हमने जो सुना था, सो कह दिया।'

'अच्छा किया — अच्छा किया। कलेजा ठंडा हो गया, आंखें ठंडी हो गई।'

लड़का भी ठंडा हो गया होगा! तुम जाओ। आज चैन की नींद सोऊंगा। (बुढ़िया से) ज़रा तमाखू ले ले! एक चिलम और पीऊंगा। अब मालूम होगा लाला को! सारी साहबी निकल जायेगी, हमारा क्या बिगाडा? लड़के के मर जाने से कुछ राज जो नहीं चला गया? जहां छः बच्चे गए थे, वहां एक और चला गया, तुम्हारा तो राज सूना हो जायेगा। उसी के वास्ते सबका गला दबा-दबाकर जोड़ा था न! अब क्या करोगे? एक बार देखने जाऊंगा; पर कुछ दिन बाद मिज़ाज का हाल पूछूंगा।

आदमी चला गया। भगत ने किवाड़ बंद कर लिए, तब चिलम पर तमाखू रखकर पीने लगा।

बुढ़िया ने कहा — इतनी रात गए जाड़े-पाले में कौन जायगा?

'अरे, दोपहर ही होता, तो मैं न जाता। सवारी दरवाज़े पर लेने आती, तो भी न जाता। भूल नहीं गया हूं। मुन्ना की सूरत आज भी आंखों में फिर रही है। इस निर्दयी ने उसे एक नज़र देखा तक नहीं। क्या मैं न जानता था कि वह न बचेगा? खूब जानता था? चड्ढा भगवान नहीं थे कि उनके एक निगाह देख लेने से अमृत बरस जाता। नहीं, खाली मन की दौड़ थी। ज़रा तसल्ली हो जाती। बस, इसलिए उनके पास दौड़ा गया था। अब किसी दिन जाऊंगा और कहूंगा — क्यों साहब, कहिए, क्या रंग है? दुनिया बुरा कहेगी कोई परवाह नहीं। छोटे आदमियों में तो सब ऐब होते हैं। बड़ों में कोई ऐब नहीं होता। देवता होते हैं।'

भगत के लिए जीवन में यह पहला अवसर था कि ऐसा समाचार पाकर वह बैठा रह गया हो। ८0 वर्ष के जीवन में ऐसा कभी न हुआ था कि सांप की ख़बर पाकर वह दौड़ा न गया हो। माघ-पूस की अंधेरी रात, चैत-बैसाख की धूप और लू, सावन-भावों की चढ़ी हुई नदी और नाले, किसी की उसने कभी परवाह न की। वह तुरन्त घर से निकल पड़ता था। निःस्वार्थ, निष्काम। लेने-देने का विचार कभी दिल में आया ही नहीं। यह ऐसा काम ही न था। जान का मूल्य कौन दे सकता है? यह एक पुण्य कार्य था। सैकड़ो निराशों को उसके मंत्रों ने जीवनदान दे दिया था; पर वह आज घर से कदम नहीं निकाल सका। यह ख़बर सुनकर सोने जा रहा है।

बुढ़िया ने कहा — तमाखू अंगीठी के पास रखी हुई है। उसके भी आज ढाई पैसे हो

गए। देती ही न थी।

बुढ़िया यह कहकर लेटी। बूढ़े ने कुप्पी बुझायी, कुछ देर खड़ा रहा। फिर बैठ गया। अंत को लेट गया! पर यह ख़बर उसके हृदय पर बोझे की भांति रखी हुई थी। उसे मालूम हो रहा था, उसकी कोई चीज़ खो गई है, जैसे सारे कपड़े गीले हो गए हैं या पैरों में कीचड़ लगा हुआ है, जैसे कोई उसके मन में बैठा हुआ उसे घर से निकलने के लिए कुरेद रहा है। बुढ़िया ज़रा देर में खर्राटे लेने लगी। बूढ़े बातें करते-करते सोते हैं और ज़रा-सा खटका होते ही जागते हैं। तब भगत उठा, अपनी लकड़ी उठा ली और धीरे से किवाड़ खोले।

बुढ़िया ने पूछा — कहां जाते हो?

'कहीं नहीं, देखता था कि कितनी रात है।'

'अभी बहुत रात है, सो जाओ।'

'नींद नहीं आती।'

'नींद काहे को आवेगी? मन तो चड्ढा के घर पर लगा हुआ है।'

'चड्ढा ने मेरे साथ कौन-सी नेकी कर दी है, जो वहां जाऊं? वह आकर पैरों पड़े, तो भी न जाऊं।'

'उठे तो तुम इसी इरादे से हो?'

'नहीं री, ऐसा पागल नहीं हूं कि जो मुझे कांटे बोए, उसके लिए फूल बोता फिरूं।'

बुढ़िया फिर सो गई। भगत ने किवाड़ लगा दिए और फिर आकर बैठा। पर उसके मन की कुछ ऐसी दशा थी, जो बाजे की आवाज़ कान में पड़ते ही उपदेश सुननेवालों की होती है। आंखें चाहे उपदेशक की ओर हों, पर कान बाजे ही की ओर होते हैं। दिल में भी बाजे की ध्वनि गूंजती रहती है। शर्म के मारे जगह से नहीं उठता। निर्दयी प्रतिघात का भाव जगत के लिए उपदेशक था, पर हृदय उस अभागे युवक की ओर था, जो इस समय मर रहा था, जिसके लिए एक-एक पल का विलम्ब घातक था।

उसने फिर किवाड़ खोले, इतने धीरे से कि बुढ़िया को ख़बर भी न हुई। बाहर निकल आया। उसी वक़्त गांव का चौकीदार गश्त लगा रहा था, बोला — कैसे उठे भगत? आज तो बड़ी सरदी है! कहीं जा रहे हो क्या? भगत ने कहा — नहीं जी, जाऊंगा कहां? देखता था, अभी कितनी रात है। भला, कै बजे होंगे?

चौंकीदार बोला — एक बजा होगा, और क्या! अभी थाने से आ रहा था, तो डॉक्टर चड्ढा के बंगले पर बड़ी भीड़ लगी हुई उनके लड़के का हाल तो तुमने सुना होगा, कीड़े ने छू लिया है। चाहे मर भी गया हो। तुम चले जाओ, तो शायद बच जाये। सुना है, दस हज़ार देने को तैयार हैं।

भगत — मैं तो न जाऊं, चाहे वह दस लाख भी दें। मुझे दस हज़ार या दस लाख लेकर करना क्या है? कल मर जाऊंगा, फिर कौन भोगनेवाला बैठा हुआ है?

चौकीदार चला गया। भगत ने आगे पैर बढ़ाया। जैसे नशे में आदमी की देह अपने काबू में नहीं रहती, पैर कहीं रखता है, पड़ता कहीं है, कहता कुछ है, ज़बान से निकलता कुछ है,

वही हाल इस समय भगत का था। मन में प्रतिकार था, पर कर्म मन के अधीन न था। जिसने कभी तलवार नहीं चलाई, वह इरादा करने पर भी तलवार नहीं चला सकता। उसके हाथ कांपते हैं, उठ्ते ही नहीं।

भगत लाठी-खट-खट करता लपका चला जाता था। चेतना रोकती थी, पर उपचेतना ठेलती थी। सेवक स्वामी पर हावी था।

आधी राह निकल जाने के बाद सहसा भगत रुक गया। हिंसा ने क्रिया पर विजय पायी मैं यों ही इतनी दूर चला आया। इस जाड़े-पाले में मरने की मुझे क्या पड़ी थी? आराम से सोया क्यों नहीं? नींद न आती, न सही, दो-चार भजन ही गाता। व्यर्थ इतनी दूर दौड़ा आया। चड्ढा का लड़का रहे या मरे, मेरी बला से! मेरे साथ उन्होंने ऐसा कौन-सा सलूक किया था कि मैं उनके लिए मरूं? दुनिया में हज़ारों मरते हैं, हज़ारों जीते हैं। मुझे किसी के मरने-जीने से क्या मतलब!

मगर उपचेतना ने अब एक दूसरा रूप धारण किया, जो हिंसा से बहुत कुछ मिलता-जुलता था — वह झाड़-फूंक करने नहीं जा रहा है, वह देखेगा कि लोग क्या कर रहे हैं। डॉक्टर साहब का रोना-पीट्ना देखेगा कि किस तरह सिर पीट्ते हैं, किस तरह पछाड़ें खाते हैं। वह देखेगा, बड़े लोग भी छोटों ही की भांति रोते रहते हैं, या सबर कर जाते हैं। वे लोग तो विद्वान होते हैं, सबर कर जाते होंगे! हिंसा-भाव को यों धीरज देता हुआ वह फिर आगे बढ़ा।

इतने में दो आदमी आते दिखाई दिए। दोनों बातें करते चले आ रहे थे — चड्ढा बाबू का घर उजड़ गया, वहीं तो एक लड़का था। भगत के कान में यह आवाज़ पड़ी। उसकी चाल और और भी तेज़ हो गई। थकान के मारे पांव न उठ्ते थे। सिरोभाग इतना बढ़ा जाता था, मानो अब मुंह के बल गिर पड़ेगा। इस तरह वह कोई 10 मिनट चला होगा कि डॉक्टर साहब का बंगला नज़र आया। बिजली की बत्तियां जल रही थीं, मगर सन्नाटा छाया हुआ था। रोने-पीट्ने की आवाज़ भी न आती थी। भगत का कलेजा धक्-धक् करने लगा। कहीं मुझे बहुत देर तो नहीं हो गई? वह दौड़ने लगा। अपनी उम्र में वह इतना तेज़ कभी न दौड़ा था। बस, यही मालूम होता था, मानों उसके पीछे मौत दौड़ी आ रही है।

4

दो बज गए थे। मेहमान बिदा हो गए। रोनेवालों में केवल आकाश के तारे रह गए थे। और सभी रो-रोकर थक गए थे। बड़ी उत्सुकता के साथ लोग रह-रहकर आकाश की ओर देखते थे कि किसी तरह सुबह हो और लाश गंगा की गोद में दी जाये।

सहसा भगत ने द्वार पर पहुंचकर आवाज़ दी। डॉक्टर साहब समझे, कोई मरीज़ आया होगा। किसी और दिन उन्होंने उस आदमी को दुतकार दिया होता, मगर आज बाहर निकल आए। देखा, एक बूढ़ा आदमी खड़ा है — कमर झुकी हुई, पोपला मुंह, भौंहे तक सफ़ेद हो

गई थी। लकड़ी के सहारे कांप रहा था। बड़ी नम्रता से बोले — क्या है भई, आज तो हमारे ऊपर ऐसी मुसीबत पड़ गई है कि कुछ कहते नहीं बनता, फिर कभी आना। इधर एक महीना तक तो शायद मैं किसी मरीज़ को न देख सकूंगा।

भगत ने कहा सुन चुका हूं बाबूजी, इसीलिए आया हूं। भैया कहां हैं? ज़रा मुझे दिखा दीजिए। भगवान् बड़ा कारसाज है, मुरदे को भी जिला सकता है। कौन जाने, अब भी उसे दया आ जाये।

चड्ढा ने व्यथित स्वर से कहा — चलो, देख लो, मगर तीन-चार घंटे हो गए। जो कुछ होना था, हो चुका। बहुतेरे झाड़ने-फूंकनेवाले देख-देखकर चले गए।

डॉक्टर साहब को आशा तो क्या होती। हां, बूढ़े पर दया आ गई। अन्दर ले गए। भगत ने लाश को एक मिनट तक देखा। तब मुस्कुराकर बोला — अभी कुछ नहीं बिगड़ा है, बाबूजी! वह नारायण चाहेंगे, तो आध घंटे में भैया उठ बैठेंगे। आप नाहक दिल छोटा कर रहे हैं। ज़रा कहारों से कहिए, पानी तो भरें।

कहारों ने पानी भर-भरकर कैलाश को नहलाना शुरू किया। पाइप बन्द हो गया था। कहारों की संख्या अधिक न थी, इसलिए मेहमानो ने अहाते के बाहर से कुंए से पानी भर-भरकर कहारों को दिया। मृणालिनी कलसा लिये पानी ला रही थी। बूढा भगत खड़ा मुस्कुरा-मुस्कुराकर मंत्र पढ़ रहा था, मानों विजय उसके सामने खड़ी है। जब एक बार मंत्र समाप्त हो जाता, तब वह एक जड़ी कैलाश को सुंघा देता। इस तरह न-जाने कितने घड़े पानी कैलाश के सिर पर डाले गए और न-जाने कितनी बार भगत ने मन्त्र फूंका। आखिर जब उषा ने अपनी आंखें खोली तो कैलाश की भी लाल-लाल आंखें खुल गईं। एक क्षण में उसने अंगड़ाई ली और पानी पीने को मांगा। डॉक्टर चड्ढा ने दौड़कर नारायणी को गले लगा लिया। नारायणी भगत के पैरों पर गिर पड़ी और मृणालिनी कलाश के सामने आंखों में आंसू-भरे पूछने लगी — अब कैसी तबियत है?

एक क्षण में चारों तरफ़ ख़बर फैल गई। मित्रगण मुबारकबाद देने आने लगे। डॉक्टर साहब बड़े श्रद्धा-भाव से हर एक के सामने भगत का यश गाते फिरते थे। सभी लोग भगत के दर्शनों के लिए उत्सुक हो उठे, मगर अन्दर जाकर देखा, तो भगत का कहीं पता न था। नौकरों ने कहा — अभी तो यहीं बैठे चिलम पी रहे थे। हम लोग तमाखू देने लगे, तो नहीं ली, अपने पास से तमाखू निकालकर भरी।

यहां तो भगत की चारों ओर तलाश होने लगी, और भगत लपका हुआ घर चला जा रहा था कि बुढ़िया के उठने से पहले पहुंच जाऊं!

नारायणी — मैंने तो सोचा था, इसे बड़ी रकम दूंगी।

चड्ढा — रात को मैंने नहीं पहचाना, पर ज़रा साफ़ हो जाने पर पहचान गया। एक बार यह एक मरीज़ को लेकर आया था। मुझे अब याद आता है कि मैं खेलने जा रहा था और मरीज़ को देखने से इन्कार कर दिया था। आज उस दिन की बात याद करके मुझे जितनी ग्लानि हो रही है, उसे प्रकट नहीं कर सकता। मैं उसे खोज निकालूंगा और उसके पैरों पर

गिरकर अपना अपराध क्षमा कराऊंगा। वह कुछ लेगा नहीं, यह जानता हूं, उसका जन्म यश की वर्षा करने ही के लिए हुआ है। उसकी सज्जनता ने मुझे ऐसा आदर्श दिखा दिया है, जो अब से जीवन-पर्यन्त मेरे सामने रहेगा।

❑❑❑

प्रायश्चित्त

दफ़्तर में ज़रा देर से आना अफ़सरों की शान है। जितना ही बड़ा अधिकारी होता है, उतनी ही देर में आता है, और उतने ही सबेरे जाता भी है। चपरासी की हाज़िरी चौबीसों घंटे की। वह छुट्टी पर भी नहीं जा सकता। अपना एवज देना पड़ता है। खैर, जब बरेली ज़िला-बोर्ड के हेड क्लर्क बाबू मदारीलाल ग्यारह बजे दफ़्तर आये, तब मानो दफ़्तर नींद से जाग उठा। चपरासी ने दौड़कर पैरगाड़ी ली, अरदली ने दौड़कर कमरे की चिक उठा दी और ज़मादार ने डाक की किश्त मेज़ पर लाकर रख दी। मदारीलाल ने पहला ही सरकारी लिफ़ाफ़ा खोला था कि उनका रंग फ़क हो गया। वे कई मिनट तक आश्चर्यान्वित हालत में खड़े रहे, मानो सारी ज्ञानेन्द्रियां शिथिल हो गई हों। उन पर बड़े-बड़े आघात हो चुके थे ? पर इतने बदहवाश वे कभी न हुए थे। बात यह थी कि बोर्ड के सेक्रेटरी की जगह एक महीने से खाली थी, सरकार ने सुबोधचंद्र को यह जगह दी थी और सुबोधचंद्र, वह व्यक्ति था, जिसके नाम ही से मदारीलाल को घृणा थी। वह सुबोधचंद्र, जो उनका सहपाठी था, जिसे जक देने को उन्होंने कितनी ही चेष्टा की, पर कभी सफल न हुए थे। वही सुबोध आज उनका अफ़सर होकर आ रहा था। सुबोध की इधर कई सालों से कोई ख़बर न थी। इतना मालूम था कि वह फ़ौज में भरती हो गया था। मदारीलाल ने समझा था — मर गया होगा; पर आज वह मानो जी उठा और सेक्रेटरी होकर आ रहा था। मदारीलाल को उसकी मातहती में काम करना पड़ेगा। इस अपमान से तो मर जाना कहीं अच्छा था। सुबोध को स्कूल और कॉलेज की सारी बातें अवश्य ही याद होंगी। मदारीलाल ने उसे कॉलेज से निकलवा देने के लिए कई बार मन्त्र चलाए, झूठे आरोप किए, बदनाम किया। क्या सुबोध सब कुछ भूल गया होगा ? नहीं, कभी नहीं। वह आते ही पुरानी कसर निकालेगा। मदारी बाबू को अपनी प्राण-रक्षा का कोई उपाय न सूझता था।

मदारी और सुबोध के ग्रहों में ही विरोध था। दोनों एक ही दिन, एक ही शाला में भरती हुए थे, और पहले ही दिन से दिल में ईर्ष्या और द्वेष की वह चिनगारी पड़ गई थी, जो आज बीस वर्ष बीतने पर भी न बुझी थी। सुबोध का अपराध यही था कि वह मदारीलाल से हर एक बात में बढ़ा हुआ था। डील-डौल, रंग-रूप, रीति-व्यवहार, विद्या-बुद्धि ये सारे मैदान उसके

हाथ थे। मदारीलाल ने उसका यह अपराध कभी क्षमा नहीं किया। सुबोध बीस वर्ष तक निरंतर उनके हृदय का कांटा बना रहा। जब सुबोध डिग्री लेकर अपने घर चला गया और मदारी फेल होकर इस दफ़्तर में नौकर हो गए तब उनका चित्त शांत हुआ। किन्तु जब यह मालूम हुआ कि सुबोध बसरे जा रहा है, तब तो मदारीलाल का चेहरा खिल उठा। उनके दिल से वह पुरानी फांस निकल गई। पर हा हतभाग्य! आज वह पुराना नासूर शतगुण टीस और जलन के साथ खुल गया। आज उनकी किस्मत सुबोध के हाथ में थी। ईश्वर इतना अन्यायी है! विधि इतना कठोर!

जब ज़रा चित्त शांत हुआ, तब मदारी ने दफ़्तर के क्लर्कों को सरकारी हुक्म सुनाते हुए कहा — अब आप लोग ज़रा हाथ-पांव संभालकर रहिएगा। सुबोधचंद्र वे आदमी नहीं है, जो भूलों को क्षमा कर दें।

एक क्लर्क ने पूछा — क्या बहुत सख्त हैं?

मदारीलाल ने मुस्कुराकर कहा — वह तो आप लोगों को दो-चार दिन ही में मालूम हो जायगा। मैं अपने मुंह से किसी की क्यों शिकायत करूं? बस, चेतावनी दे दी कि हाथ-पांव संभालकर रहिएगा। आदमी योग्य है, पर बड़ा ही क्रोधी, बड़े ही दम्भी। गुस्सा तो उसकी नाक पर रहता है। खुद हज़ारों हज़म कर जाय और डकार तक न ले; पर क्या मजाल कि मातहत एक कौड़ी भी हज़म करने पाए। ऐसे आदमी से ईश्वर ही बचाएं! मैं तो सोच रहा हूं कि छुट्टी लेकर घर चला जाऊं। दोनों वक्त घर पर हाज़िरी बजानी होगी। आप लोग आज सरकार के नौकर नहीं, सेक्रेटरी साहब के नौकर हैं। कोई उनके लड़के को पढ़ाएगा, कोई बाज़ार से सौदा-सुलुफ़ लाएगा और कोई उन्हें अख़बार सुनाएगा। और चपरासियों के तो शायद दफ़्तर में दर्शन ही न हो।

2

इस प्रकार सारे दफ़्तर को सुबोधचंद्र की तरफ से भड़काकर मदारीलाल ने अपना कलेजा ठंडा किया।

इसके एक सप्ताह बाद सुबोधचंद्र गाड़ी से उतरे, तब स्टेशन पर दफ़्तर के सब कर्मचारियों को हाज़िर पाया। सब उनका स्वागत करने आये थे। मदारीलाल को देखते हुए सुबोध लपककर उनके गले से लिपट गए और बोले — तुम खूब मिले भाई! यहां कैसे आये? ओह! आज एक युग के बाद भेंट हुई!

मदारीलाल बोले — यहां ज़िला-बोर्ड के दफ़्तर में हेड क्लर्क हूं। आप तो कुशल से हैं?

सुबोध — अजी, मेरी न पूछो। बसरा, फ्रांस, मिस्र और न-जाने कहां-कहां मारा-मारा फिरा। तुम दफ़्तर में हो, यह बहुत ही अच्छा हुआ। मेरी तो समझ ही में न आता था कि कैसे काम चलेगा; मैं तो बिल्कुल कोरा हूं; मगर जहां जाता हूं; मेरा सौभाग्य ही मेरे साथ जाता है। बसरे में सभी अफ़सर खुश थे। फ्रांस में भी खूब चैन किए। दो साल में कोई पच्चीस

हज़ार रुपये बना लाया और सब उड़ा दिया। वहां से आकर कुछ दिनों को ऑपरेशन दफ़्तर में मटरगश्ती करता रहा। यहां आया, तब तुम मिल गए। (क्लर्कों को देखकर) ये लोग कौन हैं?

मदारी के हृदय में बर्छिया-सी चल रही थीं। दुष्ट पच्चीस हज़ार रुपये बसरे से कमा लाया! यहां कलम घिसते-घिसते मर गए और पांच सौ भी न ज़मा कर सके। बोले — ये लोग बोर्ड के कर्मचारी हैं। सलाम करने आये हैं।

सुबोध ने उन सब लोगों से बारी-बारी से हाथ मिलाया और बोला — आप लोगों ने व्यर्थ यह कष्ट किया। बहुत आभारी हूं। मुझे आशा है कि आप सब सज्जनों को मुझसे कोई शिकायत न होगी। मुझे अपना अफ़सर नहीं, अपना भाई समझिए। आप सब लोग इस तरह काम कीजिए कि बोर्ड की नेकनामी हो और मैं भी सुर्खरू रहूं। आपके हेड क्लर्क साहब तो मेरे पुराने मित्र और लंगोटियां यार हैं।

एक वाक्चतुर क्लर्क ने कहा — हम सब हुजूर के ताबेदार हैं। यथाशक्ति आपको संतुष्ट करेंगे; लेकिन आदमी ही हैं, अगर कोई भूल हो भी जाए, तो हुजूर उसे क्षमा करेंगे।

सुबोध ने नम्रता से कहा — यही मेरा सिद्धांत है और हमेशा से यही सिद्धांत रहा है। जहां, रहा, मातहतों से मित्रों का-सा बर्ताव किया। हम और आप दोनों ही किसी तीसरे के गुलाम हैं। फिर रौब कैसा और अफ़सरी कैसी? हां, हमें नेकीयती के साथ अपना कर्तव्य-पालन करना चाहिए।

जब सुबोध से विदा होकर कर्मचारी लोग चले, तब आपस में बातें होने लगी —

'आदमी तो अच्छा मालूम होता है।'

'हेड क्लर्क के कहने से तो ऐसा मालूम होता था कि सबको कच्चा ही खा जायगा।'

'पहले तो सभी ऐसी बातें करते हैं।'

'ये दिखाने के दांत हैं।'

3

सुबोध को आये एक महीना गुज़र गया। बोर्ड के क्लर्क, अरदली, चपरासी सभी उसके बर्ताव से खुश हैं। वह इतना प्रसन्नचित्त हैं, इतना नम्र हैं कि जो उससे एक बार मिलता है, सदैव के लिए उसका मित्र हो जाता है। कठोर शब्द तो उनकी ज़बान पर आता ही नहीं। इनकार को भी वह अप्रिय नहीं होने देता, लेकिन द्वेष की आंखों में गुण और भी भयंकर हो जाता है। सुबोध के ये सारे सद्गुण मदारीलाल की आंखों में खटकते रहते हैं। उसके विरुद्ध कोई-न-कोई गुप्त षडयंत्र रचते ही रहते हैं। पहले कर्मचारियों को भड़काना चाहा, सफल न हुए। बोर्ड के मेम्बरों को भड़काना चाहा, मुंह की खायी। ठेकेदारों को उभारने का बीड़ा उठाया, लज्जित होना पड़ा। वे चाहते थे कि भूस में आग लगाकर दूर से तमाशा देखें। सुबोध से यों हंसकर मिलते, यों चिकनी-चुपड़ी बातें करते, मानो उसके सच्चे मित्र हैं; पर घात में लगे रहते।

सुबोध में सब गुण थे, पर आदमी पहचानना न जानते थे। वे मदारीलाल को अपना दोस्त समझते हैं।

एक दिन मदारीलाल सेक्रेटरी साहब के कमरे में गये, तब कुरसी खाली देखी। वे किसी काम से बाहर चले गए थे। उनकी मेज़ पर पांच हज़ार के नोट पुलिंदों में बंधे हुए रखे थे। बोर्ड़ के मदरसों के लिए कुछ लकड़ी के सामान बनवाए गए थे। उसी के दाम थे। ठेकेदार वसूली के लिए बुलाया गया था। आज ही सेक्रटरी साहब ने चेक भेजकर खज़ाने से रुपये मंगवाए थे। मदारीलाल ने बरामदे में झांककर देखा, सुबोध का कहीं पता नहीं। उसकी नीयत बदल गई। ईर्ष्या में लोभ का सम्मिश्रण हो गया। कांपते हुए हाथों से पुलिंदे उठाए, पतलून की दोनों जेबों में भरकर तुरन्त कमरे से निकले और चपरासी को पुकारकर बोले — बाबूजी भीतर हैं? चपरासी आज ठेकेदार से कुछ वसूल करने की खुशी में फूला हुआ था। सामनेवाले तमोलीकी दूकान से आकर बोला जी नहीं, कचहरी में किसी से बातें कर रहे हैं। अभी-अभी तो गये हैं।

मदारीलाल ने दफ़्तर में आकर एक क्लर्क से कहा — यह मिसिल ले जाकर सेक्रेटरी साहब को दिखाओ।

क्लर्क मिसिल लेकर चला गया। ज़रा देर में लौटकर बोला — सेक्रेटरी साहब कमरे में न थे। फाइल मेज़ पर रख आया हूं!

मदारीलाल ने मुंह सिकोड़कर कहा — कमरा छोड़कर कहां चले जाया करते हैं? किसी दिन धोखा उठाएंगे।

क्लर्क ने कहा — उनके कमरे में दफ़्तरवालों के सिवा और जाता ही कौन है?

मदारीलाल ने तीव्र स्वर में कहा — तो क्या दफ़्तरवाले सब-के-सब देवता हैं? कब किसकी नीयत बदल जाए, कोई नहीं कह सकता। मैंने छोटी-छोटी रकमों पर अच्छों-अच्छों की नीयत बदलते देखी है। इस वक्त हम सभी साह हैं; लेकिन अवसर पाकर शायद ही कोई चूके। मनुष्य की यही प्रकृति है। आप जाकर उनके कमरे के दोनों दरवाज़े बन्द कर दीजिए।

क्लर्क ने टालकर कहा — चपरासी तो दरवाज़े पर बैठा हुआ है।

मदारीलाल ने झुंझलाकर कहा — आपसे मैं जो कहता हूं, वह कीजिए। कहने लगे, चपरासी बैठा हुआ है। चपरासी कोई ऋषि है, मुनि है? चपरासी ही कुछ उड़ा दे, तो आप उसका कर क्या लेगे? ज़मानत भी है, तो तीन सौ की। यहां एक-एक कागज़ लाखों का है।

यह कहकर मदारीलाल खुद उठे और दफ़्तर के द्वार दोनों तरफ़ से बन्द कर दिए। जब चित्त शांत हुआ, तब नोटों के पुलिंदे जेब से निकालकर एक आलमारी में कागज़ों के नीचे छिपाकर रख दिए। फिर आकर अपने काम में व्यस्त हो गए।

सुबोधचंद्र कोई घंटे भर में लौटे। तब उनके कमरे का द्वार बंद था। दफ़्तर में आकर मुस्कुराते हुए बोले — मेरा कमरा किसने बंद कर दिया है, भाई, क्या मेरी बेदखली हो गई?

मदारीलाल ने खड़े होकर मृदु तिरस्कार दिखाते हुए कहा — साहब, गुस्ताख़ी माफ़ हो, आप जब कभी बाहर जाय, चाहे एक ही मिनट के लिए क्यों हो, तब दरवाज़ा बन्द कर दिया

करें। आपकी मेज़ पर रुपये-पैसे और सरकारी कागज़-पत्र बिखरे पड़े रहते हैं, न-जाने किस वक्त किसकी नीयत बदल जाय। मैंने अभीसुना कि आप कहीं बाहर गए हुए हैं, तब दरवाज़े बन्द कर दिए।

सुबोधचंद्र द्वार खोलकर कमरे में गये, एक सिगार पीने लगे। मेज़ पर नोट रखे हुए हैं, इसकी खबर ही न थी।

सहसा ठेकेदार ने आकर सलाम किया। सुबोध कुरसी से उठ बैठे और बोले — तुमने बहुत देर कर दी, तुम्हारा ही इंतजार कर रहा था। दस ही बजे रुपये मंगवा लिये थे। रसीद का टिकट लाये हो न?

ठेकेदार — हुजूर, रसीद लिखवा लाया हूं।

सुबोध — तो अपने रुपये ले जाओ। तुम्हारे काम से मैं बहुत खुश नहीं हूं। लकड़ी तुमने अच्छी नहीं लगायी और काम में सफ़ाई भी नहीं है। अगर ऐसा काम फिर करोगे, तो ठेकेदारों के रजिस्टर से तुम्हारा नाम निकाल दिया जायगा।

यह कहकर सुबोध ने मेज़ पर निगाह डाली, तब नोटों के पुलिंदे न थे। सोचा, शायद किसी फाइल के नीचे दब गए हों। कुरसी के समीप के सब कागज़ उलट-पलट डाले; मगर नोटों का कहीं पता नहीं। ऐं! नोट कहां गये! अभी तो यहीं मैंने रख दिये थे। कहां जा सकते हैं? फिर फाइलों को उलटने-पलटने लगे। दिल में ज़रा-ज़रा धड़कन होने लगी। सारी मेज़ के कागज़ छान डाले, पुलिंदों का पता नहीं। तब वे कुरसी पर बैठकर इस आध घंटे में होनेवाली घटनाओं की मन में आलोचना करने लगे — चपरासी ने नोटों के पुलिंदे लाकर मुझे दिये, खूब याद है। भूला, यह भी भूलने की बात है और इतनी जल्द! मैंने नोटों को लेकर यहीं मेज़ पर रख दिया, गिना तक नहीं। फिर वकील साहब आ गए, पुराने मुलाकाती हैं। उनसे बातें करता ज़रा उस पेड़ तक चला गया। उन्होंने पान मंगवाए, बस इतनी ही देर हुई। जब गया हूं तब पुलिंदे रखे हुए थे। खूब अच्छी तरह याद है। तब ये नोट कहां ग़ायब हो गए? मैंने किसी संदूक, दराज या आलमारी में नहीं रखे। फिर गये, तो कहां? शायद दफ़्तर में किसी ने सावधानी के लिए उठाकर रख दिए हों। यही बात है। मैं व्यर्थ ही इतना घबरा गया। छिः!

तुरन्त दफ़्तर में आकर मदारीलाल से बोले — आपने मेरी मेज़ पर से नोट तो उठाकर नहीं रख दिए?

मदारीलाल ने भौचक्के होकर कहा — क्या आपकी मेज़ पर नोट रखे हुए थे? मुझे तो ख़बर ही नहीं। अभी पंडित सोहनलाल एक फाइल लेकर गए थे तब आपको कमरे में न देखा। जब मालूम हुआ कि आप किसी से बात करने चले गए हैं, तब दरवाज़े बंद कर दिए। क्या नोट नहीं मिल रहे हैं?

सुबोध आंखें फैलाकर बोले — अरे साहब, पूरे पांच हज़ार के हैं! अभी-अभी चेक भुनाया है।

मदारीलाल ने सिर पीटकर कहा — पूरे पांच हज़ार! या भगवान्! आपने मेज़ पर खूब देख लिया है?

'अजी, पंद्रह मिनट से तलाश कर रहा हूं।'

'चपरासी से पूछ लिया कि कौन-कौन आया था?'

'आइए, ज़रा आप लोग भी तलाश कीजिए। मेरे तो होश उड़े हुए हैं।'

सारा दफ़्तर सेक्रेटरी साहब के कमरे की तलाशी लेने लगा। मेज़, अलमारियां, संदूक सब देखे गए। रजिस्टरों के वर्क उलट-पलटकर देखे गये। मगर नोटों का कहीं पता नहीं। कोई उड़ा ले गया, अब इसमें कोई शुबहा न थी। सुबोध ने एक लम्बी सांस ली और कुरसी पर बैठ गए। चेहरे का रंग फ़क हो गया। ज़रा-सा मुंह निकल आया। इस समय कोई उन्हें देखता तो समझता कि महीनों से बीमार हैं।

मदारीलाल ने सहानुभूति दिखाते हुए कहा — गज़ब हो गया और क्या! आज तक कभी ऐसा अंधेर न हुआ था। मुझे यहां काम करते दस साल हो गए, कभी धेले की चीज़ भी गायब न हुई। मैंने आपको पहले ही दिन सावधान कर देना चाहा था कि रुपये-पैसे के विषय में होशियार रहिएगा; मगर शुदनी थी, ख़याल न रहा। ज़रूर बाहर से कोई आदमी आया और नोट उड़ाकर ग़ायब हो गया। चपरासी का यही अपराध है कि उसने किसी को कमरे में जाने ही क्यों दिया। वह लाख कसम खाए कि बाहर से कोई नहीं आया; लेकिन मैं इसे मान नहीं सकता। यहां से तो केवल पंडित सोहनलाल एक फाइल लेकर गए थे; मगर दरवाज़े ही से झांककर चले आए।

सोहनलाल ने सफ़ाई दी — मैंने तो अंदर कदम नहीं रखा, साहब! अपने जवान बेटे की कसम खाता हूं, जो अंदर कदम भी रखा हो।

मदारीलाल ने माथा सिकोड़कर कहा — आप व्यर्थ में कसम क्यों खाते हैं? कोई आपसे कुछ कहता है? (सुबोध के कान में) बैंक में कुछ रुपये हों तो निकालकर, ठीकेदार को दिये जायं, वरना बड़ी बदनामी होगी। नुकसान तो हो ही गया, अब उसके साथ अपमान क्यों हो।

सुबोध ने करुण स्वर में कहा — बैंक में मुश्किल से दो-चार सौ रुपये होंगे, भाईजान! रुपये होते तो क्या चिंता थी? समझ लेता, जैसे पच्चीस हज़ार उड़ गए, वैसे तीस हज़ार भी उड़ गए। यहां तो कफ़न को भी कौड़ी नहीं।

उसी रात को सुबोधचन्द्र ने आत्महत्या कर ली। इतने रुपयों का प्रबन्ध करना उनके लिए कठिन था। मृत्यु के परदे के सिवा उन्हें अपनी वेदना, अपनी विवशता को छिपाने की और कोई आड़ न थी।

4

दूसरे दिन प्रातःकाल चपरासी ने मदारीलाल के घर पहुंचकर आवाज दी। मदारी को रात-भर नींद न आयी थी। घबराकर बाहर आये। चपरासी उन्हें देखते ही बोला — हुजूर! बड़ा ग़ज़ब हो गया, सिकट्टरी साहब ने रात को अपनी गर्दन पर छुरी फेर ली।

मदारी की आंखें ऊपर चढ़ गईं, मुंह फैल गया और सारी देह सिहर उठी, मानो उनका हाथ बिजली के तार पर पड़ गया हो।

'छुरी फेर ली?'

'जी हां, आज सबेरे मालूम हुआ। पुलिसवाले ज़मा हैं। आपको बुलाया है।'

'लाश अभी पड़ी हुई है?'

'जी हां, अभी डॉक्टरी होनेवाली है?'

'बहुत से लोग ज़मा हैं?'

'सब बड़े-बड़े अफ़सर ज़मा हैं। हुजूर, लाश की ओर ताकते नहीं बनता। कैसा भलामानुष हीरा आदमी था। सब लोग रो रहे हैं। छोटे-छोटे दो बच्चे हैं, एक सयानी लड़की है ब्याहने लायक। बहूजी को लोग कितना रोक रहे है; पर बार-बार दौड़कर लाश के पास आ जाती हैं। कोई ऐसा नहीं है, जो रूमाल से आंखें न पोंछ रहा हो। अभी इतने ही दिन आये हुए,पर सबसे कितना मेल-जोल हो गया था। रुपये की तो कभी परवाह नहीं थी। दिल दरियाव था?'

मदारीलाल के सिर में चक्कर आने लगा? द्वार की चौखट पकड़कर अपने को संभाल न लेते, तो शायद गिर पड़ते। पूछा — बहूजी रो रही थीं?

'कुछ न पूछिए, हुजूर। पेड़ की पत्तियां झड़ी जाती हैं। आंखें फूलकर गूलर हो गई हैं।'

'कितने लड़के बतलाए तुमने?'

'हुजूर,दो लड़के हैं और एक लड़की।'

'हां-हां, लड़कों को तो देख चुका हूं, लड़की सयानी होगी?'

'जी हां, ब्याहने लायक है। रोते-रोते बेचारी की आंखें सूज आई हैं।'

'नोटों के बारे में भी बातचीत हो रही होगी?'

'जी हां, सब लोग यही कहते हैं, दफ़्तर के किसी आदमी का काम है। दारोगाजी तो सोहनलाल को गिरफ्तार करना चाहते थे, पर शायद आपसे सलाह लेकर करेंगे। सेक्रेटरी साहब तो लिख गए हैं कि मेरा किसी पर शक नहीं है।'

'क्या सेक्रेटरी साहब कोई खत लिखकर छोड़ गए हैं?'

'हां, मालूम होता है, छुरी चलाते बखत याद आई कि शुबहें में दफ़्तर के सब लोग पकड़ लिए जायेंगे। बस, कलेक्टर साहब के नाम चिट्ठी लिख दी।'

'चिट्ठी में मेरे बारे में कुछ लिखा है?...तुम्हें यह क्या मालूम होगा?'

'हुजूर, अब मैं क्या जानूं; मुदा इतना सब लोग कहते थे कि आपकी बड़ी तारीफ़ लिखी है।'

मदारी की सांस और तेज हो गई। आंखों से आंसू की दो बड़ी-बड़ी बूंदे गिर पड़ी। आंखें पोंछते हुए बोले — वे और मैं एक साथ के पढ़े थे, नन्दू! आठ-दस साल साथ रहा। साथ उठते-बैठते, साथ खाते, साथ खेलते। बस, इसी तरह रहते थे, जैसे दो सगे भाई रहते हों। ख़त में मेरी क्या तारीफ़ लिखी है? मगर तुम्हें क्या मालूम होगा!

'आप तो चल ही रहे हैं, देख लीजिएगा।'

'कफ़न का इंतजाम हो गया है?'

'नहीं हुजूर, कहा न कि अभी लाश की डॉक्टरी होगी। मुदा अब जल्दी चलिए। ऐसा न हो, कोई दूसरा आदमी बुलाने आता हो।'

'हमारे दफ़्तर के सब लोग आ गए होंगे?'

'जी हां, इस मुहल्लेवाले तो सभी थे।'

'पुलिस ने मेरे बारे में तो उनसे कुछ पूछ-ताछ नहीं की?'

'जी नहीं, किसी ने भी नहीं!'

मदारीलाल जब सुबोधचंद्र के घर पहुंचे, तब उन्हें ऐसा मालूम हुआ कि सब लोग उनकी तरफ संदेह की आंखों से देख रहे हैं। पुलिस इंस्पेक्टर ने तुरंत उन्हें बुलाकर कहा — आप भी अपना बयान लिखा दें और सबके बयान तो लिख चुका हूं।

मदारीलाल ने ऐसी सावधानी से अपना बयान लिखाया कि पुलिस के अफ़सर भी दंग रह गए। उन्हें मदारीलाल पर शुबहा होता था, पर इस बयान ने उसका अंकुर भी निकाल डाला।

इसी वक़्त सुबोध के दोनों बालक रोते हुए मदारीलाल के पास आये और कहा — चलिए, आपको अम्मा बुलाती हैं। दोनों मदारीलाल से परिचित थे। मदारीलाल यहां तो रोज़ ही आते थे; पर घर में कभी नहीं गए थे। सुबोध की स्त्री उनसे पर्दा करती थी। यह बुलावा सुनकर उनका दिल धड़क उठा — कहीं इसका मुझ पर शुबहा न हो। कहीं सुबोध ने मेरे विषय में कोई संदेह न प्रकट किया हो। कुछ झिझकते हुए, कुछ डरते हुए भीतर गये, तब विधवा का करुण-विलाप सुनकर कलेजा कांप उठा। उन्हें देखते ही उस अबला के आंसुओं का कोई दूसरा सोता खुल गया। और लड़की तो दौड़कर इनके पैरों से लिपट गई। दोनों लड़कों ने भी घेर लिया। मदारीलाल को उन तीनों की आंखों में ऐसी अथाह वेदना, ऐसी हृदय-विदारक याचना भरी हुई मालम हुई कि वे उनकी ओर देख न सके। उनकी आत्मा उन्हें धिक्कारने लगी। जिन बेचारों को उन पर इतना विश्वास, इतना भरोसा, इतनी आत्मीयता, इतना स्नेह था, उन्हीं की गर्दन पर उन्होंने छुरी फेरी! उन्हीं के हाथों यह भरा-पूरा परिवार धूल में मिल गया! इन असहायों का अब क्या हाल होगा? लड़की का विवाह करना है, कौन करेगा? बच्चों के लालन-पालन का भार कौन उठारएगा? मदारीलाल को इतनी आत्मग्लानि हुई कि उनके मुंह से तसल्ली का एक शब्द भी न निकला। उन्हें ऐसा जान पड़ा कि मेरे मुख में कालिख पुत्री है, मेरा क़द कुछ छोटा हो गया है। उन्होंने जिस वक़्त नोट उड़ाए थे, उन्हें गुमान भी न था कि उसका यह फल होगा। केवल सुबोध की जिच करना चाहते थे। उनका सर्वनाश करने की इच्छा न थी।

शोकातुर विधवा ने सिसकते हुए कहा — भैयाजी, हम लोगों को वे मझदार में छोड़ गए। अगर मुझे मालूम होता कि मन में यह बात ठान चुके हैं तो अपने पास जो कुछ था, वह सब उनके चरणों पर रख देती। मुझसे तो वे यही कहते रहे कि कोई-न-कोई उपाय हो जायगा। आप ही के मार्फ़त वे कोई महाजन ठीक करना चाहते थे। आपके ऊपर उन्हें कितना भरोसा था कि कह नहीं सकती।

मदारीलाल को ऐसा मालूम हुआ कि कोई उनके हृदय पर नश्तर चला रहा है। उन्हें अपने कंठ में कोई चीज़ फंसी हुई जान पड़ती थी।

रामेश्वरी ने फिर कहा — रात सोए, तब खूब हंस रहे थे। रोज की तरह दूध पीया; बच्चों को प्यार किया, थोड़ी देर हारमोनियम बजाया और तब कुल्ली करके लेटे। कोई ऐसी बात न थी जिससे लेश-मात्र भी संदेह होता। मुझे चिंतित देखकर बोले — तुम व्यर्थ घबराती हो। बाबू मदारीलाल से मेरी पुरानी दोस्ती है। आखिर वह किस काम आएगी? मेरे साथ के खेले हुए है। इस नगर में उनका सबसे परिचय है। रुपयों का प्रबंध आसानी से हो जायगा। फिर न-जाने कब मन में यह बात समायी। मैं नसीब-जली ऐसी सोयी कि रात को मिनकी तक नहीं। क्या जानती थी कि वे अपनी जान पर खेल जायेंगे?

मदारीलाल को सारा विश्व आंखों में तैरता हुआ मालूम हुआ। उन्होंने बहुत जब्त किया; मगर आंसुओं के प्रवाह को न रोक सके।

रामेश्वरी ने आंखें पोछकर फिर कहा — भैयाजी, जो कुछ होना था, वह तो हो चुका; लेकिन आप उस दुष्ट का पता जरूर लगाइए, जिसने हमारा सर्वनाश कर दिया है। यह दफ़्तर ही के किसी आदमी का काम है। वे तो देवता थे। मुझसे यही कहते रहे कि मेरा किसी पर संदेह नहीं है, पर है यह किसी दफ़्तरवाले ही का काम। आपसे केवल इतनी विनती करती हूं कि उस पापी को बचकर न जाने दीजिएगा। पुलिसवाले शायद कुछ रिश्वत लेकर उसे छोड़ दें। आपको देखकर उनका यह हौसला न होगा। अब हमारे सिर पर आपके सिवा और कौन है? किससे अपना दुःख कहं? लाश की यह दुर्गति होनी भी लिखी थी।

मदारीलाल के मन में एक बार ऐसा उबाल उठा कि सब कुछ खोल दें। साफ कह दें; मैं ही वह दुष्ट, वह अधम, वह पामर हूं। विधवा के पैरों पर गिर पड़ें और कहें, वह छुरी इस हत्यारे की गर्दन पर फेर दो। पर जबान न खुली; इसी दशा में बैठे-बैठे उनके सिर में ऐसा चक्कर आया कि वे ज़मीन पर गिर पड़े।

5

तीसरे पहर लाश की परीक्षा समाप्त हुई। अर्थी जलाशय की ओर चली। सारा दफ़्तर, सारे हुक्काम और हज़ारों आदमी साथ थे। दाह-संस्कार लड़कों को करना चाहिए था, पर लड़के नाबालिग थे इसलिए विधवा चलने को तैयार हो रही थी कि मदारीलाल ने जाकर कहा — बहूजी, यह संस्कार मुझे करने दो। तुम क्रिया पर बैठ जाओगी, तो बच्चों को कौन संभालेगा? सुबोध मेरे भाई थे। ज़िंदगी में उनके साथ कुछ सलूक न कर सका, अब ज़िंदगी के बाद मुझे दोस्ती का कुछ हक़ अदा कर लेने दो। आखिर मेरा भी तो उन पर कुछ हक था! रामेश्वरी ने रोककर कहा — आपको भगवान् ने बड़ा उदार हृदय दिया है भैयाजी, नहीं तो मरने पर कौन किसको पूछता है? दफ़्तर के और लोग, जो आधी-आधी रात तक हाथ बांधे खड़े रहते

थे, झूठी बात पूछने न आये कि ज़रा ढाढ़स होता।

मदारीलाल ने दाह-संस्कार किया। तेरह दिन तक क्रिया पर बैठे रहे। तेरहवें दिन पिंडदान हुआ; ब्राह्मणों ने भोजन किया, भिखारियों को अन्नदान दिया गया, मित्रों की दावत हुई, और यह सब कुछ मदारीलाल ने अपने खर्च से किया। रामेश्वरी ने बहुत कहा कि आपने जितना किया, उतना ही बहुत है। अब मैं आपको और जेरबार नहीं करनी चाहती। दोस्ती का हक़ इससे ज़्यादा और कोई क्या अदा करेगा, मगर मदारीलाल ने एक न सुनी। सारे शहर में उनके यश की धूम मच गई, मित्र हो, तो ऐसा हो।

सोलहवें दिन विधवा ने मदारीलाल से कहा — भैयाजी, आपने हमारे साथ जो उपकार का अनुग्रह किए हैं, उनसे हम मरते दम तक उऋण नहीं हो सकते। आपने हमारी पीठ पर हाथ न रखा होता, तो न-जाने हमारी क्या गति होती। कहीं रुख की भी छांह तो नहीं थी। अब हमें घर जाने दीजिए। वहां देहात में खर्च भी कम होगा और कुछ खेती-बारी का सिलसिला भी कर लूंगी। किसी-न-किसी तरह विपत्ति के दिन कट ही जायंगे। इसी तरह हमारे ऊपर दया रखिएगा।

मदारीलाल ने पूछा — घर पर कितनी जायदाद है?

रामेश्वरी — जायदाद क्या है, एक कच्चा मकान है और दस-बारह बीघे की काश्तकारी है। पक्का मकान बनवाना शुरू किया था; मगर रुपये पूरे न पड़े। अभी अधूरा पड़ा हुआ है। दस बारह हज़ार खर्च हो गए और अभी छत पड़ने की नौबत नहीं आयी।

मदारी — कुछ रुपये बैंक में जमा हैं, या बस खेती ही का सहारा है?

विधवा — ज़मा तो एक पाई भी नहीं है, भैयाजी; उनके हाथ में रुपये रहने ही नहीं पाते थे। बस, वही खेती का सहारा है।

मदारी — तो उन खेतों में इतनी पैदावार हो जायगी कि लगान भी अदा हो जाय और तुम लोगों की गुजर-बसर भी हो?

रामेश्वरी — और कर ही क्या सकते हैं, भैयाजी! किसी-न-किसी तरह जिंदगी तो काटनी ही है। बच्चे न होते, तो मैं जहर खा लेती।

मदारी — और अभी बेटी का विवाह भी तो करना है?

विधवा उसके विवाह की अब कोई चिंता नहीं। किसानों में ऐसे बहुत से मिल जायेंगे, जो बिना कुछ लिये-दिये विवाह कर लेंगे।

मदारीलाल ने एक क्षण सोचकर कहा — अगर मैं कुछ सलाह दूं, तो उसे मानेंगी आप?

रामेश्वरी — भैयाजी, आपकी सलाह न मानूंगी तो किसकी सलाह मानूंगी। और दूसरा है ही कौन?

मदारी — तो आप अपने घर जाने के बदले मेरे घर चलिए। जैसे मेरे बाल-बच्चे रहेंगे, वैसे ही आपके भी रहेंगे। आपको कष्ट न होगा। ईश्वर ने चाहा, तो कन्या का विवाह भी किसी अच्छे कुल में हो जायगा।

विधवा की आंखें सजल हो गई। बोली — मगर भैयाजी, सोचिए...

मदारीलाल ने बात काटकर कहा — मैं कुछ न सोचूंगा और न कोई उज़्र सुनूंगा। क्या दो भाइयों के परिवार एक साथ नहीं रहते? सुबोध को मैं अपना भाई समझता था और हमेशा समझूंगा।

विधवा का कोई उज़्र न सुना गया। मदारीलाल सबको अपने साथ ले गए और आज दस साल से उनका पालन कर रहे हैं। दोनों बच्चें कॉलेज में पढ़ते हैं और कन्या का एक प्रतिष्ठित कुल में विवाह हो गया है। मदारीलाल और उनकी स्त्री तन-मन से रामेश्वरी की सेवा करते हैं और उनके इशारों पर चलते हैं। मदारीलाल सेवा से अपने पापका प्रायश्चित कर रहे हैं।

❑❑❑

कप्तान साहब

जगतसिंह को स्कूल जाना कुनैन खाने या मछली का तेल पीने से कम अप्रिय न था। वह सैलानी, आवारा, घमुक्कड़ युवक था। कभी अमरूद के बाग़ों की ओर निकल जाता और अमरूदों के साथ माली की गालियां बड़े शौक़ से खाता। कभी दरिया की सैर करता और मल्लाहों की डोगियों में बैठकर उस पार के देहातों में निकल जाता। गालियां खाने में उसे मज़ा आता था। गालियां खाने का कोई अवसर वह हाथ से न जाने देता। सवार के घोड़े के पीछे ताली बजाना, एक्कों को पीछे से पकड़कर अपनी ओर खींचना, बूढ़ों की चाल की नकल करना, उसके मनोरंजन के विषय थे। आलसी काम तो नहीं करता; पर दुर्व्यसनों का दास होता है, और दुर्व्यसन धन के बिना पूरे नहीं होते। जगतसिंह को जब अवसर मिलता, घर से रुपये उड़ा ले जाता। नकद न मिले, तो बरतन और कपड़े उठा ले जाने में भी उसे संकोच न होता घर में शीशियां और बोतले थीं, वह सब उसने एक-एक करके गुदड़ी-बाजार पहुंचा दी। पुराने दिनों की कितनी चीज़ें घर में पड़ी थीं। उसके मारे एक भी न बची। इस कला में ऐसा दक्ष और निपुण था कि उसकी चतुराई और पटुता पर आश्चर्य होता था। एक बार वह बाहर-ही-बाहर, केवल कार्निसों के सहारे, अपने दो-मंजिला मकान की छत पर चढ़ गया और ऊपर ही से पीतल की एक बड़ी थाली लेकर उतर आया। घरवालों को आहट तक न मिली।

उसके पिता ठाकुर भक्तसिंह अपने कस्बे के डाकखाने के मुंशी थे। अफ़सरों ने उन्हें शहर का डाकखाना बड़ी दौड़-धूप करने पर दिया था; किंतु भक्तसिंह जिन इरादों से यहां आये थे, उनमें से एक भी पूरा न हुआ। उलटी हानि यह हुई कि देहातों में जो भाजी-साग, उपले-ईंधन मुफ़्त मिल जाते थे वे सब यहां बंद हो गए। यहां सबसे पुराना घरांव था। न किसी को दबा सकते थे; न सता सकते थे। इस दुरवस्था में जगतसिंह की हथ-लपाकियां बहुत अखरती। उन्होंने कितनी ही बार उसे बड़ी निर्दयता से पीटा। जगतसिंह भीमकाय होने पर भी चुपके से मार खा लिया करता था। अगर वह अपने पिता के हाथ पकड़ लेता, तो वह हिल भी न सकते; पर जगतसिंह इतना सीनाजोर न था। हां, मार-पीट, घुड़की-धमकी किसी का भी उस पर असर न होता था।

जगतसिंह ज्यों ही घर में कदम रखता; चारों ओर से कांव-कांव मच जाती, मां दुर-दुर करके दौड़ती, बहने गालियां देने लगती, मानों घर में कोई सांड़ घुस आया हों। बेचारा उलटे पांव भागता। कभी-कभी, दो-दो, तीन-तीन दिन भूखा रह जाता। घरवाले उसकी सूरत से जलते थे। इन तिरस्कारों ने उसे निर्लज्ज बना दिया था। कष्टों के ज्ञान से निर्द्वन्द्व-सा हो गया था। जहां नींद आ जाती, वहीं पड़ रहता; जो कुछ मिल जाता, वही खा लेता।

ज्यों-ज्यों घरवालों को उसकी चोर-कला के गुप्त साधनों का ज्ञान होता जाता था, वे उससे चौकन्ने होते जाते थे। यहां तक कि एक बार पूरे महीने-भर तक उसकी दाल न गली। चरसवाले के कई रुपये ऊपर चढ़ गए। गांजेवाले ने धुआंधार तकाजे करने शुरू किए। हलवाई कड़वी बातें सुनाने लगा। बेचारे जगत को निकलना मुश्किल हो गया। रात-दिन ताक-झांक में रहता; पर घात न मिलती थी। आखिर एक दिन बिल्ली के भागों छींका टूटा। भक्तसिंह दोपहर को डाकखाने से चले, तो एक बीमा-रजिस्ट्री जेब में डाल ली। कौन जाने, कोई हरकारा या डाकिया शरारत कर जाय; किन्तु घर आये तो लिफ़ाफ़े को अचकन की जेब से निकालने की सुधि न रही। जगतसिंह तो ताक लगाए हुए था ही, पैसे के लोभ से जेब टटोली, तो लिफाफ़ा मिल गया। उस पर कई आने के टिकट लगे थे। वह कई बार टिकट चुराकर आधे दामों पर बेच चुका था। झट लिफ़ाफ़ा उड़ा दिया। यदि उसे मालूम होता कि उसमें नोट हैं, तो कदाचित् वह न छूता; लेकिन जब उसने लिफ़ाफ़ा फाड़ डाला और उसमें से नोट निकल पड़े तो वह बड़े संकट में पड़ गया। वह फटा हुआ लिफ़ाफ़ा गला फाड़-फाड़कर उसके दुष्कृत्य को धिक्कारने लगा। उसकी दशा उस शिकारी की-सी हो गई, जो चिड़ियों का शिकार करने जाय और अनजाने में किसी आदमी पर निशाना मार दें। उसके मन में पश्चाताप था, लज्जा थी, दुःख था, पर उसे भूल का दंड सहने की शक्ति न थी। उसने नोट लिफ़ाफे में रख दिए और बाहर चला गया।

गरमी के दिन थे। दोपहर को सारा घर सो रहा था; पर जगत की आंखों में नींद न थी। आज उसकी बुरी तरह कुंदी होगी — इसमें संदेह न था। उसका घर पर रहना ठीक नहीं, दस-पांच दिन के लिए उसे कहीं खिसक जाना चाहिए। तब तक लोगों का क्रोध शांत हो जाता। लेकिन कहीं दूर गये बिना काम न चलेगा। बस्ती में वह कई दिन तक अज्ञातवास नहीं कर सकता। कोई-न-कोई ज़रूर ही उसका पता दे देगा, और वह पकड़ लिया जायेगा। दूर जाने के लिए कुछ-न-कुछ खर्च तो पास होना चाहिए। क्यों न वह लिफ़ाफ़े में से एक नोट निकाल ले? यह तो मालूम ही हो जायेगा कि उसी ने लिफ़ाफ़ा फाड़ा है, फिर एक नोट निकाल लेने में क्या हानि है? दादा के पास रुपये तो हैं ही, झख मारकर दे देंगे। यह सोचकर उसने दस रुपये का एक नोट उड़ा लिया; मगर उसी वक़्त उसके मन में एक नई कल्पना का प्रादुर्भाव हुआ। अगर ये सब रुपये लेकर किसी दूसरे शहर में कोई दूकान खोल ले, तो बड़ा मज़ा हो। फिर एक-एक पैसे के लिए उसे क्यों किसी की चोरी करनी पड़े? कुछ दिनों में बहुत-सा रुपया ज़मा कर के घर आएगा, तो लोग कितने चकित हो जायेंगे!

उसने लिफ़ाफ़े को फिर निकाला। उसमें केवल 200रु के नोट थे। दो सौ में दूध की

दूकान खूब चल सकती है। आखिर मुरारी की दूकान में दो-चार कढ़ाव और दो-चार पीतल के थालों के सिवा और क्या है? लेकिन कितने ठाट से रहता है! रुपयों की चरस उड़ा देता है। एक-एक दांव पर दस-दस रुपये रख देता है, नफ़ा न होता, तो वह ठाट कहां से निभाता? इस आनंद-कल्पना में वह इतना मग्न हुआ कि उसका मन उसके काबू से बाहर हो गया, जैसे प्रवाह में किसी के पांव उखड़ जायं और वह लहरों में बह जाय।

उस दिन शाम को वह बम्बई चल दिया। दूसरे ही दिन मुंशी भक्तसिंह पर ग़बन का मुकद्दमा दायर हो गया।

2

बम्बई के क़िले के मैदान में बैंड बज रहा था और राजपूत रेजिमेंट के सजीले सुंदर जवान कवायद कर रहे थे। जिस प्रकार हवा बादलों को नए-नए रूप में बनाती और बिगाड़ती है, उसी भांति सेना का नायक सैनिकों को नए-नए रूप में बना-बिगाड़ रहा था।

जब कवायद खतम हो गई, तो एक छरहरे डौल का युवक नायक के सामने आकर खड़ा हो गया। नायक ने पूछा — क्या नाम है? युवक ने फौजी सलाम करके कहा — जगतसिंह।

'क्या चाहते हो?'

'फौज में भरती कर लीजिए।'

'मरने से तो नहीं डरते?'

'बिल्कुल नहीं — राजपूत हूं।'

'बहुत कड़ी मेहनत करनी पड़ेगी।'

'इसका भी डर नहीं।'

'अदर जाना पड़ेगा।'

'खुशी से जाऊंगा।'

कप्तान ने देखा, बला का हाज़िर-जवाब, मनचला, हिम्मत का धनी जवान है। तुरंत फ़ौज में भरती कर लिया। तीसरे दिन रेजिमेंट अदन को रवाना हुआ। मगर ज्यों-त्यों जहाज़ आगे चलता था, जगत का दिल पीछे रहा जाता था। जब तक ज़मीन का किनारा नज़र आता रहा, वह जहाज़ के डेक पर खड़ा अनुरक्त नेत्रों से उसे देखता रहा। जब वह भूमि-तट जल में विलीन हो गया, तो उसने एक ठंडी सांस ली और मुंह ढांपकर रोने लगा। आज जीवन में पहली बार उसे प्रियजनों की याद आयी। वह छोटा-सा अपना कस्बा,वह गांजे की दूकान, वह सैर-सपाटे, वह सुहृद्-मित्रों के जमघट आंखों में फिरने लगे। कौन जाने, फिर कभी उनसे भेंट होगी या नहीं। एक बार वह इतना बेचैन हुआ कि जी में आया, पानी में कूद पड़े।

3

जगतसिंह को अदन में रहते हुए तीन महीने गुज़र गए। भांति-भांति की नवीनताओं ने कई दिनों तक उसे मुग्ध किए रखा; लेकिन पुराने संस्कार फिर जागृत होने लगे। अब कभी-कभी उसे स्नेहमयी माता की याद आने लगी, जो पिता के क्रोध, बहनों के धिक्कार और स्वजनों के तिरस्कार में भी उसकी रक्षा करती थी। उसे वह दिन याद आया, जब वह एक बार बीमार पड़ा था। उसके बचने की कोई आशा न थी; पर न तो पिता को उसकी कुछ चिंता थी, बहनों को। केवल माता थी, जो रात-की-रात उसके सिरहाने बैठी अपनी मधुर स्नेहमयी बातों से उसकी पीड़ा शांत करती रही थी। उन दिनों कितनी बार उसने उस देवी को नीरव रात्रि में रोते देखा था। वह स्वयं रोगों से जीर्ण हो रही थी; लेकिन उसकी सेवा-शुश्रूषा में वह अपनी व्यथा को ऐसी भूल गई थी, मानों उसे कोई कष्ट ही नहीं। क्या उसे माता के दर्शन फिर होंगे? वह इसी क्षोभ और नैराश्य में समुद्र-तट पर चला जाता और घंटों अनंत जल-प्रवाह को देखा करता। कई दिनों से उसे घर पर एक पत्र भेजने की इच्छा हो रही थी; किंतु लज्जा और ग्लानि के कारण वह टालता जाता था। आखिर, एक दिन उससे न रहा गया। उसने पत्र लिखा और अपने अपराधों के लिए क्षमा मांगी। पत्र आदि से अंत तक भक्ति से भरा हुआ था। अंत में उसने इन शब्दों में अपनी माता को आश्वासन दिया था — माताजी, मैंने बड़े-बड़े उत्पात किए हैं, आप लोग मुझसे तंग आ गई थीं, मैं उन सारी भूलों के लिए सच्चे हृदय से लज्जित हूं और आपको विश्वास दिलाता हूं कि जीता रहा, तो कुछ-न-कुछ करके दिखाऊंगा। तब कदाचित् आपको मुझे अपना पुत्र कहने में संकोच न होगा। मुझे आशीर्वाद दीजिए कि अपनी प्रतिज्ञा का पालन कर सकूं।

यह पत्र लिखकर उसने डाकखाने में छोड़ा और उसी दिन से उत्तर की प्रतीक्षा करने लगा; किंतु एक महीना गुज़र गया और और कोई जवाब न आया। उसका जी घबड़ाने लगा। जवाब क्यों नहीं आता — कहीं माताजी बीमार तो नहीं है? शायद दादा ने क्रोधवश जवाब न लिखा होगा। कोई और आपत्ति तो नहीं आ पड़ी? कैम्प में एक वृक्ष के नीचे कुछ सिपाहियों ने शालाग्राम की एक मूर्ति रख छोड़ी थी। कुछ श्रद्धालु सैनिक रोज़ उस प्रतिमा पर जल चढ़ाया करते थे। जगतसिंह उनकी हंसी उड़ाया करता; पर आज वह विक्षिप्तों की भांति प्रतिमा के सम्मुख जाकर बड़ी देर तक मस्तक झुकाए बैठा रहा। वह इसी ध्यानवस्था में बैठा था कि किसी नें उसका नाम लेकर पुकारा, वह दफ़्तर का चपरासी थी और उसके नाम की चिट्ठी लेकर आया था। जगतसिंह ने पत्र हाथ में लिया, तो उसकी सारी देह कांप उठी। ईश्वर की स्तुति करके उसने लिफ़ाफ़ा खोला और पत्र पढ़ा। लिखा था — 'तुम्हारें दादा को ग़बन के अभियोग में पांच वर्ष की सजा हो गई है। तुम्हारी माता इस शोक में मरणासन्न है। छुट्टी मिले, तो घर चले आओ।'

जगतसिंह ने उसी वक़्त कप्तान के पास जाकर कहा — हुजूर, मेरी मां बीमार है, मुझे

छुट्टी दे दीजिए।

कप्तान के कठोर आंखों से देखकर कहा — अभी छुट्टी नहीं मिल सकती।

'तो मेरा इस्तीफ़ा ले लीजिए।'

'अभी इस्तीफ़ा भी नहीं लिया जा सकता।'

'मैं अब यहां एक क्षण भी नहीं रह सकता।'

'रहना पड़ेगा। तुम लोगों को बहुत जल्द लड़ाई पर जाना पड़ेगा।'

'लड़ाई छिड़ गई है! आह, तब मैं घर नहीं जाऊंगा। हम लोग कब तक यहां से जायंगे?'

'बहुत जल्द, दो ही चार दिनों में।'

4

चार वर्ष बीत गए। कैप्टन जगतसिंह का-सा योद्धा उस रेजिमेंट में नहीं है। कठिन अवस्थाओं में उसका साहस और भी उत्तेजित हो जाता है! जिस मुहिम में सबकी हिम्मतें जवाब दे जाती हैं, उसे सर करना उसी का काम है। हल्ले और धावे में वह सदैव सबसे आगे रहता है, उसकी त्योरियों पर कभी मैल नहीं आता; इसके साथ ही वह इतना विनम्र, इतना गम्भीर, इतना प्रसन्नचित्त है कि सारे अफ़सर और मातहत उसकी बड़ाई करते हैं। उसका पुनर्जीवन-सा हो गया। उस पर अफ़सरों का इतना विश्वास है कि अब वे प्रत्येक विषय में उनसे परामर्श करते हैं। जिससे पूछिए, वहीं जगतसिंह की विरुदावली सुना देगा — कैसे उसने जर्मनों की मैंगजीन में आग लगायी, कैसे अपने कप्तान को मशीनगनों की मार से निकाला, कैसे अपने मातहत सिपाही को कंधे पर लेकर निकल आया। ऐसा जान पड़ता है, उसे अपने प्राणों का मोह ही नहीं मानों वह काल को खोजता फिरता हो!

लेकिन नित्य रात्रि के समय, जब जगतसिंह को अवकाश मिलता है, वह अपनी छीलदारी में अकेले बैठकर घरवालों को याद कर लिया करता है दो-चार आंसू की बूंदे अवश्य गिरा देता है। वह प्रति मास अपने वेतन का बड़ा भाग घर भेज देता है, और ऐसा कोई सप्ताह नहीं जाता जब कि वह माता को पत्र न लिखता हो! सबसे बड़ी चिंता उसे अपने पिता की है, जो आज उसी के दुष्कर्मों के कारण कारावास की यातना झेल रहे हैं। हाय! वह कौन दिन होगा, जब कि वह उनके चरणों पर सिर रखकर अपना अपराध क्षमा कराएगा, और वह उसके सिर पर हाथ रखकर आशीर्वाद देंगे?

5

सवा चार वर्ष बीत गये। संध्या का समय है। नैजी जेल के द्वार पर भीड़ लगी हुई है।

कितने ही कैदियों की मिआद पूरी हो गई है। उन्हें लिवा जाने के लिए उनके घरवाले आये हुए है; किंतु बूढ़ा भक्तसिंह अपने अंधेरी कोठरी में सिर झुकाए उदास बैठा हुआ है। उसकी कमर झुककर कमान हो गई है! देह अस्थि-पंजर मात्र रह गई है। ऐसा जान पड़ता है, किसी चतुर शिल्पी ने एक अकाल-पीड़ित मनुष्य की मूर्ति बनाकर रख दी है। उसकी भी मिआद पूरी हो गई है; लेकिन उसके घर से कोई नहीं आया। कौन आये? आनेवाला था ही कौन?

एक बूढ़े किंतु हृष्ट-पुष्ट क़ैदी ने आकर उसका धंधा हिलाया और बोला — कहो भगत, कोई घर से आया?

भक्तसिंह ने कंपित कंठ-स्वर से कहा — घर पर है ही कौन?

'घर तो चलोगे ही?'

मेरे घर कहां है?

तो क्या यही पड़े रहोगे?

अगर ये लोग निकाल न देंगे, तो यहीं पड़ा रहूंगा।'

आज चार साल के बाद भक्तसिंह को अपने प्रताड़ित, निर्वासित पुत्र की याद आ रही थी। जिसके कारण जीवन का सर्वनाश हो गया, आबरू मिट गई, घर बरबाद हो गया, उसकी स्मृति भी उन्हें असह्य थी; किंतु आज नैराश्य और दुःख के अथाह सागर में डूबते हुए उन्होंने उसी तिनके का सहारा लिया। न-जाने उस बेचारे की क्या दशा हुई? लाख बुरा है, तो भी अपना लड़का है। खानदान की निशानी तो है। मरूंगा तो चार आंसू तो बहायेगा, दो चिल्लू पानी तो देगा। हाय! मैंने उसके साथ कभी प्रेम का व्यवहार नहीं किया! ज़रा भी शरारत करता, तो यमदूत की भांति उसकी गर्दन पर सवार हो जाता। एक बार रसोई में बिना पैर धोए चले जाने के दंड में मैंने उसे उलटा लटका दिया था। कितनी बार केवल ज़ोर से बोलने पर मैंने उसे तमाचे लगाए थे। पुत्र-का-सा रत्न पाकर मैंने उसका आदर न किया। उसी का दंड है। जहां प्रेम का बन्धन शिथिल हो, वहां परिवार की रक्षा कैसे हो सकती है?

6

सबेरा हुआ। आशा का सूर्य निकला। आज उसकी रश्मियां कितनी कोमल और मधुर थीं, वायु कितनी सुखद, आकाश कितना मनोहर, वृक्ष कितने हरे-भरे, पक्षियों का कलरव कितना मीठा है! सारी प्रकृति आशा के रंग मे रंगी हुई थी; पर भक्तसिंह के लिए चारों ओर घोर अंधकार था।

जेल का अफ़सर आया। कैदी एक पंक्ति में खड़े हुए। अफ़सर एक एक का नाम लेकर रिहाई का परवाना देने लगा। क़ैदियों के चेहरे आशा से प्रफुल्लित थे। जिसका नाम आता, वह खुश-खुश अफ़सर के पास जाता, परवाना लेता, झुककर सलाम करता और तब अपने विपत्तिकाल के संगियों से गले मिलकर बाहर निकल जाता। उसके घरवाले दौड़कर उससे लिपट

जाते। कोई पैसे लुटा रहा था, कहीं मिठाइयां बांटी जा रही थीं, कहीं जेल के कर्मचारियों को ईनाम दिया जा रहा था; आज नरक के पुतले विनम्रता के देवता बने हुए थे।

अंत में भक्तसिंह का नाम आया। वह सिर झुकाए, आहिस्ता-आहिस्ता जेलर के पास गया और उदासीन भाव से परवाना लेकर जेल के द्वार की ओर चले, मानो सामने कोई समुद्र लहरें मार रहा हो। द्वार से बाहर निकलकर वह ज़मीन पर बैठ गए। कहां जाएं?

सहसा उन्होंने एक सैनिक अफ़सर को घोड़े पर सवार, जेल की ओर आते देखा। उसकी देह पर खाकी वर्दी थी, सिर पर कारचोबी साफा। अजीब शान से घोड़े पर बैठा हुआ था। उसके पीछे-पीछे एक फिटन आ रही थी। जेल के सिपाहियों ने अफ़सर को देखते ही बंदूके संभाली और लाइन में खड़े होकर सलाम किया।

भक्तसिंह ने मन में कहा एक भाग्यवान वह है, जिसके लिए फिटन आ रही है; और एक अभागा मैं हूं, जिसका कहीं ठिकाना नहीं।

फ़ौजी अफ़सर ने इधर-उधर देखा और घोड़े से उतरकर सीधे भक्तसिंह के सामने आकर खड़ा हो गया।

भक्तसिंह ने उसे ध्यान से देखा और तब चौंककर उठ खड़े हुए और बोले — अरे! जगतसिंह।

जगतसिंह रोता हुआ उनके पैरों पर गिर पड़ा!

❑❑❑

इस्तीफ़ा

दफ़्तर का बाबू एक बेज़बान जीव है। मजदूरों को आंखें दिखाओ तो वह त्योरियां बदलकर खड़ा हो जायेगा। कुली को एक डांट बताओ, तो सिर से बोझ फेंककर अपनी राह लेगा। किसी भिखारी को दुतकारो, तो तुम्हारी ओर गुस्से की निग़ाह से देखकर चला जायगा। यहां तक कि गधा भी कभी-कभी तकलीफ़ पाकर दो-लत्तियां झाड़ने लगता है; मगर बेचारे दफ़्तर के बाबू को आप चाहे आंखें दिखाएं, डांट बताएं, दुतकारें या ठोकरें मारें, उसके माथे पर बल न आएगा। उसे अपने विकारों पर जो आधिपत्य होता है, वह शायद किसी संयमी साधु में भी न हो। संतोष का पुतला, सब्र की मूर्ति, सच्चा आज्ञाकारी, गरज़, उसमें तमाम मानवी अच्छाइयां मौजूद होती है। खंडहर के भी एक दिन भाग्य जगते हैं। दीवाली के दिन उस पर भी रोशनी होती है, बरसात में उस पर हरियाली छाती है, प्रकृति की दिलचस्पियों में उसका भी हिस्सा है। मगर इस ग़रीब बाबू के नसीब कभी नहीं जागते। इसकी अंधेरी तक़दीर में रोशनी का जलवा कभी नहीं दिखाई देता। इसके पीले चेहरे पर कभी मुस्कुराहट की रोशनी नज़र नहीं आती। इसके लिए सूखा सावन है, कभी हरा भादों नहीं। लाला फतहचंद ऐसे ही एक बेज़वान जीव थे।

कहते हैं, मनुष्य पर उसके नाम का भी कुछ असर पड़ता है। फतहचंद की दशा में यह बात यथार्थ सिद्ध न हो सकी। यदि उन्हें 'हारचंद' कहा जाय; तो कदाचित् यह अत्युक्ति न होगी। दफ़्तर में हार, जिन्दगी में हार, मित्रों में हार, जीवन में उनके लिए चारों ओर हार और निराशाएं ही थी। लड़का एक भी नहीं, लड़कियां तीन; भाई एक भी नहीं भौजाइयां दो; गांठ में कौड़ी नहीं, मगर दिल में दया और मुरौवत; सच्चा मित्र एक भी नहीं — बत्तीस साल की अवस्था में बाल खिचड़ी हो गए थे। आंखों में ज्योति नहीं, हाज़मा चौपट, चेहरा पीला; गाल पिचके, कमर झुकी हुई; न दिल में हिम्मत, न कलेजे में ताकत। नौ बजे दफ़्तर जाते और छः बजे शाम को लौटकर घर आते। फिर घर से बाहर निकलने की हिम्मत न पड़ती। दुनिया में क्या होता है, इसकी उन्हें बिलकुल ख़बर न थी। उनकी दुनिया, लोक-परलोक जो कुछ था, दफ़्तर था। नौकरी की खैर मनाते और जिन्दगी के दिन पूरे करते थे। न धर्म से

वास्ता था न, दीन से नाता। न कोई मनोरंजन था, न खेल। ताश खेले हुए भी शायद एक मुद्दत गुज़र गई थी।

2

जाड़ों के दिन थे। आकाश पर कुछ बादल थे। फतहचंद साढ़े-पांच बजे दफ़्तर से लौटे तो चिराग़ जल गए थे। दफ़्तर से आकर वह किसी से कुछ न बोलते; चुपके से चारपाई पर लेट जाते और पंद्रह-बीस मिनट तक बिना हिले-डुले पड़े रहते। तब कहीं जाकर उनके मुंह से आवाज निकलती। आज भी प्रतिदिन की तरह वे चुपचाप पड़े थे कि एक ही मिनट में बाहर से किसी ने पुकारा। छोटी लड़की ने जाकर पूछा, तो मालूम हुआ कि दफ़्तर का चपरासी है। शारदा पति के मुंह-हाथ धोने के लिए लोटा-गिलास मांच रही थी। बोली — उससे कहे दे, क्या काम है? अभी तो दफ़्तर से आये ही हैं, और अभी फिर बुलावा आ गया।

चपरासी ने कहा — साहब ने कहा है, अभी बुला लाओ। कोई बड़ा ज़रूरी काम है।

फतहचंद की खामोशी टूट गई। उन्होंने सिर उठाकर पूछा — क्या बात है।?

शारदा — कोई नहीं, दफ़्तर का चपरासी है।

फतहचंद ने सहमकर कहा — दफ़्तर का चपरासी! क्या साहब ने बुलाया है?

शारदा — हां, कहता है, साहब बुला रहे हैं। यह कैसा साहब है तुम्हारा, जब देखो, बुलाया करता है? सबेरे के गये-गये अभी मकान लौटे हो, फिर भी बुलावा आ गया!

फतहचंद ने संभलकर कहा — ज़रा सुन लूं, किस लिए बुलाया है। मैंने सब काम खतम कर दिया था, अभी आता हूं।

शारदा — ज़रा जलपान तो करते जाओ, चपरासी से बातें करने लगोगे, तो तुम्हें अन्दर आने की याद भी न रहेगी।

यह कहकर वह एक प्याली में थोड़ी-सी दालमोट और सेव लायी। फतहचंद उठकर खड़े हो गए, किन्तु खाने की चीज़ें देखकर चारपाई पर बैठ गए और प्याली की ओर चाव से देखकर डरते हुए बोले — लड़कियों को दे दिया है न?

शारदा ने आंखें चढ़ाकर कहा — हां-हां; दे दिया है, तुम तो खाओ!

उतने में छोटी लड़की आकर सामने खड़ी हो गई। शारदा ने उसकी ओर क्रोध से देखकर कहा — तू क्यों आकर सिर पर सवार हो गई, जा बाहर खेल!

फतहचंद रहने दो, क्यों डांटती हो? यहां आओ चुन्नी, यह लो, दालमोट ले जाओ!

चुन्नी मां की ओर देखकर डरती हुई बाहर भाग गई!

फतहचंद ने कहा — क्यों बेचारी को भगा दिया? दो-चार दाने दे देता, तो खुश हो जाती।

इतने में चपरासी ने फिर पुकारा — बाबूजी, हमें बड़ी देर हो रही है।

शारदा — कह क्यों नहीं देते कि इस वक़्त न आएंगे।

फतहचंद — ऐसा कैसे कह दूं भाई; रोजी का मामला है!

शारदा — तो क्या प्राण देकर काम करोगे? सूरत नहीं देखते अपनी? मालूम होता है, छः महीने के बीमार हो।

फतहचंद ने जल्दी-जल्दी दालमोट की दो-तीन फंकियां लगायीं, एक गिलास पानी पिया और बाहर की तरफ दौड़े। शारदा पान बनाती ही रह गई।

चपरासी ने कहा — बाबूजी! अपने बड़ी देर कर दी। अब ज़रा लपकें चलिए, नहीं तो जाते ही डांट बताएगा।

फतहचंद ने दो कदम दौड़कर कहा — चलेंगे तो भाई, आदमी ही की तरह, चाहे डांट बताएं या दांत दिखाए। हमसे दौड़ा नहीं जाता। बंगले ही पर हैं न?

चपरासी — भला, वह दफ़्तर क्यों आने लगा? बादशाह है कि दिल्लगी?

चपरासी तेज़ चलने का आदी था। बेचारे बाबू फतहचंद धीरे-धीरे जाते थे। थोड़ी ही दूर चलकर हांफ उठे। मगर मर्द तो थे ही, यह कैसे कहते कि भाई ज़रा और धीरे चलो। हिम्मत करके कदम उठाते जाते थे, यहां तक कि जांघों में दर्द होने लगा और आधा खत्म होते-होते पैरों ने उठने से इनकार कर दिया। सारा शरीर पसीने में तर हो गया। सिर में चक्कर आ गया। आंखों के सामने तितलिंया उड़ने लगी।

चपरासी ने ललकारा — ज़रा कदम बढ़ाए चलो, बाबू!

फतहचंद बड़ी मुश्किल से बोले — तुम जाओ, मैं आता हूं।

वे सड़क के किनारे पटरी पर बैठ गए और सिर को दोनों हाथोंसे थामकर दम मारने लगे। चपरासी ने इनकी यह दशा देखी, तो आगे बढ़ा। फतहचंद डरे कि शैतान जाकर न जाने साहब से क्या कह दे, ता ग़जब ही हो जायेगा। ज़मीन पर हाथ टेककर उठे और फिर चले। मगर कमज़ोरी से शरीर हांफ रहा था। इस समय कोई बच्चा भी उन्हें जमीन पर गिरा सकता था। बेचारे किसी तरह गिरते-पड़ते साहब के बंगले पर पहुंचे। साहब बंगले पर टहल रहे थे। बार-बार फाटक की तरफ़ देखते थे और किसी को आते न देखकर मन-ही-मन में झल्लाते थे।

चपरासी को देखते ही आंखें निकालकर बोले — इतनी देर कहा था।?

चपरासी ने बरामदे की सीढ़ी पर खड़े-खड़े कहा — हुजूर! जब वह आयें तब तो, मैं दौड़ा चला आ रहा हूं।

साहब ने पैर फटकारकर कहा — बाबू क्या बोला?

इतने में फतहंचंद अहाते के तार के अंदर से निकलकर वहां पहुंचे और साहब की सिर झुकाकर सलाम किया।

साहब ने कड़ककर कहा — अब तक कहां था?

चपरासी — आ रहे हैं हुजूर, घंटा-भर में तो घर में से निकले।

फतहचंद ने साहब का तमतमाया चेहरा देखा, तो उनका खून सूख गया। बोले — हुजूर, अभी-अभी तो दफ़्तर से गया हूं। ज्यों ही चपरासी ने आवाज दी, हाज़िर हुआ।

साहब — झूठ बोलता है, हम घंटे भर से खड़ा है।

फतहचंद — हुज़ूरः मैं झूठ नहीं बोलता। आने में जितनी देर हो गई हो, मगर घर से चलने में मुझे बिल्कुल देर नहीं हुई।

साहब ने हाथ की छड़ी घुमाकर कहा — चुप रह सुअर, हम घंटा-भर से खड़ा है, अपना कान पकड़ो!

फतहचंद ने खून का घूंट पीकर कहा — हुजूर, मुझे दस साल काम करते हो गए, कभी...

साहब — चुप रह, सुअर, हम कहता है कि अपना कान पकड़ो!

फतहचंद — जब मैंने कोई कसूर किया हो?

साहब — चपरासी! इस सुअर का कान पकड़ो।

चपरासी ने दबी ज़बान से कहा — हुजूर, यह मेरे अफ़सर हैं, मैं इनका कान कैसे पकड़ूं?

साहब — हम कहता है, इनका कान पकड़ों नहीं हम तुमको हंटरों से मारेगा।

चपरासी — हुजुर, मैं यहां नौकरी करने आया हूं, मार खाने नहीं। मैं भी इज्जतदार आदमी हूं। हुजूर अपनी नौकरी ले लें। आप जो हुक्म दें, वह बजा लाने को हाजिर हूं; लेकिन किसी की इज्जत नहीं बिगाड़ सकता। नौकरी तो चार दिन की है। चार दिन के लिए क्यों ज़माने-भर से बिगाड़ करें?

साहब अब क्रोध को न बर्दाश्त न कर सके। हंटर लेकर दौड़े। चपरासी ने देखा, यहां खड़े रहने में खैरियत नहीं है, तो भाग खड़ा हुआ। फतहचंद अभी तक चुपचाप खड़े थे। साहब चपरासी को न पाकर उनके पास आया और उनके दोनों कान पकड़कर हिला दिए। बोला — तुम सुअर, गुस्ताखी करता है? जाकर आफ़िस से फाइल लाओ।

फतहचंद ने कान हिलाते हुए कहा — कौन-सी फाइल लाऊं, हुजूर?

साहब — फाइल-फाइल, और कौन-सी फाइल? तुम बहरा है, सुनता नहीं? हम फाइल मांगता है?

फतहचंद ने किसी तरह दिलेर होकर कहा — आप कौन-सा फाइल मांगते हैं?

साहब — वही फाइल, जो हम मांगता है। वही फाइल लाओ। अभी लाओ।

बेचारे फतहचंद को अब कुछ पूछने की हिम्मत न हुई। साहब बहादुर एक तो यों ही तेज़-मिज़ाज़ थे, इस पर हुकुमत का घंमड और सबसे बढ़कर शराब का नशा। हंटर लेकर पिल पड़ते, तो बेचारे क्या कर लेते? चुपके से दफ़्तर की तरफ़ चल पड़े।

साहब ने कहा — दौड़कर जाओ...दौड़ो।

फतहचंद ने कहा — हुज़ूर, मुझसे दौड़ा नहीं जाता।

साहब — ओ, तुम बहुत सुस्त हो गया है। हम तुमको दौड़ना सिखाएगा। दौड़ो... (पीछे से धक्का देकर)... तुम अब भी नहीं दौड़ेगा?

यह कहकर साहब हंटर लेने चले। फतहचंद दफ़्तर के बाबू होने पर भी मनुष्य ही थे। यदि वह बलवान् होते, तो उस बदमाश का खून पी जाते। अगर उनके पास कोई हथियार होता, तो उस पर ज़रूर चला देते; लेकिन उस हालत में तो मार खाना ही उनकी तक़दीर में लिखा

था। वे बेतहाशा भागे और फाटक से बाहर निकलकर सड़क पर आ गए।

3

फतहचंद दफ़्तर न गए। जाकर करते ही क्या! साहब ने फाइल का नाम तक न बताया। शायद नशे में भूल गया। धीरे-धीरे घर की ओर चले, मगर इस बेइज्जती ने पैरों में बेड़ियां-सी डाल दी थीं। माना कि वह शारीरिक बल में साहब से कम थे, उनके हाथ में कोई चीज भी न थी; लेकिन क्या वह उसकी बातों का जवाब न दे सकते थे? उनके पैरों में जूते तो थे। क्या वह जूते से काम न ले सकते थे? फिर क्यों उन्होंने इतनी जिल्लत बर्दाश्त की?

मगर इलाज ही क्या था? यदि वह क्रोध में उन्हें गोली मार देता, तो उसका क्या बिगाड़ता? शायद एक-दो महीने की सादी क़ैद हो जाती। सम्भव है, दो-चार सौ रुपये जुर्माना हो जाता। मगर इनका परिवार तो मिट्टी में मिल जाता। संसार में कौन था, जो इनके स्त्री-बच्चों की ख़बर लेता? वह किसके दरवाज़े हाथ फैलाते? यदि उनके पास इतने रुपये होते, जिनसे उनके कुटुम्ब का पालन हो जाता, तो वह आज इतनी जिल्लत न सहते। या तो मर ही जाते, या उस शैतान को कुछ सबक ही दे देते। अपनी जान का इन्हें डर न था। ज़िंदगी में ऐसा कौन सुख था, जिसके लिए वह इस तरह डरते? खयाल था सिर्फ परिवार के बरबाद हो जाने का।

आज फतहचंद को अपनी शारीरिक कमज़ोरी पर जितना दुःख हुंआ, उतना और कभी न हुआ था। अगर उन्होंने शुरू ही से तंदुरस्ती का ख़याल रखा होता, कुछ कसरत करते रहते, लकड़ी चलाना जानते होते, तो क्या इस शैतान की इतनी हिम्मत होती कि वह उसका कान पकड़ता? उसकी आंखें निकाल लेते। कम-से-कम इन्हें घर से एक छुरी लेकर चलना था! और न होता, तो दो-चार हाथ जमाते ही — पीछे देखा जाता, जेलखाना ही तो होता या और कुछ।

वे ज्यों-ज्यों आगे बढ़ते थे, त्यों-त्यों उनकी तबीयत अपनी कायरता और बांदेपन पर और भी झल्लाती थी। अगर वह उचककर दो-चार थप्पड़ लगा देते, तो क्या होता — यही न कि साहब के खानसामे, बैरे सब उन पर पिल पड़ते और मारते-मारते बेदम कर देते। बाल-बच्चों के सिर पर जो कुछ पड़ती — पड़ती। साहब को इतना तो मालूम हो जाता कि किसी ग़रीब को बेगुनाह जलील करना आसान नहीं। आखिर, आज मैं मर जाऊं तो क्या हो? तब कौन मेरे बच्चों का पालन करेगा? तब उनके सिर जो कुछ पड़ेगी, वह आज ही पड़ जाती, तो क्या हर्ज था?

इस अंतिम विचार ने फतहचंद के हृदय में इतना जोश भर दिया कि वह लौट पड़े और साहब से जिल्लत का बदला लेने के लिए दो-चार कदम चले; मगर फिर ख़याल आया, आखिर

जो कुछ जिल्लत होनी थी, वह तो हो ली। कौन जाने, बंगले पर हो या क्लब चला गया हो। उसी समय उन्हें शारदा की बेकसी और बच्चों को बिना बाप के हो जाने का ख़याल भी आ गया। फिर लौटे और घर चले।

4

घर मे जाते ही शारदा ने पूछा — किस लिए बुलाया था, बड़ी देर हो गई?

फतहचंद ने चारपाई पर लेटते हुए कहा — नशे की सनक थी, और क्या? शैतान ने मुझे गालियां दीं, जलील किया। बस, यही रट लगाए हुए था कि देर क्यों की? निर्दयी ने चपरासी से मेरा कान पकड़ने को कहा।

शारदा ने गुस्से में आकर कहा — तुमने एक जूता उतारकर दिया नहीं सूअर को?

फतहचंद — चपरासी बहुत शरीफ है। उसने साफ़ कह दिया, हुजूर, मुझसे यह काम न होगा। मैंने भले आदमियों की इज़्ज़त उतारने के लिए नौकरी नहीं की थी। बस उसी वक़्त सलाम करके चला गया।

शारदा — यही बहादुरी है। तुमने उस साहब को क्यों नहीं फटकारा?

फतहचंद — फटकारा क्यों नहीं — मैंने भी खूब सुनायी। वह छड़ी लेकर दौड़ा, मैंने भी जूता संभाला। उसने मुझे कई छड़ियां ज़माई, मैंने भी कई जूते लगाए।

शारदा ने खुश होकर कहा — सच? इतना-सा मुंह हो गया होगा उसका!

फतहचंद — चेहरे पर झाडू-सी फिरी हुई थी।

शारदा — बड़ा अच्छा किया तुमने। और मारना चाहिए था। मैं होती, तो बिन जान लिये न छोड़ती।

फतहचंद — मार तो आया हूं; लेकिन अब खैरियत नहीं है। देखो, क्या नतीज़ा होता है? नौकरी तो जायगी ही, शायद सजा भी काटनी पड़े।

शारदा — सजा क्यों काटनी पड़ेगी? क्या कोई इंसाफ करने वाला नहीं है? उसने क्यों गालियां दीं, क्यों छड़ी ज़मायी?

फतहचंद — उसके सामने मेरी कौन सुनेगा? अदालत भी उसी की तरफ़ हो जायगी।

शारदा — हो जायेगी, हो जाय; मगर देख लेना, अब किसी साहब की यह हिम्मत न होगी कि किसी बाबू को गालियां दे बैठे। तुम्हें चाहिए था कि ज्यों ही उसके मुंह से गालियां निकलीं, लपककर एक जूता रसीद कर देते।

फतहचंद — तो फिर इस वक़्त जिंदा भी न बच सकता। ज़रूर मुझे गोली मार देता।

शारदा — देखी जाती।

फतहचंद ने मुस्कुराकर कहा — फिर तुम लोग कहां जातीं?

शारदा — जहां ईश्वर की मर्ज़ी होती। आदमी के लिए सबसे बड़ी चीज़ इज्जत है। इज्जत

गंवाकर बाल-बच्चों की परवरिश नहीं की जाती। तुम उस शैतान को मारकर आये होते तो मैं गरूर से फूली नहीं समाती। मार खाकर आते, तो शायद मैं तुम्हारी सूरत से भी घृणा करती। यों ज़बान से चाहे कुछ न कहती, मगर दिल से तुम्हारी इज्जत जाती रहती। अब जो कुछ सिर पर आएगी, खुशी से झेल लूंगी और अब कहां जाते हो, सुनो-सुनो, कहां जाते हो?

फतहचंद दीवाने होकर जोश में घर से निकल पड़े। शारदा पुकारती रह गई। वह फिर साहब के बंगले की तरफ़ जा रहे थे। डर से सहमे हुए नहीं; बल्कि गरूर से गर्दन उठाए हुए। पक्का इरादा उनके चेहरे से झलक रहा था। उनके पैरों में वह कमजोरी, आंखों में वह बेकसी न थी। उनकी कायापलट-सी हो गयी थी। वह कमजोर बदन, पीला मुखड़ा, दुबले बदनवाला, दफ़्तर के बाबू की जगह अब मर्दाना चेहरा, हिम्मत से भरा हुआ, मजबूत गठा और जवान था। उन्होंने पहले एक दोस्त के घर जाकर उसका डंडा लिया और अकड़ते हुए साहब के बंगले पर जा पहुंचे।

इस वक़्त नौ बजे थे। साहब खाने की मेज़ पर थे मगर फतहचंद ने आज उनके मेज़ पर से उठ जाने का इन्तज़ार न किया। खानसामा कमरे से बाहर निकला और वह चिक उठाकर अन्दर गये। कमरा प्रकाश से जगमगा रहा था। ज़मीन पर ऐसी कालीन बिछी हुई थी, जैसी फतहचंद की शादी में नहीं बिछी होगी। साहब बहादुर ने उसकी तरफ़ क्रोधित दृष्टि से देखकर कहा — तुम क्यों आया? बाहर जाओ, क्यों अन्दर चला आया?

फतहचंद ने खड़े-खड़े डंडा संभालकर कहा — तुमने अभी फाइल मांगा था, वहीं फाइल लेकर आया हूं। खाना खा लो, तो दिखाऊं। तब तक मैं बैठा हूं। इत्मीनान से खाओ, शायद यह तुम्हारा आखिरी खाना होगा। इसी कारण खूब पेट भर खा लो।

साहब सन्नाटे में आ गए। फतहचंद की तरफ़ डर और क्रोध की दृष्टि से देखकर कांप उठे। फतहचंद के चेहरे पर पक्का इरादा झलक रहा था। साहब समझ गए, यह मनुष्य इस समय मरने-मारने के लिए तैयार होकर आया है। ताकत में फतहचंद उनके पासंग भी नहीं था। लेकिन यह निश्चय था कि वह ईट का जवाब पत्थर से नहीं, बल्कि लोहे से देने को तैयार है। यदि वह फतहचंद को बुरा-भला कहते हैं, तो क्या आश्चर्य है कि वह डंडा लेकर पिल पड़े। हाथापाई करने में यद्यपि उन्हें जीतने में ज़रा भी संदेह नहीं था; लेकिन बैठे-बिठाए डंडे खाना भी तो कोई बुद्धिमानी नहीं है। कुत्त को आप डंडे से मारिए; ठुकराइए, जो चाहे कीजिए; मगर उसी समय तक, जब तक वह गुर्राता नहीं। एक बार गुर्राकर दौड़ पड़े, तो फिर देखें, आपकी हिम्मत कहां जाती है? यही हाल उस वक़्त साहब बहादुर का था। जब तक यक़ीन था कि फतहचंद घुड़की; गाली, हंटर, ठोकर सब कुछ खामोशी से सह लेगा, तब तक आप शेर थे; अब वह त्योरियां बदले, डंडा संभाले, बिल्ली की तरह घात लगाए खड़ा है। ज़बान से कोई कड़ा शब्द निकला और उसने डंडा चलाया। वह अधिक-से-अधिक उसे बरखास्त कर सकते हैं। अगर मारते हैं तो मार खाने का भी डर। उस पर फौजदारी में मुकद्दमा दायर हो जाने का अंदेशा — माना कि वह अपने प्रभाव और ताकत से अंत में फतहचंद को जेल में डलवा देंगे; परंतु परेशानी और बदनामी से किसी तरह न बच सकते थे। एक बुद्धिमान और दूरंदेश

आदमी की तरह उन्होंने कहा — ओहो, हम समझ गया, आप हमसे नाराज़ हैं। हमने क्या आपको कुछ कहा है? आप क्यों हमसे नाराज़ हैं?

फतहचंद ने तनकर कहा — तुमने अभी आध घंटा पहले मेरे कान पकड़ कर और मुझे सैकड़ों ऊल-जलूल बातें कही थीं। क्या इतनी जल्दी भूल गए?

साहब — मैंने आपका कान पकड़ा, आ-हा-हा-हा? क्या मज़ाक है? क्या मैं पागल हूं या दीवाना?

फतहचंद — तो क्या मैं झूठ बोल रहा हूं? चपरासी गवाह है। आपके नौकर-चाकर भी देख रहे थे।

साहब — कब की बात है?

फतहचं — अभी-अभी, कोई आंध घंटा हुआ, आपने मुझे बुलवाया था और बिना कारण मेरे कान पकड़े और धक्के दिए थे।

साहब — ओ बाबूजी, उस वक़्त हम नशा में था। बैरा ने हमकों बहुत दे दिया था। हमको कुछ ख़बर नहीं, क्या हुआ, माई गॉड? हमको कुछ ख़बर नहीं।

फतहचंद — नशा में अगर तुमने मुझे गोली मार दी होती, तो क्या मैं मर न जाता? अगर तुम्हें नशा था और नशा में सब कुछ मुआफ़ है, तो मैं भी नशे में हूं। सुनो मेरा फैसला, या तो अपने कान पकड़ो कि फिर कभी किसी भले आदमी के संग ऐसा बर्ताव न करोगे, या मैं आकर तुम्हारें कान पकडूंगा। समझ गए कि नहीं? इधर-उधर हिलो नहीं, तुमने जगह छोड़ी और मैंने डंडा चलाया। फिर खोपड़ी टूट जाय, तो मेरी ख़ता नहीं। मैं जो कुछ कहता हूं, वह करते चलो; पकड़ो कान!

साहब ने बनावटी हंसी-हंसकर कहा — वेल बाबूजी, बाप बहुत दिल्लगी करता है। अगर हमने आपको बुरा बात कहा है, तो हम आपसे माफ़ी मांगता है!

फतहचंद — (डंडा तौलकर) नहीं, कान पकड़ो!

साहब आसानी से इतनी जिल्लत न सह सके। लपककर उठे और चाहा कि फतहचंद के हाथ से लकड़ी छीन लें; लेकिन फतहचंद गाफ़िल न थे। साहब मेज़ पर से उठने भी न पाए थे कि उन्होंने डंडे का भरपूर और तुला हुआ हाथ चलाया। साहब तो नंगे सिर थे ही, चोट सिर पर पड़ गई। खोपड़ी भन्ना गई। एक मिनट तक सिर को पकड़ने के बाद बोले — हम तुमको बरखास्त कर देगा।

फतहचंद — इसकी मुझे परवा नहीं; मगर आज मैं तुमसे बिना कान पकड़ाए नहीं जाऊंगा। कान पकड़कर वादा करो कि फिर किसी भले आदमी के साथ ऐसी बेअदबी न करोगे, नहीं तो मेरा दूसरा हाथ पड़ना ही चाहता है।

यह कहकर फतहचंद ने फिर डंडा उठाया। साहब को अभी तक पहली चोट न भूली थी। अगर कहीं यह दूसरा हाथ पड़ गया, तो शायद खोपड़ी खुल जाय। कान पर हाथ रखकर बोले — अब आप खुश हुआ?

'फिर तो कभी किसी को गाली न दोगे?'

'कभी नहीं।'

'अगर फिर कभी ऐसा किया, तो समझ लेना, मैं कहीं बहुत दूर नहीं हूं।'

'अब किसी को गाली न देगा।'

'अच्छी बात है, अब मैं जाता हूं, आज से मेरा इस्तीफ़ा है। मैं कल इस्तीफ़ा में यह लिखकर भेजूंगा कि तुमने मुझे गालियां दीं; इसलिए मैं नौकरी नहीं करना चाहता, समझ गए?'

साहब — आप इस्तीफ़ा क्यों देता है? हम तो बरखास्त नहीं करता।

फतहचंद — अब तुम जैसे पाज़ी आदमी की मातहती नहीं करूंगा।

यह कहते हुए फतहचंद कमरे से बाहर निकले और इत्मीनान से घर चले। आज उन्हें सच्ची विजय की प्रसन्नता का अनुभव हुआ। उन्हें ऐसी ख़ुशी कभी नहीं प्राप्त हुई थी। यही उनके जीवन की पहली जीत थी।

❑❑❑